# Langenscheidts Reisewörterbuch Portugiesisch

## Portugiesisch-Deutsch
## Deutsch-Portugiesisch



LANGENSCHEIDT

BERLIN · MÜNCHEN · WIEN
ZÜRICH · NEW YORK

Bearbeitet von Lutz Hoepner

## Inhaltsverzeichnis





*Auflage: 5. 4. 3. 2. 1. | Letzte Zahlen*
*Jahr: 1998 97 96 95 94 | maßgeblich*


*Druck: Presse-Druck Augsburg*
*Printed in Germany · ISBN 3-468-18427-1*

## Zeichen und Abkürzungen

Die Tilde (~) ersetzt das erste Stichwort einer Gruppe von Wörtern, die in einem Absatz zusammengefaßt werden:
**Abend** ...; **~essen** = Abendessen
Wenn sich der Anfangsbuchstabe ändert, groß in klein und umgekehrt, steht statt der Tilde die Tilde mit Kreis:
**Suche** ...; **&n** = suchen
Die Tilde ersetzt das ganze unmittelbar vorhergehende Stichwort, das selbst schon mit Hilfe der Tilde gebildet sein kann:
**Abend** ...; ***am*** ~ = am Abend
**Durst** ...; **&ig:** ~ ***sein*** = durstig sein
Bei Länderbewohnernamen, Berufsbezeichnungen u. a., bei denen eine weibliche Form angegeben ist, erscheint diese wie folgt:
**europeu** ... *m*, **-eia** *f* = europeu *m*, europeia *f*
**vendedor(a)** *m*, *f* = vendedor *m*, vendedora *f*
**chefe** *m*, *f* = chefe *m*, chefe *f*
**português** *m*, **-esa** *f* = português *m*, portuguesa *f*
(siehe auch S. 4)
Das grammatische Geschlecht ist bei den Übersetzungen nur dann angegeben, wenn es nicht mit dem des Stichwortes übereinstimmt.
Bei deutschen Substantiven des Typs Reisende(r) werden, wenn sie in der Zielsprache erscheinen, die schwache und die starke Form angegeben:
Reisende(r) *m* = (ein) Reisender, (der) Reisende
In der Ausgangssprache hingegen wird nur die

Form angegeben, die sowohl das männliche als auch das weibliche Geschlecht verkörpert:
**Reisende** *m, f* = (der) Reisende, (die) Reisende
Unterschiede in der portugiesischen und brasilianischen Rechtschreibung werden wie folgt angegeben:
a(c)to = *port* acto, *bras* ato
ó(p)timo = *port* óptimo, *bras* ótimo
Aus Platzgründen wird auf Abweichungen in der Akzentsetzung und auf den Gebrauch des Tremas (ü) in Brasilien nicht eingegangen.

| | |
|---|---|
| *a* | auch, *também* |
| *a/c* | etwas, *alguma coisa* |
| *alg* | jemand, *alguém* |
| *allg* | allgemein, *em geral* |
| *anat* | Anatomie, *anatomia* |
| *astr* | Astronomie, *astronomia* |
| *aut* | Auto, *automóvel* |
| *av* | Luftfahrt, *aviação* |
| *bot* | Botanik, *botânica* |
| *bras* | brasilianisch, *brasileiro* |
| *bzw* | beziehungsweise, *respectivamente* |
| *chem* | Chemie, *química* |
| *EDV* | Elektron. Datenverarbeitung, *processamento electrónico de dados* |
| *e-e* | eine, (*a*) *uma* |
| *el* | Elektrizität, *electricidade* |
| *e-m* | einem, *a um* |
| *e-n* | einen, *um* |
| *e-r* | einer, *a* (*od de*) *uma* |

| | |
|---|---|
| *e-s* | eines, *de um* (*od uma*) |
| *Esb* | Eisenbahn, *caminho de ferro* |
| *et* | etwas, *alguma coisa* |
| *etc* | und so weiter, *etcétera* |
| *f* | weiblich, *feminino* |
| F | umgangssprachlich, *familiar* |
| *fig* | figürlich, *figurativo* |
| *fot* | Fotografie, *fotografia* |
| *fpl* | weiblich Mehrzahl, *feminino plural* |
| *geogr* | Geografie, *geografia* |
| *j-m* | jemandem, *a alguém* |
| *j-n* | jemanden, (*a*) *alguém* |
| *jur* | juristisch, *jurídico* |
| *Kchk* | Kochkunst, *culinária* |
| *m* | männlich, *masculino* |
| *med* | Medizin, *medicina* |
| *m,f* | männliches und weibliches Substantiv, *substantivo de dois gêneros* |
| *mil* | militärisch, *militar* |
| *mpl* | männliche Mehrzahl, *masculino plural* |
| *mus* | Musik, *música* |
| *n* | sächlich, *neutro* |
| *nav* | Schiffahrt, *navegação* |
| *od* | oder, *ou* |
| P | populär, *popular* |
| *pl* | Mehrzahl, *plural* |
| *pol* | Politik, *política* |
| *port* | portugiesisch, *português* |
| *rad* | Rundfunk, *rádio* |
| *rel* | Religion, *religião* |
| *Sp* | Sport, *desporto* |

| | |
|---|---|
| *tech* | Technik, *técnica* |
| *tel* | Fernmeldewesen, *telecomunicações* |
| *theat* | Theater, *teatro* |
| *TV* | Fernsehen, *televisão* |
| V | vulgär, *vulgar* |
| *Wz* | Warenzeichen, *marca registada* |
| *zoo* | Zoologie, *zoologia* |

## Die Aussprache des Portugiesischen

Die **Selbstlaute** können oft sowohl offen als auch geschlossen gesprochen werden, gleich, ob sie betont werden oder nicht. Wenn sie eine Tilde tragen (*maçã*) oder wenn sie vor m und n derselben Silbe stehen (*tempo*), werden sie nasaliert und ähneln den deutschen Selbstlauten in lang, eng, Ding, Gong und jung.

Bei den **Doppellauten** wie z. B. ai, éi, eu wird jeder Selbstlaut für sich gesprochen, aber nicht abgehackt. Einige Doppellaute können nasaliert werden.

**Mitlaute**, die anders als im Deutschen gesprochen werden:

**c** vor a, o, u und anderen Mitlauten wie ***k***, vor e und i aber sowie **ç** vor a, o, u wie scharfes ***s***.

**ch** wird ***sch*** gesprochen.

**g** vor a, o, u und Mitlauten wie ***g***, vor e und i aber als stimmhaften Zischlaut wie in Gara**g**e.

**gu** vor e und i wie ***g***, vor a wie ***gw***.

**h** ist stumm.

**j** ist ein weicher Zischlaut wie in **J**ournal.
**lh** und **nh** wie ***lj*** und ***nj***.
**qu** vor a und o wird ***kw***, vor e und i aber ***k*** (in Ausnahmen ***kw***) gesprochen.
**r** wird einfach oder mehrfach gerollt.
**s** am Wort- und Silbenanfang scharfes **s**, zwischen zwei Vokalen weiches **s**, am Wortende und vor scharfen Konsonanten wie ***sch***, vor weichen Konsonanten wie in **G**enie.
**v** nur wie ***w***.
**x** wie ***sch***, scharfes oder weiches **s** oder ***ks***.
**z** am Wort- und Silbenanfang wie weiches **s**, am Wortende wie ***sch***.
**Betonung:** Wörter, die auf einen Selbstlaut oder auf -am, -em, -as, -es, -os enden, werden auf der vorletzten Silbe betont, die auf einen Mitlaut endenden (außer auf o. g. Gruppen) auf der letzten Silbe. Ausnahmen werden durch Akzente (â, é) auf dem betonten Laut gekennzeichnet. Die letzte Silbe wird auch dann betont, wenn sie eine Tilde (-ã, -ão, -ões) hat und kein Akzent an anderer Stelle vorhanden ist.

## Erklärung der Aussprachezeichen

| | | | |
|---|---|---|---|
| [a] | wie in W**a**de | [ɐ̃] | etwa wie in l**ang** |
| [ɐ] | wie in l**ä**stig | [ẽ] | etwa wie in **eng** |
| [e] | wie in S**ee** | [ĩ] | etwa wie in D**ing** |
| [ɛ] | wie in S**ä**ge | [õ] | etwa wie in G**ong** |
| [ə] | wie in Mitt**e** | [ũ] | etwa wie in j**ung** |
| [o] | wie in **O**fen | [ɲ] | wie **nj** |
| [ɔ] | wie in W**o**lle | [ʎ] | wie **lj** |

| | | | |
|---|---|---|---|
| [ʀ] | mehrfach gerolltes r | [ʃ] | wie in **Sch**ule |
| [z] | wie in lei**s**e | [v] | wie in **W**eg |
| [s] | wie in Me**ss**e | [w] | kurzes, gleitendes **u** |
| [ʒ] | wie in Gara**g**e | | |

Der Betonungsakzent ' steht immer vor der betonten Silbe.

## Besonderheiten der brasilianischen Aussprache

Die Aussprache in Brasilien hat verschiedene regionale Varianten. Die wesentlichsten Unterschiede zur portugiesischen Aussprache bestehen darin, daß die unbetonten Selbstlaute deutlicher gesprochen werden, wobei das offene a und das geschlossene e und o dominieren. Betonte Vokale vor n und m werden nicht offen, sondern geschlossen gesprochen, was im Schriftbild durch einen acento circunflexo (ê) statt eines acento agudo (é) verdeutlicht wird. Das r am Wortende kann unhörbar sein; d und t vor i und unbetontem e können auch zu [tʃ] und [dʒ] werden. Am Wortende und vor stimmlosen Mitlauten werden s und z zu [s], vor stimmhaften Konsonanten zu [z].

| *Bsp.:* | *port* | *bras* |
|---|---|---|
| pena | ['penɐ] | ['pena] |
| dire(c)tor | [dirɛ'tor] | [dire'to(ʀ)] |
| desde | ['deʒdə] | ['dezdʒi] |
| mesmo | ['meʒmu] | ['mezmu] |
| ónibus/ônibus | ['ɔnibuʃ] | ['onibus] |

# Portugiesisch-Deutsches Wörterverzeichnis

## A

**a** [ɐ] *Artikel f* die; *Präposition Richtung* in, nach, zu; *Ort* **à esquina** an der Ecke; **à mesa** bei Tisch; *Zeit* **às duas horas** um zwei Uhr; *Pronomen Objekt f* sie, Sie
**à** [a] *Präposition* **a** + *Artikel f* **a**
**aba** ['abɐ] *f* Rand *m*; Krempe
**abacate** [ɐbɐ'katə] *m* Avocado *f*
**abacaxi** [abaka'ʃi] *m bras* Ananas *f*
**abade** [ɐ'badə] *m* Abt; **abadia** [ɐbɐ'diɐ] *f* Abtei
**abafado** [ɐbɐ'fadu] schwül, stickig
**abaixo** [ɐ'bajʃu] unter; herunter; **~ de** unter(halb von); **ir ~** F schlappmachen
**abanar** [ɐbɐ'nar] rütteln; wackeln (*a Stuhl*); *Kopf* schütteln
**abandonar** [ɐbɐ̃du'nar] verlassen; aufgeben
**abastecer** [ɐbɐʃtə'ser] versorgen; **abastecimento** [ɐbɐʃtəsi'mẽtu] *m* Versorgung *f*
**abater** [ɐbɐ'ter] niederreißen; *Preis* herabsetzen
**abatido** [ɐbɐ'tidu] *fig* niedergeschlagen
**abelha** [ɐ'beʎɐ] *f* Biene
**aberto** [ɐ'bɛrtu] offen, geöffnet; **abertura** [ɐbər'turɐ] *f* Öffnung; Eröffnung
**abismo** [ɐ'biʒmu] *m* Abgrund
**abóbada** [ɐ'bɔbɐdɐ] *f* Gewölbe *n*
**abóbora** [ɐ'bɔburɐ] *f* Kürbis *m*
**abolir** [ɐbu'lir] abschaffen

**abono** [ɐ'bonu] *m* Beihilfe *f*
**aborrecer** [ɐbuʀə'ser] langweilen; **aborrecido** [ɐbuʀe'sidu] langweilig; ärgerlich
**abortar** [ɐbur'tar] *fig* scheitern; **aborto** [ɐ'bɔrtu] *m* Fehlgeburt *f*; ~ ***provocado*** Abtreibung *f*
**abotoar** [ɐbu'twar] zuknöpfen
**abraçar** [ɐbrɐ'sar] umarmen; **abraço** [ɐ'brasu] *m* Umarmung *f*; **~s!** *Briefschluß* Ich umarme Dich (*od* Euch)!
**abre-latas** [abrə'latɐʃ] *m* Büchsenöffner
**abreviar** [ɐbrə'vjar] abkürzen; **abreviatura** [ɐbrəvjɐ'turɐ] *f* Abkürzung
**Abril** [ɐ'briɫ] *m* April
**abrir** [ɐ'brir] öffnen; *Hahn* aufdrehen
**absolutamente** [ɐbsulutɐ'mẽtə] durchaus; *bras* ganz und gar nicht
**abster-se** [ɐbʃ'tersə]: ~ (**de**) sich enthalten
**absurdo** [ɐb'surdu] absurd, unsinnig; *m* Unsinn
**abundante** [ɐbũ'dɐ̃tə] reichlich, üppig
**aburrinhar** [ɐbuʀi'ɲar] *Baby* krabbeln
**abusar** [ɐbu'zar]: ~ (**de**) mißbrauchen; **abuso** [ɐ'buzu] *m* Mißbrauch
**acabamento** [ɐkɐbɐ'mẽtu] *m* Fertigstellung *f*; *Modell* Ausführung *f*; **acabar** [ɐkɐ'bar] (be)enden; fertigstellen; ~ ***bem*** gut ausgehen; ~ ***de fazer*** gerade getan haben
**academia** [ɐkɐdə'miɐ] *f* Akademie
**acalmar** [ɐkaɫ'mar] beruhigen
**acampar** [ɐkɐ̃'par] zelten
**acaso** [ɐ'kazu] *m* Zufall; ***por*** ~ per Zufall, zufällig
**a(c)ção** [a'sɐ̃w] *f* Tat, Handlung; Wirkung; Aktie

**a(c)cionador** [asjunɐ'dor] *m*: **~ *de disquetes*** Diskettenlaufwerk *n*; **a(c)cionamento** [asjunɐ'mẽtu] *m* Antrieb; **a(c)cionar** [asju'nar] *tech* antreiben
**aceitar** [ɐsej'tar] annehmen, akzeptieren
**acelerador** [ɐsələrɐ'dor] *m* Gaspedal *n*; *Film* Zeitraffer; **acelerar** [ɐsələ'rar] beschleunigen
**acender** [ɐsẽ'der] anzünden; *tech* anschalten
**acepipe** [ɐsə'pipə] *m* Appetithappen
**acerca** [ɐ'serkɐ]: **~ *de*** über, hinsichtlich
**acertar** [ɐsər'tar] *Uhr* stellen
**aceso** [ɐ'sezu]: ***estar* ~** *Feuer*, *Licht* brennen
**acesso** [ɐ'sɛsu] *m* Zugang; Zufahrt *f*; **~ *rodoviário*** Autobahnzubringer
**acessório** [ɐsə'sɔrju] *m* Zubehör *n*
**achádego** [ɐ'ʃadəgu] *m* Finderlohn; **achado** [ɐ'ʃadu] *m* Fund(sache *f*)
**acidental** [ɐsidẽ'tał] zufällig; **acidente** [ɐsi'dẽtə] *m* Unfall; **~ *de viação*** Verkehrsunfall
**ácido** ['asidu] sauer; *m* Säure *f*
**acima** [ɐ'simɐ] hinauf, aufwärts; **~ *de*** über; oberhalb von
**aclimatar** [ɐklimɐ'tar] akklimatisieren
**aço** ['asu] *m* Stahl
**acocorar-se** [ɐkuku'rarsə] sich hinhocken
**acolhedor** [ɐkuʎə'dor] gemütlich, gastlich; **acolher** [ɐku'ʎer] aufnehmen; beherbergen
**acompanhamento** [ɐkõpɐɲɐ'mẽtu] *m* Begleitung *f*; Betreuung *f*; **acompanhante** [ɐkõpɐ'ɲẽtə] *m,f* Begleiter(in *f*) *m*; **~ *do condutor*** Beifahrer(in *f*) *m*; **acompanhar** [ɐkõpɐ'ɲar] begleiten

**aconselhar** [ɐkõsə'ʎar] (be)raten
**acontecer** [ɐkõtə'ser] geschehen, passieren; **acontecimento** [ɐkõtəsi'mẽtu] *m* Ereignis *n*
**acordar** [ɐkur'dar] vereinbaren, beschließen; aufwecken; **acordo** [ɐ'kordu] *m* Vereinbarung *f*; Vertrag; ***de ~ (com)*** einverstanden (mit)
**acostumar** [ɐkuʃtu'mar] gewöhnen (***a*** an)
**acreditar** [ɐkrədi'tar] glauben (***em*** an)
**acrescentar** [ɐkrəʃsẽ'tar] hinzufügen
**acréscimo** [ɐ'krɛʃsimu] *m* Steigerung *f*; Zuwachs
**a(c)ta** ['atɐ] *f* Protokoll *n*
**a(c)tividade** [atəvi'dadə] *f* Tätigkeit; **a(c)tivo** [a'tivu] aktiv; wirksam; **a(c)to** ['atu] *m* Handlung *f*, Tat *f*; **a(c)tor** [a'tor] *m*, **a(c)triz** [a'triʃ] *f* Schauspieler(in *f*) *m*
**a(c)tual** [a'twał] aktuell, gegenwärtig; **a(c)tualidade** [atwɐli'dadə] *f* Gegenwart; **a(c)tuar** [a'twar] (ein)wirken (***sobre*** auf)
**açúcar** [ɐ'sukɐr] *m* Zucker; **açucareiro** [ɐsukɐ'rejru] *m* Zuckerdose *f*
**açude** [ɐ'sudə] *m* Wehr *n*
**acusado** [ɐku'zadu] *m* Angeklagte(r); **acusar** [ɐku'zar] anklagen; *Empfang* bestätigen
**adaptar** [ɐdap'tar] anpassen
**adega** [ɐ'dɛgɐ] *f* Weinkeller *m*
**adequado** [ɐdə'kwadu] angemessen
**aderente** [ɐdə'rẽtə] haftend; *m,f* Anhänger(in); **adesão** [ɐdə'zɐ̃w] *f* Beitritt *m*; **adesivo** [ɐdə'zivu] *m* Heftpflaster *n*
**adeus** [ɐ'dewʃ] *m* Abschied; ***~!*** tschüs!
**adiantamento** [ɐdjɐ̃tɐmẽtu] *m* Vorschuß

**adiante** [ɐ'djẽtə] vorwärts
**adiar** [ɐ'djar] aufschieben; vertagen
**adido** [ɐ'didu] *m* Attaché
**aditivo** [ɐdə'tivu] *m* Zusatz, Additiv *n*
**adivinha** [ɐdə'viɲɐ] *f* Rätsel(aufgabe *f*) *n*
**administração** [ɐdməniʃtrɐ'sɐ̃w] *f* Verwaltung; ***administrar*** [ɐdməniʃ'trar] verwalten
**admirar** [ɐdmi'rar] bewundern; **~-se** sich wundern (***de, com*** über)
**admissão** [ɐdmi'sɐ̃w] *f* Aufnahme, Zulassung; *tech* Zuführung; **admitir** [ɐdmə'tir] annehmen; zugeben
**adoecer** [ɐdwə'ser] erkranken
**adolescente** [ɐduləʃ'sẽtə] *m,f* Jugendliche(r)
**adormecer** [ɐdurmə'ser] einschlafen
**adorno** [ɐ'dɔrnu] *m* Schmuck; Zierde *f*
**adquirir** [ɐdkə'rir] erwerben
**adubo** [ɐ'dubu] *m* Dünger
**adulto** [ɐ'duɫtu] erwachsen; *m* Erwachsene(r)
**adversário** [ɐdvər'sarju] *m* Gegner
**advertência** [ɐdvər'tẽsjɐ] *f* Warnung; Hinweis *m*; **advertir** [ɐdvər'tir] warnen, hinweisen
**advogado** [ɐdvu'gadu] *m* (Rechts-)Anwalt
**aéreo** [ɐ'ɛrju] Luft...; **aerodeslizador** [ɐɛrɔdəʒlizɐ'dor] *m* Luftkissenfahrzeug *n*; **aerodinâmica** [ɐɛrɔdi'nɐmikɐ] *f* Aerodynamik; **aeródromo** [ɐɛ'rɔdrumu] *m* Flughafen; **aeromoça** [aɛrɔ'mosa] *f bras* Stewardess; **aeronave** [ɐɛrɔ'navə] *f* Luftschiff *n*; **aeroporto** [ɐɛrɔ'portu] *m* Flughafen; **aerossol** [ɐɛrɔ'sɔɫ] *m* Spray *m od n*

**afastado** [ɐfɐʃ'tadu] abgelegen; **afastar** [ɐfɐʃ'tar] entfernen; beseitigen
**afazeres** [ɐfɐ'zerəʃ] *mpl* Pflichten *fpl*
**afe(c)tado** [ɐfɛ'tadu] betroffen; befallen; *fig* affektiert
**afeição** [ɐfej'sɐ̃w] *f* Zuneigung
**afinal** [ɐfi'nał] schließlich, endlich
**afinar** [ɐfi'nar] verfeinern; *Instrument* stimmen
**afirmação** [ɐfirmɐ'sɐ̃w] *f* Behauptung; Bestätigung; **afirmar** [ɐfir'mar] behaupten; bestätigen
**afixar** [ɐfi'ksar] ankleben; befestigen
**afluência** [ɐ'flwẽsjɐ] *f* Andrang *m*, Zustrom *m*; **afluente** [ɐ'flwẽtə] *m* Nebenfluß; **afluxo** [ɐ'fluksu] *m* Zuzug
**afogar-se** [ɐfu'garsə] ertrinken
**africano** [ɐfri'kɐnu] afrikanisch; *m* Afrikaner *m*
**afugentar** [ɐfuʒẽ'tar] verscheuchen, verjagen
**afundar-se** [ɐfũ'darsə] (ver)sinken
**agarrar** [ɐgɐ'ʀar] ergreifen, packen
**agasalhar** [ɐgɐzɐ'ʎar] beherbergen; **agasalho** [ɐgɐ'zaʎu] *m freundliche* Aufnahme *f*; warme Kleidung *f*
**agência** [ɐ'ʒẽsjɐ] *f* Agentur; ~ ***de transportes*** Speditionsfirma; ~ ***de viagens*** Reisebüro *n*; ~ ***funerária*** Beerdigungsinstitut *n*; **agente** [ɐ'ʒẽtə] *m* Agent; Vertreter; *chem* Wirkstoff; ~ **de polícia** Polizist
**ágil** ['aʒił] flink, behende
**agir** [ɐ'ʒir] handeln; **agitação** [ɐʒitɐ'sɐ̃w] *f* Auf-, Erregung; **agitar** [ɐʒi'tar] bewegen; *fig* erregen
**aglomerado** [ɐglumə'radu] *m* Ballungsgebiet *n*

**agora** [ɐ'gɔrɐ] jetzt, nun; ~ ***mesmo*** soeben
**Agosto** [ɐ'gɔʃtu] *m* August
**agradável** [ɐgrɐ'davɛł] angenehm
**agradecer** [ɐgrɐdə'ser] danken (für); **agradecimento** [ɐgrɐdəsi'mẽtu] *m* Dank
**agrafar** [ɐgrɐ'far] zusammenheften
**agravar** [ɐgrɐ'var] verschlechtern, verschlimmern
**agressão** [ɐgrə'sɐ̃w] *f* Aggression, Angriff *m*
**agrícola** [ɐ'grikulɐ] landwirtschaftlich; **agricultor** [ɐgrikuł'tor] *m* Landwirt; **agricultura** [ɐgrikuł'turɐ] *f* Landwirtschaft
**água** ['agwɐ] *f* Wasser *n*; ~***s*** *pl* Gewässer *n od pl*; ~ ***potável*** Trinkwasser *n*; ~ ***refrigerante*** Kühlwasser *n*; ~***s residuais*** Abwasser *n*
**aguaceiro** [ɐgwɐ'sejru] *m* Schauer, Wolkenbruch
**água-de-colónia** [agwɐdəku'lɔnjɐ] *f* Kölnischwasser *n*
**aguardar** [ɐgwɐr'dar] ab-, erwarten
**aguardente** [ɐgwɐr'dẽtə] *f* Schnaps *m*
**agudo** [ɐ'gudu] scharf; spitz
**aguentar** [ɐgwẽ'tar] aus-, durchhalten
**águia** ['agjɐ] *f* Adler *m*
**agulha** [ɐ'guʎɐ] *f* Nadel; *Esb* Weiche
**aí** [ɐ'i] da, dort(hin)
**aidético** [aj'dɛtiku] *m* Aidskranke(r)
**ainda** [ɐ'ĩdɐ] noch; ~ ***assim*** trotzdem; ~ ***bem*** um so besser
**ajeitar** [ɐʒej'tar] in Ordnung bringen
**ajuda** [ɐ'ʒudɐ] *f* Hilfe, Unterstützung; ~***s*** *pl* ***de custo*** Spesen *pl*; **ajudar** [ɐʒu'dar] helfen, unterstützen

**ajustar** [ɐʒuʃ'tar] anpassen; *tech* einstellen; *fig* bereinigen
**ala** ['alɐ] *f Haus* Flügel *m*
**alameda** [ɐlɐ'medɐ] *f* Allee
**álamo** ['alɐmu] *m* Espe *f*
**alargar** [ɐlɐr'gar] erweitern, ausdehnen
**alarme** [ɐ'larmə] *m* Alarm
**alavanca** [ɐlɐ'vɐ̃kɐ] *f* Hebel *m*
**albergar** [ałbər'gar] beherbergen; **albergue** [ał'bɛrgə] *m* Herberge *f*
**álbum** ['ałbũ] *m* Album *n*
**alcachofra** [ałkɐ'ʃofrɐ] *f* Artischocke
**alcançar** [ałkɐ̃'sar] erreichen, erlangen; **alcance** [ał'kɐ̃sə] *m* Reichweite *f*; **~ *visual*** Sichtweite *f*; ***fora do ~*** außer Reichweite
**alcaparras** [ałkɐ'paʀɐʃ] *fpl* Kapern
**alcatifa** [ałkɐ'tifɐ] *f* Teppichboden *m*
**alcatrão** [ałkɐ'trɐ̃w] *m* Teer
**álcool** ['ałkwɔł] *m* Alkohol; **alcoólico** [ałkw'ɔliku] alkoholisch; *m* Alkoholiker; **alcoolismo** [ałkwɔ'liʒmu] *m* Alkoholismus
**aldeia** [ał'dejɐ] *f* Dorf *n*
**alecrim** [ɐlə'krĩ] *m* Rosmarin
**alegrar** [ɐlə'grar] (er)freuen; ***~-se com*** sich freuen über; **alegre** [ɐ'lɛgrə] lustig, fröhlich; **alegria** [ɐlə'griɐ] *f* Freude
**além** [a'lẽj] drüben; ***~ de*** außer; ***~ disso*** ***außerdem***; **~-mar** [alẽj'mar] *m* Übersee *f*
**alemão** *m*, **alemã** *f* [ɐlə'mɐ̃w, ɐlə'mɐ̃] deutsch; *m,f* Deutsche(r)
**alergia** [ɐlər'ʒiɐ] *f* Allergie; **alérgico** [ɐ'lɛr-

ʒiku] allergisch
**alerta** [a'lɛrtɐ]: ~! Alarm!
**alfabeto** [aɫfɐ'bɛtu] *m* Alphabet *n*
**alface** [aɫ'fasə] *f* Kopfsalat *m*
**alfaiate** [aɫfɐ'jatə] *m* Schneider
**alfândega** [aɫ'fɐ̃dəgɐ] *f* Zoll *m*; **alfandegário** [aɫfɐ̃də'garju] Zoll...
**alfinete** [aɫfi'netə] *m* Stecknadel *f*
**alga** ['aɫgɐ] *f* Alge
**algarismo** [aɫgɐ'riʒmu] *m* Ziffer *f*
**algemas** [aɫ'ʒemɐʃ] *fpl* Handschellen
**algibeira** [aɫʒi'bejrɐ] *f Hose, Jacke* Tasche
**algo** ['aɫgu] (irgend) etwas
**algodão** [aɫgu'dɐ̃w] *m* Baumwolle *f*; ~ ***em rama*** Watte *f*
**alguém** [aɫ'gɐ̃j] jemand
**algum(a)** [aɫ'gũ, (aɫ'gumɐ)] irgendein(e)
**alho** ['aʎu] *m* Knoblauch
**ali** [ɐ'li] dort, da
**aliança** [ɐ'ljɐ̃sɐ] *f* Bündnis *n*; Ehering *m*
**aliás** [ɐ'ljaʃ] übrigens
**alicate** [ɐli'katə] *m* Zange *f*
**alimentação** [ɐlimẽtɐ'sɐ̃w] *f* Ernährung; **alimentar** [ɐlimẽ'tar] ernähren; **alimento** [ɐli'mẽtu] *m* Nahrung *f*; ~***s*** *pl* Alimente
**alívio** [ɐ'livju] *m* Erleichterung *f*
**alma** ['aɫmɐ] *f* Seele; Gemüt *n*
**almoçar** [aɫmu'sar] zu Mittag essen; **almoço** [aɫ'mosu] *m* Mittagessen *n*; ***pequeno*** ~ Frühstück *n*
**almofada** [aɫmu'fadɐ] *f* (Kopf-)Kissen *n*; ~ ***térmica*** Heizkissen *n*

**almôndega** [ał'mõdəgɐ] *f* Frikadelle
**alojamento** [ɐluʒɐ'mẽtu] *m* Unterkunft *f*; Unterbringung *f*; **alojar** [ɐlu'ʒar] unterbringen; **~-se** unterkommen
**alpinismo** [ałpə'niʒmu] *m* Bergsteigen *n*; **alpinista** [ałpə'niʃtɐ] *m,f* Bergsteiger(in *f*) *m*
**alta** ['ałtɐ] *f Preise* Anstieg *m*; ***ter ~*** *aus Krankenhaus* entlassen werden
**altar** [ał'tar] *m* Altar
**alteração** [ałtərɐ'sɐ̃w] *f* Veränderung; **alterar** [ałtə'rar] verändern
**alternativa** [ałtərnɐ'tivɐ] *f* Alternative
**altifalante** [ałtifɐ'lẽtə] *m* Lautsprecher
**altitude** [ałti'tudə] *f geogr* Höhe
**alto** ['ałtu] hoch; groß; *Geräusch* laut; *Stimme, Ton* hoch; *m* (An-)Höhe *f*; ***~!*** Halt!; **altura** [ał'turɐ] *f* Höhe; Zeitpunkt *m*; ***nessa ~*** damals
**alugar** [ɐlu'gar] (ver)mieten; **aluguer** [ɐlu'ger] *m* Miete *f*; Vermietung *f*; ***~ de automóveis*** Autoverleih; ***casa*** *f* ***de ~*** Mietshaus *n*
**alumínio** [ɐlu'minju] *m* Aluminium *n*
**aluno** [ɐ'lunu] *m* Schüler
**alvo** ['ałvu] *m* Ziel(scheibe *f*) *n*
**ama** ['ɐmɐ] *f* Amme
**amabilidade** [ɐmɐbəli'dadə] *f* Liebenswürdigkeit
**amaciador** [ɐmɐsjɐ'dor] *m* Weichspüler
**amador** [ɐmɐ'dor] *m* Amateur
**amamentar** [ɐmɐmẽ'tar] säugen, nähren
**amanhã** [ɐmɐ'ɲɐ̃] morgen; ***depois de ~*** übermorgen

**amante** [ɐ'mẽtə] *m,f* Geliebte(r); **amar** [ɐ'mar] lieben
**amarelo** [ɐmɐ'rɛlu] gelb
**amargo** [ɐ'margu] bitter
**amarra** [ɐ'maʀɐ] *f* Trosse
**amarrotar** [ɐmɐʀu'tar] zerknittern
**ama-seca** [ɐmɐ'sekɐ] *f* Kinderfrau
**amável** [ɐ'mavɛɫ] liebenswürdig
**âmbar** ['ɐ̃bar] *m* Bernstein
**ambição** [ɐ̃bi'sɐ̃w] *f* Ehrgeiz *m*; **ambicioso** [ɐ̃bi'sjozu] ehrgeizig
**ambiente** [ɐ̃'bjẽtə] *m* Atmosphäre *f*; Stimmung *f*; (***meio***) ~ Umwelt *f*; ***prote(c)ção*** *f* ***ao meio*** ~ Umweltschutz *m*
**âmbito** ['ɐ̃bitu] *m* Bereich
**ambos, -as** ['ɐ̃buʃ, -ɐʃ] beide; ***ambos os dois*** alle beide
**ambulância** [ɐ̃bu'lɐ̃sjɐ] *f* Krankenwagen *m*
**ameaça** [ɐ'mjasɐ] *f* (Be-)Drohung; **ameaçar** [ɐmjɐ'sar] (be)drohen
**amêijoa** [ɐ'mejʒwɐ] *f* Muschel
**ameixa** [ɐ'mejʃɐ] *f* Pflaume
**amêndoa** [ɐ'mẽdwɐ] *f* Mandel
**americano** [ɐməri'kɐnu] amerikanisch; *m* Amerikaner
**amido** [ɐ'midu] *m* Stärke(mehl *n*) *f*
**amigável** [ɐmi'gavɛɫ] freundschaftlich; **amigo** [ɐ'migu] *m* Freund; **amizade** [ɐmi'zadə] *f* Freundschaft
**amnistia** [ɐmniʃ'tiɐ] *f* Amnestie
**amo** ['ɐmu] *m* Besitzer, Herr

**amor** [ɐ'mor] *m* Liebe *f*; **fazer ~** *körperlich* sich lieben
**amortecedor** [ɐmurtəsə'dor] *m aut* Stoßdämpfer
**amostra** [ɐ'mɔʃtrɐ] *f* Muster *n*
**amparo** [ɐ̃'paru] *m* Schutz; Hilfe *f*
**amperagem** [ɐ̃pə'raʒɐ̃j] *f* Stromstärke
**ampliação** [ɐ̃pljɐ'sɐ̃w] *f* Erweiterung; *fot* Vergrößerung; **ampliar** [ɐ̃'pljar] erweitern; vergrößern; **amplificador** [ɐ̃pləfikɐ'dor] *m* Verstärker; **amplo** ['ɐ̃plu] weit; geräumig
**analfabeto** [ɐnaɫfɐ'bɛtu] *m* Analphabet
**analgésico** [ɐnaɫ'ʒɛziku] *m* Schmerzmittel *n*
**analisar** [ɐnɐli'zar] analysieren; **análise** [ɐ'nalizə] *f* Analyse
**ananás** [ɐnɐ'naʃ] *m* Ananas *f*
**anca** ['ɐ̃kɐ] *f* Hüfte
**ancião** *m*, **anciã** *f* [ɐ̃'sjɐ̃w, ɐ̃'sjɐ̃] Greis(in)
**âncora** ['ɐ̃kurɐ] *f* Anker *m*; **ancoradouro** [ɐ̃kurɐ'doru] *m* Reede *f*
**andaime** [ɐ̃'dajmə] *m* Gerüst *n*
**andamento** [ɐ̃dɐ'mẽtu] *m* Fortgang, Verlauf; **andar** [ɐ̃'dar] gehen, laufen; *m* Stockwerk *n*; Etagenwohnung *f*
**andorinha** [ɐ̃du'riɲɐ] *f* Schwalbe
**anedota** [ɐnə'dɔtɐ] *f* Witz *m*; Anekdote
**anel** [ɐ'nɛɫ] *m* Ring
**anestesia** [ɐnəʃtə'ziɐ] *f* Anästhesie, Betäubung
**anexar** [ɐnɛ'ksar] annektieren; *Anhang* beifügen; **anexo** [ɐ'nɛksu] *m* Anbau; *Brief* Anhang
**anfiteatro** [ɐ̃fi'tjatru] *m* Hörsaal

**anfitrião** *m*, **anfitriã** *f* [ɐ̃fi'trjɐ̃w, ɐ̃fi'trjɐ̃] Gastgeber(in)
**angolano** [ɐ̃gu'lɐnu] angolanisch; *m* Angolaner
**ângulo** ['ɐ̃gulu] *m* Winkel
**angústia** [ɐ̃'guʃtjɐ] *f* Angst, Beklemmung
**animação** [ɐnimɐ'sɐ̃w] *f* Stimmung; **animador** [ɐnimɐ'dor] *m* Show-, Quiz-Master
**animal** [ɐni'mał] tierisch; *m* Tier *n*; **~ *doméstico*** Haustier *n*
**ânimo** ['ɐnimu] *m* Geist; Mut; Gemüt *n*
**aniversário** [ɐnivər'sarju] *m* Jahrestag; Geburtstag
**anjo** ['ɐ̃ʒu] *m* Engel
**ano** ['ɐnu] *m* Jahr *n*; **~ *de nascimento*** Geburtsjahr *n*; **~ *Novo*** Neujahr *n*; ***dia** m **de ~s*** Geburtstag; ***fazer ~s*** Geburtstag haben; ***ter um ~*** ein Jahr alt sein
**anoitecer** [ɐnojtə'ser] Nacht werden
**anoraque** [ɐnu'rakə] *m* Anorak
**ânsia** ['ɐ̃sjɐ] *f* Angst; (An-)Spannung
**ante** ['ɐ̃tə] vor, angesichts; **~cessor** [ɐ̃təsə'sor] *m* Vorgänger; **~mão** [ɐ̃tə'mɐ̃w]: ***de ~*** im voraus
**antena** [ɐ̃'tenɐ] *f* Antenne; *Tier* Fühler *m*; ***tempo** m **de ~*** *TV, rad* Sendezeit *f*
**anteontem** [ɐ̃tə'õtɐ̃j] vorgestern
**anterior** [ɐ̃tə'rjor] vorhergehend
**antes** ['ɐ̃təʃ] früher; vorher; **~ *de*** vor
**antibiótico** [ɐ̃ti'bjɔtiku] *m* Antibiotikum *n*
**antibloqueio** [ɐ̃tiblu'keju]: ***sistema** m **de travagem ~*** Antiblockiersystem *n*
**anticiclone** [ɐ̃tisi'klɔnə] *m* *Wetter* Hoch *n*

**anticonceptivo** [ɐ̃tikõsɛ'tivu] empfängnisverhütend
**anticongelante** [ɐ̃tikõʒə'lɐ̃tə] *m* Frostschutzmittel *n*
**anticonstitucional** [ɐ̃tikõʃtitusju'nał] verfassungswidrig
**anticorpo** [ɐ̃ti'korpu] *m* Antikörper
**anticorrosivo** [ɐ̃tikuʀu'zivu] *m* Rostschutzmittel *n*
**antigo** [ɐ̃'tigu] alt; ehemalig
**antipático** [ɐ̃ti'patiku] unsympathisch
**anti-sísmico** [ɐ̃ti'siʒmiku] erdbebensicher
**anual** [ɐ'nwał] jährlich
**anular** [ɐnu'lar] annullieren
**anunciar** [ɐnũ'sjar] ankündigen; annoncieren; **anúncio** [ɐ'nũsju] *m* Inserat *n*
**anzol** [ɐ̃'zɔł] *m* Angelhaken
**ao** ['aw] *Präposition* **a** + *Artikel f* **o**
**aonde** [ɐ'õdə] wohin
**apagar** [ɐpɐ'gar] ausschalten; auslöschen
**apaixonar-se** [ɐpajʃu'narsə] sich verlieben (***por*** in)
**apanhar** [ɐpɐ'ɲar] ergreifen; *Krankheit, Zug* bekommen; *Obst* pflücken
**apara-lápis** [ɐparɐ'lapiʃ] *m* Bleistiftanspitzer
**aparecer** [ɐpɐrə'ser] erscheinen, auftreten
**aparelhagem** [ɐpɐrə'ʎaʒɐ̃j] *f*: **~ *de som*** Stereoanlage; **aparelho** [ɐpɐ'reʎu] *m* Apparat
**aparente** [ɐpɐ'rɐ̃tə] scheinbar
**apartado** [ɐpɐr'tadu] *m* Postfach *n*
**apartamento** [ɐpɐrtɐ'mẽtu] *m* Wohnung *f*, Apartment *n*

**apátrida** [ɐ'patridɐ] staatenlos
**apeadeiro** [ɐpjɐ'dejru] *m Esb* Haltepunkt
**apelido** [ɐpə'lidu] *m* Nachname, Familienname
**apenas** [ɐ'penɐʃ] nur
**apêndice** [ɐ'pẽdisə] *m* Anhang; *med* Blinddarm
**apertado** [ɐpər'tadu] eng; knapp; **apertar** [ɐpər'tar] zusammendrücken; **~ os cintos** *av*, *aut* sich anschnallen
**apesar** [ɐpə'zar]: **~ de** trotz; **~ disso** trotzdem
**apetecer** [ɐpətə'ser]: **apetece-me** ich mag, ich habe Lust zu (*od* auf)
**apetite** [ɐpə'titə] *m* Appetit
**apetrecho(s)** [ɐpə'treʃu(ʃ)] *m(pl)* Zubehör *n*; Ausstattung *f*
**aplicação** [ɐplikɐ'sɐ̃w] *f* Anwendung, Verwendung; **aplicar** [ɐpli'kar] anwenden
**apodrecer** [ɐpudrə'ser] (ver)faulen, verderben
**apoiar** [ɐpo'jar] unterstützen, helfen; **apoio** [ɐ'poju] *m* Hilfe *f*, Unterstützung *f*; *fig* Stütze *f*
**apontamento** [ɐpõtɐ'mẽtu] *m* Notiz *f*; **apontar** [ɐpõ'tar] notieren
**após** [ɐ'pɔʃ] *zeitlich* nach, hinter
**aposentar** [ɐpuzẽ'tar] pensionieren; *Gast* beherbergen
**aposta** [ɐ'pɔʃtɐ] *f* Wette
**apreciador** [ɐprəsjɐ'dor] *m* Kenner, Liebhaber; **apreciar** [ɐprə'sjar] (wert)schätzen; beurteilen
**aprender** [ɐprẽ'der] lernen; **aprendiz** [ɐprẽ'diʃ] *m* Auszubildende(r)
**apresentação** [ɐprəzẽtɐ'sɐ̃w] *f* Vorstellung; Auf-

machung; **apresentar** [ɐprəzẽ'tar] vorstellen; *Rechnung*, *Vertrag* vorlegen
**apropriado** [ɐpru'prjadu] geeignet; zweckmäßig
**aprovar** [ɐpru'var] billigen, zustimmen (zu)
**aproveitar** [ɐpruvej'tar] aus-, benutzen
**aproximadamente** [ɐprɔsimɐdɐ'mẽtə] ungefähr, annähernd; **aproximar-se** [ɐprɔsi'marsə] sich (an)nähern (***de a*/*c*** e-r Sache)
**apuros** [ɐ'puruʃ] *mpl* Schwierigkeiten *fpl*; F Zwickmühle *f*
**aquário** [ɐ'kwarju] *m* Aquarium *n*
**aquecedor** [ɐkəsə'dor] *m* Heizgerät *n*; **~ *de imersão*** Tauchsieder; **aquecer** [ɐkə'ser] erwärmen; heizen; **aquecimento** [ɐkəsi'mẽtu] *m* Heizung *f*
**aquele, -a** [ɐ'kelə, ɐ'kɛlɐ] jene(r)
**aqui** [ɐ'ki] hier
**aquilo** [ɐ'kilu] jenes
**ar** [ar] *m* Luft *f*; Miene *f*; **~ *condicionado*** Klimaanlage *f*; ***ao* ~ *livre*** im Freien
**árabe** ['arɐbə] arabisch; *m,f* Araber(in)
**arado** [ɐ'radu] *m* Pflug
**arame** [ɐ'rɐmə] *m* Draht
**aranha** [ɐ'rɐɲɐ] *f* Spinne
**árbitro** ['arbitru] *m* Schiedsrichter
**arbusto** [ɐr'buʃtu] *m* Strauch
**arca** ['arkɐ] *f* Truhe; **~ *frigorífica*** Kühltruhe
**arco-íris** [arku'iriʃ] *m* Regenbogen
**arder** [ɐr'der] brennen
**área** ['arjɐ] *f* Fläche; *fig* Gebiet *n*; **~ *de descanso*** Rastplatz *m*; **~ *de serviço*** (Autobahn-)Raststätte

**areia** [ɐ'rejɐ] *f* Sand *m*
**arenque** [ɐ'rẽkə] *m* Hering
**argila** [ɐr'ʒilɐ] *f* Ton(erde *f*) *m*
**argumento** [ɐrgu'mẽtu] *m* Argument *n*; *theat* Handlung *f*
**árido** ['aridu] trocken, dürr
**arma** ['armɐ] *f* Waffe; **~s** *pl* Wappen *n*; **~ *de fogo*** Feuerwaffe; **~dilha** [ɐrmɐ'diʎɐ] *f* Falle; **~dor** [ɐrmɐ'dor] *m* Reeder; **~mento** [ɐrmɐ'mẽtu] *m mil* Rüstung *f*; **~r** [ɐr'mar] bewaffnen; einrichten, ausstatten
**armário** [ɐr'marju] *m* Schrank; **~ *embutido*** Einbauschrank
**armazém** [ɐrmɐ'zẽj] *m* Warenhaus *n*; Lager(haus) *n*; *bras* Lebensmittelgeschäft *n*; **armazenar** [ɐrmɐzə'nar] lagern; *EDV* speichern
**arminho** [ɐr'miɲu] *m* Hermelin
**aro** ['aru] *m* Ring, Reif
**aroma** [ɐ'romɐ] *m* Aroma *n*
**arpão** [ɐr'pɐ̃w] *m* Harpune *f*
**arquipélago** [ɐrki'pɛlɐgu] *m* Archipel, Inselgruppe *f*
**arquite(c)to** [ɐrki'tɛtu] *m* Architekt; **arquite(c)tura** [ɐrquitɛ'turɐ] *f* Architektur
**arquivar** [ɐrki'var] archivieren; **arquivo** [ɐr'kivu] *m* Archiv *n*
**arrancar** [ɐʀɐ̃'kar] herausreißen, -ziehen; *aut Motor* anspringen
**arranha-céus** [ɐʀɐɲɐ'sɛwʃ] *m* Wolkenkratzer; **arranhar** [ɐʀɐ'ɲar] kratzen
**arranjar** [ɐʀɐ̃'ʒar] ordnen; besorgen; in Ordnung

bringen; **~-se** sich zurechtfinden; sich machen lassen

**arranque** [ɐ'ʀɐ̃kə] *m* Start; Aufbruch; *Motor* Anspringen *n*

**arrastar** [ɐʀɐʃ'tar] schleppen; ziehen

**arrecadação** [ɐʀəkɐdɐ'sɐ̃w] *f* Abstellraum *m*

**arrefecer** [ɐʀəfə'ser] abkühlen

**arrendamento** [ɐʀẽdɐ'mẽtu] *m* Vermietung *f*; **arrendar** [ɐʀẽ'dar] (ver)mieten; (ver)pachten; **arrendatário** [ɐʀẽdɐ'tarju] *m* Mieter

**arrepender-se** [ɐʀəpẽ'dersə] bereuen (**de a/c** et)

**arriscar** [ɐʀiʃ'kar] riskieren; **~-se a a/c** et wagen

**arrotar** [ɐʀu'tar] aufstoßen, rülpsen

**arroz** [ɐ'ʀoʃ] *m* Reis

**arruinar** [ɐʀuj'nar] ruinieren

**arrumadeira** [ɐʀumɐ'dejrɐ] *f* Platzanweiserin; **arrumar** [ɐʀu'mar] aufräumen; *Auto* einparken

**arte** ['artə] *f* Kunst; Fertigkeit; **~s** *pl* ***mecânicas*** Handwerk *n*

**artéria** [ɐr'tɛrjɐ] *f* Arterie

**artesanato** [ɐrtəzɐ'natu] *m* Kunsthandwerk *n*; **artesão** [ɐrte'zɐ̃w] *m* Handwerker

**articulação** [ɐrtikulɐ'sɐ̃w] *f* Gelenk *n*

**artificial** [ɐrtəfi'sjał] künstlich

**artigo** [ɐr'tigu] *m* Artikel (*a Zeitung*)

**artista** [ɐr'tiʃtɐ] *m,f* Künstler(in)

**árvore** ['arvurə] *f* Baum *m*; *tech* Welle

**asa** ['azɐ] *f* Flügel *m*; *Tasse* Henkel *m*; **~-delta** [asɐ'dɛłtɐ] *m* Drachenfliegen *n*

**ascender** [ɐʃsẽ'der] aufsteigen (*a beruflich*); **ascensor** [ɐʃsẽ'sor] *m* Lift

**asiático** [ɐ'zjatiku] asiatisch; *m* Asiat
**asilo** [ɐ'zilu] *m* Asyl *n*
**asma** ['aʒmɐ] *m* Asthma *n*
**asneira** [ɐʒ'nejrɐ] *f* Dummheit, Eselei
**aspecto** [ɐʃ'pɛtu] *m* Aspekt; Aussehen *n*; ***ter bom*** ~ gut aussehen
**aspirador** [ɐʃpirɐ'dor] *m* Staubsauger; **aspirar** [ɐʃpi'rar] einatmen; *Staub* saugen; ~ ***a*** streben nach
**aspirina** [ɐʃpi'rinɐ] *f Wz* Aspirin *n Wz*
**assado** [ɐ'sado] *m* Braten
**assalariado** [ɐsɐlɐ'rjado] *m* Arbeitnehmer
**assalto** [ɐ'sałtu] *m* Überfall
**assar** [ɐ'sar] *im Ofen* braten
**assassínio** [ɐsɐ'sinju] *m* Mord; **assassino** [ɐsɐ'sinu] *m* Mörder
**assegurar** [ɐsəgu'rar] ver-, zusichern
**assento** [ɐ'sẽtu] *m* Sitz(platz); Gesäß *n*; ~ ***dianteiro*** Vordersitz; ~ ***de deitar*** *aut* Liegesitz
**assim** [ɐ'sĩ] so
**assinante** [ɐsi'nẽtə] *m,f* Abonnent(in); **assinar** [ɐsi'nar] unterschreiben; abonnieren
**assistência** [ɐsiʃ'tẽsjɐ] *f* Fürsorge; Teilnahme; Anwesende *pl*, Teilnehmer *pl*; ~ ***social*** Sozialhilfe *f*; **assistente** [ɐsiʃ'tẽtə] *m,f* Assistent(in); ~ ***social*** Sozialhelfer(in); **assistir** [ɐsiʃ'tir] teilnehmen (***a*** an)
**assoalhada** [ɐswɐ'ʎadɐ] *f* Wohnraum *m*
**associação** [ɐsusjɐ'sɐ̃w] *f* Vereinigung, Verband *m*
**assunto** [ɐ'sũtu] *m* Sache *f*, Angelegenheit *f*; Thema *n*

**atacador** [ɐtɐkɐ'dor] *m* Schnürsenkel; **atacar** [ɐtɐ'kar] angreifen
**atalho** [ɐ'taʎu] *m Weg* Abkürzung *f*
**ataque** [ɐ'takə] *m* Attacke *f*, Angriff; *med* Anfall
**atar** [ɐ'tar] binden, schnüren
**até** [ɐ'tɛ] bis; **~ já!** bis bald!
**atenção** [ɐtẽ'sɐ̃w] *f* Aufmerksamkeit; **atenciosamente** [ɐtẽsjɔzɐ'mẽtə] *Briefschluß* hochachtungsvoll; **atendedor** [ɐtẽdə'dor] *m*: **~ de chamadas** Anrufbeantworter; **atender** [ɐtẽ'der] abfertigen; bedienen
**atentado** [ɐtẽ'tadu] *m* Attenat *n*
**atento** [ɐ'tẽtu] aufmerksam
**aterragem** [ɐtə'ʀaʒɐ̃j] *f av* Landung; **aterrar** [ɐtə'ʀar] *av* landen
**atestado** [ɐtəʃ'tadu] *m* Bescheinigung *f*; Attest *n*; **~ médico** Krankenschein
**atiçar** [ɐti'sar] *Feuer* schüren
**atingir** [ɐtĩ'ʒir] erreichen, erlangen
**Atlântico** [ɐt'lɐ̃tiku] *m* Atlantik
**atlas** ['atlɐʃ] *m* Atlas
**atleta** [ɐt'lɛtɐ] *m,f* Athlet(in); **atletismo** [ɐtlə'tiʒmu] *m* Leichtathletik *f*
**atmosfera** [ɐtmuʃ'fɛrɐ] *f* Atmosphäre
**atormentar** [ɐturmẽ'tar] quälen
**atracar** [ɐtrɐ'kar] *nav* anlegen, festmachen
**atra(c)ção** [ɐtra'sɐ̃w] *f* Attraktion; **atra(c)tivo** [ɐtra'tivu] attraktiv
**atrás** [ɐ'traʃ] hinten, zurück; **~ de** hinter; *zeitlich* nach
**atrasado** [ɐtrɐ'zadu] verspätet; rückständig;

**atrasar** [ɐtrɐ'zar] verzögern; verspäten; *Uhr* zurückstellen; **atraso** [ɐ'trazu] Verspätung *f*
**através** [ɐtrɐ'vɛʃ]: ~ **de** durch; *fig* mittels; **atravessar** [ɐtrɐvə'sar] durch-, überqueren
**atrelado** [ɐtrə'ladu] *m aut* Anhänger
**átrio** ['atrju] *m* Eingangshalle *f*
**atrito** [ɐ'tritu] *m* Reibung *f*
**atropelar** [ɐtrupə'lar] überfahren
**atum** [ɐ'tũ] *m* Thunfisch
**auditório** [awdi'tɔrju] *m* Zuhörerschaft *f*
**aula** ['awlɐ] *f* Unterrichtsstunde
**aumentar** [awmẽ'tar] erhöhen, vergrößern; *Preise* steigen; **aumento** [aw'mẽtu] *m* Erhöhung *f*; *Preise* Anstieg
**auscultador** [awʃkułtɐ'dor] *m tel* Hörer; ~**es** *pl* Kopfhörer
**ausência** [aw'zẽsjɐ] *f* Abwesenheit; Fehlen *n*; **ausente** [aw'zẽtə] abwesend
**austeridade** [awʃtəri'dadə] *f pol* Sparkurs *m*
**australiano** [awʃtrɐ'ljɐnu] australisch; *m* Australier
**austríaco** [awʃ'triɐku] österreichisch; *m* Österreicher
**auto-caravana** [awtukɐrɐ'vɐnɐ] *f* Caravan *m*, Wohnmobil *n*
**autocarro** [awtu'kaʀu] *m* (Auto-)Bus
**autoclismo** [awtu'kliʒmu] *m* Klosettspülung *f*
**autocolante** [awtu'kulẽtə] *m* Sticker, Aufkleber
**auto-estrada** [awtuəʃ'tradɐ] *f* Autobahn
**automático** [awtu'matiku] automatisch
**automotora** [awtumu'tɔrɐ] *f Esb* Triebwagen *m*

**automóvel** [awtu'mɔvɛɫ] *m* Kraftfahrzeug *n*, Auto *n*
**autonomia** [awtunu'miɐ] *f* Autonomie; *aut*, *av* Reichweite
**autor** [aw'tor] *m* Autor, Verfasser; Täter
**auto-rádio** [awtu'ʀadju] *m* Autoradio *n*
**autoria** [awtu'riɐ] *f* Urheberschaft
**autorização** [awturizɐ'sɐ̃w] *f* Genehmigung
**auto-serviço** [awtusər'visu] *m* Selbstbedienung *f*
**auxílio** [aw'silju] *m* Hilfe *f*
**avalancha** [ɐvɐ'lɐ̃ʃɐ] *f* Lawine
**avaliação** [ɐvɐljɐ'sɐ̃w] *f* Einschätzung, Beurteilung
**avançar** [ɐvɐ̃'sar] vorankommen; *Uhr* vorstellen
**avante** [ɐ'vɐ̃tə] vorwärts
**avaria** [ɐvɐ'riɐ] *f* Panne, Havarie; **~do** [ɐvɐ'rjadu] defekt
**ave** ['avə] *f* Vogel *m*
**avelã** [ɐvə'lɐ̃] *f* Haselnuß
**avenida** [ɐvə'nidɐ] *f* Allee
**avental** [ɐvɐ̃'taɫ] *m* Schürze *f*
**aventura** [ɐvɐ̃'turɐ] *f* Abenteuer *n*
**averiguar** [ɐvəri'gwar] untersuchen
**aviação** [ɐvjɐ'sɐ̃w] *f* Luftfahrt; **avião** [ɐ'vjɐ̃w] *m* Flugzeug *n*; **~ *a jacto*** Düsenjet; **~ *charter*** Charterflugzeug *n*; ***por*** **~** mit Luftpost; **avioneta** [ɐvju'netɐ] *f* Kleinflugzeug *n*
**avisador** [ɐvizɐ'dor] *m tech* Warneinrichtung *f*; **aviso** [ɐ'vizu] *m* Hinweis; Warnung *f*
**avô** [ɐ'vo] *m* Großvater; **avó** [ɐ'vɔ] *f* Großmutter
**à-vontade** [avõ'tadə] *m* Lässigkeit *f*

**axila** [ɐ'ksilɐ] *f* Achsel
**azar** [ɐ'zar] *m* Unglück *n*, Pech *n*; Zufall; ***jogo m de*** ~ Glücksspiel *n*
**azeite** [ɐ'zejtə] *m* Olivenöl *n*; **azeitona** [ɐzej'tɔnɐ] *f* Olive
**azia** [ɐ'ziɐ] *f* Sodbrennen *n*
**azul** [ɐ'zuɫ] blau
**azulejo** [ɐzu'lɛʒu] *m* Fliese *f*

# B

**bacalhau** [bɐkɐ'ʎaw] *m* Stockfisch; **bacalhoada** [bɐkɐ'ʎwadɐ] *f* Stockfischgericht *n*
**bacia** [bɐ'siɐ] *f* Becken *n*
**bacilo** [bɐ'silu] *m* Bazillus
**baço** ['basu] *m* Milz *f*
**bactéria** [bak'tɛrjɐ] *f* Bakterie
**badejo** [bɐ'dɛʒu] *m* Dorsch
**baga** ['bagɐ] *f* Beere; **~ço** [bɐ'gasu] *m* Tresterschnaps
**bagatela** [bɐgɐ'tɛlɐ] *f* Bagatelle
**baía** [bɐ'iɐ] *f* Bucht
**bailado** [baj'ladu] *m* Ballet *n*; **bailar** [baj'lar] tanzen; **baile** ['bajlə] *m* Tanz; Ball
**bairro** ['bajʀu] *m* Stadtteil
**baixa** ['bajʃɐ] *f* Rückgang *m*; City; **~-mar** [bajʃɐ'mar] *f* Ebbe; **~r** [baj'ʃar] senken; herunternehmen, -setzen, -lassen; **baixo** ['bajʃu] niedrig; tief; *Person* klein; *Lautstärke* leise; *m* Baß
**bala** ['balɐ] *f* Geschoß *n*

**balança** [bɐ'lɐ̃sɐ] *f* Waage; ~ ***comercial*** Handelsbilanz; **~r** [bɐlɐ̃'sar] abwägen; schaukeln
**balão** [bɐ'lɐ̃w] *m* Ballon
**balcão** [bał'kɐ̃w] *m* Ladentisch; Theke *f*; *theat* Rang
**balde** ['bałdə] *m* Eimer
**baleia** [bɐ'lejɐ] *f* Wal *m*
**baliza** [bɐ'lizɐ] *f* Verkehrszeichen *n*; *nav* Seezeichen *n*
**baloiçar** [bɐloj'sar] schaukeln; schwanken
**balsa** ['bałsɐ] *f* Floß *n*; Fähre
**báltico** ['bałtiku]: ***Mar*** ~ Ostsee *f*
**bambu** [bɐ̃'bu] *m* Bambus
**banana** [bɐ'nɐnɐ] *f* Banane
**bancada** [bɐ̃'kadɐ] *f* Bankreihe; **banco** ['bɐ̃ku] *m* Bank(wesen *n*) *f*; Sandbank; Sitzbank; ~ ***de dados*** Datenbank *f*; ~ ***de emergência*** Unfallstation *f*
**banda** ['bɐ̃dɐ] *f* Seite; Ufer *n*; Musikkapelle; ~ ***desenhada*** Comics *pl*
**bandeira** [bɐ̃'dejrɐ] *f* Fahne
**bandeja** [bɐ̃'dɐʒɐ] *f* Tablett *n*
**bandido** [bɐ̃'didu] *m* Bandit
**banha** ['bɐɲɐ] *f* Schmalz *n*
**banhar** [bɐ'ɲar] baden; **banheira** [bɐ'ɲejrɐ] *f* Badewanne; **banho** ['bɐɲu] *m* Bad *n*; Badezimmer *n*; ***tomar*** ~ ein Bad nehmen; **~s** *pl* Heiratsaufgebot *n*
**banqueiro** [bɐ̃'kejru] *m* Bankier
**banquete** [bɐ̃'ketə] *m* Bankett *n*
**bar** [bar] *m* Café *n*; Imbißstube *f*; Bar *f*

**baralho** [bɐ'raʎu] *m* Satz Spielkarten
**barata** [bɐ'ratɐ] *f* Küchenschabe
**barba** ['barbɐ] *f* Bart *m*; ~ ***cerrada*** Vollbart *m*; ***fazer a*** ~ sich rasieren
**barbatana** [bɐrbɐ'tɐnɐ] *f* Flosse; Schwimmflosse
**barco** ['barku] *m* Boot *n*; ~ ***a remo*** Ruderboot *n*; ~ ***a vela*** Segelboot *n*; ~ ***pneumático*** Schlauchboot *n*
**barra** ['baʀɐ] *f* Stange; *Schokolade* Tafel; *Seife* Stück *n*; **~ca** [bɐ'ʀakɐ] *f* Baracke; *großes* Zelt *n*; **~gem** [bɐ'ʀaʒẽj] *f* Staudamm *m*; **~nco** [bɐ'ʀɐ̃ku] *m* Schlucht *f*
**barreira** [bɐ'ʀejrɐ] *f* Schranke; Sperre; ~ ***anti-ruído*** Lärmschutzwand; ~ ***de segurança*** Leitplanke
**barriga** [bɐ'ʀigɐ] *f* Bauch *m*; ~ ***da perna*** Wade
**barril** [bɐ'ʀił] *m* Faß *n*
**barro** ['baʀu] *m* Ton; Lehm; ~ ***cozido*** Steingut *n*
**barulhento** [bɐru'ʎẽtu] lärmend, laut; **barulho** [bɐ'ruʎu] *m* Lärm, Krach
**base** ['bazə] *f* Grundlage; Basis; *mil* Stützpunkt *m*; ***não ter*** ~ unbegründet sein
**básico** ['baziku] grundlegend, Grund...
**basquetebol** [baʃkətə'bɔł] *m* Basketball
**bastante** [bɐʃ'tɐ̃tə] ziemlich; genügend; **bastar** [bɐʃ'tar] genügen, ausreichend sein
**bata** ['batɐ] *f* Kittel *m*
**batalha** [bɐ'taʎɐ] *f* Schlacht, Kampf *m*
**batata** [bɐ'tatɐ] *f* Kartoffel; **~s *fritas*** Pommes frites *pl*

**bater** [bɐ'ter] schlagen; *Tür* anklopfen; *Auto* zusammenstoßen; *Schreibmaschine* schreiben
**bateria** [bɐtə'riɐ] *f* Batterie; *mus* Schlagzeug *n*
**batido** [bɐ'tidu] *m* (Milch-)Mixgetränk *n*
**baton** [ba'tõ] *m* Lippenstift
**baunilha** [baw'niʎɐ] *f* Vanille
**bebé** [bɛ'bɛ] *m* Baby *n*
**bebedeira** [bəbə'dejrɐ] *f* Rausch *m*; **bêbedo** ['bebədu] betrunken; **beber** [bə'ber] trinken; **bebida** [bə'bidɐ] *f* Getränk *n*
**beco** ['beku] *m* Gasse *f*; **~ *sem saída*** Sackgasse *f*
**beijar** [bej'ʒar] küssen; **beijo** ['bejʒu] *m* Kuß
**beira** ['bejrɐ] *f* Ufer *n*; Rand *m*
**beleza** [bə'lezɐ] *f* Schönheit
**belga** ['bɛłgɐ] belgisch; *m,f* Belgier(in)
**beliche** [bə'liʃə] *m* Koje *f*; Doppelstockbett *n*
**belo** ['bɛlu] schön
**bem** [bẽj] *Adverb* gut; *m* Gute *n*; Wohl *n*; **~-disposto** [bẽjdiʃ'poʃtu] gutgelaunt; **~-estar** [bẽjiʃ'tar] *m* Wohlstand; **~-vindo** [bẽj'vĩdu] willkommen
**benefício** [bənə'fisju] *m* Vorteil, Nutzen
**bens** [bẽjʃ] (*pl von* ***bem*** *m*) Vermögen *n*; Habe *f*
**berbigão** [bərbi'gɐ̃w] *m* Herzmuschel *f*
**berço** ['bersu] *m* Wiege *f*
**beringela** [bərĩ'ʒɛlɐ] *f* Aubergine
**berrante** [bə'ʀɐ̃tə] schreiend, grell; **berrar** [bə'ʀar] schreien
**bestial** [bəʃ'tjał] viehisch; F toll, irre gut
**betão** [bə'tɐ̃w] *m* Beton
**bexiga** [bə'ʃigɐ] *f anat* Blase

**biberão** [bibə'rɐ̃w] *m* Babyflasche *f*
**biblioteca** [biblju'tɛkɐ] *f* Bibliothek
**bica** ['bikɐ] *f* *Kaffee* Espresso *m*
**bicha** ['biʃɐ] *f* F Schwule(r) *m*; ***fazer*** ~ Schlange stehen
**bicicleta** [bəsi'klɛtɐ] *f* Fahrrad *n*; ***andar de*** ~ radfahren
**bico** ['biku] *m* Schnabel; Spitze *f*
**bidão** [bi'dɐ̃w] *m* Kanister
**bidé** [bi'dɛ] *m* Bidet *n*
**bifana** [bi'fɐnɐ] *f* *Kchk* Schnitzel *n* in Brot
**bife** ['bifə] *m* Steak *n*
**bifurcação** [bifurkɐ'sɐ̃w] *f* Abzweigung
**bigode** [bi'gɔdə] *m* Schnurrbart
**bijutaria** [biʒutə'riɐ] *f* Modeschmuck *m*
**bilhar** [bi'ʎar] *m* Billard *n*
**bilhete** [bi'ʎetə] *m* Fahrkarte *f*; Eintrittskarte *f*; Banknote *f*; ~ ***de identidade*** Personalausweis; **bilheteira** [biʎə'tejrɐ] *f* Fahrkartenschalter *m*; Kino-, Theaterkasse; **bilhete-postal** [biʎetəpuʃ'tał] *m* Ansichtskarte *f*
**bílis** ['biliʃ] *m* Galle *f*
**binóculo** [bi'nɔkulu] *m* Fernglas *n*
**biótopo** ['bjɔtupu] *m* Biotop *n*
**bisavô** *m*, **-ó** *f* [bizɐ'vo, -ɔ] Urgroßvater, -mutter
**biscoito** [biʃ'kojtu] *m* Keks
**bisnaga** [biʒ'nagɐ] *f* Tube
**bispo** ['biʃpu] *m* Bischof
**bitola** [bi'tɔlɐ] *f* Maßstab *m*; *Esb* Spurweite
**blefe** ['blɛfə] *m* Bluff

**bloco** ['blɔku] *m* Block; ~ ***de notas*** *EDV* Notebook-Computer
**bloquear** [blu'kjar] sperren, blockieren; **bloqueio** [blu'keju] *m* Blockade *f*
**blusa** ['bluzɐ] *f* Bluse; **blusão** [blu'zɐ̃w] *m* Jacke *f*, Bluson
**boa** *f von* **bom**
**boas-vindas** [boɐʒ'vĩdɐʃ] *fpl*: ***dar as*** ~ ***a alg*** j-n willkommen heißen
**boate** ['bwatə] *f* Tanz(lokal *n*) *m*
**bobina** [bu'binɐ] *f* Spule
**boca** ['bokɐ] *f* Mund *m*; Öffnung; **~do** [bu'kadu] *m* Bissen, Stück *n*; ***um*** ~ ein bißchen
**bochecha** [bu'ʃeʃɐ] *f* Backe
**bodas** ['bɔdaʃ] *fpl* Hochzeit *f*
**bode** ['bɔdə] *m* Ziegenbock
**bodega** [bu'dɛgɐ] *f* Schenke, Kneipe
**bofetada** [bufə'tadɐ] *f* Ohrfeige
**boi** [boj] *m* Ochse
**bóia** ['bɔjɐ] *f* Boje; *tech* Schwimmer *m*
**boina** ['bojnɐ] *f* Baskenmütze
**bola** ['bɔlɐ] *f* Ball *m*; Kugel
**bolacha** [bu'laʃɐ] *f* Keks *m*
**boleia** [bu'lejɐ] *f* Mitfahrgelegenheit; ***viajar à*** ~ trampen
**boletim** [bulə'tĩ] *m* Bericht, Bulletin *n*
**bolha** ['boʎɐ] *f* Blase
**bolo** ['bolu] *m* Kuchen
**bolsa** ['boɫsɐ] *f* Börse; Beutel *m*; Handtasche; ~ (***de estudos***) Stipendium *n*; **bolseiro** [boɫ'sejru] *m* Stipendiat; **bolso** ['boɫsu] *m* Tasche *f e-s*

*Kleidungsstückes*
**bom** [bõ] gut
**bomba** ['bõbɐ] *f* Bombe; Pumpe; ~ ***de gasolina*** Tankstelle
**bombeiros** [bõ'bejruʃ] *mpl* Feuerwehr *f*
**bombom** [bõ'bõ] *m* Praline *f*
**bondade** [bõ'dadə] *f* Güte
**bonde** ['bõdʒi] *m bras* Straßenbahn *f*
**boneca** [bu'nɛkɐ] *f* Puppe; ~ ***de peluche*** Plüschtier *n*
**bonito** [bu'nitu] hübsch
**boquilha** [bu'kiʎɐ] *f* Mundstück *n*; Zigarettenspitze
**borboleta** [burbu'letɐ] *f* Schmetterling *m*
**borbulha** [bur'buʎɐ] *f* Blase; *med* Bläschen *n*; Pickel *m*
**borda** ['bɔrdɐ] *f* Rand *m*; Saum *m*
**borracha** [bu'ʀaʃɐ] *f* Gummi *m*; **borracho** [bu'ʀaʃu] F besoffen
**borrão** [bu'ʀɐ̃w] *m* Klecks, Fleck
**borrasca** [bu'ʀaʃkɐ] *f* Unwetter *n*
**borrifador** [buʀifɐ'dor] *m* Rasensprenger
**bosque** ['bɔʃkə] *m* Wald
**bota** ['bɔtɐ] *f* Stiefel *m*
**botânica** [bu'tɐnikɐ] *f* Botanik
**botão** [bu'tɐ̃w] *m* Knopf
**botar** [bo'tar] *bras* setzen, stellen, legen; *Kleidungsstück* anziehen; ~ ***fora*** wegwerfen
**botija** [bu'tiʒɐ] *f* Gasflasche; Wärmflasche
**braço** ['brasu] *m* Arm; Armlehne *f*
**branco** ['brɐ̃ku] weiß

**brasa** ['brazɐ] *f* Glut
**brasileiro** [brɐzi'lejru] brasilianisch; *m* Brasilianer
**bravo** ['bravu] wild; tapfer
**brecha** ['brɛʃɐ] *f* Bresche; Lücke
**breve** ['brɛvə] kurz; bald; ***em*** ~ in Kürze
**brevet** [brə'vɛ] *m* Flugschein
**bricolagem** [briku'laʒɐ̃j] *f* Heimwerken *n*
**briga** ['brigɐ] *f* Schlägerei
**brilhante** [bri'ʎɐ̃tə] glänzend; brillant; **brilhar** [bri'ʎar] glänzen, schimmern; **brilho** ['briʎu] *m* Glanz, Schimmer
**brincadeira** [brĩkɐ'dejrɐ] *f* Scherz *m*; Spielerei; **brincar** [brĩ'kar] scherzen; *Kind* spielen; **brinco** ['brĩku] *m* Ohrring; **brinquedo** [brĩ'kedu] *m* Spielzeug *n*
**brisa** ['brizɐ] *f* Brise
**britânico** [bri'tɐniku] britisch; *m* Brite
**broca** ['brɔkɐ] *f* Bohrer *m*; **~r** [bru'kar] *Zahn* bohren
**brochura** [bru'ʃurɐ] *f* Broschüre
**brócolos** ['brɔkuluʃ] *mpl* Brokkoli *pl*
**bruços** ['brusuʃ] *mpl* Brustschwimmen *n*
**brusco** ['bruʃku] schroff; plötzlich
**brutal** [bru'tał] brutal
**bruxa** ['bruʃɐ] *f* Hexe
**bueiro** ['bwejru] *m* Gully
**bufete** [bu'fɛtə] *m* Büfett *n*
**bulevar** [bulə'var] *m* Boulevard
**buraco** [bu'raku] *m* Loch *n*
**burla** ['burlɐ] *f* Betrug *m*; **~r** [bur'lar] betrügen
**burocracia** [burukrɐ'siɐ] *f* Bürokratie; **burocra-**

**ta** [buru'kratɐ] *m* Bürokrat
**burro** ['buʀu] *m* Esel
**busca** ['buʃkɐ] *f* Suche; **~r** [buʃ'kar] suchen; ***ir*** **~** holen
**bússola** ['busulɐ] *f* Kompaß *m*
**buzina** [bu'zinɐ] *f* Hupe; **~r** [buzi'nar] hupen

# C

**cá** [ka] hier; hierher
**cabaça** [kɐ'basɐ] *f* Flaschenkürbis *m*; **~s** *pl* Zucchini *pl*
**cabana** [kɐ'bɐnɐ] *f* Hütte
**cabaré** [kɐbɐ'rɛ] *m* Nachtklub
**cabeça** [kɐ'bɛsɐ] *f* Kopf *m*; **~lho** [kɐbə'saʎu] *m* Schlagzeile *f*; **~-rapada** [kɐbɛsɐʀɐ'padɐ] *m* Skinhead
**cabedal** [kɐbə'daɫ] *m* (feines) Leder *n*
**cabeleira** [kɐbə'lejrɐ] *f* Perücke; **cabeleireiro** [kɐbəlej'rejru] *m* (Damen-)Friseur; **cabelo** [kɐ'belu] *m* Haar *n*
**cabide** [kɐ'bidə] *m* Kleiderständer
**cabine** [kɐ'binə] *f* Kabine; *tel* Zelle
**cabo** ['kabu] *m* Ende *n*; Stiel; Tau *n*; *el* Kabel *n*; **~ *de reboque*** *aut* Abschleppseil *n*; **~s** *pl* ***SOS*** *aut* Starthilfe(kabel *pl*) *f*
**cabo-verdiano** [kabuvər'djɐnu] kapverdisch; *m* Kapverdianer
**cabra** ['kabrɐ] *f* Ziege; **cabrito** [kɐ'britu] *m* *Kchk* Ziege *f*

**caça** ['kasɐ] *f* Jagd; Wild *n*; **~deira** [kɐsɐ'dejrɐ] *f* Jagdgewehr *n*; **~dor** [kɐsɐ'dor] *m* Jäger; **~r** [kɐ'sar] jagen
**cacau** [kɐ'kaw] *m* Kakao
**cachaça** [ka'ʃasa] *f bras* (Zuckerrohr-)Schnaps
**cachecol** [kɐʃə'kɔł] *m* Schal
**cachimbo** [kɐ'ʃĩbu] *m* (Tabaks-)Pfeife *f*
**cachorro** [kɐ'ʃoʀu] *m* Hund; **~-quente** [kɐʃoʀu'kẽtə] *m* Hot dog *n*
**cacife** [kɐ'sifə] *m* (Gepäck-)Schließfach *n*
**caco** ['kaku] *m* Scherbe *f*
**cada** ['kɐdɐ] jede(r, -s); **~ *vez*** jedesmal
**cadáver** [kɐ'davər] *m* Kadaver, Leiche *f*
**cadeado** [kɐ'djadu] *m* Vorhängeschloß *n*
**cadeia** [kɐ'dejɐ] *f* Kette; Gefängnis *n*
**cadeira** [kɐ'dejrɐ] *f* Stuhl *m*; **~ *de balouço*** Schaukelstuhl *m*; **~ *teleférica*** Sessellift *m*
**cadela** [kɐ'dɛlɐ] *f* Hündin
**caderneta** [kɐdər'netɐ] *f* Notizbuch *n*; Sparbuch *n*; *Fahrkarten etc* Heft *n*; **caderno** [kɐ'dɛrnu] *m* Heft *n*
**café** [kɐ'fɛ] *m* Kaffee; Café *n*; **~ *solúvel*** löslicher Kaffee; **cafeteira** [kɐfɛ'tejrɐ] *f* Kaffeekanne
**cagar** [kɐ'gar] V scheißen; **~ *para a/c*** *fig* V auf et scheißen
**cair** [kɐ'ir] fallen; stürzen
**cais** [kajʃ] *m* Kai; *Esb* Bahnsteig
**caixa** ['kajʃɐ] *f* Kasten *m*, Kiste; Kasse; **~ *de velocidades*** *aut* Schaltgetriebe *n*; **~ *do correio*** Briefkasten *m* **~ *postal*** Postfach *n*; *m* Kassierer *m*; **~ *automático*** Bankautomat
**caixão** [kaj'ʃɐ̃w] *m* Sarg

**caixote** [kaj'ʃɔtə] *m* Kiste *f*; ~ ***do lixo*** Mülltonne *f*
**cal** [kał] *f* Kalk *m*
**calar-se** [kɐ'larsə] schweigen; ***cala-te!*** halt' den Mund!
**calça** ['kałsɐ] *f* Hose
**calçada** [kał'sadɐ] *f* Landstraße
**calção** [kał'sɐ̃w] *m* Bermudas *pl*; ~ ***de banho*** Badehose *f*
**calçar** [kał'sar] *Schuhe od Handschuhe* anziehen
**calcinhas** [kał'siɲɐʃ] *fpl* (Damen-)Slip *m*
**calculadora** [kałkulɐ'dorɐ] *f*: ~ ***de bolso*** Taschenrechner *m*; **calcular** [kałku'lar] (be)rechnen; **cálculo** ['kałkulu] *m* Berechnung *f*
**caldeira** [kał'dejrɐ] *f* Kessel *m*; ~**da** [kałdej'radɐ] *f port Kchk* Eintopf *m*
**caldo** ['kałdu] *m* Brühe *f*
**calefa(c)ção** [kɐləfa'sɐ̃w] *f* Heizung
**calendário** [kɐlẽ'darju] *m* Kalender
**calhar** [kɐ'ʎar] passen, klappen; **se** ~ vielleicht
**cálice** ['kalisə] *m* Kelch, (Stiel-)Glas *n*
**calma** ['kałmɐ] *f* Ruhe; **calmante** [kał'mɐ̃tə] *m* Beruhigungsmittel *n*
**calor** [kɐ'lor] *m* Hitze *f*, Wärme *f*
**cama** ['kɐmɐ] *f* Bett *n*; ~ ***dupla*** Doppelbett *n*
**câmara** ['kɐmɐrɐ] *f* Kammer; Kamera; *Reifen* Schlauch *m*; ~ ***municipal*** Rathaus *n*
**camarão** [kɐmɐ'rɐ̃w] *m* Garnele *f*
**cambiar** [kɐ̃'bjar] austauschen; *Geld* wechseln; **câmbio** ['kɐ̃bju] *m* Umtausch; Wechsel
**camião** [kɐ'mjɐ̃w] *m* Lastwagen, LKW; ~ ***de pesados*** Schwerlasttransporter

**caminhar** [kɐmiˈɲar] gehen, wandern; **caminho** [kɐˈmiɲu] *m* Weg; ~ ***de ferro*** Eisenbahn *f*
**camioneta** [kɐmjuˈnetɐ] *f* Lieferwagen *m*; *Intercity* Autobus *m*
**camisa** [cɐˈmizɐ] *f* Hemd *n*; ~ ***de dormir*** Nachthemd *n*; ~***-de-vénus*** F (*Kondom*) Pariser *m*
**camiseta** [kɐmiˈzetɐ] *f* Bluse; **camisete** [kɐmiˈzɛtə] *f* Polohemd *n*; T-Shirt *n*
**camisola** [kɐmiˈzɔlɐ] *f* Pullover *m*; ~ ***de gola alta*** Rollkragenpullover *m*; ~ ***de lã*** Wollpullover *m*
**camomila** [kɐmuˈmilɐ] *f* Kamille
**campainha** [kɐ̃pɐˈiɲɐ] *f* Klingel
**campeão** [kɐ̃ˈpjɐ̃w] *m* Meister, Champion
**campismo** [kɐ̃ˈpiʒmu] *m* Camping *n*; ***fazer*** ~ campen
**campo** [ˈkɐ̃pu] *m* Feld *n*, Acker; Land *n*; ~**nês** [kɐ̃puˈneʃ] *m* Bauer
**cana** [ˈkɐnɐ] *f* Schilf *n*, Rohr *n*; ~ ***de açúcar*** Zuckerrohr *n*
**canal** [kɐˈnał] *m* Kanal; ~**ização** [kɐnɐlizɐˈsɐ̃w] *f* Kanalisation; Leitung; ~**izador** [kɐnɐlizɐˈdor] *m* Klempner
**canção** [kɐ̃ˈsɐ̃w] *f* Lied *n*; **cançonetista** [kɐ̃sunɛˈtiʃtɐ] *m,f* Liedermacher(in)
**cancela** [kɐ̃ˈsɛlɐ] *f* Schranke; Sperre
**cancro** [ˈkɐ̃kru] *m med* Krebs
**candeeiro** [kɐ̃ˈdjejru] *m* Lampe *f*; Laterne *f*
**candonga** [kɐ̃ˈdõgɐ] *f* Schmuggel *m*
**caneca** [kɐˈnɛkɐ] *f* Krug *m*; Kanne
**caneta** [kɐˈnetɐ] *f* Stift *m*; ~ ***de ponta de feltro*** Faserschreiber *m*; ~ ***de tinta permanente***

Tintenschreiber *m*
**canivete** [kɐni'vɛtə] *m* Taschenmesser *n*
**canja** ['kɐ̃ʒɐ] *f* Hühnersuppe
**canoa** [kɐ'noɐ] *f* Kanu *n*
**cansaço** [kɐ̃'sasu] *m* Ermüdung *f*; Erschöpfung *f*; **cansado** [kɐ̃'sadu] müde; **cansar-se** [kɐ̃'sarsə] müde werden
**cantar** [kɐ̃'tar] singen
**cantina** [kɐ̃'tinɐ] *f* Kantine; Mensa
**canto** ['kɐ̃tu] *m* Gesang; *Zimmer* Ecke *f*; **~r** [kɐ̃'tor] *m* Sänger
**cão** [kɐ̃w] *m* Hund
**caos** [kawʃ] *m* Chaos *n*
**capacete** [kɐpɐ'setə] *m* Sturz-, Schutzhelm; *Umwelt* Dunstglocke *f*
**capacidade** [kɐpɐsi'dadə] *f* Fähigkeit, Kapazität; Leistung
**capaz** [kɐ'paz] fähig, geeignet (***de*** zu)
**capela** [kɐ'pɛlɐ] *f* Kapelle
**capital** [kɐpi'tał] *f* Hauptstadt; *m* Kapital *n*
**capítulo** [kɐ'pitulu] *m* Kapitel *n*
**capota** [kɐ'pɔtɐ] *f aut* Verdeck *n*; **~r** [kɐpu'tar] *aut* sich überschlagen
**capricho** [kɐ'priʃu] *m* Laune *f*
**cara** ['karɐ] *f* Gesicht *n*; Miene
**caracol** [kɐrɐ'kɔł] *m* Schnecke *f*; Locke *f*
**carácter** [kɐ'ratər] *m* Charakter
**caralho** [kɐ'raʎu] *m* V (*Penis*) Schwanz
**caranguejo** [kɐrɐ̃'geʒu] *m* Krebs
**caravana** [kɐrɐ'vɐnɐ] *f* Kolonne; Karawane; *aut* Caravan *m*

**carburador** [kɐrburɐ'dor] *m* Vergaser
**carcaça** [kɐr'kasɐ] *f kleines* Weißbrot *n*
**cárcere** ['karsərə] *m* Kerker
**cardíaco** [kɐr'diɐku] *m* Herzkranke(r)
**careca** [kɐ'rɛkɐ] *f* Glatze
**carga** ['kargɐ] *f* Last; Ladung; Fracht; **cargo** ['kargu] *m* Amt *n*, Funktion *f*
**cárie** ['karjə] *f* Karies
**caril** [kɐ'riɫ] *m* Curry
**carimbo** [kɐ'rĩbu] *m* Stempel
**carioca** [kɐ'rjɔkɐ] *m,f* Bewohner(in) von Rio de Janeiro
**carnaval** [kɐrnɐ'vaɫ] *m* Karneval
**carne** ['karnə] *f* Fleisch *n*; ~ ***de vaca*** Rindfleisch *n*; ~ ***picada*** Hackfleisch *n*
**caro** ['karu] teuer
**carpinteiro** [kɐrpĩ'tejru] *m* Zimmermann
**carregar** [kɐʀə'gar] be-, verladen; *Knopf* drücken
**carreira** [kɐ'ʀejrɐ] *f* Strecke; Rennen *n*; Karriere
**carrinha** [kɐ'ʀiɲɐ] *f aut* Transporter *m*; ~ (***station***) *aut* Kombi *m*
**carrinho** [kɐ'ʀiɲu] *m* (kleiner) Wagen
**carro** ['kaʀu] *m* Auto *n*, PKW; Wagen; ~ ***de aluguer*** Mietwagen; ~ ***usado*** Gebrauchtwagen; **~-casa** [kaʀu'kasɐ] *m* Wohnmobil *n*; **~-patrulha** [kaʀupɐ'truʎɐ] *m* Streifenwagen
**carruagem** [kɐ'ʀwaʒɐ̃j] *f Esb* Wagen *m*, Waggon *m*
**carta** ['kartɐ] *f* Brief *m*; ~ ***de condução*** Führerschein *m*
**cartão** [kɐr'tɐ̃w] *m* Pappe *f*, Karton; ~ ***credifone***

Telefonkarte *f*; ~ ***de cheque*** Scheckkarte *f*; ~ ***do banco*** Kreditkarte *f*; **~-postal** [kɐrtẽwpuʃ'tał] *m* Postkarte *f*
**cartaz** [kɐr'taʃ] *m* Plakat *n*
**carteira** [kɐr'tejrɐ] *f* Hand-, Brieftasche; **carteirista** [kɐrtej'riʃtɐ] *m* Taschendieb; **carteiro** [kɐr'tejru] *m* Briefträger
**carvão** [kɐr'vɐ̃w] *m* Kohle *f*; ~ ***vegetal*** Holzkohle *f*
**casa** ['kasɐ] *f* Haus *n*; Zuhause *n*; Wohnung; ~ ***de banho*** Bad(ezimmer) *n*; ~ ***de produtos dietéticos*** Reformhaus *n*; ~ ***paterna*** Elternhaus *n*
**casaco** [kɐ'zaku] *m* Jacke *f*; Mantel; ~ ***de malha*** Strickjacke *f*
**casal** [kɐ'zał] *m* (Ehe-)Paar *n*
**casamento** [kɐzɐ'mẽtu] *m* Hochzeit *f*; Ehe *f*; **casar** [kɐ'zar] heiraten
**casca** ['kaʃkɐ] *f* Schale; Rinde
**casino** [kɐ'zinu] *m* Kasino *n*
**caso** ['kazu] *m* Fall, Angelegenheit *f*
**cassete** [kɐ'sɛtə] *f* Kassette; *m bras* Kassettenrecorder; ***leitor*** *m* ***de*** ~ Kassettenabspielgerät *n*
**castanha** [kɐʃ'tɐɲɐ] *f* Kastanie; **castanheiro** [kɐʃtɐ'ɲejru] *m* Kastanienbaum *m*
**castelo** [kɐʃ'tɛlu] *m* Burg *f*; Schloß *n*
**castigo** [kɐʃ'tigu] *m* Strafe *f*
**catalisador** [kɐtɐlizɐ'dor] *m* Katalysator
**catálogo** [kɐ'talugu] *m* Katalog
**catarro** [kɐ'taʀu] *m* Erkältung *f*
**catástrofe** [kɐ'taʃtrufə] *f* Katastrophe
**catedral** [kɐtə'drał] *f* Kathedrale

**categoria** [kɐtəgu'riɐ] *f* Kategorie
**católico** [kɐ'tɔliku] katholisch; *m* Katholik
**caução** [kaw'sɐ̃w] *f* Kaution
**caucho** ['kawʃu] *m* Kautschuk
**caudal** [kaw'dał] *m Fluß* Strom
**causa** ['kawzɐ] *f* Ursache, Grund *m*; **por ~ de** wegen; **~r** [kaw'zar] verursachen
**cautela** [kaw'tɛlɐ] *f* Vorsicht
**cavaleiro** [kɐvɐ'lejru] *m* Reiter; **cavalheiro** [kɐvɐ'ʎejru] *m* Kavalier; **cavalo** [kɐ'valu] *m* Pferd *n*
**cavar** [kɐ'var] (aus)graben
**cave** ['kavə] *f* Keller *m*
**cear** [sjar] zur Nacht essen
**cebola** [sə'bolɐ] *f* Zwiebel
**cedo** ['sedu] früh
**cego** ['sɛgu] blind
**cegonha** [sə'goɲɐ] *f* Storch *m*
**ceia** ['sejɐ] *f spätes* Abendessen *n*
**celebrar** [sələ'brar] feiern, feierlich begehen; *Vertrag* abschließen; **célebre** ['sɛləbrə] berühmt
**celeiro** [sə'lejru] *m* Speicher; Scheune *f*
**célula** ['sɛlulɐ] *f el* Zelle
**cemitério** [səmi'tɛrju] *m* Friedhof
**cena** ['senɐ] *f* Szene; **cenário** [sə'narju] *m* Szenario *n*
**cenoura** [sə'norɐ] *f* Mohrrübe
**censo** ['sẽsu] *m* Volkszählung *f*
**censura** [sẽ'surɐ] *f* Zensur
**centavo** [sẽ'tavu] *m portugiesische Münze, 1/100 Escudo*

**centeio** [sẽ'teju] *m* Roggen
**centelha** [sẽ'teʎɐ] *f* Funke *m*
**centena** [sẽ'tenɐ] *f* Hundert *n*; **centenário** [sẽtə'narju] *m* Hundertjahrfeier *f*
**centímetro** [sẽ'timətru] *m* Zentimeter *n u m*
**central** [sẽ'trał] zentral; *f* Zentrale; Kraftwerk *n*; **~ *dos telefones*** Fernmeldeamt *n*; **~ *nuclear*** Kernkraftwerk *n*
**centrifugadora** [sẽtrifugɐ'dɔrɐ] *f*: **~ *de roupa*** Wäscheschleuder
**centro** ['sẽtru] *m* Zentrum *n*
**cera** ['serɐ] *f* Wachs *n*
**cerâmica** [sə'rɐmikɐ] *f* Keramik
**cerca** ['serkɐ] *f* Zaun *m*; Einfriedung; **~ de** nahe; ungefähr; **cerco** ['serku] *m* Absperrung *f*; Umzingelung *f*
**cereais** [sə'rjajʃ] *mpl* Getreide *n*
**cérebro** ['sɛrəbru] *m* Gehirn *n*
**cereja** [sə'reʒɐ] *f* Kirsche; **cerejeira** [sərə'ʒejrɐ] *f* Kirschbaum *m*
**cerimónia** [səri'mɔnjɐ] *f* Zeremonie; Feier(lichkeit)
**cerrar** [sə'ʀar] (ver)schließen
**certeza** [sər'tezɐ] *f* Gewißheit; **certidão** [sərti'dɐ̃w] *f* Bescheinigung, Urkunde; **certificado** [sərtəfi'kadu] *m* Schein, Bescheinigung *f*; **certificar** [sərtəfi'kar] bescheinigen, versichern; **certo** ['sɛrtu] sicher; gewiß; ***está ~!*** in Ordnung!
**cerveja** [sər'veʒɐ] *f* Bier *n*; **~ria** [sərvəʒɐ'riɐ] *f* Brauerei; Bierstube
**cervo** ['sɛrvu] *m* Hirsch

**cessar** [sə'sar] aufhören, einstellen; ***sem*** ~ unaufhörlich
**cesto** ['seʃtu] *m* Korb
**céu** ['sɛw] *m* Himmel
**cevada** [sə'vadɐ] *f* Gerste
**chá** [ʃa] *m* Tee
**chalé** [ʃa'lɛ] *m* Villa *f*; Landhaus *n*
**chaleira** [ʃɐ'lejrɐ] *f* Wasserkessel *m*
**chama** ['ʃɐmɐ] *f* Flamme
**chamada** [ʃɐ'madɐ] *f* (An-)Ruf *m*; ~ ***interurbana*** Ferngespräch *n*; **chamar** [ʃɐ'mar] (an)rufen; nennen; ~-***se*** heißen
**chaminé** [ʃɐmi'nɛ] *f* Schornstein *m*
**champanhe** [ʃɐ̃'pɐɲə] *m* Sekt
**champô** [ʃɐ̃'po] *m* Shampoo *n*
**chanceler** [ʃɐ̃sə'ler] *m* Kanzler
**chantagem** [ʃɐ̃'taʒɐ̃j] *f* Erpressung
**chantilly** [ʃɐ̃ti'li] *m* Schlagsahne *f*
**chão** [ʃɐ̃w] *m* (Erd-, Fuß-)Boden
**chapa** ['ʃapɐ] *f* Blech *n*; Platte; Schild *n*
**chapéu** [ʃɐ'pɛw] *m* Hut
**charcutaria** [ʃɐrkutɐ'riɐ] *f* Delikatessengeschäft *n*
**charneira** [ʃɐr'nejrɐ] *f* Scharnier *n*
**charuto** [ʃɐ'rutu] *m* Zigarre *f*
**chassi** [ʃɐ'si] *m* Fahrgestell *n*, Chassis *n*
**chatice** [ʃɐ'tisə] *f* F Blödsinn *m*; **chato** ['ʃatu] flach, platt; F blöd
**chave** ['ʃavə] *f* Schlüssel *m*; ~ ***de fenda*** Schraubendreher *m*, -zieher *m*; ~ ***de ignição*** Zündschlüssel *m*; ~ ***na mão*** schlüsselfertig
**chávena** ['ʃavənɐ] *f* Tasse

**checo** ['ʃɛku] tschechisch; *m* Tscheche
**chefe** ['ʃɛfə] *m*, *f* Chef(in); **chefia** [ʃə'fiɐ] *f* Führung, Leitung
**chegada** [ʃə'gadɐ] *f* Ankunft; **chegar** [ʃə'gar] ankommen (**a** in); genug sein; **~-se** sich nähern (**a** ***alg*** j-m)
**cheia** ['ʃejɐ] *f* Flut; Hochwasser *n*; **cheio** ['ʃeju] voll
**cheirar** [ʃej'rar] riechen; **~ *mal*** stinken; **cheiro** ['ʃejru] *m* Geruch
**cheque** ['ʃɛkə] *m* Scheck; **~ *de viagem*** Reisescheck; ***pagar em*** **~** mit Scheck bezahlen; ***trocar um*** **~** e-n Scheck einlösen
**chiclete** [ʃi'klɛtə] *m* Kaugummi
**chicória** [ʃi'kɔrjɐ] *f* Chicoreé *m*
**chifres** ['ʃifrəʃ] *mpl* Geweih *n*; Gehörn *n*
**chileno** [ʃi'leno] chilenisch; *m* Chilene
**chinela** [ʃi'nɛlɐ] *f* Pantoffel *m*
**chinês** [ʃi'neʃ] chinesisch; *m* Chinese
**chique** ['ʃikə] F schick
**chispe** ['ʃiʃpə] *m Kchk* Eisbein *n*
**chocar** [ʃu'kar] schockieren; *aut* zusammenstoßen
**choco** ['ʃoku] *m* Tintenfisch
**chocolate** [ʃuku'latə] *m* Schokolade *f*
**choque** ['ʃɔkə] *m* Schock; Zusammenstoß; *el* Schlag
**chorar** [ʃu'rar] weinen
**chouriço** [ʃo'risu] *m geräucherte* Wurst *f*
**chover** [ʃu'ver] regnen
**chucrute** [ʃu'krutə] *m* Sauerkraut *n*

**chui** [ʃuj] *m* F *Polizist* Bulle
**chulo** ['ʃulu] ordinär, schweinisch; *m* V Lude
**chumbar** [ʃũ'bar] (ver)löten; F *Schule* sitzenbleiben; **chumbo** ['ʃũbu] *m* Blei *n*; *Zahn* Plombe *f*; ***sem ~*** *Benzin* bleifrei
**churrasco** [ʃu'ʀaʃku] *m* Spießbraten
**chutar** [ʃu'tar] *Fußball* schießen; **chuto** ['ʃutu] *m* *Fußball* Schuß
**chuva** ['ʃuvɐ] *f* Regen *m*; ***~ ácida*** saurer Regen; **chuveiro** [ʃu'vejru] *m* Dusche *f*; **chuvisco** [ʃu'viʃku] *m* Nieselregen; **chuvoso** [ʃu'vozu] regnerisch
**ciática** ['sjatikɐ] *f* Ischias *m*
**cicatriz** [sikɐ'triʃ] *f* Narbe
**ciclista** [sə'kliʃtɐ] *m,f* Radfahrer(in); **ciclo** ['siklu] *m* Zyklus; ***~ urbano*** *aut* Stadtzyklus
**cidadão** *m*, **cidadã** *f* [sidɐ'dɐ̃w, sidɐ'dɐ̃] Bürger(in); **cidade** [si'dadə] *f* Stadt; ***~-satélite*** *f* Satellitenstadt
**ciência** ['sjẽsjɐ] *f* Wissenschaft; **científico** [sjẽ'tifiku] wissenschaftlich; **cientista** [sjẽ'tiʃtɐ] *m,f* Wissenschaftler(in)
**cigano** [si'gɐnu] *m* Zigeuner
**cigarrilha** [sigɐ'ʀiʎɐ] *f* Zigarillo *m*; **cigarro** [si'gaʀu] *m* Zigarette *f*
**cilindrada** [səlĩ'dradɐ] *f aut* Hubraum *m*; **cilindro** [sə'lĩdru] *m* Zylinder
**cima** ['simɐ]: ***em ~*** oben; ***em ~ de*** auf; ***para ~*** nach oben
**cimeira** [si'mejrɐ] *f* Gipfeltreffen *n*
**cimento** [si'mẽtu] *m* Zement

**cinema** [si'nemɐ] *m* Kino *n*
**cinta** ['sĩtɐ] *f* Band *n*; ~ **de aço** *aut* Stahlgürtel *m*; **cinto** ['sĩtu] *m* Gurt; Gürtel; ~ **de segurança** Sicherheitsgurt; **cintura** [sĩ'turɐ] *f* Taille
**cinza** ['sĩzɐ] *f* Asche; **cinzeiro** [sĩ'zejru] *m* Aschenbecher
**cinzento** [sĩ'zẽtu] grau
**circo** ['sirku] *m* Zirkus
**circuito** [sir'kujtu] *m* Kreislauf; Rundfahrt *f*; *el* Stromkreis; **circulação** [sirkulɐ'sɐ̃w] *f* Umlauf *m*; Kreislauf *m*; *Auto* Verkehr *m*; **circular** [sirku'lar] *f* Umgehungsstraße; Rundschreiben *n*; **círculo** ['sirkulu] *m* Kreis; Zirkel
**circunstâncias** [sirkũ'ʃtɐ̃sjɐʃ] *fpl* Umstände *mpl*, Verhältnisse *npl*
**cirurgia** [sirur'ʒiɐ] *f* Chirurgie; **cirurgião** *m*, **cirurgiã** *f* [sirur'ʒjɐ̃w, sirur'ʒjɐ̃] Chirurg(in)
**citrinos** [sə'trinuʃ] *mpl* Zitrusfrüchte *fpl*
**ciúme** ['sjumə] *m* Eifersucht *f*; **ciumento** [sju'mẽtu] eifersüchtig
**cívico** ['siviku] (staats)bürgerlich; **civil** [sə'vil] zivil; *m,f* Zivilist(in)
**clareira** [klɐ'rejrɐ] *f* Lichtung; **claridade** [klɐri'dadə] *f* Helligkeit; **claro** ['klaru] hell; klar
**classe** ['klasə] *f* Klasse; **classificado** [klɐsəfi'kadu] *m* Annonce *f*, Anzeige *f*; **classificador** [klɐsəfikɐ'dor] *m* Aktenordner
**clavícula** [klɐ'vikulɐ] *f anat* Schlüsselbein *n*
**clementina** [kləmẽ'tinɐ] *f* Clementine
**clero** ['klɛru] *m* Klerus
**cliente** ['kljẽtə] *m,f* Klient(in); Kunde *m*, Kundin *f*

**clima** ['klimɐ] *m* Klima *n*
**clínica** ['klinikɐ] *f* Klinik; ***médico*** *m* ***de ~ geral*** Allgemeinmediziner
**clipe** ['klipə] *m* Heftklammer *f*; (Video-)Clip
**clube** ['klubə] *m* Klub; ***~ naval*** Jachtklub
**coador** [kwɐ'dor] *m* Durchschlag; Sieb *n*
**cobarde** [ku'bardə] feige; *m* Feigling; **cobardia** [kubɐr'diɐ] *f* Feigheit
**coberta** [ku'bɛrtɐ] *f* Bettüberzug *m*; Abdeckung; **coberto** [ku'bɛrtu] bedeckt; **cobertor** [kubər'tor] *m* Bettdecke *f*; **cobertura** [kubər'turɐ] *f* Abdeckung; *Konto* Deckung
**cobra** ['kɔbrɐ] *f* Schlange
**cobrador** [kubrɐ'dor] *m Gebühren*, *Fahrgeld* Kassierer; **cobrança** [ku'brɐ̃sɐ] *f* Kassierung; ***à ~*** per Nachnahme
**coco** ['koku] *m* Kokosnuß *f*
**código** ['kɔdigu] *m* Gesetzbuch *n*; Kode; ***~ bancário*** Bankleitzahl *f*; ***♀ Civil*** Bürgerliches Gesetzbuch *n*; ***♀ da Estrada*** Straßenverkehrsordnung *f*; ***~ de barras*** Strichkode; ***~ postal*** Postleitzahl *f*
**codorniz** [kudur'niʃ] *m* Wachtel *f*
**coelho** ['kweʎu] *m* Kaninchen *n*
**cofre** ['kɔfrə] *m* Tresor
**cogumelo** [kugu'mɛlu] *m* Pilz
**coincidência** [kwĩsi'dẽsjɐ] *f* Zufall *m*, Zusammentreffen *n*
**coisa** ['kojzɐ] *f* Sache; Ding *n*; ***~ alguma***, ***~ nenhuma*** nichts; ***~s achadas*** Fundsachen *fpl*
**cola** ['kɔlɐ] *f* Leim *m*, Klebstoff *m*

**colaborador** [kulɐburɐ'dor] *m* Mitarbeiter
**colar** [ku'lar] kleben; *m* Halskette *f*; **~inho** [kulɐ'riɲu] *m* (Hemd-)Kragen
**colcha** ['kołʃɐ] *f* Tagesdecke; **colchão** [koł'ʃɐ̃w] *m* Matratze *f*; **~ *pneumático*** Luftmatratze *f*
**cole(c)ção** [kulɛ'sɐ̃w] *f* Kollektion; Sammlung
**colega** [ku'lɛgɐ] *m,f* Kollege *m*, Kollegin *f*
**colégio** [ku'lɛʒju] *m* Privatschule *f*
**cólera** ['kɔlərɐ] *f* Wut; *med* Cholera
**colete** [ku'letə] *m* Weste *f*; **~ *salva-vidas*** Rettungsweste *f*
**colheita** [ku'ʎejtɐ] *f* Ernte; **colher** [ku'ʎer] aufsammeln; ernten; *f* Löffel *m*; **~ *de sopa*** Suppenlöffel *m*
**coligação** [kuligɐ'sɐ̃w] *f* Koalition
**colisão** [kuli'zɐ̃w] *f* Kollision; Zusammenstoß *m*; **~ *em cadeia*** *aut* Massenkarambolage
**collant** [kɔ'lɐ̃] *m* Strumpfhose *f*
**colmeia** [koł'mejɐ] *f* Bienenkorb *m*
**colo** ['kɔlu] *m* Hals; ***criança f de ~*** Schoßkind *n*
**colocação** [kulukɐ'sɐ̃w] *f* Anordnung; Anstellung
**colónia** [ku'lɔnjɐ] *f* Kolonie; **~ *de férias*** Ferienkolonie; **colonial** [kulu'njał] kolonial; **colono** [ku'lonu] *m* Siedler
**colóquio** [ku'lɔkju] *m* Kolloquium *n*
**coluna** [ku'lunɐ] *f* Säule; Kolonne; *anat* Wirbelsäule; *Zeitung* Kolumne
**com** [kõ] mit
**comando** [ku'mɐ̃du] *m* Befehl *a EDV*
**comarca** [ku'markɐ] *f* Amtsbezirk *m*

**combate** [kõ'batə] *m* Kampf; **~r** [kõbɐ'ter] bekämpfen
**combinação** [kõbinɐ'sɐ̃w] *f* Zusammenstellung; Abmachung; Kombination; **combinar** [kõbi'nar] zusammenstellen; kombinieren; verabreden
**comboio** [kõ'boju] *m* Zug; ~ ***de alta velocidade*** Hochgeschwindigkeitszug; ~ ***de mercadorias*** Güterzug; ~ ***urbano*** Nahverkehrszug
**combustível** [kõbuʃ'tivɛɫ] *m* Treibstoff; ~ ***nuclear*** Kernbrennstoff
**começar** [kumə'sar] beginnen, anfangen; **começo** [ku'mesu] *m* Beginn, Anfang
**comédia** [ku'mɛdjɐ] *f* Komödie
**comentário** [kumẽ'tarju] *m* Kommentar
**comer** [ku'mer] essen
**comerciante** [kumər'sjẽtə] *m* Kaufmann; **comércio** [ku'mɛrsju] *m* Handel; ~ ***externo*** Außenhandel
**comichão** [kumi'ʃɐ̃w] *f* Juckreiz *m*
**comida** [ku'midɐ] *f* Essen *n*; Nahrung
**comigo** [ku'migu] mit mir; bei mir
**comissão** [kumi'sɐ̃w] *f* Ausschuß *m*, Kommission; **comissário** [kumi'sarju] *m* Kommissar
**como** ['komu] wie; *kausal* da, weil
**comoção** [kumu'sɐ̃w] *f* Rührung; Erschütterung
**comodidade** [kumudi'dadə] *f* Annehmlichkeit, Bequemlichkeit; **cómodo** ['kɔmudu] bequem
**compaixão** [kõpaj'ʃɐ̃w] *f* Mitleid *n*, Erbarmen *n*
**companheiro** [kõpɐ'ɲejru] *m* Kamerad; (Le-

bens-)Gefährte; **companhia** [kõpɐ'ɲiɐ] *f* Gesellschaft; Begleitung; Kompanie; ~ ***construtora*** Baufirma; ~ ***de seguros*** Versicherungsgesellschaft
**comparação** [kõpɐrɐ'sɐ̃w] *f* Vergleich *m*; **comparar** [kõpɐ'rar] vergleichen
**compartimento** [kõpɐrti'mẽtu] *m* Abteil *n*; *Schrank* Fach *n*
**compasso** [kõ'pasu] *m* Zirkel; *mus* Takt
**compatriota** [kõpɐ'trjɔtɐ] *m* Landsmann
**compensação** [kõpẽsɐ'sɐ̃w] *f* Ausgleich *m*; Entschädigung
**competência** [kõpə'tẽsjɐ] *f* Zuständigkeit; **competente** [kõpə'tẽtə] zuständig; **competição** [kõpəti'sɐ̃w] *f* Wettbewerb *m*
**completo** [kõ'plɛtu] voll(ständig)
**complexo** [kõ'plɛksu] kompliziert; verwickelt; *m* Komplex
**componente** [kõpu'nẽtə] *m,f* Komponente *f*
**compor** [kõ'por] zusammenstellen, -setzen; komponieren
**comporta** [kõ'portɐ] *f* Schleuse; **~mento** [kõpurtɐ'mẽtu] *m* Verhalten *n*
**composição** [kõpuzi'sɐ̃w] *f* Zusammensetzung, Komposition; **composto** [kõ'poʃtu] *m* Verbindung *f*; Mischung *f*
**compota** [kõ'pɔtɐ] *f* Marmelade
**compra** ['kõprɐ] *f* (Ein-)Kauf *m*; ***ir às ~s*** einkaufen gehen; **~diço** [kõprɐ'disu] käuflich; **~r** [kõ'prar] kaufen
**compreender** [kõprjẽ'der] verstehen; *Inhalt*

(um)fassen; **compreensão** [kõprjẽ'sɐ̃w] *f* Verständnis *n*; **compreensível** [kõprjẽ'sivɛɫ] verständlich
**compressa** [kõ'prɛsɐ] *f med* Kompresse, Umschlag *m*
**comprido** [kõ'pridu] lang; **comprimento** [kõpri'mẽtu] *m* Länge *f*
**comprimido** [kõpri'midu] *m* Tablette *f*; ~ ***de carvão*** Kohletablette *f*
**comprometer-se** [kõprumə'tersə] sich verpflichten (***a*** zu); **compromisso** [kõpru'misu] *m* Verabredung *f*; Verpflichtung *f*; ~***s*** *pl* Verbindlichkeiten *fpl*
**computador** [kõputɐ'dor] *m* Computer; ~ ***portátil*** Laptop
**comum** [ku'mũ] allgemein; gemeinsam
**comunicação** [kumunikɐ'sɐ̃w] *f* Mitteilung; **comunicado** [kumuni'kadu] *m* amtliche Mitteilung *f*, Kommuniqué *n*
**comunidade** [kumuni'dadə] *f* Gemeinschaft; ~ ***Europeia*** Europäische Gemeinschaft; **comunitário** [kumuni'tarju] Gemeinschafts...
**comutador** [kumutɐ'dor] *m* Schalter; ~ ***de relógio*** Zeitschaltuhr *f*
**conceito** [kõ'sejtu] *m* Konzept *n*; Begriff
**concelho** [kõ'seʎu] *m* Gemeinde *f*; Kreis
**concentrado** [kõsẽ'tradu] *m* Konzentrat *n*; **concentrar** [kõsẽ'trar] konzentrieren
**concerto** [kõ'sertu] *m* Konzert *n*
**concessionário** [kõsəsju'narju] *m* Konzessionär, Vertragshändler

**concha** ['kõʃɐ] *f* Muschel(schale); (Suppen-)Kelle
**concluir** [kõ'klwir] beenden; folgern; *Vertrag* abschließen; **conclusão** [kõklu'zɐ̃w] *f* Abschluß *m*; Folgerung
**concorrência** [kõku'ʀẽsjɐ] *f* Konkurrenz; Wettbewerb *m*; **concorrente** [kõku'ʀẽtə] *m* Konkurrent; Bewerber; **concurso** [kõ'kursu] *m* Wettbewerb; Ausschreibung *f*; Quiz *n*
**conde** ['kõdə] *m* Graf; **~ssa** [kõ'desɐ] *f* Gräfin
**condição** [kõdi'sɐ̃w] *f* Bedingung; Umstand *m*
**condimentar** [kõdimẽ'tar] abschmecken, würzen; **condimento** [kõdi'mẽtu] *m* Gewürz *n*
**conduta** [kõ'dutɐ] *f* Leitung, Röhre; **conduto** [kõ'dutu] *m* *Kchk* Beilage *f*; Belag; **conduzir** [kõdu'zir] führen; *aut* lenken, steuern
**cone** ['konə] *m* Kegel; Eistüte *f*
**conferência** [kõfə'rẽsjɐ] *f* Konferenz; Vortrag *m*; Besprechung
**confiança** [kõ'fjɐ̃sɐ] *f* Vertrauen *n*; ***ser de*** **~** vertrauenswürdig sein; **confiar** [kõ fjar] (ver)trauen (***em alg*** j-m)
**confirmação** [kõfirmɐ'sɐ̃w] *f* Bestätigung; **confirmar** [kõfir'mar] bestätigen
**conflito** [kõ'flitu] *m* Konflikt
**conforme** [kõ'fɔrmə] entsprechend, gemäß; je nachdem
**confortável** [kõfur'tavɛł] behaglich, bequem
**confundir** [kõfũ'dir] verwechseln; **confusão** [kõfu'zɐ̃w] *f* Verwechslung; Verwirrung; Durcheinander *n*
**congelador** [kõʒəlɐ'dor] *m* Gefrierschrank; Ge-

frierfach *n*; **congelar** [kõʒə'lar] gefrieren, einfrieren; *Konto* einfrieren
**congestionado** [kõʒəʃtju'nadu] *Verkehr* zähflüssig
**congressista** [kõgrə'siʃtɐ] *m,f* Kongreßteilnehmer(in); **congresso** [kõ'grɛsu] *m* Kongreß
**conhaque** [ku'ɲakə] *m* Kognak
**conhecedor** [kuɲəsə'dor] *m* Kenner; **conhecer** [kuɲə'ser] kennen; kennenlernen; **conhecido** [kuɲə'sidu] *m* Bekannte(r); **conhecimento** [kuɲəsi'mẽtu] *m* Kenntnis *f*; Bekanntschaft *f*
**coníferas** [ku'nifərɐʃ] *fpl* Nadelgehölze *npl*
**conjunto** [kõ'ʒũtu] *m* Gesamtheit *f*; *Kollektion* Satz, „Set" *n*; *Personen* Gruppe *f*, Team *n*; **em ~** gemeinsam, zusammen
**conjuntura** [cõʒũ'turɐ] *f* Konjunktur
**connosco** [kõ'nɔʃku] mit uns, bei uns
**conquista** [kõ'kiʃtɐ] *f* Eroberung; Errungenschaft
**consciência** [kõ'ʃsjẽsjɐ] *f* Gewissen *n*; Bewußtsein *n*
**conseguir** [kõsə'gir] erreichen, erlangen
**conselho** [kõ'seʎu] *m* Rat; **≗ *Europeu*** Europäischer Rat
**consentimento** [kõsẽti'mẽtu] *m* Einwilligung *f*, Zustimmung *f*
**consequência** [kõsə'kwẽsjɐ] *f* Konsequenz
**consertar** [kõsər'tar] reparieren; **conserto** [kõ'sɛrtu] *m* Reparatur *f*
**conserva** [kõ'sɛrvɐ] *f* Konserve; ***conserve-se frio*** kühl aufbewahren

**consideração** [kõsidərɐ'sɐ̃w] *f* Betrachtung; Hochachtung; **considerar** [kõsidə'rar] betrachten; **considerável** [kõsidə'ravɛɫ] beträchtlich
**consigo** [kõ'sigu] mit sich, bei sich; mit Ihnen, bei Ihnen
**constante** [kõʃ'tɐ̃tə] konstant, beständig
**constipação** [kõʃtipɐ'sɐ̃w] *f* Erkältung; **constipar-se** [kõʃti'parsə] sich erkälten
**constituição** [kõʃtituj'sɐ̃w] *f med, pol* Verfassung
**construção** [kõʃtru'sɐ̃w] *f* Bau *m*; Konstruktion; *~ civil* Bauwesen *n*
**consulta** [kõ'suɫtɐ] *f* Konsultation; Anfrage; Arztsprechstunde
**consumidor** [kõsumi'dor] *m* Verbraucher; **consumir** [kõsu'mir] verbrauchen
**conta** ['kõtɐ] *f* Rechnung; Konto *n*; *~ corrente* Girokonto *n*; *por ~ própria* auf eigene Rechnung
**contabilidade** [kõtɐbəli'dadə] *f* Buchhaltung; **contabilista** [kõtɐbə'liʃtɐ] *m* Buchhalter
**conta(c)to** [kõ'tatu] *m* Kontakt; Verbindung *f*
**contagioso** [kõtɐ'ʒjozu] ansteckend
**contar** [kõ'tar] zählen; rechnen; erzählen; *~ com* rechnen mit *od* auf
**contemporâneo** [kõtẽpu'rɐnju] zeitgenössisch
**contentar** [kõtẽ'tar] zufriedenstellen; **contente** [kõ'tẽtə] zufrieden
**contentor** [kõtẽ'tor] *m* Behälter, Container; *~ de lixo* Müllcontainer
**conteúdo** [kõ'tjudu] *m* Inhalt
**contigo** [kõ'tigu] mit dir, bei dir

**continental** [kõtinẽ'tał] kontinental; **continente** [kõti'nẽtə] *m* Kontinent
**continuar** [kõti'nwar] fortsetzen (*a* zu); **contínuo** [kõ'tinwu] ununterbrochen, stetig
**conto** ['kõtu] *m* Erzählung *f*; Märchen *n*; ***um*** ~ F tausend Escudos
**contorno** [kõ'tornu] *m* Kontur *f*
**contra** ['kõtrɐ] gegen, wider
**contrabandista** [kõtrɐbɐ̃'diʃtɐ] *m* Schmuggler; **contrabando** [kõtrɐ'bɐ̃du] *m* Schmuggel; Schmuggelware *f*
**contra(c)ção** [kõtra'sɐ̃w] *f* Kontraktion
**contraceptivo** [kõtrɐsɛp'tivu] *m* Verhütungsmittel *n*
**contradição** [kõtrɐdi'sɐ̃w] *f* Widerspruch *m*; **contradizer** [kõtrɐdi'zer] widersprechen
**contrário** [kõ'trarju] entgegengesetzt, gegensätzlich; widrig; *m* Gegenteil *n*; ***pelo*** ~ im Gegenteil
**contraste** [kõ'traʃtə] *m* Kontrast
**contratar** [kõtrɐ'tar] *vertraglich* vereinbaren; *Arbeitnehmer* einstellen; **contrato** [kõ'tratu] *m* Vertrag; ~ ***a prazo*** Zeitvertrag
**contribuição** [kõtribuj'sɐ̃w] *f* Beitrag *m* (***para*** zu); **contribuir** [kõtri'bwir] beitragen
**controlar** [kõtru'lar] kontrollieren; *tech* steuern; **controle, -o** [kõ'trolə, -u] *m* Kontrolle *f*; *tech* Steuerung *f*; ~ ***de segurança*** Leibesvisitation *f*
**controvérsia** [kõtru'vɛrsjɐ] *f* Auseinandersetzung
**contudo** [kõ'tudu] jedoch, indessen
**contusão** [cõ'tuzɐ̃w] *f* Quetschung

**convalescença** [kõvɐləʃ'sẽsɐ] *f* Genesung
**convencer** [kõvẽ'ser] überzeugen (**de** von)
**conveniente** [kõvə'njẽtə] angemessen; angebracht
**convento** [kõ'vẽtu] *m* Kloster *n*
**conversa** [kõ'vɛrsɐ] *f* Unterhaltung, Gespräch *n*; **~r** [kõvər'sar] sich unterhalten (**sobre** über)
**convés** [kõ'vɛʃ] *m* Deck *n*
**convidado** [kõvi'dadu] *m* Gast; **convidar** [kõvi'dar] einladen; auffordern (**a** zu)
**convite** [kõ'vitə] *m* Einladung *f*
**convívio** [kõ'vivju] *m geselliges* Beisammensein *n*
**cooperação** [kwopərɐ'sɐ̃w] *f* Zusammenarbeit; **cooperar** [kwopə'rar] zusammenarbeiten; **cooperativa** [kwopərɐtivɐ] *f* Genossenschaft
**coordenação** [kwordənɐ'sɐ̃w] *f* Koordinierung
**cópia** ['kɔpjɐ] *f* Kopie; **copiar** [ku'pjar] kopieren
**copo** ['kɔpu] *m* Glas *n*; Becher
**cor** [kor] *f* Farbe; Anstrich *m*
**coqueiro** [ku'kejru] *m* Kokospalme *f*
**coquetel** [kɔkə'tɛɫ] *m* Cocktail
**coração** [kurɐ'sɐ̃w] *m* Herz *n*
**coragem** [ku'raʒɐ̃j] *f* Mut *m*
**coral** [ku'raɫ] *m* Koralle *f*
**corça** ['korsɐ] *f* Reh *n*
**corda** ['kɔrdɐ] *f* Leine; Strick *m*; Saite
**cordeiro** [kur'dejru] *m* Hammel; *Kchk* Lamm *n*
**cor-de-rosa** [kordə'rɔzɐ] rosa
**cordilheira** [kurdi'ʎejrɐ] *f* Gebirgskette
**córnea** ['kɔrnjɐ] *f Auge* Hornhaut
**coro** ['koru] *m* Chor

**coroa** [ku'roɐ] *f* Krone
**coronel** [kuru'nɛɫ] *m* Oberst
**corpo** ['korpu] *m* Körper
**corre(c)to** [ku'ʀɛtu] korrekt; richtig
**correia** [ku'ʀejɐ] *f* Riemen *m*
**correio** [ku'ʀeju] *m* Post *f*
**corrente** [ku'ʀẽtə] *f* Strömung; (Luft-)Zug *m*; *el* Strom *m*; **~ *alternada*** Wechselstrom *m*
**correr** [ku'ʀer] laufen, rennen; *Wasser* fließen
**correspondência** [kuʀəʃpõ'dẽsjɐ] *f* Korrespondenz; *Esb* Anschluß *m*; Umsteigebahnhof *m*; **correspondente** [kuʀəʃpõ'dẽtə] entsprechend; *m,f* Korrespondent(in)
**corretor** [kuʀə'tor] *m* Makler
**corrida** [ku'ʀidɐ] *f* Lauf *m*; Rennen *n*; P Stierkampf *m*
**corrimão** [kuʀi'mɐ̃w] *m* (Treppen-)Geländer *n*
**corrosão** [kuʀu'zɐ̃w] *f* Korrosion; Verwitterung
**cortador** [kurtɐ'dor] *m*: **~ *de relva*** Rasenmäher; **~ *por abrasão*** Trennschleifer; **cortar** [kur'tar] schneiden; **corte** ['kɔrtə] *m* Schnitt; Unterbrechung *f*; *f* Hof(staat) *m*
**cortejo** [kur'teʒu] *m* Festzug
**cortês** [kur'teʃ] höflich; **cortesia** [kurtə'ziɐ] *f* Höflichkeit
**cortiça** [kur'tisɐ] *f* Kork *m*
**cortina** [kur'tinɐ] *f* Gardine; Vorhang *m*
**coruja** [ku'ruʒɐ] *f* Eule
**corvo** ['korvu] *m* Rabe
**coser** [ku'zer] nähen
**cosméticos** [kuʒ'mɛtikuʃ] *mpl* Kosmetika

**costa** ['kɔʃtɐ] *f* Küste; Ufer *n*; **~s** *fpl* Rücken *m*; Rückenlehne *f*
**costeleta** [kuʃtə'letɐ] *f* Kotelett *n*
**costumar** [kuʃtu'mar]: ~ ***fazer*** für gewöhnlich tun; **costume** [kuʃ'tumə] *m* Brauch; Gewohnheit *f*; ***como de*** ~ wie üblich
**costura** [kuʃ'turɐ] *f*; **costurar** [kuʃtu'rar] nähen, schneidern; **costureira** [kuʃtu'rejrɐ] *f* Näherin
**cota** ['kɔtɐ] *f* Rate, Quote; (Mitglieds-)Beitrag *m*
**cotovelo** [kutu'velu] *m* Ellbogen; Knick; Biegung *f*
**couraça** [ko'rasɐ] *f* Panzerung
**couro** ['koru] *m* Tierhaut *f*, Leder *n*
**couve** ['kovə] *f* Kohl *m*; **~-flor** *f* Blumenkohl *m*
**cova** ['kɔvɐ] *f* Grube; *Straße* Schlagloch *n*
**coxa** ['koʃɐ] *f* Schenkel *m*
**cozer** [ku'zer] kochen; *im Ofen* backen; **cozido** [ku'zidu] *m* P *Art Gulasch* Fleischgericht *n*; **cozinha** [ku'ziɲɐ] *f* Küche; **cozinhar** [kuzi'ɲar] kochen; **cozinheiro** [kuzi'ɲejru] *m* Koch
**crachá** [kra'ʃa] *m* Plakette *f*; (Identitäts-, Teilnehmer-)Karte *f*
**crânio** ['krɐnju] *m* Schädel
**cravinho** [krɐ'viɲu] *m* (Gewürz-)Nelke *f*; **cravo** ['kravu] *m* Nelke *f*
**creche** ['krɛʃə] *f* Kinderkrippe
**crédito** ['krɛditu] *m* Kredit; *fig* Ansehen *n*
**credor** [krə'dor] *m* Gläubiger
**creme** ['krɛmə] *m* Sahne *f*, Rahm; Creme *f a fig*; ~ ***protector do sol*** Sonnenschutzcreme *f*
**crença** ['krẽsɐ] *f rel* Glaube *m*; **crente** ['krẽtə] *m,f rel* Gläubige(r)

**crepúsculo** [krə'puʃkulu] *m* Dämmerung *f*
**crescer** [krəʃ'ser] wachsen; zunehmen; **crescimento** [krəʃsi'mẽtu] *m* (An-)Wachsen *n*; Wachstum *n*
**criação** [kriɐ'sɐ̃w] *f* Schaffung, Errichtung; Erziehung; **criada** ['krjadɐ] *f* Zimmer-, Dienstmädchen *n*; **criado** ['krjadu]: ***mal* ~** ungezogen; *m* **~ *de mesa*** Kellner
**criança** ['krjɐ̃sɐ] *f* Kind *n*; **~ *de peito*** Säugling *m*
**criar** ['krjar] schaffen; erzeugen; **criativo** [krjɐ'tivu] kreativ
**crime** ['krimə] *m* Verbrechen *n*; **criminoso** [krəmi'nozu] kriminell; *m* Verbrecher
**crise** ['krizə] *f* Krise
**cristão** [kriʃ'tɐ̃w] christlich; *m* Christ; ***~-democrático*** christdemokratisch
**crítica** ['kritikɐ] *f* Kritik; **crítico** ['kritiku] kritisch; *m* Kritiker
**crivo** ['krivu] *m* Sieb *n*
**crocodilo** [kruku'dilu] *m* Krokodil *n*
**crónica** ['krɔnikɐ] *f* Chronik
**croquete** [krɔ'kɛtə] *m* Krokette *f*
**cru**, **-a** [kru, -ɐ] roh; rauh
**cruel** [krwɛɫ] grausam; **~dade** [krwɛɫ'dadə] *f* Grausamkeit
**crustáceo** [kruʃ'tasju] *m* Schalentier *n*; *allg* Krabbe *f*
**cruz** [kruʃ] *f* Kreuz *n*; **~amento** [kruzɐ'mẽtu] *m* Kreuzung *f*; **~ar** [kru'zar] (durch)kreuzen; **~eta** [kru'zetɐ] *f* Kleiderbügel *m*
**cu** [ku] *m* V Arsch

**cubano** [ku'bɐnu] kubanisch; *m* Kubaner
**cubo** ['kubu] *m* (Eis-)Würfel
**cuecas** ['kwɛkɐʃ] *fpl* (Männer-)Unterhose *f*
**cueiro** ['kwejru] *m* Windel *f*
**cuidado** [kuj'dadu] *m* Sorgfalt *f*; Vorsicht *f*; **~so** [kujdɐ'dozu] sorgfältig; vorsichtig
**cujo** ['kuʒu] dessen
**culinária** [kuli'narjɐ] *f* Kochkunst
**culpa** ['kułpɐ] *f* Schuld; **~do** [kuł'padu] *m* Schuldige(r); **~r** [kuł'par] beschuldigen
**cultivar** [kułti'var] kultivieren; anbauen; **cultivo** [kuł'tivu] *m* Anbau
**cultura** [kuł'turɐ] *f* Kultur; **~l** [kułtu'rał] kulturell
**culturismo** [kułtu'riʒmu] *m* Bodybuilding *n*
**cume** ['kumə] *m* Gipfel
**cumprimentar** [kũprimẽ'tar] begrüßen; **cumprimento** [kũpri'mẽtu] *m* Gruß
**cumprir** [kũ'prir] ausführen; erfüllen
**cunha** ['kuɲɐ] *f* Keil *m*
**cunhado** [ku'ɲadu] *m* Schwager
**cura** ['kurɐ] *f* Kur; *m* Pfarrer; **~r** [ku'rar] heilen, kurieren
**curiosidade** [kurjuzi'dadə] *f* Neugierde; Sehenswürdigkeit; **curioso** [ku'rjozu] seltsam; neugierig
**curso** ['kursu] *m* Verlauf, Kurs; Kursus; **~ *de iniciação*** Einsteigerkurs; **~ *de pós-graduação*** Fortbildungskurs; **~ *intensivo*** Intensivkurs; ***tirar um* ~** e-n Kurs belegen
**curto** ['kurtu] kurz; **~-circuito** [kurtusir'kujtu] *m* Kurzschluß

**curva** ['kurvɐ] *f* Kurve; ~ ***apertada*** Haarnadelkurve; **curvar** [kur'var] krümmen, biegen
**cuspir** [kuʃ'pir] spucken; **cuspo** ['kuʃpu] *m* Speichel, Spucke *f*
**custa** ['kuʃtɐ] *f*: ***à ~ de*** zu Lasten von; **custar** [kuʃ'tar] kosten; schwerfallen; **custo** ['kuʃtu] *m* Kosten *pl*; ~ ***de vida*** Lebenshaltungskosten *pl*; **custoso** [kuʃ'tozu] kostspielig; mühselig

## D

**da** [dɐ] **de + a**
**dado** ['dadu] *m* Würfel; ***jogar aos ~s*** würfeln; **~s** *mpl* Daten
**dali** [dɐ'li] von dort; *fig* daher
**dama** ['dɐmɐ] *f* Dame
**damasco** [dɐ'maʃku] *m* Pfirsich
**dança** ['dɐ̃sɐ] *f* Tanz *m*; **~r** [dɐ̃'sar] tanzen
**dano** ['dɐnu] *m* Schaden; ~ ***material*** Sachschaden
**dantes** ['dɐ̃təʃ] früher; zuvor
**daqui** [dɐ'ki] von hier
**dar** [dar] geben; (aus)reichen; schenken; *Tür*, *Fenster* gehen, zeigen (***para*** auf); achten (***por*** auf); ***~-se*** sich ereignen, geschehen
**data** ['datɐ] *f* Datum *n*; **~r** [dɐ'tar] datieren; herrühren (***de*** von)
**de** [də] *Herkunft* von; *Material* aus; *Umstand*, *Mittel* mit
**debaixo** [də'bajʃu] unten; ~ ***de*** unter
**debate** [də'batə] *m* Debatte *f*; ~ ***a mesa redonda***

Rundtischgespräch *n*; Talkshow *f*
**débil** ['dɛbiɫ] schwach
**débito** ['dɛbitu] *m* Schuld *f*; Soll *n*; *tech* Leistung *f*
**década** ['dɛkɐdɐ] *f* Jahrzehnt *n*
**decadência** [dəkɐ'dẽsjɐ] *f* Verfall *m*; Dekadenz
**decente** [də'sẽtə] dezent, anständig
**decepção** [dəsɛ'sɐ̃w] *f* Enttäuschung
**decerto** [də'sɛrtu] gewiß, sicherlich
**decidido** [dəsə'didu] energisch, entschlossen; **decidir** [dəsə'dir] entscheiden; beschließen
**decisão** [dəsi'zɐ̃w] *f* Entscheidung; **decisivo** [dəsə'zivu] entscheidend
**declaração** [dəklɐrɐ'sɐ̃w] *f* Erklärung; ~ ***alfandegária*** Zollerklärung; **declarar** [dəklɐ'rar] erklären
**declive** [də'klivə] *m* Abhang; Gefälle *n*
**decompor** [dəkõ'por] zerlegen; zersetzen
**decoração** [dəkurɐ'sɐ̃w] *f* Dekoration
**decorrer** [dəku'ʀer] geschehen, ablaufen
**decote** [də'kɔtə] *m* Dekolleté *n*
**decrescer** [dəkrəʃ'ser] abnehmen, sich verringern
**decreto** [də'krɛtu] *m* Erlaß
**decurso** [də'kursu] *m* Verlauf; ***no*** ~ ***de*** im Verlauf von
**dedo** ['dedu] *m* Finger; ~ ***do pé*** Zehe *f*
**defeito** [də'fejtu] *m* Fehler; Mangel; **defeituoso** [dəfej'twozu] fehler-, mangelhaft
**defender** [dəfẽ'der] verteidigen; **defensor** [dəfẽ'sor] *m* Verteidiger; ~ ***da natureza*** Naturschützer; **defesa** [də'fezɐ] *f* Verteidigung
**défice** ['dɛfisə] *m* Defizit *n*

**deficiência** [dəfə'sjẽsjɐ] *f* Mangel *m*; **deficiente** [dəfə'sjẽtə] mangelhaft; *med* körperbehindert; ~ *m* (**físico**) (Körper-)Behinderte(r)
**definitivo** [dəfəni'tivu] endgültig, definitiv
**defraudar** [dəfraw'dar] unterschlagen
**degelo** [də'ʒelu] *m* Tauwetter *n*
**degradação** [dəgrɐdɐ'sɐ̃w] *f*: ~ ***de florestas*** Waldsterben *n*
**degrau** [də'graw] *m* Stufe *f*; Grad
**deitar** [dej'tar] werfen; ausschütten; ~ ***fora*** wegwerfen; ~***-se*** sich hinlegen; zu Bett gehen
**deixar** [dej'ʃar] (hinter-, ver-, zu-, zurück)lassen; ~ ***de fazer*** nicht mehr tun
**dela, -e** ['dɛlɐ, 'delə] = **de** + **ela**, **ele**
**delegação** [dələgɐ'sɐ̃w] *f* Delegation, Abordnung; **delegado** [dələ'gadu] *m* Beauftragte(r); Vertreter
**delgado** [dɛɫ'gadu] dünn, schlank
**delicado** [dəli'kadu] zart; *fig* heikel, delikat
**delícia** [də'lisjɐ] *f* Entzücken *n*; **delicioso** [dəli'sjozu] köstlich; entzückend
**delinquente** [dəlĩ'kwẽtə] *m* Täter; **delito** [də'litu] *m* Delikt *n*
**demais** [də'majʃ]: ***o*** ~ das übrige, der Rest; ***os*** ~ die übrigen
**demasiado** [dəmɐ'zjadu] zuviel; (all)zu
**demente** [də'mẽtə] geisteskrank
**demissão** [dəmi'sɐ̃w] *f* Rücktritt *m*; **demitir** [dəmə'tir] entlassen; ~***-se*** zurücktreten
**democracia** [dəmukrɐ'siɐ] *f* Demokratie; **democrata** [dəmu'kratɐ] *m,f* Demokrat(in); **demo-**

**crático** [dəmu'kratiku] demokratisch
**demolir** [dəmu'lir] zerstören; abreißen
**demónio** [də'mɔnju] *m* Teufel
**demonstrar** [dəmõʃ'trar] darlegen; beweisen
**demora** [də'mɔrɐ] *f* Verzögerung, Verzug *m*; **~r** [dəmu'rar] lange dauern
**denominação** [dənuminɐ'sɐ̃w] *f* Bezeichnung
**densidade** [dẽsi'dadə] *f* Dichte
**dentadura** [dẽtɐ'durɐ] *f* Gebiß *n*; **dente** ['dẽtə] *m* Zahn; *Knoblauch* Zehe *f*; ***lavar os ~s*** die Zähne putzen; **dentista** [dẽ'tiʃtɐ] *m,f* Zahnarzt, -ärztin
**dentro** ['dẽtru] drinnen; ***~ de*** in(nerhalb von)
**denúncia** [də'nũsjɐ] *f* Anzeige
**departamento** [dəpɐrtɐ'mẽtu] *m* Abteilung *f*
**dependência** [dəpẽ'dẽsjɐ] *f* Abhängigkeit; **dependente** [dəpẽ'dẽtə] abhängig; **depender** [dəpẽ'der] abhängen, abhängig sein (***de*** von)
**depois** [də'pojʃ] danach; ***~ de*** nach; ***~ que*** nachdem
**depósito** [də'pɔzitu] *m* Reservoir *n*; Behälter; *aut* Tank; *Flasche* Pfand *n*
**depressa** [də'prɛsɐ] schnell; ***o mais ~ possível*** schnellstens, frühestens
**depressão** [dəprə'sɐ̃w] *f* Senke; *ök*, *med* Depression; ***~ atmosférica*** *Wetter* Tief *n*
**deputado** [dəpu'tadu] *m* Abgeordnete(r)
**derivação** [dərivɐ'sɐ̃w] *f* Abzweigung
**dermatologista** [dərmɐtulu'ʒiʃtɐ] *m,f* Hautarzt, -ärztin
**derramar** [dərɐ'mar] vergießen
**derrapar** [dərɐ'par] *aut* schleudern, rutschen

**derreter** [dəʀə'ter] schmelzen, zerlaufen
**derrota** [də'ʀɔtɐ] *f* Niederlage
**derrube** [də'ʀubə] *m pol* Sturz
**desabitado** [dəzɐbi'tadu] unbewohnt
**desabrigado** [dəzɐbri'gadu] obdachlos
**desafiar** [dəzɐ'fjar] herausfordern; **desafio** [dəzɐ'fiw] *m* Herausforderung *f*
**desagradável** [dəzɐgrɐ'davɛɫ] unangenehm
**desajeitado** [dəzɐʒej'tadu] ungeschickt
**desalmado** [dəzaɫ'madu] herzlos
**desamolgar** [dəzɐmoɫ'gar] *aut* ausbeulen
**desaparafusar** [dəzɐpɐrɐfu'zar] abschrauben
**desaparecer** [dəzɐpɐrə'ser] verschwinden
**desaprovar** [dəzɐpru'var] mißbilligen
**desarranjo** [dəzɐ'ʀɐ̃ʒu] *m* Unordnung *f*
**desarrumado** [dəzɐʀu'madu] unordentlich, unaufgeräumt
**desastre** [də'zaʃtrə] *m* Unglück *n*, Unfall
**desatar** [dəzɐ'tar] lösen, aufknoten; ~ **a** *plötzlich* beginnen zu
**desatento** [dəzɐ'tẽtu] unaufmerksam
**desavergonhado** [dəzɐvərgu'ɲadu] schamlos
**descafeinado** [dəʃkɐfej'nadu] koffeinfrei
**descalço** [dəʃ'kaɫsu] barfuß
**descansar** [dəʃkɐ̃'sar] ausruhen; **descanso** [dəʃ'kɐ̃su] *m* Ruhe *f*; Erholung *f*; *Telefon* Gabel *f*
**descapotável** [dəʃkɐpu'tavɛɫ] *aut* mit Schiebedach
**descarga** [dəʃ'kargɐ] *f* Entladung; **descarregar** [dəʃkɐʀə'gar] ent-, abladen
**descarrilar** [dəʃkɐʀi'lar] entgleisen

**descartável** [dəʃkɐr'tavɛɫ] Wegwerf..., Einweg..
**descascar** [dəʃkɐʃ'kar] schälen
**descida** [dəʃ'sidɐ] *f* Gefälle *n*; Abstieg *m*; Sinken *n*
**descoberta** [dəʃku'bɛrtɐ] *f* Entdeckung; **descobrir** [dəʃku'brir] entdecken; *fig* aufdecken
**descodificador** [dəʃkudəfikɐ'dor] *m* Decoder
**descolagem** [dəʃku'laʒɐ̃j] *f av* Start *m*, Abheben *n*; **descolar** [dəʃku'lar] *av* abheben
**desconfiança** [dəʃkõ'fjɐ̃sɐ] *f* Mißtrauen *n*; **desconfiar** [dəʃkõ'fjar] mißtrauen (***de alg*** j-m)
**descongelar** [dəʃkõʒə'lar] auftauen; enteisen
**desconhecer** [dəʃkuɲə'ser] nicht kennen; **desconhecido** [dəʃkuɲə'sidu] unbekannt
**descontar** [dəʃkõ'tar] abziehen
**descontente** [dəʃkõ'tẽtə] unzufrieden
**desconto** [dəʃ'kõtu] *m* Diskont; Rabatt
**descontrolado** [dəʃkõtru'ladu] unbeherrscht
**descrever** [dəʃkrə'ver] beschreiben; **descrição** [dəʃkri'sɐ̃w] *f* Beschreibung
**desculpa** [dəʃ'kuɫpɐ] *f* Entschuldigung; ***pedir ~s*** (***a***) um Entschuldigung bitten (bei); **~r-se** [dəʃkuɫ'parsə] sich entschuldigen (***por*** wegen)
**desde** ['dɛʒdə ] seit; von ... an; ~ ***há*** seit; ~ ***logo*** sogleich; ~ ***que*** sofern; *zeitlich* seit(dem)
**desdém** [dəʒ'dẽj] *m* Verachtung *f*
**desdita** [dəʒ'ditɐ] *f* Unglück *n*
**desejar** [dəzə'ʒar] wünschen; **desejo** [də'zeʒu] *m* Wunsch
**desembarcar** [dəzẽbɐr'kar] *nav* ausladen, ö- schen; an Land gehen; *av* auschecken

**desembarque** [dəzẽ'barkə] *m Ladung* Löschung *f*; *nav* Ausschiffung *f*; *av* Auschecken *n*
**desembrulhar** [dəzẽbru'ʎar] auswickeln, -pakken
**desempenhar** [dəzẽpə'ɲar] *Rolle* spielen; *Auftrag* ausführen; *Amt* ausüben
**desempregado** [dəzẽprə'gadu] arbeitslos; *m* Arbeitslose(r); **desemprego** [dəzẽ'pregu] *m* Arbeitslosigkeit *f*
**desencadear** [dəzẽkɐ'djar] *fig* losbrechen; entfesseln
**desenhar** [dəzə'ɲar] zeichnen; **desenho** [də'zeɲu] *m* Zeichnung *f*; Design *n*
**desenrolar-se** [dəzẽʀu'larsə] ablaufen, sich entwickeln
**desentupir** [dəzẽtu'pir] eine Verstopfung beseitigen bei
**desenvolver** [dəzẽvoɫ'ver] entwickeln; darlegen; **desenvolvimento** [dəzẽvoɫvimẽtu] *m* Entwicklung *f*
**desequilibrado** [dəzikəli'bradu] unausgeglichen; **desequilíbrio** [dəzikə'librju] *m* Ungleichgewicht *n*; Mißverhältnis *n*
**deserto** [də'zɛrtu] *m* Wüste *f*; Einöde *f*
**desesperado** [dəzəʃpə'radu] verzweifelt, hoffnungslos
**desestabilização** [dəziʃtɐbəlizɐ'sɐ̃w] *f* Destabilisierung
**desfavorável** [dəʃfɐvu'ravɛɫ] ungünstig
**desfazer** [dəʃfɐ'zer] auseinandernehmen; zerteilen; *Koffer* auspacken; **~-se** entzweigehen

**desfiladeiro** [dəʃfilɐ'dejru] *m* (Eng-)Paß; **desfile** [dəʃ'filə] *m* Umzug; Vorbeimarsch
**desflorestar** [dəʃflurəʃ'tar] abholzen
**desfocado** [dəʃfu'kadu] *fot* verschwommen, unklar
**desfrutar** [dəʃfru'tar] genießen; sich erfreuen (*de* an)
**desgastar** [dəʒgɐʃ'tar] abnutzen, verschleißen **desgaste** [dəʒ'gaʃtə] *m* Abnutzung *f*, Verschleiß
**desgosto** [dəʒ'goʃtu] *m* Kummer; Verstimmung *f*
**desgoverno** [dəʒgu'vernu] *m* Mißwirtschaft *f*
**desgraça** [dəʒ'grasɐ] *f* Unglück *n*
**designação** [dəzignɐ'sɐ̃w] *f* Bezeichnung
**desiludir** [dəzilu'dir] enttäuschen; **desilusão** [dəzilu'zɐ̃w] *f* Enttäuschung
**desinfe(c)ção** [dəzĩfɛ'sɐ̃w] *f* Desinfektion; **desinfe(c)tante** [dəzĩfɛ'tɐ̃tə] *m* Desinfektionsmittel *n*
**desinteressado** [dəzĩtərə'sadu] uneigennützig; **desinteresse** [dəzĩtə'resə] *m* Desinteresse *n*; Uneigennützigkeit *f*
**desistir** [dəzəʃ'tir] aufgeben; verzichten (*de* auf)
**desligar** [dəʒli'gar] ab-, ausschalten; lösen
**deslizar** [dəʒli'zar] ausrutschen; **deslize** [dəʒ'lizə] *m fig* Ausrutscher
**deslocar** [dəʒlu'kar] fortbewegen; versetzen; **~-se** sich begeben (***para*** nach); verreisen
**desmaiar** [dəʒmɐ'jar] ohnmächtig werden; *aut Motor* F verrecken; **desmaio** [dəʒ'maju] *m* Ohnmacht *f*
**desnível** [dəʒ'nivɛł] *m* Gefälle *n*; Höhenunterschied

**desnublado** [dəʒnu'bladu] wolkenlos
**desodorizante** [dəzuduri'zẽtə] *m* Deodorant *n*
**desordem** [də'zɔrdẽj] *f* Unordnung
**despachado** [dəʃpɐ'ʃadu] F tüchtig, fix; **despachar** [dəʃpɐ'ʃar] *amtlich* abfertigen; erledigen; *~-se* sich beeilen
**despedida** [dəʃpə'didɐ] *f* Abschied *m*, Verabschiedung; **despedimento** [dəʃpədi'mẽtu] *m* Entlassung *f*; **despedir** [dəʃpə'dir] verabschieden; *Personal* entlassen
**despenhar(-se)** [dəʃpə'ɲar(sə)] *av* abstürzen
**despensa** [dəʃ'pẽsɐ] *f* Speisekammer
**despertador** [dəʃpərtɐ'dor] *m* Wecker; **despertar** [dəʃpər'tar] wecken
**despesas** [dəʃ'pɛzɐʃ] *fpl* Kosten *pl*; Ausgaben *pl*
**despido** [dəʃ'pidu] nackt; **despir** [dəʃ'pir] ausziehen, entkleiden
**despistar-se** [dəʃpiʃ'tarsə] vom Wege abkommen
**desportista** [dəʃpɔr'tiʃtɐ] *m,f* Sportler(in); **desporto** [dəʃ'pɔrtu] *m* Sport
**desprevenido** [dəʃprəvə'nidu] unvorbereitet
**desprezo** [dəʃ'prezu] *m* Verachtung *f*
**despropositado** [dəʃprupuzi'tadu] unbeabsichtigt
**destacar** [dəʃtɐ'kar] hervorheben; absondern
**destinar** [dəʃti'nar] bestimmen; vorbehalten; **destinatário** [dəʃtinɐ'tarju] *m* Empfänger; **destino** [dəʃ'tinu] *m* Bestimmung *f*; Schicksal *n*; ***local** m* **de** *~* Bestimmungsort
**destroçar** [dəʃtru'sar] zertrümmern; **destroços**

[dəʃ'trosuʃ] *mpl* Trümmer *pl*
**destruição** [dəʃtrwi'sɐ̃w] *f* Zerstörung; **destruir** [dəʃ'trwir] zerstören
**desumano** [dəzu'mɐnu] unmenschlich
**desuso** [də'zuzu] *m*: ***em ~*** ungebräuchlich
**desvalorização** [dəʒvɐlurizɐ'sɐ̃w] *f* Abwertung
**desvantagem** [dəʒvɐ̃'taʒɐ̃j] *f* Nachteil *m*
**desviar** [dəʒ'vjar] umleiten; ablenken; **desvio** [dəʒ'viw] *m* Umleitung *f*; Umweg
**detalhe** [də'tɐʎə] *m* Detail *n*
**dete(c)tive** [dətɛ'tivə] *m* Detektiv
**deter** [də'ter] auf-, festhalten; festnehmen; ***~-se*** verweilen; stehenbleiben
**detergente** [dətər'ʒẽtə] *m* Waschmittel *n*; ***~ em pó*** Waschpulver *n*
**determinar** [dətərmi'nar] bestimmen; festsetzen
**detrás** [də'traʃ] hinten; ***~ de*** hinter
**Deus** ['dewʃ] *m* Gott
**devagar** [dəvɐ'gar] *Adverb* langsam
**devedor** [dəvə'dor] *m* Schuldner; **dever** [də'ver] sollen; schulden; verdanken; *m* Pflicht *f*
**devido** [də'vidu]: ***~ a*** wegen
**devolução** [dəvulu'sɐ̃w] *f* Rückgabe; **devolver** [dəvoɫ'ver] zurückgeben
**devorar** [dəvu'rar] verschlingen
**Dezembro** [də'zẽbru] *m* Dezember
**dia** [diɐ] *m* Tag; ***~ após ~*** Tag für Tag; ***~ de folga*** Schließtag; *Arbeitnehmer* freier Tag
**dia-a-dia** [diɐɐ'diɐ] *m* Alltag; tägliche(s) Einerlei *n*
**diabetes** [djɐ'bɛtəʃ] *f* Diabetes *m*; **diabético** [djɐ'bɛtiku] diabetisch; *m* Diabetiker

**diabo** ['djabu] *m* Teufel
**diafragma** [djɐ'fragmɐ] *m* Zwerchfell *n*; *fot* Blende *f*
**diagnóstico** [djɐ'gnɔʃtiku] *m* Diagnose *f*
**diale(c)to** [djɐ'lɛtu] *m* Dialekt
**diálise** ['djalizə] *f* Dialyse
**diálogo** ['djalugu] *m* Dialog
**diamante** [djɐ'mɐ̃tə] *m* Diamant
**diâmetro** ['djɐmətru] *m* Durchmesser
**diante** ['djɐ̃tə] vorn; ***e assim por ~*** und so weiter; ***~ de*** *räumlich* vor; gegenüber
**dianteiro** [djɐ̃'tejru] Vorder...
**diária** ['djarjɐ] *f Spesen* Tagessatz *m*; *Hotel* Übernachtungspreis *m*
**diário** ['djarju] täglich; *m* Tagebuch *n*; Tageszeitung *f*
**diarreia** [djɐ'ʀejɐ] *f* Durchfall *m*
**dicionário** [disju'narju] *m* Wörterbuch *n*
**diesel** [di'zɛɫ] *m* Diesel(motor)
**dieta** ['djɛtɐ] *f* Diät; ***~ zero*** Nulldiät; ***fazer ~*** Diät halten
**dietético** [djə'tɛtiku] diätetisch; ***casa de produtos ~s*** Reformhaus *n*
**diferença** [difə'rẽsɐ] *f* Differenz; Unterschied *m*; Unstimmigkeit; **diferencial** [difərẽ'sjaɫ] *f* Differential *n*; **diferente** [difə'rẽtə] verschieden
**difícil** [də'ficiɫ] schwierig; **dificuldade** [dəfikuɫ'dadə] *f* Schwierigkeit
**digestão** [diʒəʃ'tɐ̃w] *f* Verdauung
**digital** [dəgi'taɫ] digital
**digno** ['dignu] würdig

**digressão** [digrə'sɐ̃w] *f* Ausflug *m*; Abstecher *m*
**dilema** [di'lemɐ] *m* Dilemma *n*
**dimensão** [dimẽ'sɐ̃w] *f* Ausdehnung; Ausmaß *n*
**diminuído** [dəmi'nwidu]: **~ *físico*** Körperbehinderte(r)
**dinamarquês** [dinɐmɐr'keʃ] dänisch; *m* Däne
**dinamite** [dinɐ'mitə] *m* Dynamit *n*
**dinheiro** [di'ɲejru] *m* Geld *n*; **~ *trocado*** Kleingeld *n*
**diploma** [di'plomɐ] *m* Diplom *n*; **~ta** [diplu'matɐ] *m,f* Diplomat(in)
**dique** ['dikə] *m* Deich
**dire(c)ção** [dirɛ'sɐ̃w] *f* Direktion; Leitung, Führung; *Weg* Richtung; *aut* Lenkung; (*Anschrift*) Adresse; **~ *assistida*** *aut* Servolenkung; **dire(c)to** [di'rɛtu] direkt; *m Esb* Eilzug; **dire(c)tor(a)** [dirɛ'tor(ɐ)] *m,f* Direktor(in)
**direita** [di'rejtɐ] *f pol*, *Hand* Rechte; **à ~** rechts; **direito** [di'rejtu] gerade; *fig* rechtschaffen *m* Recht *n* (***a*** auf); **~*s*** *pl* Steuern; Abgaben; **~*s*** *pl **humanos*** Menschenrechte
**dirigir** [dirə'ʒir] führen; leiten; lenken (*a aut*); richten; **~-*se*** sich wenden (***a*** an); sich richten (***a*** auf); sich begeben (***para*** nach)
**disco** ['diʃku] *m* Scheibe *f*; Schallplatte *f*; **~ *compacto*** Compact Disc *f*; **~ *de estacionamento*** Parkscheibe *f*; **~ *elé(c)trico*** Kochplatte *f*; **~ *rígido*** *EDV* Festplatte *f*
**discordância** [diʃkur'dɐ̃sjɐ] *f* Unstimmigkeit
**discoteca** [diʃku'tɛkɐ] *f* Diskothek
**discurso** [diʃ'kursu] *m* Rede *f*

**discussão** [diʃku'sɐ̃w] *f* Diskussion; **discutir** [diʃku'tir] diskutieren
**disenteria** [dizẽtə'riɐ] *f* Ruhr
**disfarçar** [diʃfɐr'sar] verkleiden; *fig* verhüllen
**diskette** [diʃ'kɛtə] *f* Diskette
**disparador** [diʃpɐrɐ'dor] *m fot* Auslöser; **disparar** [diʃpɐ'rar] schießen; *fot* knipsen
**disparate** [diʃpɐ'ratə] *m* Unsinn
**dispensar** [diʃpẽ'sar] befreien, entbinden (***de*** von)
**disponível** [diʃpu'nivɛɫ] verfügbar, disponibel; **dispor** [diʃ'por] (an)ordnen; verordnen; verfügen (***de*** über); **disposição** [diʃpuzi'sɐ̃w] *f* (An-)Ordnung; (Gemüts-)Verfassung; **dispositivo** [diʃpuzə'tivu] *m tech* Vorrichtung *f*; **~ *de alarme*** Alarmanlage *f*
**disquete** *s* **diskette**
**distância** [diʃ'tɐ̃sjɐ] *f* Entfernung, Distanz; **distante** [diʃ'tɐ̃tə] fern, weit (*a zeitlich*)
**distinguir** [dəʃtĩ'gir] unterscheiden; **distintivo** [dəʃtĩ'tivu] *m* Kennzeichen *n*; Abzeichen *n*
**distraído** [diʃtrɐ'idu] zerstreut; **distrair** [diʃtrɐ'ir] ablenken, zerstreuen
**distribuição** [dəʃtribuj'sɐ̃w] *f* Ein-, Verteilung; Briefzustellung; **distribuidor** [dəʃtribuj'dor] *m* Briefträger; **~ *autorizado*** autorisierter Vertragshändler; **~*a f automática*** *Fahrschein, Zigaretten* Automat *m*; **distribuir** [dəʃtri'bwir] verteilen
**distrito** [dəʃ'tritu] *m* Bezirk
**divã** [di'vɐ̃] *m* Couch *f*
**divergência** [divər'ʒẽsjɐ] *f* Meinungsverschiedenheit; Gegensatz *m*

**diverso** [di'vɛrsu] verschieden(artig)
**divertido** [divər'tidu] lustig; unterhaltsam; **divertir-se** [divər'tirsə] sich unterhalten, sich vergnügen
**dívida** ['dividɐ] *f* Schuld; ~ ***externa*** Auslandsschuld
**dividir** [divə'dir] ab-, ein-, zerteilen; **divisão** [dəvi'zɐ̃w] *f* Teilung; Abteilung
**divisas** [də'vizɐʃ] *fpl Finanzen* Devisen *pl*
**divorciar-se** [divur'sjarsə] sich scheiden lassen; **divórcio** [di'vɔrsju] *m* Scheidung *f*
**divulgação** [divułgɐ'sɐ̃w] *f* Verbreitung
**dizer** [di'zer] sagen; sprechen; ~ ***com*** passen zu; ***por assim*** ~ sozusagen; ~ ***que sim*** ja sagen, zustimmen
**doação** [dwɐ'sɐ̃w] *f* Spende; **doador** [dwɐ'dor] *m* Spender; **doar** [dwar] spenden
**dobra** ['dɔbrɐ] *f* Knick *m*; Falte; **~diça** [dubrɐ'disɐ] *f* Scharnier *n*; **~r** [du'brar] falten; biegen; **dobro** ['dobru] *m* Doppelte(s) *n*
**doce** ['dosə] süß; *m* Süßigkeit *f*; Süßspeise *f*; Marmelade *f*
**documento** [duku'mẽtu] *m* Dokument *n*; **~s** *pl* Unterlagen; (Ausweis-)Papiere
**doença** ['dwẽsɐ] *f* Krankheit; **doente** ['dwẽtə] krank; *m,f* Kranke(r); **doer** [dwer] schmerzen
**doido** ['dojdu] wahnsinnig, verrückt
**dom** [dõ] *m* Gabe *f*, Begabung *f*
**doméstica** [du'mɛʃtikɐ] *f* Hausangestellte; **doméstico** [du'mɛʃtiku] Haus...; ***voo*** *m* ~ Inlandflug

**domiciliado** [duməsi'ljadu] wohnhaft (***em*** in); **domicílio** [dumə'silju] *m* Wohnsitz
**dominar** [dumi'nar] beherrschen
**domingo** [du'mĩgu] *m* Sonntag; ***aos ~s*** sonntags; ***no ~*** am Sonntag
**dona** ['donɐ] *f*: ♀ + *Vorname* Frau ...; ***~ de casa*** Hausfrau
**donde** ['dõdə] woher
**dono** ['donu] *m* Eigentümer, Besitzer; ***~ da casa*** Hausherr
**dopagem** [du'paʒẽj] *f* Doping *n*
**dor** [dor] *f* Schmerz *m*; ***~ dos músculos*** Muskelkater *m*
**dormir** [dur'mir] schlafen; ***quarto*** *m* (***de ~***) Schlafzimmer *n*
**dorso** ['dorsu] *m* Rücken; Rückseite *f*
**dose** ['dozə] *f* Dosis; *Kchk* Portion
**doutor** [do'tor] *m* Doktor
**dragão** [drɐ'gɐ̃w] *m* Drache
**drageia** [drɐ'ʒejɐ] *f* Dragee *n*
**drive** [drajv] *m*: ***~ de diskettes*** *EDV* Diskettenlaufwerk *n*
**droga** ['drɔgɐ] *f* Droge; **~do** [dru'gadu] *m* Drogenabhängige(r); **~ria** [drugɐ'riɐ] *f* Drogerie
**duche** ['duʃə] *m* Dusche *f*; ***tomar um ~*** sich duschen
**duplicado** [dupli'kadu] *m* Duplikat *n*; **duplo** ['duplu] doppelt
**duque** ['dukə] *m* Herzog; **~sa** [du'kezɐ] *f* Herzogin
**duração** [durɐ'sɐ̃w] *f* Dauer; **duradouro**

[durɐ'doru] dauerhaft; haltbar; **durante** [du'rẽtə] während; **durar** [du'rar] (an)dauern
**dureza** [du'rezɐ] *f* Härte; **duro** ['duru] hart *a fig*
**dúvida** ['duvidɐ] *f* Zweifel *m*; **duvidar** [duvi'dar] zweifeln; **duvidoso** [duvi'dozu] zweifelhaft
**dúzia** ['duzjɐ] *f* Dutzend *n*

# E

**e** [i] und
**ébano** ['ɛbɐnu] *m* Ebenholz *n*
**eclipse** [i'klipsə] *m* (Mond-, Sonnen-)Finsternis *f*
**eco** ['ɛku] *m* Echo *n*
**ecologia** [ikulu'ʒiɐ] *f* Ökologie; **ecológico** [iku'lɔʒiku] ökologisch; **ecologista** [ikulu'ʒiʃtɐ] *m,f* Umweltschützer(in)
**economia** [ikunu'miɐ] *f* Wirtschaft; Sparsamkeit; Wirtschaftlichkeit; **~ *de mercado*** Marktwirtschaft; **~s** *pl* Ersparnisse; **económico** [iku'nɔmiku] wirtschaftlich; sparsam; **economizar** [ikunumi'zar] (ein)sparen
**écran** ['ɛkrẽ] *m* Bildschirm
**eczema** [ig'zemɐ] *m* Hautausschlag
**edição** [idi'sɐ̃w] *f* Herausgabe; Auflage
**edificar** [idəfi'kar] errichten; **edifício** [idə'fisju] *m* Gebäude *n*
**editar** [idi'tar] herausgeben; *EDV* editieren; **editor** [idi'tor] *m* Herausgeber; **editora** [idi'torɐ] *f* Verlag *m*
**edredão** [idrə'dɐ̃w] *m* (Daunen-)Steppdecke *f*

**educação** [idukɐ'sɐ̃w] *f* Erziehung; **educadora** [idukɐ'dɔrɐ] *f* Erzieherin; **educar** [idu'kar] erziehen
**efe(c)tivo** [ifɛ'tivu] effektiv; *m Personal* Bestand, Stamm; **efe(c)tuar** [ifɛ'twar] durchführen
**efeito** [i'fejtu] *m* Effekt, Wirkung *f*; ~ ***estufa*** Treibhauseffekt *m*; ***fazer*** ~ *Medikament* wirken
**eficácia** [ifi'kasjɐ] *f*, **eficiência** [ifi'sjẽsjɐ] *f* Wirksamkeit, Effizienz
**egípcio** [i'ʒipsju] ägyptisch; *m* Ägypter
**egoísta** [i'gwiʃtɐ] egoistisch; *m,f* Egoist(in)
**égua** ['ɛgwɐ] *f* Stute
**eixo** ['ejʃu] *m* Achse *f*; ~ ***dianteiro*** Vorderachse *f*
**ela** ['ɛlɐ] sie
**elástico** [i'laʃtiku] elastisch; *m* Gummiband *n*
**ele** ['elə ] er
**ele(c)tricista** [ilɛtrə'siʃtɐ] *m* Elektriker; **elé(c)trico** [i'lɛtriku] elektrisch; *m* P Straßenbahn *f*;
**ele(c)trodoméstico** [ilɛtrɔdu'mɛʃtiku] *m* Haushaltgerät *n*; **ele(c)trónico** [ilɛ'trɔniku] elektronisch; **ele(c)trotécnico** [ilɛtrɔ'tɛkniku] elektrotechnisch
**elefante** [ilə'fɐ̃tə] *m* Elefant
**eleger** [ilə'ʒer] wählen; **eleição** [ilej'sɐ̃w] *f* Wahl;
**eleitorado** [ilejtu'radu] *m* Wählerschaft *f*
**elemento** [ilə'mẽtu] *m* Element *n*
**elevador** [iləvɐ'dor] *m* Aufzug, Fahrstuhl; **elevar** [ilə'var] heben; errichten
**eliminação** [iləminɐ'sɐ̃w] *f* Beseitigung; **eliminar** [iləmi'nar] beseitigen; **eliminatória** [iləminɐ'tɔrjɐ] *f Sp* Ausscheidungswettkampf *m*

**elogiar** [ilu'ʒjar] loben, preisen
**em** [ẽ] in; an; auf; bei; ~ ***casa*** zu Hause; ~ ***casa dos amigos*** bei den Freunden; ~ ***português*** auf portugiesisch; ~ ***3 anos*** in 3 Jahren
**emagrecer** [imɐgrə'ser] abnehmen
**emancipação** [imɐ̃sipɐ'sɐ̃w] *f* Emanzipation
**embaciado** [ẽbɐ'sjadu] *Fenster* beschlagen, trübe
**embaixada** [ẽbaj'ʃadɐ] *f* Botschaft; **embaixador** *m*, **embaixatriz** *f* [ẽbajʃɐ'dor, ẽbajʃɐ'triʃ] Botschafter(in)
**embalagem** [ẽbɐ'laʒẽj] *f* Verpackung; ~ ***descartável*** Einwegverpackung; **embalar** [ẽbɐ'lar] verpacken
**embarcação** [ẽbɐrkɐ'sɐ̃w] *f* Schiff *n*; **embarcar** [ẽbɐr'kar] *nav* verschiffen; an Bord gehen; *av* einchecken; **embarque** [ẽ'barkə] *m nav* Verladung *f*; Einschiffung *f*; *av* Einchecken *n*; ***sala f de*** ~ Abflughalle
**embate** [ẽ'batə] *m* Aufprall; Zusammenstoß; **~r** [ẽbɐ'ter] prallen (***em*** auf, gegen); zusammenstoßen (***com*** mit)
**embelezar** [ẽbələ'zar] verschönern
**emblema** [ẽ'blemɐ] *m* Emblem *n*
**êmbolo** ['ẽbulu] *m tech* Kolben
**embolsar** [ẽboł'sar] aus-, bezahlen
**embora** [ẽ'bɔrɐ] obwohl, obgleich (+ *Konjunktiv*); ***ir-se*** ~ fortgehen
**emborrachar-se** [ẽbuʀɐ'ʃarsə] F sich besaufen
**embraiagem** [ẽbrɐ'jaʒẽj] *f au* Kupplung; **embraiar** [ẽbrɐ'jar] *aut* kuppeln

**embriagar-se** [ẽbrjɐ'garsə] sich betrinken
**embrulhar** [ẽbru'ʎar] einwickeln; **embrulho** [ẽ'bruʎu] *m* Paket *n*, Päckchen *n*; ***papel*** *m* ***de ~*** Packpapier *n*
**emendar** [imẽ'dar] berichtigen; ausbessern
**ementa** [i'mẽtɐ] *f* P Speisekarte
**emergência** [imər'ʒẽsjɐ] *f* Notfall *m*; Dringlichkeit; ***saída*** *f* ***de ~*** Notausgang *m*
**emigração** [əmigrɐ'sɐ̃w] *f* Emigration, Auswanderung; **emigrante** [əmi'grɐ̃tə] *m,f* Gastarbeiter(in); Emigrant(in)
**emissão** [imi'sɐ̃w] *f* Ausstrahlung; *rad, TV* Sendung; ***emissões*** *pl* ***nocivas*** Schadstoffemission *f*; **emissora** [imi'sorɐ] *f rad, TV* Sender *m*
**emoção** [imu'sɐ̃w] *f* Emotion; Erregung; **emocionante** [imusju'nɐ̃tə] aufregend; ergreifend
**empacotar** [ẽpɐku'tar] ein-, verpacken
**empada** [ẽ'padɐ] *f* Pastete; **empadão** [ẽpɐ'dɐ̃w] *m Kchk* Auflauf
**empatado** [ẽpɐ'tadu] unentschieden; **empate** [ẽ'patə] *m* Unentschieden *n*; Stimmengleichheit *f*
**empenhar-se** [ẽpə'ɲarsə] sich einsetzen, sich verwenden (***por*** für)
**empobrecer** [ẽpubrə'ser] verarmen
**empossar** [ẽpu'sar] *in ein Amt* einsetzen
**empreender** [ẽprjẽ'der] unternehmen; **empreendimento** [ẽprjẽdi'mẽtu] *m* Unternehmung *f*
**empregado** [ẽprə'gadu] *m* Angestellte(r); **emprego** [ẽ'pregu] *m* Stelle *f*, Job; ***pleno ~*** Vollbeschäftigung *f*

**empreitada** [ẽprej'tadɐ] *f* Akkord(arbeit) *m*; **empreiteiro** [ẽprej'tejru] *m* Bauunternehmer; Subunternehmer
**empresa** [ẽ'prezɐ] *f* Unternehmen *n*, Firma; **empresário** [ẽprə'zarju] *m* Unternehmer; *Kunst* Impresario, Agent
**emprestar** [ẽprəʃ'tar] (ver)leihen; ***pedir a/c emprestado a alg*** von j-m et ausleihen; **empréstimo** [ẽ'prɛʃtimu] *m* Anleihe *f*; Darlehen *n*
**empurrão** [ẽpuʀ'ɐ̃w] *m* Stoß, Schubs; **empurrar** [ẽpu'ʀar] stoßen; schieben
**emulsão** [imuł'sɐ̃w] *f* Emulsion, Einreibung
**enamorar-se** [inɐmu'rarsə] sich verlieben
**encadeamento** [ẽkɐdjɐ'mẽtu] *m* Verkettung *f*; Verknüpfung *f*; **encadear** [ẽkɐ'djar] verketten; verknüpfen
**encaixar** [ẽkaj'ʃar] einpacken; einpassen, einfügen
**encalhar** [ẽkɐ'ʎar] auflaufen, stranden
**encaminhar** [ẽkɐmi'ɲar] in die Wege leiten; *j-m* den Weg weisen
**encantar** [ẽkɐ̃'tar] entzücken, bezaubern; **encanto** [ẽ'kɐ̃tu] *m* Zauber; Entzücken *n*
**encarar** [ẽkɐ'rar] betrachten; *fig* ins Auge fassen
**encargo** [ẽ'kargu] *m* Auftrag; Pflicht *f*; **~s** *pl* ***sociais*** Sozialabgaben
**encarnado** [ẽkɐr'nadu] (leuchtend) rot
**encarregado** [ẽkɐʀə'gadu] *m* Beauftragte(r); **encarregar** [ẽkɐʀə'gar] beauftragen (**de** mit)
**encerramento** [ẽsəʀɐ'mẽtu] *m* Schließung *f*; Abschluß; **encerrar** [ẽsə'ʀar] schließen; beenden;

***encerrado para férias*** wegen Urlaub geschlossen
**enchente** [ẽ'ʃẽtə] *f* Flut; Hochwasser *n*; **encher** [ẽ'ʃer] füllen; *Wasser* steigen; **enchido** [ẽ'ʃidu] *m* (Streich-)Wurst *f*
**enciclopédia** [ẽsiklu'pɛdjɐ] *f* Konversationslexikon *n*
**encolher** [ẽku'ʎer] *Stoff* einlaufen; *Schultern* zucken
**encomenda** [ẽku'mẽdɐ] *f* Bestellung; ~ ***postal*** Päckchen *n*; **~r** [ẽkumẽ'dar] bestellen
**encontrar** [ẽkõ'trar] treffen; (auf)finden; **~-se** sich befinden; sich treffen (***com*** mit)
**encorajador** [ẽkurɐʒɐ'dor] ermutigend
**encosta** [ẽ'kɔʃtɐ] *f* Erhebung, Hang *m*
**encostar-se** [ẽkuʃ'tarsə] sich lehnen (***a*** an); **encosto** [ẽ'koʃtu] *m* Stütze *f*, Lehne *f*
**encurtar** [ẽkur'tar] (ein-, ver)kürzen
**endereçar** [ẽdərə'sar] adressieren; **endereço** [ẽdə'resu] *m* Adresse *f*
**endívia** [ẽ'divjɐ] *f* Endivie
**endividamento** [ẽdəvidɐ'mẽtu] *m* Verschuldung *f*
**endossável** [ẽdu'savɛɫ] übertragbar
**endurecer** [ẽdurə'ser] hart werden
**energia** [inər'ʒiɐ] *f* Energie (*a fig*); ~ ***elé(c)trica*** Elektroenergie; ~ ***eólica*** Windkraft; ~ ***nuclear*** Kernenergie; ~ ***solar*** Sonnenenergie
**enérgico** [i'nɛrʒiku] energisch, entschieden
**enevoado** [inə'vwadu] neblig
**enfadar-se** [ẽfɐ'darsə] sich langweilen; sich ärgern; **enfado** [ẽ'fadu] *m* Langeweile *f*; Ärgernis *n*

**enfarte** [ẽ'fartə] *m* Infarkt
**ênfase** ['ẽfɐzə] *f* Nachdruck *m*
**enfermaria** [ẽfərmɐ'riɐ] *f* Krankenstation; **enfermeira** [ẽfər'mejrɐ] *f* Krankenschwester; **~-assistente** *f* Sprechstundenhilfe
**enferrujado** [ẽfɛʀu'ʒadu] verrostet
**enfiar** [ẽ'fjar] einfädeln; aneinanderreihen
**enfim** [ẽ'fĩ] schließlich, endlich
**enfraquecer** [ẽfrɐkə'ser] schwächen; schwach werden
**enganado** [ẽgɐ'nadu]: ***estar*** ~ sich täuschen; **enganar** [ẽgɐ'nar] betrügen; täuschen
**enganchar** [ẽgɐ̃'ʃar] ein-, festhaken
**engano** [ẽ'gɐnu] *m* Betrug; Irrtum
**engarrafamento** [ẽgɐʀɐfɐ'mẽtu] *m* *Verkehr* Stau; **engarrafar** [ẽgɐʀɐ'far] abfüllen, auf Flaschen ziehen
**engenheiro** [ẽʒə'ɲejru] *m* Ingenieur
**engolir** [ẽgu'lir] (ver)schlucken
**engomar** [ẽgu'mar] *Wäsche* bügeln
**engordar** [ẽgur'dar] zunehmen, dick werden
**engraçado** [ẽgrɐ'sadu] nett, lustig
**engraxador** [ẽgrɐʃɐ'dor] *m* Schuhputzer; **engraxar** [ẽgrɐ'ʃar] *Schuhe* putzen; einfetten
**engrenagem** [ẽgrə'naʒẽj] *f* Getriebe *n*
**enguia** [ẽ'giɐ] *f* Aal *m*
**enjoado** [ẽ'ʒwadu]: ***estar*** ~ Übelkeit verspüren; seekrank sein; **enjoo** [ẽ'ʒow] *m* Übelkeit *f*; Erbrechen *n*
**enlatado** [ẽlɐ'tadu] in Büchsen
**enorme** [i'nɔrmə] enorm, gewaltig

**enquanto** [ẽ'kwẽtu] während, derweil
**enraivecer** [ẽrajvə'ser] wütend werden
**enredo** [ẽ'ʀedu] *m* Verwicklung *f*; Machenschaft *f*
**enriquecer** [ẽʀikə'ser] reich werden
**enrugado** [ẽʀu'gadu] runzelig; knautschig
**ensaiar** [ẽsɐ'jar] probieren; proben; **ensaio** [ẽ'saju] *m* Probe *f*; Versuch
**enseada** [ẽ'sjadɐ] *f* (kleine) Bucht
**ensinar** [ẽsi'nar] unterrichten; unterweisen, zeigen; **ensino** [ẽ'sinu] *m* Unterricht; Bildungswesen *n*
**então** [ẽ'tɐ̃w] damals; dann; *Ausruf* also, los
**entender** [ẽtẽ'der] verstehen; etwas verstehen (**de** von); **entendimento** [ẽtẽdi'mẽtu] *m* Verständnis *n*; Verständigung *f*
**enterrar** [ẽtə'ʀar] beerdigen, begraben (*a fig*); **enterro** [ẽ'tɛʀu] *m* Beerdigung *f*
**entorpecer** [ẽturpə'ser] lähmen; erlahmen; *Arm, Bein* einschlafen
**entrada** [ẽ'tradɐ] *f* Eingang *m*; Eintritt *m*; Eintrittskarte; *Kchk* Vorspeise; *Kauf* Anzahlung;
**entrar** [ẽ'trar] eintreten; -reisen; *Zug* einfahren
**entre** ['ẽtrə] zwischen; unter
**entrega** [ẽ'trɛgɐ] *f* Lieferung; Übergabe; **~r** [ẽtrə'gar] ab-, übergeben; liefern
**entretanto** [ẽtrə'tẽtu] inzwischen, derweil
**entreter-se** [ẽtrə'tersə] sich unterhalten, sich die Zeit vertreiben
**entrevista** [ẽtrə'viʃtɐ] *f* Interview *n*; Besprechung; Verabredung

**entroncamento** [ẽtrõkɐ'mẽtu] *m Esb* Knotenpunkt
**entulhos** [ẽ'tuʎuʃ] *mpl* Schutt *m*; Sperrmüll *m*
**entupimento** [ẽtupi'mẽtu] *m Rohr* Verstopfung *f*
**entusiasmar-se** [ẽtuzjɐʒ'marsə] sich begeistern (***por*** für); **entusiasmo** [ẽtu'zjaʒmu] *m* Begeisterung *f*
**enumerar** [inumə'rar] aufzählen
**envelhecer** [ẽvəʎə'ser] altern, alt werden
**envelope** [ẽvə'lɔpə] *m* (Brief-)Umschlag
**envenenamento** [ẽvənənɐ'mẽtu] *m* Vergiftung *f*
**enviar** [ẽ'vjar] schicken, senden; **envio** [ẽ'viw] *m* Sendung *f*, Versand
**envoltório** [ẽvoɫ'tɔrju] *m* Umhüllung *f*
**envolver** [ẽvoɫ'ver] einwickeln; *fig* verwickeln
**enxada** [ẽ'ʃadɐ] *f* Hacke
**enxame** [ẽ'ʃɐmə] *m* (Bienen-)Schwarm
**enxugar** [ẽʃu'gar] abtrocknen
**epidemia** [ipidə'miɐ] *f* Epidemie
**episódio** [ipi'zɔdju] *m TV* Folge *f*
**época** ['ɛpukɐ] *f* Epoche; Saison
**equador** [ikwɐ'dor] *m* Äquator
**equalizador** [ikwɐlizɐ'dor] *m* Equalizer
**equilibrar** [ikəli'brar] ausgleichen, ins Gleichgewicht bringen; *Reifen* auswuchten; **equilíbrio** [ikə'librju] *m* Gleichgewicht *n*; Ausgleich
**equipa** [i'kipɐ] *f* Mannschaft; Gruppe; **~mento** [ikipɐ'mẽtu] *m* Ausrüstung *f*; **~r** [iki'par] ausrüsten, ausstatten
**equivalente** [ikivɐ'lẽtə] *m* Äquvalent *n*
**equívoco** [i'kivuku] *m* Irrtum; Täuschung *f*

**era** ['ɛrɐ] *f* Zeitalter *n*, Ära
**erário** [i'rarju] *m* Staatskasse *f*
**erguer** [er'ger] auf-, errichten; (hoch)heben
**erosão** [iru'zɐ̃w] *f* Erosion
**erótico** [i'rɔtiku] erotisch
**errado** [i'ʀadu] falsch, irrig; ***estar*** ~ sich irren; **erro** ['ɛʀu] *m* Irrtum
**erupção** [irup'sɐ̃w] *f* Ausbruch *m*; *med* Ausschlag *m*
**erva** ['ɛrvɐ] *f* Kraut *n*; Gras *n*; ~ ***daninha*** Unkraut *n*
**ervilha** [ir'viʎɐ] *f* Erbse
**esboçar** [iʒbu'sar] entwerfen, skizzieren; **esboço** [iʒ'bosu] *m* Entwurf, Skizze *f*
**escabeche** [iʃkɐ'bɛʃə] *m Kchk* Marinade *f*
**escada** [iʃ'kadɐ] *f* Treppe; ~ ***rolante*** Rolltreppe; **~ria** [iʃkɐdɐ'riɐ] *f* Treppenhaus *n*; **escadote** [iʃkɐ'dɔtə] *m* Stehleiter *f*
**escala** [iʃ'kalɐ] *f* Maßstab *m*; Skala; *av*, *nav* Zwischenlandung
**escaldar** [iʃkał'dar] verbrühen; versengen
**escalope** [iʃkɐ'lɔpə] *m* Schnitzel *n*
**escama** [iʃ'kɐmɐ] *f Fisch* Schuppe
**escândalo** [iʃ'kɐ̃dɐlu] *m* Skandal
**escandinavo** [iʃkɐ̃di'navu] skandinavisch; *m* Skandinavier
**escapadela** [iʃkɐpɐ'dɛlɐ] *f* Eskapade; Seitensprung *m*; **escapar** [iʃkɐ'par] entwischen; *Gas, Flüssigkeit* entweichen; **escape** [iʃ'kapə] *m* Leck *n*; *aut* Auspuff(rohr *n*)
**escara** [iʃ'karɐ] *f* Schorf *m*

**escaravelho** [iʃkɐrɐ'veʎu] *m* Käfer
**escassez** [iʃkɐ'seʃ] *f* Mangel *m*
**esclarecer** [iʃklɐrə'ser] (auf-, er)klären; **esclarecimento** [isklɐrəsi'mẽtu] *m* Aufklärung *f*, Klarstellung *f*
**escoamento** [iʃkwɐ'mẽtu] *m* Abfluß; *Waren* Absatz
**escocês** [iʃku'seʃ] schottisch; *m* Schotte
**escola** [iʃ'kɔlɐ] *f* Schule; **~ primária** Grundschule
**escolha** [iʃ'koʎɐ] *f* Auswahl; **escolher** [iʃku'ʎer] auswählen
**escombros** [iʃ'kõbruʃ] *mpl* Trümmer
**esconder** [iʃkõ'der] verstecken, verbergen; **~ijo** [iʃkõdə'riʒu] *m* Versteck *n*
**escorpião** [iʃkur'pjɐ̃w] *m* Skorpion
**escorrega** [iʃku'ʀɛgɐ] *f* Rutsche **~r** [iʃkuʀə'gar] ausrutschen, -gleiten
**escova** [iʃ'kɔvɐ] *f* Bürste; *aut* Wischerblatt *n*; **~ de dentes** Zahnbürste
**escrever** [iʃkrə'ver] schreiben; **escrita** [iʃ'kritɐ] *f* Schrift; **escritor** [iʃkri'tor] *m* Schriftsteller; **escritório** [iʃkri'tɔrju] *m* Büro *n*; Arbeitszimmer *n*; **escrivaninha** [iʃkrivɐ'niɲɐ] *f* Schreibtisch *m*
**escrúpulo** [iʃ'krupulu] *m* Skrupel; **sem ~s** skrupellos
**escudo** [iʃ'kudu] *m* Schild; *port* Escudo
**escultura** [iʃkuɫ'turɐ] *f* Skulptur
**escurecer** [iʃkurə'ser] dunkel werden; **escuridão** [iʃkuri'dɐ̃w] *f* Dunkelheit; **escuro** [iʃ'kuru] dunkel
**escutar** [iʃku'tar] (an-, zu)hören; lauschen

**esfera** [iʃ'fɛrɐ] *f* Kugel; Sphäre
**esferográfica** [iʃfəru'grafikɐ] *f* Kugelschreiber *m*
**esforço** [iʃ'forsu] *m* Anstrengung *f*
**esfregão** [iʃfrə'gɐ̃w] *m* Scheuertuch *n*; **esfregar** [iʃfrə'gar] scheuern, schrubben
**esgotado** [iʒgu'tadu] verbraucht; erschöpft; *Ware* vergriffen, ausverkauft; **esgotar** [iʒgu'tar] verbrauchen; abnutzen; *fig* erschöpfen; **esgoto** [iʒ'gotu] *m* Abfluß, Ausguß
**esguio** [iʒ'giw] schlank
**esmagar** [iʒmɐ'gar] erdrücken; zerquetschen
**esmalte** [iʒ'mału] *m* Email *n*
**esmeralda** [iʒmə'rałdɐ] *f* Smaragd *m*
**esmola** [iʒ'mɔlɐ] *f* Almosen *n*; ***pedir ~*** betteln
**esófago** [i'zɔfɐgu] *m* Speiseröhre *f*
**espaço** [iʃ'pasu] *m* Raum, Platz; **~so** [iʃpɐ'sozu] geräumig
**espada** [iʃ'padɐ] *f* Degen *m*; Schwert *n*
**espaldar** [iʃpał'dar] *m* Rückenlehne *f*
**espalhar** [iʃpɐ'ʎar] aus-, verbreiten
**espancar** [iʃpɐ̃'kar] verprügeln
**espanhol** [iʃpɐ'ɲɔł] spanisch; *m* Spanier
**espantar** [iʃpɐ̃'tar] auf-, erschrecken; **espanto** [iʃ'pɐ̃tu] *m* Schreck; Verblüffung *f*
**espargo** [iʃ'pargu] *m* Spargel
**esparguete** [iʃpɐr'getə] *m* Spaghetti *pl*
**espasmo** [iʃ'paʒmu] *m med* Krampf
**especial** [iʃpə'sjał] besonder, speziell; Sonder...; **~idade** [iʃpəsjɐli'dadə] *f* Besonderheit; Spezialität; **~ista** [iʃpəsjɐ'liʃtɐ] *m,f* Spezialist(in), Fachmann *m*, Fachfrau *f*

**especiaria** [iʃpəsjɐ'riɐ] *f* Gewürz *n*
**espécie** [iʃ'pɛsjə] *f* Art; Gattung
**espe(c)táculo** [iʃpɛ'takulu] *m* Schauspiel *n*; Vorstellung *f*; **espe(c)tador** [iʃpɛtɐ'dor] *m* Zuschauer
**espelho** [iʃ'peʎu] *m* Spiegel
**espera** [iʃ'pɛrɐ] *f* Warten *n*; Erwartung; ***estar à*** ~ warten (***de*** auf); **~nça** [iʃpə'rẽsɐ] *f* Erwartung; Hoffnung; **~r** [iʃpə'rar] (er)warten; hoffen
**esperto** [iʃ'pɛrtu] schlau, gewitzt
**espesso** [iʃ'pesu] dicht, dick; **espessura** [iʃpə'surɐ] *f* Dicke, Stärke
**espetada** [iʃpə'tadɐ] *f* Spießbraten *m*; **espetar** [iʃpə'tar] aufspießen; stechen
**espião** [iʃ'pjɐ̃w] *m* Spion
**espiga** [iʃ'pigɐ] *f* Ähre
**espinafre** [iʃpi'nafrə] *m* Spinat
**espingarda** [iʃpĩ'gardɐ] *f* Gewehr *n*
**espinha** [iʃ'piɲɐ] *f* Gräte; Pickel *m*; ~ ***dorsal*** Rückgrat *n*
**espinho** [iʃ'piɲu] *m* Dorn, Stachel
**espionagem** [iʃpju'naʒɐ̃j] *f* Spionage
**espiral** [iʃpi'rał] *f* Spirale
**espíritu** [iʃ'piritu] *m* Geist
**esplanada** [iʃplɐ'nadɐ] *f* Straßencafé *n*
**esponja** [iʃ'põʒɐ] *f* Schwamm *m*
**espontâneo** [iʃpõ'tɐnju] spontan
**esporte** [is'portʃi] *m bras* Sport
**esposa** [iʃ'pozɐ] *f* Ehefrau, Gattin; **esposo** [iʃ'pozu] *m* Ehemann, Gatte
**espreguiçadeira** [iʃprəgisɐ'dejrɐ] *f* Liegestuhl *m*

**espremer** [iʃprə'mer] auspressen; *Wäsche* auswringen
**espuma** [iʃ'pumɐ] *f* Schaum *m*; ~ ***de borracha*** Schaumgummi *m*; **~nte** [iʃpu'mẽtə] *m* Sekt
**esquadra** [iʃ'kwadrɐ] *f Polizei* Wache, Revier *n*
**esquecer** [iʃkɛ'ser], **~-se de** vergessen
**esqueleto** [iʃkə'letu] *m* Skelett *n*
**esquema** [iʃ'kemɐ] *m* Schema *n*
**esquentador** [iʃkẽtɐ'dor] *m* Heizlüfter; *Wasser* Durchlauferhitzer
**esquerda** [iʃ'kerdɐ] *f* linke Seite; *pol* Linke; ***à*** ~ links
**esqui** [iʃ'ki] *m* Ski; ~ ***aquático*** Wasserski; ***fazer*** ~ Ski laufen; **~ador** [iʃkiɐ'dor] *m* Skiläufer
**esquina** [iʃ'kinɐ] *f* Ecke; **à** ~ an der Ecke
**esquisito** [iʃkə'zitu] sonderbar, merkwürdig
**essa, esse** ['ɛsɐ, 'esə] diese(r); ***ora essa!*** na sowas!
**essencial** [isẽ'sjał] wesentlich; *m* Hauptsache *f*
**esta** ['ɛʃtɐ] *f siehe* ***este***
**estabelecer** [iʃtɐbələ'ser] errichten; begründen; *Vorschrift* festlegen; *Verbindung etc* herstellen; **estabelecimento** [iʃtɐbələsi'mẽtu] *m* Einrichtung *f*; Herstellung *f*
**estabilidade** [iʃtɐbəli'dadə] *f* Stabilität
**estábulo** [iʃ'tabulu] *m* Stall
**estação** [iʃtɐ'sɐ̃w] *f* Station; Bahnhof *m*; Jahreszeit, Saison; ***alta*** ~ Hochsaison; ~ ***de serviço*** (Groß-)Tankstelle
**estacionamento** [iʃtɐsjunɐ'mẽtu] *m* Parkplatz; ***disco*** *m* ***de*** ~ Parkscheibe *f*; **estacionar** [iʃtɐsju-

'nar] parken
**estádio** [iʃ'tadju] *m* Stadion *n*
**estado** [iʃ'tadu] *m* (Zu-)Stand; ♀ Staat; ~ ***civil*** Familienstand; ♀ ***federado*** Bundesland *n*; ~ ***de emergência*** Ausnahmezustand
**estadual** [ista'dwaw] *bras* staatlich, Staats...
**estafado** [iʃtɐ'fadu] F hundemüde
**estagiário** [iʃtɐ'ʒjarju] *m* Praktikant; **estágio** [iʃ'taʒju] *m* Praktikum *n*
**estalagem** [iʃtɐ'laʒẽj] *f* Gasthaus *n*
**estalar** [iʃtɐ'lar] knallen; platzen
**estanho** [iʃ'tɐɲu] *m* Zinn *n*
**estanque** [iʃ'tɐ̃kə] (wasser)dicht
**estante** [iʃ'tɐ̃tə] *f* Regal *n*
**estar** [iʃ'tar] *vorübergehend* sein, sich befinden; ~ ***a fazer*** gerade tun; ~ ***por fazer*** noch zu tun sein
**estatal** [iʃtɐ'tał] staatlich
**estátua** [iʃ'tatwɐ] *f* Statue
**estável** [iʃ'tavɛł] stabil, beständig
**este, esta** ['eʃtə, 'ɛʃtɐ] diese(r) (hier)
**esteira** [iʃ'tejrɐ] *f* Matte
**estender** [iʃtẽ'der] ausbreiten; *Wäsche* aufhängen
**estereofónico** [iʃtɛrju'fɔniku] Stereo...
**estilo** [iʃ'tilu] *m* Stil
**estima** [iʃ'timɐ] *f* Wertschätzung; **~do** [iʃti'madu] geschätzt; **~r** [iʃti'mar] schätzen, achten
**estímulo** [iʃ'timulu] *m* Anreiz; Antrieb
**estofo** [iʃ'tofu] *m* Polster *n*
**estojo** [iʃ'toʒu] *m* Etui *n*
**estômago** [iʃ'tomɐgu] *m* Magen
**estoque** [iʃ'tɔkə] *m* Vorrat, Lagerbestand

**estore** [iʃ'tɔrə] *m* Rollo *n*
**estrada** [iʃ'tradɐ] *f* (Land-)Straße; *~* ***com portagem*** Mautstraße; *~* ***nacional*** Nationalstraße
**estragar** [iʃtrɐ'gar] verderben; **estrago** [iʃ'tragu] *m* Schaden
**estrangeiro** [iʃtrẽ'ʒejru] ausländisch; *m* Ausländer; Ausland *n*
**estranho** [iʃ'trɐɲu] seltsam; fremd
**estreia** [iʃ'trejɐ] *f* Uraufführung, Premiere
**estreito** [iʃ'trejtu] eng; *m* Meerenge *f*
**estrela** [iʃ'trelɐ] *f* Stern *m*
**estremecer** [iʃtrəmə'ser] erschüttern; schaudern
**estrondo** [iʃ'trõdu] *m* Knall
**estrume** [iʃ'trumə] *m* Dünger
**estrutura** [iʃtru'turɐ] *f* Struktur; Basis
**estudante** [iʃtu'dẽtə] *m,f* Student(in); **estudar** [iʃtu'dar] studieren
**estufa** [iʃ'tufɐ] *f* Ofen *m*; Treibhaus *n*
**estupefaciente** [iʃtupəfɐ'sjẽtə] *m* Rauschgift *n*
**estupendo** [iʃtu'pẽdu] F fabelhaft, toll
**estúpido** [iʃ'tupidu] stumpfsinnig, blöd
**esvaziar** [iʃvɐ'zjar] entleeren
**etapa** [i'tapɐ] *f* Etappe
**eterno** [i'tɛrnu] ewig
**etiqueta** [iti'ketɐ] *f* Etikett *n*; Etikette
**eu** [ew] ich
**eucalipto** [ewkɐ'liptu] *m* Eukalyptus
**eurocheque** [ewru'ʃɛkə] *m* Euroscheck
**europeu** [ewru'pew] europäisch; *m*, **-eia** *f* Europäer(in)
**evacuação** [ivɐkwɐ'sɐ̃w] *f* Räumung; *Darm*

Entleerung; **evacuar** [ivɐ'kwar] räumen; entleeren

**evaporar-se** [ivɐpu'rarsə] verdunsten, verdampfen

**evasiva** [ivɐ'zivɐ] *f* Ausrede

**eventual** [ivẽ'twał] etwaig, eventuell

**evidente** [ivi'dẽtə] offenkundig; einleuchtend

**evitar** [ivi'tar] vermeiden; entgehen

**exa(c)tidão** [izati'dɐ̃w] *f* Genauigkeit; **exa(c)to** [i'zatu] genau, exakt

**exagerar** [izɐʒə'rar] übertreiben; **exagero** [izɐ'ʒeru] *m* Übertreibung *f*

**exame** [i'zɐmə] *m* Prüfung *f*, Examen *n*; *med* Untersuchung *f*; ~ ***de admissão*** Aufnahmeprüfung *f*; **examinar** [izɐmi'nar] (über)prüfen; untersuchen

**exaustivo** [izawʃ'tivu] ausführlich, erschöpfend (*a fig*); **exausto** [i'zawʃtu] erschöpft; *Vorräte* verbraucht

**excedente** [əʃsə'dẽtə] überschüssig; *m* Überschuß

**Excelência** [əʃsə'lẽsjɐ] *f* Exzellenz; ***Vossa*** ~ *sehr höflich* Sie; **excelente** [əʃsə'lẽtə] ausgezeichnet, hervorragend; ***excelentíssimo senhor*** *Briefanrede* Sehr geehrter Herr

**exce(p)ção** [əʃsɛ'sɐ̃w] *f* Ausnahme; **exce(p)to** [əʃ'sɛtu] außer

**excessivo** [əʃsə'sivu] übermäßig; **excesso** [əʃ'sɛsu] *m* Übermaß *n*; Rest, Überschuß; ~ ***de bagagem*** Übergepäck *n*; ~ ***de velocidade*** Geschwindigkeitsüberschreitung *f*

**excitar** [əʃsi'tar] anregen; (auf)reizen

**excluir** [əʃ'klwir] ausschließen; **exclusivo** [əʃklu'zivu] ausschließlich
**excursão** [əʃkur'sɐ̃w] *f* Ausflug *m*; Wanderung; Gruppenreise; **excursionista** [əʃkursju'niʃtɐ] *m* Ausflügler
**execução** [izəku'sɐ̃w] *f* Ausführung, Durchführung
**exemplar** [izẽ'plar] beispielhaft; *m* Exemplar *n*; ~ ***grátis*** Gratisexemplar *n*; **exemplo** [i'zẽplu] *m* Beispiel *n*
**exibição** [izəbi'sɐ̃w] *f Film* Vorführung
**exigência** [izi'ʒẽsjɐ] *f* Forderung; Erfordernis *n*; **exigir** [izə'ʒir] (er)fordern
**exilado** [izi'ladu] *m* Exilant; **exílio** [i'zilju] *m* Exil *n*
**existência** [iziʃ'tẽsjɐ] *f* Existenz; Vorhandensein *n*; **existir** [izəʃ'tir] existieren; vorhanden sein
**êxito** ['ezitu] *m* Erfolg; *Resultat* Ausgang
**exótico** [i'zɔtiku] exotisch
**expectativa** [əʃpɛtɐ'tivɐ] *f* Erwartung
**expedição** [əʃpədi'sɐ̃w] *f* Expedition; *Behörde* Abfertigung; Erledigung; Versand *m*; **expediente** [əʃpə'djẽtə] *m Behörde* Schriftverkehr; ***horas*** *fpl* ***de*** ~ Geschäftszeit *f*
**experiência** [əʃpə'rjẽsjɐ] *f* Erfahrung; Experiment *n*; **experimentar** [əʃpərimẽ'tar] (aus)probieren, erproben
**explicação** [əʃplikɐ'sɐ̃w] *f* Erklärung; **explicar** [əʃpli'kar] (auf-, er)klären
**exploração** [əʃplurɐ'sɐ̃w] *f* Erkundung, Erforschung; Ausbeutung; **explorador** [əʃplurɐ'dor] *m* Erforscher

**explosão** [əsplu'zɐ̃w] *f* Explosion; **explosivo** [əʃplu'zivu] *m* Sprengstoff
**exportação** [əʃpurtɐ'sɐ̃w] *f* Export *m*; **exportador** [əʃpurtɐ'dor] *m* Exporteur; **exportadora** [əʃpurtɐ'dɔrɐ] *f* Exportfirma
**exposição** [əʃpuzi'sɐ̃w] *f* Ausstellung
**expressão** [əʃprə'sɐ̃w] *f* Ausdruck *m*; **expresso** [əʃ'prɛsu] ausdrücklich; *m* Schnellzug
**expulsão** [eʃpuɫ'sɐ̃w] *f* Ausweisung; **expulsar** [ejʃpuɫ'sar] ausweisen; vertreiben
**extensão** [eʃtẽ'sɐ̃w] *f* Ausdehnung; Länge; *tel* Apparatnummer
**exterior** [əʃtə'rjor] äußere; äußerlich; *m* Äußere *n*; Ausland *n*
**externo** [əʃ'tɛrnu] äußere; äußerlich
**extintor** [eʃtĩ'tor] *m* Feuerlöscher
**extra(c)to** [əʃ'tratu] *m* Auszug; Extrakt
**extraordinário** [eʃtrɐurdi'nar u] außerordentlich
**extremidade** [əʃtrəmi'dadə] *f* (äußerstes) Ende *n*; **~s** *pl* Gliedmaßen; **extremista** [əʃtrə'miʃtɐ] *m,f* Extremist(in); **extremo** [əʃ'tremu] äußerst; extrem; *m* Ende *n*; Extrem *n*, Äußerste(s) *n*

# F

**fábrica** ['fabrikɐ] *f* Fabrik; **fabricante** [fɐbri'kɐ̃tə] *m* Hersteller, Fabrikant; **fabricar** [fɐbri'kar] herstellen; **fabrico** [fɐ'briku] *m* Herstellung *f*
**faca** ['fakɐ] *f* Messer *n*
**face** ['fasə] *f* Wange; *allg* (Vorder-)Seite

**fachada** [fɐ'ʃadɐ] *f* Fassade
**fácil** ['fasiɫ] leicht, einfach; **facilidade** [fɐsəli'dadə] *f* Leichtigkeit; Erleichterung; **facilitar** [fɐsəli'tar] erleichtern; ermöglichen; zugänglich machen
**fa(c)to** ['fa(k)tu] *m* Fakt, Tatsache; **~r** [fa'tor] *m* Faktor; **~ *de prote(c)ção solar*** Lichtschutzfaktor
**fa(c)tura** [fa'turɐ] *f* Rechnung
**faculdade** [fɐkuɫ'dadə] *f* Fähigkeit; Fakultät
**fada** ['fadɐ] *f* Fee
**fadiga** [fɐ'digɐ] *f* Anstrengung, Mühe
**fado** ['fadu] *m portugiesische Volksmusik* Fado
**faisão** [faj'zɐ̃w] *m* Fasan
**faixa** ['fajʃɐ] *f* Streifen *m*; Band *n*; *Tonband, Straße* Spur; **~ *central*** Mittelstreifen *m*; **~ *de emergência*** Standspur; **~ *de rodagem*** Fahrbahn; ***de seis ~s*** sechsspurig; **~ *de ultrapassagem*** Überholspur; **~ *oposta*** Gegenfahrbahn; **~ *para viaturas lentas*** Kriechspur
**falar** [fɐ'lar] sprechen, reden
**falecer** [fɐlə'ser] sterben
**falha** ['faʎɐ] *f* Fehler *m*, Mangel *m*; **~r** [fɐ'ʎar] mißlingen, fehlschlagen; *tech* ausfallen, versagen
**falsificação** [faɫsəfikɐ'sɐ̃w] *f* Fälschung; **falso** ['faɫsu] falsch
**falta** ['faɫtɐ] *f* Mangel *m*, Fehler *m*; *Abwesenheit* Fehlen *n*; **~r** [faɫ'tar] fehlen; abwesend sein; mißlingen
**fama** ['fɐmɐ] *f* Ruf *m*, Fama

**família** [fɐ'miljɐ] *f* Familie; **familiar** [fɐmi'ljar] familiär; vertraut; **familiarizar-se** [fɐmiljɐri'zarsə] sich vertraut machen (*com* mit)
**famoso** [fɐ'mozu] berühmt
**fantasia** [fɐ̃tɐ'ziɐ] *f* Phantasie; **fantástico** [fɐ̃'taʃtiku] phantastisch
**fardo** ['fardu] *m* Bündel *n*; Ballen
**farinha** [fɐ'riɲɐ] *f* Mehl *n*
**farmacêutico** [fɐrmɐ'sewtiku] *m* Apotheker; **farmácia** [fɐr'masjɐ] *f* Apotheke; **fármaco** ['farmɐku] *m* Arzneimittel *n*
**farol** [fɐ'rɔɫ] *m* Leuchtturm; Scheinwerfer; ~ ***de nevoeiro*** Nebelscheinwerfer; ~ ***dianteiro*** Frontscheinwerfer; **~ete** [fɐru'letə] *m* Begrenzungsleuchte *f*; **~im** [fɐru'lĩ] *m*: ~ ***de nevoeiro*** Nebelschlußleuchte *f*
**farto** ['fartu] satt; voll; ***estar ~ de*** F die Nase voll haben von
**fase** ['fazə] *f* Phase, Abschnitt *m*
**fatia** [fɐ'tiɐ] *f Kchk* Scheibe
**fato** ['fatu] *m* Anzug; ~ ***de banho*** Badeanzug; ~ ***de treino*** Trainingsanzug
**favela** [fa'vɛla] *f bras* Slum *m*
**favor** [fɐ'vor] *m* Gefallen, Gunst *f*; ***faça ~, faz ~, por ~*** *höflich* bitte; **~ável** [fɐvu'ravɛɫ] günstig; **~ito** [fɐvu'rito] *m* Favorit; *fig* Günstling
**fazenda** [fɐ'zẽdɐ] *f* Landgut *n*; *grober* Stoff *m*; Finanzwesen *n*
**fazer** [fɐ'zer] machen; tun; ~ ***bem*** guttun; ~ ***anos*** Geburtstag haben
**febra** ['fɛbrɐ] *f schieres* Steakfleisch *n*

**febre** ['fɛbrə] *f* Fieber *n*; **~ *dos fenos*** Heuschnupfen *m*
**fechadura** [fəʃɐ'durɐ] *f* Schloß *n*, Verschluß *m*; **fechar** [fə'ʃar] schließen (*a Vertrag*); **~ *à chave*** ab-, zuschließen; **fecho** ['feʃu] *m* Verschluß; Riegel; **~ *centralizado* (*das portas*)** *aut* Zentralverriegelung *f*; **~ *de correr*, ~ *ecler*** Reißverschluß; **~ *de fita aderente*** Klettverschluß
**feder** [fə'der] stinken
**federação** [fədərɐ'sɐ̃w] *f* Bund *m*; Verband *m*; **federado** [fədə'radu], **federal** [fədə'raɫ] Bundes...
**fedor** [fə'dor] *m* Gestank
**feijão** [fej'ʒɐ̃w] *m* Bohne *f*; **feijoada** [fej'ʒwadɐ] *f* Bohnengericht *n*
**feio** ['feju] häßlich
**feira** ['fejrɐ] *f* Messe; Jahrmarkt *m*; **~ *da ladra*** Flohmarkt *m*
**feitiço** [fej'tisu] *m* Zauber
**feito** ['fejtu] getan; *m* Tat *f*
**feixe** ['fejʃə] *m* Bündel *n*
**felicidade** [fələsi'dadə] *f* Glück *n*; **felicitação** [fələsitɐ'sɐ̃w] *f* Glückwunsch *m*; **feliz** [fə'liʃ] glücklich
**felpa** ['fɛɫpɐ] *f* Plüsch *m*, Samt *m*; ***toalha*** *f* ***de* ~** Frotteehandtuch *n*
**feltro** ['feɫtru] *m* Filz; ***caneta*** *f* ***de ponta de* ~** Faserschreiber
**fêmea** ['femjɐ] *f* Weibchen *n*
**feminino** [fəmə'ninu] weiblich, feminin; **feminismo** [fəmə'niʒmu] *m* Feminismus; **feminista**

[fəmə'niʃtɐ] *f* Feministin
**fenda** ['fẽdɐ] *f* Spalte; Riß *m*
**feno** ['fenu] *m* Heu *n*
**fenómeno** [fə'nɔmənu] *m* Phänomen *n*, Erscheinung *f*
**fera** ['fɛrɐ] *f* Raubtier *n*
**feriado** [fə'rjadu] *m* Feiertag; **férias** ['fɛrjɐʃ] *fpl* Ferien, Urlaub *m*; *~ **de formação*** Bildungsurlaub *m*; ***encerrado para*** *~* wegen Urlaub geschlossen; ***ter*** *~* Ferien/Urlaub haben; ***tirar*** *~* Urlaub nehmen
**ferida** [fə'ridɐ] *f* Wunde, Verletzung
**feroz** [fə'rɔʃ] wild
**ferradura** [fəʀɐ'durɐ] *f* Hufeisen *n*; **ferragens** [fə'ʀaʒẽjʃ] *fpl* Eisenwaren; **ferramenta** [fəʀə'mẽtɐ] *f* Werkzeug *n*; **férreo** ['fɛʀju] eisern (*a fig*)
**ferro** ['fɛʀu] *m* Eisen *n*; *~ **de engomar*** Bügeleisen *n*; **~-velho** [fɛʀu'vɛʎu] *m* Schrott; Schrotthändler; ***pronto para o*** *~* schrottreif; **~viário** [fəʀu'vjarju] Eisenbahn...; *m* Eisenbahner
**ferrugem** [fə'ʀuʒẽj] *f* Rost *m*; **ferrugento** [fəʀu'gẽtu] rostig
**ferry-boat** ['fɛʀibot] *m* Fähre *f*
**fértil** ['fɛrtiɫ] fruchtbar
**ferver** [fər'ver] *Wasser* kochen, sieden
**festa** ['fɛʃtɐ] *f* Fest *n*; Feier; **festejar** [fəʃtə'ʒɐr] feiern
**Fevereiro** [fəvə'rejru] *m* Februar
**fiado** ['fjadu]: ***comprar*** *~* anschreiben lassen; **~r** [fjɐ'dor] *m* Bürge
**fiambre** ['fjẽbrə] *m* gekochter Schinken

**fibra** ['fibrɐ] *f* Faser; ~ ***sintética*** Kunstfaser
**ficar** [fi'kar] (übrig-, zurück)bleiben; *örtlich* sein, sich befinden; *Verabredung* verbleiben; ~ ***bem a alg*** *Kleidung* j-m gut stehen; ~ ***com*** behalten
**ficção** [fik'sɐ̃w] *f* Fiktion; Belletristik; ~ ***científica*** Science-Fiction
**ficha** ['fiʃɐ] *f* Marke; Karteikarte; *el* Stecker *m*; **ficheiro** [fi'ʃejru] *m* Kartei *f*; Datei *f*
**fiel** ['fjɛɫ] treu; getreu
**fígado** ['figɐdu] *m* Leber *f*
**figo** ['figu] *m* Feige *f*; **figueira** [fi'gejrɐ] *f* Feigenbaum *m*
**figura** [fi'gurɐ] *f* Figur; Abbildung; ~**r** [figu'rar] gehören (***entre, em*** zu); stehen, verzeichnet sein (***em*** in)
**fila** ['filɐ] *f* Reihe; ***fazer*** ~ ***bras*** Schlange stehen; **fileira** [fi'lejrɐ] *f* Reihe
**filete** [fi'letə] *m* Filet *n*
**filha** ['fiʎɐ] *f* Tochter; **filho** ['fiʎu] *m* Sohn; **filhote** [fi'ʎɔtə] *m Tier* Junge(s) *n*
**filial** [fi'ljaɫ] *f* Niederlassung, Filiale
**filipino** [filə'pinu] philippinisch; *m* Filipino, Philippiner
**filmar** [fiɫ'mar] filmen; **filme** ['fiɫmə] *m* Film; ~ ***policial*** Kriminalfilm
**filtrar** [fiɫ'trar] filtern, filtrieren; **filtro** ['fiɫtru] *m* Filter
**fim** [fĩ] *m* Ende *n*; Absicht *f*, Ziel *n*; ***a*** ~ ***de*** um zu; ***por*** ~ schließlich; ~**-de-semana** [fĩdəsə'mɐnɐ] *m* Wochenende *n*
**final** [fi'naɫ] abschließend; endgültig; *m* Ende *n*,

Abschluß; *f Sp* Finale *n*; Endrunde; **~idade** [finɐli'dadə] *f* Absicht, Zweck *m*
**finanças** [fi'nɐ̃sɐʃ] *fpl* Finanzen; **financeiro** [finɐ̃'sejru] finanziell; *m* Financier; **financiamento** [finɐ̃sjɐ'mẽtu] *m* Finanzierung *f*
**fingir** [fĩ'ʒir] vorgeben, vortäuschen
**finlandês** [fĩlɐ̃'deʃ] finnisch; *m* Finne
**fino** ['finu] fein; zart; *m* Glas *n* Bier (*Tulpe*)
**fio** ['fiw] *m Draht, Garn, Schnur* Faden
**firma** ['firmɐ] *f* Firma
**fiscal** [fiʃ'kał] steuerlich, Steuer...; *m* Kontrollbeamte(r); *Grenze* Zollbeamte(r); **~ização** [fiʃkɐlizɐ'sɐ̃w] *f* Überwachung, Kontrolle; **fisco** ['fiʃku] *m* Fiskus
**física** ['fizikɐ] *f* Physik; **físico** ['fiziku] physisch; physikalisch; *m* Physiker
**fisionomia** [fizjunu'miɐ] *f* Gesichtsausdruck *m*
**fita** ['fitɐ] *f* Band *n*; Streifen *m*; Farbband *n*; **~ adesiva** Klebeband *n*; ***não fazer ~s*** F keinen Blödsinn machen
**fitar** [fi'tar] anstarren
**fixe** ['fiʃə] F toll, super
**fixo** ['fiksu] fest; beständig
**flanar** [flɐ'nar] flanieren
**flange** ['flɐ̃ʒə] *m* Flansch
**flash** [flɐʃ] *m* Blitzlicht *n*
**flexível** [flɛ'ksivɛł] flexibel, biegsam
**flipar** [fli'par] F ausflippen
**floco** ['floku] *m* Flocke *f*; ***~s pl de cereais*** Cornflakes
**flor** [flor] *f* Blume; **~a** ['flɔrɐ] *f* Flora; **~esta**

[flu'rɛʃtɐ] *f* Wald *m*; **~ista** [flu'riʃtɐ] *m,f* Blumenhändler(in)
**flutuador** [flutwɐ'dor] *m tech* Schwimmer
**fluvial** [flu'vjał] Fluß...
**focagem** [fu'kaʒẽj] *f fot* Einstellung; **focar** [fu'kar] *fot* (scharf) einstellen
**focinho** [fu'siɲu] *m Tier* Schnauze *f*, Maul *n* (*derb auch Mensch*)
**foco** ['foku] *m* Brennpunkt; *fig* Herd
**foder** [fu'der] V (*kopulieren*) ficken
**fofo** ['fofu] locker, weich
**fogão** [fu'gɐ̃w] *m* Herd; Ofen; **fogo** ['fogu] *m* Feuer *n*; **fogueira** [fu'gejrɐ] *f* Feuerstelle; **foguetão** [fugə'tɐ̃w] *m* P Rakete *f*; **foguete** [fu'getə] *m* (Feuerwerks-)Rakete *f*; *bras* Rakete *f*
**foice** ['foisə] *f* Sense
**folclore** [fɔł'klɔrə] *m* Folklore *f*
**folga** ['fɔłgɐ] *f* Ruhepause; Muße; *tech* Spiel *n*; ***dia m de ~*** Ruhetag; ***estar de ~*** (dienst)frei haben
**folha** ['foʎɐ] *f* Blatt *n*; Blech *n*; **~do** [fu'ʎadu] *m* Blätterteig; **~gem** [fu'ʎaʒẽj] *f* Laub *n*
**folhetim** [fuʎə'tĩ] *m* Feuilleton *n*; Fortsetzungsroman; **folheto** [fu'ʎetu] *m* Flugblatt *n*; Broschüre *f*; ***~ informativo*** Informationsbroschüre *f*
**fome** ['fomə] *f* Hunger *m*
**fontanário** [fõtɐ'narju] *m* öffentliche(r) Brunnen; Wasserstelle *f*; **fonte** ['fõtə] *f* Quelle; Brunnen *m*
**fora** ['fɔrɐ] draußen; außerhalb; ***~ de*** außer; außerhalb von; ***de ~*** von draußen; ***~ de serviço*** außer Dienst; **~-de-jogo** [fɔrɐdə'ʒogu] *m Sp* Abseits *n*

**força** ['forsɐ] *f* Kraft; Macht; Gewalt; **~do** [fur'sadu] notgedrungen, gewaltsam; **~r** [fur'sar] (er)zwingen
**forma** ['fɔrmɐ] *f* Form; Art und Weise
**formação** [furmɐ'sɐ̃w] *f* Bildung; Entstehung;
**formal** [fur'mal] formal; förmlich; **formalidade** [furmɐli'dadə] *f* Formalität
**formiga** [fur'migɐ] *f* Ameise
**fórmula** ['fɔrmulɐ] *f* Formel; **~ *de sangue*** Blutbild *n*
**formulário** [furmu'larju] *m* Formular *n*, Vordruck
**fornecedor** [furnəsə'dor] *m* Lieferant; **fornecer** [furnə'ser] liefern; **fornecimento** [furnəsi'mẽtu] *m* Lieferung *f*
**forno** ['fornu] *m* Herd, (Back-)Ofen; **~ *de microondas*** Mikrowellenherd
**forro** ['foʀu] *m* Verkleidung *f*; Verschalung *f*; Futter *n*
**fortalecer** [furtɐlə'ser] festigen, stärken; **fortaleza** [furtɐ'lezɐ] *f* Stärke; *Bau* Festung
**forte** ['fɔrtə] stark, kräftig
**fortuna** [fur'tunɐ] *f* Glück *n*
**fósforo** ['fɔʃfuru] *m* Streichholz *n*
**fossa** ['fɔsɐ] *f* Graben *m*; *aut* Grube
**foto** ['fɔtu] *f* Foto *n*; **~cópia** [fɔtɔ'kɔpjɐ] *f* Fotokopie; **~copiadora** [fɔtɔkupjɐ'dorɐ] *f* Fotokopierer *m*; **~gráfico** [futu'grafiku]: ***máquina f fotográfica*** Fotoapparat *m*
**foz** [fɔʃ] *f* (Fluß-)Mündung
**fracassar** [frɐkɐ'sar] scheitern, mißlingen; **fracasso** [frɐ'kasu] *m* Fehlschlag

**fra(c)ção** [fra'sɐ̃w] *f* (Bruch-)Teil *m*
**fraco** ['fraku] schwach; dünn
**fra(c)tura** [fra'turɐ] *f* Bruch *m* (*a med*)
**frágil** ['fraʒił] schwach; zerbrechlich
**fragmento** [frɐg'mẽtu] *m* Fragment *n*, Bruchstück *n*
**fralda** ['frałdɐ] *f* Windel; *Stoff* Zipfel *m*
**framboesa** [frɐ̃'bwezɐ] *f* Himbeere
**francês** [frɐ̃'seʃ] französisch; *m*, **-esa** *f* Franzose *m*, Französin *f*
**franco** ['frɐ̃ku] aufrichtig, frei(mütig)
**frango** ['frɐ̃gu] *m* Hähnchen *n*
**franquear** [frɐ̃'kjar] frankieren
**franqueza** [frɐ̃'kezɐ] *f* Offenheit
**frasco** ['fraʃku] *m* Fläschen *n*; Schraubglas *n*
**frase** ['frazə] *f* Satz *m*
**fraternal** [frɐtər'nał] brüderlich
**fraude** ['frawdə] *m* Betrug
**freguês** [frə'geʃ] *m* Kunde; **freguesia** [frəgə'siɐ] *f* Kundschaft; Gemeinde
**freio** ['freju] *m* Bremse *f*; **~ *de tambor*** *aut* Trommelbremse *f*
**frente** ['frẽtə] *f* Front; Vorderseite; **~ *fria*** Kaltfront; ***em* ~** geradeaus; ***em* ~ *de*** gegenüber; *räumlich* vor; ***fazer* ~ *a*** die Stirn bieten
**frequência** [frə'kwẽsjɐ] *f* Häufigkeit; Zulauf *m*; *Schule etc* Besuch *m*; **frequente** [frə'kwẽtə] häufig
**fresco** ['frɛʃku] frisch; *Wetter* kühl
**fretar** [frə'tar] chartern; **frete** ['frɛtə] *m* Charter; Fracht *f*
**fricção** [frik'sɐ̃w] *f* (Ein-)Reibung; **friccionar**

[friksju'nar] (ein)reiben
**frigideira** [frəʒi'dejrɐ] *f* Bratpfanne
**frigorífico** [frigu'rifiku] *m* Kühlschrank
**frio** ['friw] kalt; *m* Kälte *f*; ***fazer*** **~** kalt sein; ***ter*** **~** frieren
**fritadeira** [fritɐ'dejrɐ] *f* Friteuse; **fritar** [fri'tar] fritieren; braten; **frito** ['fritu]: ***estar*** **~** F angeschmiert sein
**fronha** ['froɲɐ] *f* (Kissen-)Bezug *m*
**fronteira** [frõ'tejrɐ] *f* Grenze; **fronteiriço** [frõtej'risu] Grenz...
**frota** ['frɔtɐ] *f* Flotte
**frouxo** ['froʃu] schlaff; locker
**fruta** ['frutɐ] *f* Frucht; *allg* Obst *n*; **frutaria** [frutɐ'riɐ] *f* Gemüseladen *m*; **fruto** ['frutu] *m* Frucht *f a fig*; Ergebnis *n*; **frutuoso** [fru'twozu] fruchtbar; nützlich
**fuga** ['fugɐ] *f* Flucht; Leck *n*, undichte Stelle
**fugir** [fu'ʒir] fliehen
**fumador** [fumɐ'dor] *m*, *bras* **fumante** [fu'mẽtə] *m* Raucher; **fumar** [fu'mar] *Person* rauchen; **fumegar** [fumə'gar] rauchen, qualmen; **fumo** ['fumu] *m* Rauch
**função** [fũ'sɐ̃w] *f* Funktion; Amt *n*; **funcionamento** [fũsjunɐ'mẽtu] *m* Funktionieren *n*; *Gerät* Betrieb; ***fora de*** **~** außer Betrieb; **funcionar** [fũsju'nar] funktionieren; in Betrieb sein; **funcionário** [fũsju'narju] *m* Beamte(r)
**fundação** [fũdɐ'sɐ̃w] *f* Stiftung
**fundamento** [fũdɐ'mẽtu] *m* Fundament *n*; Grundlage *f*; **fundar** [fũ'dar] gründen

**gata** ['gatɐ] *f* Katze; **gato** ['gatu] *m* Kater; *Spezies* Katze *f*
**gatuno** [gɐ'tunu] *m* Gauner
**gaveta** [gɐ'vetɐ] *f* Schublade
**gazela** [gɐ'zɛlɐ] *f* Gazelle
**gazetear** [gɐzə'tjar] F Schule schwänzen
**geada** ['ʒjadɐ] *f* Reif *m*; Frost *m*
**geladeira** [ʒəlɐ'dejrɐ] *f* Eisschrank *m*; **gelado** [ʒə'ladu] eisig; (eis)gekühlt; *m* (Speise-)Eis *n*; **geleira** [ʒə'lejrɐ] *f* Eismaschine; **gelo** ['ʒelu] *m* Eis *n*
**gema** ['ʒemɐ] *m* Dotter; *fig* Kern
**gémeos** ['ʒɛmjuʃ] *mpl* Zwillinge
**generalidade** [ʒənərɐli'dadə] *f* Allgemeinheit
**género** ['ʒɛnəru] *m* Art *f*, Gattung *f*; **~s** *pl* ***alimentícios*** Lebensmittel
**generoso** [ʒənə'rozu] generös, großzügig
**gengiva** [ʒẽ'ʒivɐ] *f* Zahnfleisch *n*
**genial** [ʒə'njał] genial, geistreich
**genro** ['ʒẽʀu] *m* Schwiegersohn
**gente** ['ʒẽtə] *f* Leute *pl*; ***a*** **~** wir, man; **~ *fina*** Schickeria; ***a*** **~ *nova*** die jungen Leute *pl*
**gentil** [ʒẽ'tił] höflich, liebenswürdig
**genuíno** [ʒə'nwinu] echt
**geração** [ʒərɐ'sɐ̃w] *f* Generation; **gerador** [ʒərɐ'dor] *m* Generator
**geral** [ʒə'rał] allgemein; ***em*** **~** im allgemeinen
**gerência** [ʒə'rẽsjɐ] *f* Geschäftsleitung; **gerente** [ʒə'rẽtə] *m,f* Geschäftsführer(in)
**germe** ['ʒɛrmə] *m* Keim
**gesso** ['ʒɛsu] *m* Gips

**gestão** [ʒəʃ'tɐ̃w] *f* Verwaltung; ~ ***de empresas*** Betriebswirtschaft; **gestor** [ʒəʃ'tor] *m* Manager; *a* Verwalter; ~ ***de topo*** Spitzenmanager
**gigante** [ʒi'gɐ̃tə] riesig, gigantisch; *m,f* Riese *m*, Riesin *f*
**gilete** [ʒi'letə] *f Wz* (Naß-)Rasierer *m*
**ginásio** [ʒi'nazju] *m* Sporthalle *f*; **ginástica** [ʒi'naʃtikɐ] *f* Gymnastik
**ginecologista** [ʒinəkulu'ʒiʃtɐ] *m,f* Gynäkologe *m*, Gynäkologin *f*
**ginja** ['ʒĩʒɐ] *f* Sauerkirsche; **ginjinha** [ʒĩ'ʒiɲɐ] *f* Kirschlikör *m*
**gira-discos** [ʒirɐ'diʃkuʃ] *m* Plattenspieler
**girafa** [ʒi'rafɐ] *f* Giraffe
**girassol** [ʒirɐ'sɔł] *m* Sonnenblume *f*
**giro** ['ʒiru] F nett, süß
**glaciar** [glɐ'sjar] *m* Gletscher
**glândula** ['glɐ̃dulɐ] *f* Drüse
**global** [glu'bał] global, Gesamt..., Pauschal...; **globo** ['globu] *m* Globus
**glória** ['glɔrjɐ] *f* Ruhm *m*
**goiaba** [go'jabɐ] *f* Guave
**gole** ['gɔlə] *m* Schluck
**golfe** ['gołfə] *m Sp* Golf; **golfinho** [guł'fiɲu] *m* Delphin; **golfo** ['gołfu] *m geogr* Golf
**golo** ['golu] *m Sp* Tor(schuß) *n*
**golpe** ['gɔłpə] *m* Schlag; ~ ***de Estado*** Staatsstreich
**goma** ['gomɐ] *f* Gummi *n*; ~ ***de mascar*** Kaugummi *m*
**gôndola** ['gõdulɐ] *f* Gondel

**gordo** ['gɔrdu] dick; *m* Dicke(r); **gordura** [gur'durɐ] *f* Fett *n*
**gorila** [gu'rilɐ] *m* Gorilla; F Leibwächter; F *Diskothek etc* Rausschmeißer
**gorjeta** [gur'ʒetɐ] *f* Trinkgeld *n*
**gostar** [guʃ'tar]: **~ de** gern haben, mögen; gefallen; **gosto** ['goʃtu] *m* Geschmack; Gefallen; Freude *f*; ***com muito* ~** sehr gern; ***mau* ~** schlechter Geschmack
**gota** ['gotɐ] *f* Tropfen *m*
**governamental** [guvərnɐmẽ'taɫ] Regierungs...; **governo** [gu'vernu] *m* Regierung *f*; Herrschaft *f*; ***~ de casa*** Haushaltsführung *f*
**gozar** [gu'zar] (**de**) genießen
**graça** ['grasɐ] *f* Gunst; Grazie; ***de* ~** umsonst, gratis; ***~s a*** dank
**gracioso** [grɐ'sjozu] anmutig, reizend
**grade** ['gradə] *f* Gitter *n*; *Getränke* Kasten *m*
**gráfico** ['grafiku] *m* Grafik *f*
**grama** ['grɐmɐ] *m* Gramm *n*
**gramar** [grɐ'mar] F toll finden
**grande** ['grɐ̃də] groß; **~za** [grɐ̃'dezɐ] *f Mathematik u fig* Größe
**granizo** [grɐ'nizu] *m* Hagel
**grão** [grɐ̃w] *m* Korn *n*; (Obst-)Kern; (Kaffee-)Bohne *f*
**gratificação** [grɐtəfikɐ'sɐ̃w] *f* Vergütung; Belohnung
**gratinado** [grɐti'nadu] *m Kchk* Auflauf
**gratuito** [grɐ'tujtu] unentgeltlich
**grau** [graw] *m* Grad; Stufe *f*; ***~ centígrado***

Grad Celsius
**gravação** [grɐvɐ'sɐ̃w] *f mus* Aufnahme; **gravador** [grɐvɐ'dor] *m*: **~ *cassete*** Kassettenrecorder; **gravar** [grɐ'var] aufnehmen
**grave** ['gravə] ernst(haft); schwerwiegend
**grávida** ['gravidɐ] schwanger; *f* Schwangere; **gravidez** [grɐvi'deʃ] *f* Schwangerschaft
**graxa** ['graʃɐ] *f* Schuhkrem; Fett *n*
**grego** ['grɛgu] griechisch; *m* Grieche
**grelha** ['greʎɐ] *f* Rost *m*, Grill *m* (*a aut*); **~r** [grə'ʎar] rösten, grillen
**greve** ['grɛvə] *f* Streik *m*; ***estar em* ~** streiken
**gripado** [gri'padu] grippekrank; **gripe** ['gripə] *f* Grippe
**gritar** [gri'tar] schreien; **gritaria** [gritɐ'riɐ] *f* Geschrei *n*; **grito** ['gritu] *m* Schrei
**groselha** [gru'zɛʎɐ] *f* Johannisbeere
**grosseiro** [gru'sejru] grob(schlächtig), roh; **grosso** ['grosu] stark; dick; F blau; **grossura** [gru'surɐ] *f* Stärke; Dicke
**grua** ['gruɐ] *f* Kran *m*
**grupo** ['grupu] *m* Gruppe *f*
**gruta** ['grutɐ] *f* Grotte
**guarda** ['gwardɐ] *f* Wache; Schutz *m*; *m* Wächter; Wärter; **~** *m* ***fiscal*** Zollbeamte(r); **~-chuva** [gwardɐ'ʃuvɐ] *m* Regenschirm; **~-costas** [gwardɐ'kɔʃtɐʃ] *m* Leibwächter; **~-lamas** [gwardɐ'lɐmɐʃ] *m* Kotflügel; **~napo** [gwardɐ'napu] *m* Serviette *f*; **~r** [gwɐr'dar] aufbewahren; beaufsichtigen; **~-redes** [gwardɐ'ʀedəʃ] *m* Tor-

wart; **~-roupa** [gwardɐ'ʀopɐ] *m* Kleiderschrank; **~-sol** [gwardɐ'sɔɫ] *m* Sonnenschirm
**guarnição** [gwɐrni'sɐ̃w] *f* Garnierung; Verzierung; *tech* Manschette
**guerra** ['gɛʀɐ] *f* Krieg *m*; ~ ***civil*** Bürgerkrieg *m*; **guerrilha** [gə'ʀiʎɐ] *f* Guerrilla
**guia** ['giɐ] *f* Leitfaden *m*; Begleitschreiben *n*; Handbuch *n*; *m Esb* Kursbuch *n*; ~ ***turístico*** Reiseleiter, Fremdenführer; *Buch* Reiseführer
**guiar** [gjar] lenken; leiten
**guiché** [gi'ʃɛ] *m* Schalter; ~ ***de informações*** Informationsschalter
**guindar** [gĩ'dar] heben, aufwinden; **guindaste** [gĩ'daʃtə] *m* Kran
**guineense** aus Guinea-Bissau
**guisado** [gi'zadu] *m* Ragout *n*
**guitarra** [gi'taʀɐ] *f* (portugiesische) Gitarre
**gulodice** [gulu'disə] *f* Leckerbissen *m*; **guloso** [gu'lozu] naschhaft; gefräßig
**gume** ['gumə] *m Messer* Schneide *f*

## H

**há** [a] es gibt; ~ ***muito*** seit langem; vor langer Zeit
**hábil** ['abiɫ] geschickt, gewandt; **habilidade** [ɐbəli'dadə] *f* Geschicklichkeit, Gewandtheit
**habitação** [ɐbitɐ'sɐ̃w] *f* Wohnung; ~ ***social*** Sozialwohnung
**habitáculo** [ɐbi'takulu] *m aut* Fahrerkabine *f*; Fahrgastraum

**habitante** [ɐbi'tẽtə] *m*, *f* Bewohner(in); **habitar** [ɐbi'tar] (be)wohnen
**hábito** ['abitu] *m* Gewohnheit *f*; **habitual** [ɐbi'twał] gewöhnlich, üblich; **habituar-se** [ɐbi'twarsə] sich gewöhnen (**a** an)
**hamburguesa** [ɐ̃bur'gezɐ] *f Kchk* Hamburger *m*
**handebol** [ɐ̃də'bɔł] *m* Handball; **~ista** [ɐ̃dəbɔ'liʃtɐ] *m,f* Handballer(in)
**hangar** [ɐ̃'gar] *m* Halle *f*, Hangar
**harmonia** [ɐrmu'niɐ] *f* Harmonie
**haver** [ɐ'ver] *Hilfsverb* haben; ***há*** es gibt; ~ ***de*** werden; müssen; *m* Haben *n*; **~es** *pl* Habe *f*
**haxixe** [ɐ'ʃiʃə] *m* Haschisch *n*
**hectare** [ɛk'tarə] *m* Hektar *n*
**hélice** ['ɛlisə] *f* Propeller *m*; Schiffsschraube
**helicóptero** [ɛli'kɔptəru] *m* Hubschrauber
**hemisfério** [ɛmiʃ'fɛrju] *m* Hemisphäre *f*, Halbkugel *f*
**hemofílico** [ɛmɔ'filiku] *m* Bluter; **hemorragia** [ɛmɔʀɐ'ʒiɐ] *f* Bluterguß *m*; Blutung; **hemorróidas** [ɛmɔ'ʀɔjdɐʃ] *fpl* Hämorrhoiden
**hepatite** [ɛpɐ'titə] *f* Hepatitis
**herança** [i'rɐ̃sɐ] *f* Erbe *n*, Erbschaft; **herdade** [ir'dadə] *f* Hof *m*, Gut *n*; **herdar** [ir'dar] erben; **herdeiro** [ir'dejru] *m* Erbe
**herói** [i'rɔj] *m* Held; **heroína** [i rwinɐ] *f* Heldin; *Droge* Heroin *n*
**hesitar** [izi'tar] zögern
**hidrocarboneto** [idrɔkɐrbu'nɛtu] *m* Kohlenwasserstoff; **hidrogénio** [idrɔ'ʒɛnju] *m* Wasserstoff

**higiene** [i'ʒjɛnə] *f* Hygiene; **higiénico** [i'ʒjɛniku] hygienisch
**hino** ['inu] *m* Hymne *f*
**hipismo** [i'piʒmu] *m* Reitsport
**hipopótamo** [ipu'pɔtɐmu] *m* Flußpferd *n*
**hipótese** [i'pɔtəzə] *f* Annahme; Voraussetzung; Möglichkeit, Chance; ***não ter* ~*s*** keine Chance haben
**história** [iʃ'tɔrjɐ] *f* Geschichte
**hoje** ['oʒə] heute; ~ ***em dia*** heutzutage
**holandês** [ulɐ̃'deʃ] holländisch; *m* Holländer
**homem** ['ɔmɐ̃j] *m* Mensch; Mann
**homossexual** [ɔmɔ'sɛkswał] homosexuell; *m* Homosexuelle(r)
**honesto** [u'nɛʃtu] ehrlich, anständig
**honra** ['õʀɐ] *f* Ehre; **~r** [õ'ʀar] (be)ehren
**hora** ['ɔrɐ] *f* Stunde; (Uhr-)Zeit; ~ ***de ponta*** Rush-hour; ~ ***extra*** Überstunde; ~ ***marcada*** *Arzt* Termin *m*; ***meia*** ~ halbe Stunde
**horário** [u'rarju] *m* Stundenplan; Fahrplan; Öffnungszeit *f*
**horizonte** [uri'zõtə] *m* Horizont
**horrível** [u'ʀivɛł] schrecklich; **horror** [u'ʀor] *m* Schrecken, Horror
**horta** ['ɔrtɐ] *f* Gemüsegarten *m*; **hortaliça** [ɔrtɐ'lisɐ] *f* Gemüse *n*; **horticultura** [ɔrtikuł'turɐ] *f* Gartenbau *m*; **horto** ['ɔrtu] *m* (Klein-)Garten; Gärtnerei *f*
**hospedar** [ɔʃpə'dar] beherbergen; **hóspede** ['ɔʃpədə] *m* Gast; **hospedeira** [ɔʃpə'dejrɐ] *f* Hosteß; *av* Stewardeß

**hospital** [ɔʃpi'tał] *m* Krankenhaus *n*; **~eiro** [ɔʃpitɐ'lejru] gast(freund)lich; **~izar** [ɔʃpitɐli'zar] ins Krankenhaus einliefern
**hostil** [ɔʃ'tił] feindselig
**hotel** [ɔ'tɛł] *m* Hotel *n*
**humanidade** [umɐni'dadə] *f* Menschheit; Humanität; **humano** [u'mɐnu] menschlich
**humidade** [umi'dadə] *f* Feuchtigkeit; **húmido** ['umidu] feucht
**humilhante** [umi'ʎɐ̃tə] demütigend; **humilhar** [umi'ʎar] demütigen
**humor** [u'mor] *m* Humor; Laune *f*; ***mau ~*** schlechte Laune
**húngaro** ['ũgɐru] ungarisch; *m* Ungar

## I

**iate** ['jatə] *m* Jacht *f*
**ibérico** [i'bɛriku] iberisch
**icterícia** [iktə'risjɐ] *f* Gelbsucht
**ida** ['idɐ] *f* (Hin-)Fahrt; Anreise; ***~ e volta*** Hin- und Rückfahrt
**idade** [i'dadə] *f* Alter *n*
**ideal** [i'djał] ideal; *m* Ideal *n*
**ideia** [i'dejɐ] *f* Idee; Vorstellung; ***não fazer ~*** keine Ahnung haben
**idêntico** [i'dẽtiku] identisch; **identidade** [idẽti'dadə] *f* Identität; ***bilhete** m **de ~*** Personalausweis
**idioma** [i'djomɐ] *m* Sprache *f*

**idiota** [i'djɔtɐ] dämlich, idiotisch; *m,f* Idiot(in)
**idoso** [i'dozu] alt, betagt
**ignição** [igni'sɐ̃w] *f* Zündung; ***chave f de ~*** Zündschlüssel *m*
**ignorante** [ignu'rɐ̃tə] unwissend; **ignorar** [ignu'rar] nicht wissen, nicht kennen; ignorieren
**igreja** [i'grɛʒɐ] *f* Kirche
**igual** [i'gwał] gleich; **~dade** [igwał'dadə] *f* Gleichheit
**ilegal** [ilə'gał] illegal; **ilegítimo** [ilə'ʒitimu] unrechtmäßig; *Kind* unehelich
**ileso** [i'lɛzu] unversehrt
**ilha** ['iʎɐ] *f* Insel
**ilimitado** [iləmi'tadu] unbegrenzt, unbeschränkt
**iluminação** [iluminɐ'sɐ̃w] *f* Beleuchtung
**ilusão** [ilu'zɐ̃w] *f* Illusion
**ilustração** [iluʃtrɐ'sɐ̃w] *f* Illustration
**imagem** [i'maʒɐ̃j] *f* Bild *n*; Image *n*
**imaginação** [imɐʒinɐ'sɐ̃w] *f* Vorstellung; **imaginar** [imɐʒi'nar] *gedanklich* sich vorstellen
**íman** ['imɐn] *m* Magnet
**imbecil** [ĩbə'sił] schwachsinnig
**imediatamente** [imədjɐtɐ'mẽtə] unmittelbar; sofort
**imenso** [i'mẽsu] unermeßlich
**imigração** [imigrɐ'sɐ̃w] *f* Einwanderung; **imigrante** [imi'grɐ̃tə] *m* Einwanderer
**imitar** [imi'tar] imitieren, nachahmen
**imóvel** [i'mɔvɛł] unbeweglich; ***bem** m ~* Immobilie *f*
**impaciência** [ĩpɐ'sjẽsjɐ] *f* Ungeduld; **impaciente**

[ĩpɐ'sjẽtə] ungeduldig
**ímpar** ['ĩpar] ungerade; ungleich
**impecável** [ĩpə'kavɛɫ] tadellos
**impedido** [ĩpə'didu] gesperrt; *tel* besetzt; **impedir** [ĩpə'dir] verhindern
**impensado** [ĩpẽ'sadu] unbedacht
**imperdoável** [ĩpər'dwavɛɫ] unverzeihlich
**imperial** [ĩpə'rjaɫ] *f kleines* Glas *n* Bier
**impermeável** [ĩpər'mjavɛɫ] wasserdicht; *m* Regenmantel
**impessoal** [ĩpə'swaɫ] unpersönlich
**impetuoso** [ĩpə'twozu] ungestüm, heftig
**implicação** [ĩplikɐ'sɐ̃w] *f* Verwicklung
**impor** [ĩ'por] durchsetzen; auferlegen; **~-se** sich durchsetzen
**importação** [ĩpurtɐ'sɐ̃w] *f* Import *m*; **importância** [ĩpur'tẽsjɐ] *f* Bedeutung; *Geld* Betrag *m*, Summe; **importante** [ĩpur'tẽtə] wichtig, bedeutend; **importar** [ĩpur'tar] wichtig sein; ausmachen; importieren; **~-se** sich kümmern (**com** um)
**importunar** [ĩpurtu'nar] belästigen
**impossível** [ĩpu'sivɛɫ] unmöglich
**imposto** [ĩ'poʃtu] *m* Steuer *f*; **~ de renda** Einkommenssteuer *f*; **~ sobre o valor acrescentado** (**IVA**) Mehrwertsteuer *f* (MWSt); **~ sobre veículos** Kraftfahrzeugsteuer *f*
**impotente** [ĩpu'tẽtə] machtlos; impotent
**imprensa** [ĩ'prẽsɐ] *f* Presse
**impressão** [ĩprə'sɐ̃w] *f* Eindruck *m*; **impressionante** [ĩprəsju'nɐ̃tə] beeindruckend;

**impressionar** [ĩprəsju'nar] beeindrucken; **impresso** [ĩ'prɛsu] *m* Formular *n*; Drucksache *f*; **impressora** [ĩprə'sorɐ] *f EDV* Drucker *m*
**imprevisto** [ĩprə'viʃtu] unvorhergesehen
**imprimir** [ĩprə'mir] eindrücken; drucken
**improdutivo** [ĩprudu'tivu] unproduktiv; unnütz
**improvável** [ĩpru'vavɛɫ] unwahrscheinlich
**imprudente** [ĩpru'dẽtə] unklug
**impulso** [ĩ'puɫsu] *m* Impuls, Antrieb; *tel* Zeittakt
**impune** [ĩ'punə] straffrei, -los
**imundo** [i'mũdu] dreckig
**imune** [i'munə] immun
**imunodeficiência** [imunudəfi'sjẽsjɐ] *f* Immunschwäche
**inabitado** [inɐbi'tadu] unbewohnt
**inaceitável** [inɐsej'tavɛɫ] unannnehmbar
**inacessível** [inɐsə'sivɛɫ] unzugänglich
**inadequado** [inɐdə'kwadu] unangemessen
**inauguração** [inawgurɐ'sɐ̃w] *f* Einweihung, Eröffnung
**incansável** [ĩkɐ̃'savɛɫ] unermüdlich
**incapaz** [ĩkɐ'paʃ] unfähig (***de*** zu)
**incêndio** [ĩ'sẽdju] *m* Brand; ***boca*** *f* ***de*** ~ Hydrant *m*
**incerteza** [ĩsər'tezɐ] *f* Ungewißheit
**inchaço** [ĩ'ʃasu] *m* Schwellung *f*; **inchar** [ĩ'ʃar] (an)schwellen
**incidente** [ĩsi'dẽtə] *m* Zwischenfall
**incisivo** [ĩsə'zivu] *m* Schneidezahn
**incluir** [ĩ'klwir] einschließen, beinhalten; **inclusive** [ĩklu'zivɛ] einschließlich

**incomodar** [ĩkumu'dar] stören, belästigen; **incômodo** [ĩ'komudu] unbequem; *m* Ärgernis *n*
**incomparável** [ĩkõpɐ'ravɛɫ] unvergleichlich
**incompetente** [ĩkõpə'tẽtə] unfähig; unbefugt
**incompreensível** [ĩkõprjẽ'sivɛɫ] unverständlich
**inconveniente** [ĩkõvə'njẽtə] ungelegen, unpassend; *m* Unannehmlichkeit *f*
**incrível** [ĩ'krivɛɫ] unglaublich
**indecente** [ĩdə'sẽtə] unanständig
**indeciso** [ĩdə'sizu] unentschlossen
**indelicadeza** [ĩdəlikɐ'dezɐ] *f* Unhöflichkeit
**inde(m)nização** [ĩdəmnizɐ'sɐ̃w] *f* Entschädigung; **inde(m)nizar** [ĩdəmni'zar] entschädigen
**independência** [ĩdəpẽ'dẽsjɐ] *f* Unabhängigkeit; **independente** [ĩdəpẽ'dẽtə] unabhängig
**indiano** [ĩ'djɐnu] indisch; *m* Inder
**indicação** [ĩdikɐ'sɐ̃w] *f* Hinweis *m*, Anzeichen *n*; **indicador** [ĩdikɐ'dor] *m* Zeigefinger; **indicar** [ĩdi'kar] zeigen, hinweisen (***para*** auf); **indicativo** [ĩdikɐ'tivu] *m tel* Vorwahl *f*
**índice** ['ĩdisə] *m* Inhaltsverzeichnis *n*; Index
**indiferença** [ĩdifə'rẽsɐ] *f* Gleichgültigkeit; **indiferente** [ĩdifə'rẽtə] gleichgültig
**indigestão** [ĩdiʒəʃ'tɐ̃w] *f* Magenverstimmung
**indignação** [ĩdignɐ'sɐ̃w] *f* Entrüstung, Empörung; **indignar-se** [ĩdi'gnarsə] sich entrüsten (***com*** über)
**índio** ['ĩdju] *m* Indio
**indire(c)ta** [ĩdi'rɛtɐ] *f* Anspielung
**indiscreto** [ĩdiʃ'krɛtu] indiskret, taktlos
**indispensável** [ĩdiʃpẽ'savɛɫ] unerläßlich

**indisposição** [ĩdiʃpuzi'sɐ̃w] *f* Unwohlsein *n*; Verstimmung (*a fig*); **indisposto** [ĩdiʃ'poʃtu] unpäßlich
**individual** [ĩdəvi'dwał] individuell; persönlich; ***quarto*** *m* ~ Einzelzimmer *n*
**indústria** [ĩ'duʃtrjɐ] *f* Industrie; **industrial** [ĩduʃ'tjrał] industriell; *m* Industrielle(r)
**inevitável** [inəvi'tavɛł] unvermeidbar
**inexplicável** [inəʃpli'kavɛł] unerklärlich
**infalível** [ĩfɐ'livɛł] unfehlbar
**infância** [ĩ'fɐ̃sjɐ] *f* Kindheit; **infantário** [ĩfɐ̃'tarju] *m* Kinderkrippe *f*; **infantil** [ĩfɐ̃'tił] kindlich; kindisch
**infe(c)ção** [ĩfɛ'sɐ̃w] *f* Infektion; **infe(c)cioso** [ĩfɛ'sjozu] ansteckend
**infeliz** [ĩfə'liʃ] unglücklich
**inferior** [ĩfə'rjor] unter; nieder; geringer
**inferno** [ĩ'fɛrnu] *m* Hölle *f*
**infiel** [ĩ'fjɛł] untreu
**inflação** [ĩflɐ'sɐ̃w] *f* Inflation
**inflamação** [ĩflɐmɐ'sɐ̃w] *f* Entzündung; **inflamável** [ĩflɐ'mavɛł] entzündbar; feuergefährlich
**inflexível** [ĩflɛ'ksivɛł] nicht biegbar; *fig* unbeugsam
**influência** [ĩ'flwẽsjɐ] *f* Einfluß *m*; **influenciar** [ĩflwẽ'sjar] beeinflussen
**informação** [ĩfurmɐ'sɐ̃w] *f* Information; **informar** [ĩfur'mar] informieren; **informática** [ĩfur'matikɐ] *f* Informatik
**infra(c)ção** [ĩfra'sɐ̃w] *f* (Gesetzes-)Verstoß *m*
**infra-estrutura** [ĩfrɐiʃtru'turɐ] *f* Infrastruktur
**infundado** [ĩfũ'dadu] unbegründet

**infusão** [ĩfu'zɐ̃w] *f* Aufguß *m*, Kräutertee *m*
**ingénuo** [ĩ'ʒɛnwu] naiv, einfältig
**ingestão** [ĩʒəʃ'tɐ̃w] *f Medikament* Einnahme
**inglês** [ĩ'gleʃ] englisch; *m* Engländer
**ingrato** [ĩ'gratu] undankbar
**ingrediente** [ĩgrə'djẽtə] *m* Bestandteil; Zutat *f*
**íngreme** ['ĩgrəmə] steil, abschüssig
**iniciar** [ini'sjar] beginnen; initiieren; **iniciativa** [inisjɐ'tivɐ] *f* Initiative; Anregung; **início** [i'nisju] *m* Anfang, Beginn
**inimigo** [inə'migu] feindlich; *m* Feind; Gegner
**inje(c)ção** [ĩʒɛ'sɐ̃w] *f* Injektion; *aut* Einspritzung
**injúria** [ĩ'ʒurjɐ] *f* Beleidigung
**injustiça** [ĩʒuʃ'tisɐ] *f* Ungerechtigkeit; **injusto** [ĩ'ʒuʃtu] ungerecht
**inocência** [inu'sẽsjɐ] *f* Unschuld; **inocente** [inu'sẽtə] unschuldig
**inofensivo** [inufẽ'sivu] harmlos; *Medikament* unbedenklich
**inoxidável** [inɔksi'davɛɫ] rostfrei
**inquérito** [ĩ'kɛritu] *m* Umfrage *f*; Untersuchung *f*
**inquieto** [ĩ'kjɛtu] unruhig
**inquilino** [ĩkə'linu] *m* Mieter
**insatisfeito** [ĩsɐtiʃ'fejtu] unzufrieden
**inscrever** [ĩʃkrə'ver] einschreiben; **inscrição** [ĩʃkri'sɐ̃w] *f* Einschreibung; Eintragung
**inse(c)ticida** [ĩsɛtə'sidɐ] *m* Insektizid *n*; **inse(c)to** [ĩ'sɛtu] *m* Insekt *n*
**inseguro** [ĩsə'guru] unsicher
**insensível** [ĩsẽ'sivɛɫ] unempfindlich; *fig* gleichgültig

**insignificante** [ĩsignəfi'kẽtə] unbedeutend
**insistir** [ĩsəʃ'tir] beharren, bestehen (***em*** auf)
**insolvente** [ĩsoɫ'vẽtə] zahlungsunfähig
**insónia** [ĩ'sɔnjɐ] *f* Schlaflosigkeit
**inspe(c)ção** [ĩʃpɛ'sɐ̃w] *f* Inspektion; Untersuchung
**instalação** [ĩʃtɐlɐ'sɐ̃w] *f* Einrichtung; Anlage; ***instalações*** *pl* ***sanitárias*** sanitäre Einrichtungen
**instantâneo** [ĩʃtɐ̃'tɐnju] augenblicklich, plötzlich; Instant...; *m fot* Schnappschuß; **instante** [ĩʃ'tɐ̃tə] *m* Augenblick
**instável** [ĩʃ'tavɛɫ] unbeständig; instabil
**instituição** [ĩʃtituj'sɐ̃w] *f* Institution; **instituto** [ĩʃti'tutu] *m* Institut *n*
**instrução** [ĩʃtru'sɐ̃w] *f* Unterweisung; *allg* Bildung; ***instruções*** *pl* Bedienungsanweisung *f*, -anleitung *f*; **instrutor** [ĩʃtru'tor] *m* Ausbilder
**instrumento** [ĩʃtru'mẽtu] *m* Instrument *n*; Gerät *n*
**insuficiente** [ĩsufi'sjẽtə] unzureichend
**insulina** [ĩsu'linɐ] *f* Insulin *n*
**insulto** [ĩ'suɫtu] *m* Beleidigung *f*
**insuportável** [ĩsupur'tavɛɫ] unerträglich
**integral** [ĩtə'graɫ] vollständig; **integrar** [ĩtə'grar] integrieren, einbeziehen; **íntegro** ['ĩtəgru] unbescholten, integer
**inteiro** [ĩ'tejru] vollständig, ganz
**intelectual** [ĩtəlɛ'twaɫ] intellektuell; geistig; *m,f* Intellektuelle(r)
**intempérie** [ĩtẽ'pɛrjə] *f* Witterungsunbilden *pl*
**intenção** [ĩtẽ'sɐ̃w] *f* Absicht
**intensivo** [ĩtẽ'sivu] intensiv; **intenso** [ĩ'tẽsu]

heftig, intensiv
**intercâmbio** [ĩtər'kɐ̃bju] *m* Austausch
**intercidades** [ĩtərsi'dadeʃ] *m Esb* Intercity
**interessante** [ĩtərə'sɐ̃tə] interessant; **interessar** [ĩtərə'sar] interessieren (***por*** für); **interesse** [ĩtə'rɛsə] *m* Interesse *n*
**interior** [ĩtə'rjor] inner(lich); *m* Innere *n*; Inland *n*, Landesinnere(s) *n*
**interlocutor** [ĩtərluku'tor] *m* Gesprächspartner
**intermediário** [ĩtərmə'djarju] *m* Vermittler; Zwischenhändler
**internacional** [ĩtərnɐsju'naɫ] international
**internar** [ĩtər'nar] *Krankenhaus* einliefern; internieren; **internato** [ĩtər'natu] *m* Internat *n*; **interno** [ĩ'tɛrnu] intern; innere; Binnen...; *m* Internatsschüler
**intérprete** [ĩ'tɛrprətə] *m,f* Dolmetscher(in); *theat* Darsteller(in)
**interromper** [ĩtəʀõ'per] unterbrechen; **interrupção** [ĩtəʀup'sɐ̃w] *f* Unterbrechung; **interruptor** [ĩtəʀup'tor] *m el* Schalter
**intervalo** [ĩtər'valu] *m* Pause *f*; Zwischenzeit *f*
**intervenção** [ĩtərvẽ'sɐ̃w] *f* Intervention (*a med*) Vortrag *m*; *Diskussion* Beitrag *m*
**intestino** [ĩtəʃ'tinu] *m* Darm
**íntimo** ['ĩtimu] intim, vertraut
**intolerante** [ĩtulə'rɐ̃tə] intolerant
**intoxicação** [ĩtɔksikɐ'sɐ̃w] *f* Vergiftung
**intransitável** [ĩtrɐ̃zi'tavɛɫ] nicht befahrbar; unwegsam
**intriga** [ĩ'trigɐ] *f* Intrige

**introdução** [ĩtrudu'sɐ̃w] *f* Einführung
**intuito** [ĩ'tujtu] *m* Absicht *f*
**inundação** [inũdɐ'sɐ̃w] *f* Überschwemmung
**inútil** [i'nutiɫ] unnütz
**inválido** [ĩ'validu] ungültig; invalide; *m* Invalide
**invasão** [ĩvɐ'zɐ̃w] *f* Invasion, Überfall *m*
**inveja** [ĩ'vɛʒɐ] *f* Neid *m*; **~r** [ĩvə'ʒar] beneiden
**invenção** [ĩvẽ'sɐ̃w] *f* Erfindung; **inventar** [ĩvẽ'tar] erfinden; **inventário** [ĩvẽ'tarju] *n* Inventar; Verzeichnis *n*
**inverno** [ĩ'vɛrnu] *m* Winter
**invest(id)or** [ĩvəʃt(i'd)or] *m* Investor; **investimento** [ĩvəʃti'mẽtu] *m* Investition *f*
**invisível** [ĩvə'zivɛɫ] unsichtbar
**invólucro** [ĩ'vɔlukru] *m* Hülle *f*; Umhüllung *f*
**iogurte** [jo'gurtə] *m* Joghurt
**ir** [ir] gehen; fahren; reisen (***a, para*** nach); **~ *a pé*** zu Fuß gehen; **~ *de avião*** fliegen; **~(-*se*) *embora*** aufbrechen, fortgehen
**ira** ['irɐ] *f* Zorn *m*
**irlandês** [irlẽ'deʃ] irisch; *m* Ire
**irmã** [ir'mẽ] *f* Schwester; **irmão** [ir'mɐ̃w] *m* Bruder
**ironia** [iru'niɐ] *f* Ironie; **irónico** [i'rɔniku] ironisch
**irradiador** [iʀɐdjɐ'dor] *m* Wärmestrahler
**irreal** [i'ʀjaɫ] unwirklich
**irregular** [iʀəgu'lar] unregelmäßig
**irresponsável** [iʀəʃpõ'savɛɫ] unverantwortlich
**irrigar** [iʀi'gar] bewässern, berieseln
**irritação** [iʀitɐ'sɐ̃w] *f* Erregung, Gereiztheit; *Haut* Reizung; **irritar** [iʀi'tar] erregen, reizen (*a Haut*)

**isca** ['iʃkɐ] *f* Köder *m*
**isenção** [izẽ'sɐ̃w] *f* Befreiung, Erlaß *m*; **isento** [i'zẽtu] frei, befreit
**isolamento** [izulɐ'mẽtu] *m* Isolierung *f*; Zurückgezogenheit *f*
**isqueiro** [iʃ'kejru] *m* Feuerzeug *n*
**israeliano** [izrɐɛ'ljɐnu] israelisch; *m* Israeli
**isso** ['isu] das, dies; ***é*** **~*!*** das ist es!; ***por*** **~** deshalb
**isto** ['iʃtu] das, dies; **~ *é*** das heißt
**italiano** [itɐ'ljɐnu] italienisch; *m* Italiener
**itinerário** [itinə'rarju] *m* Reiseroute *f*; (Weg-)Strecke *f*

## J

**já** [ʒa] schon; sofort; **~ *não*** nicht mehr
**jacaré** [ʒɐkɐ'rɛ] *m* Kaiman
**ja(c)to** ['ʒatu] *m* Strahl; ***avião m a*** **~** Düsenflugzeug *n*
**jamais** [ʒɐ'majʃ] je(mals); niemals
**Janeiro** [ʒɐ'nejru] *m* Januar
**janela** [ʒɐ'nɛlɐ] *f* Fenster *n*
**jangada** [ʒɐ̃'gadɐ] *f* Floß *n*
**jantar** [ʒɐ̃'tar] (zu Abend) essen; *m* Abendessen *n*
**jante** ['ʒɐ̃tə] *f* Felge
**japonês** [ʒɐpu'neʃ] japanisch; *m* Japaner
**jaquetão** [ʒɐkə'tɐ̃w] *m* Jackett *n*, Sakko *n*
**jardim** [ʒɐr'dĩ] *m* Garten; **~ *botânico*, *zoológico*** botanischer, zoologischer Garten; **~-escola** [ʒɐrdĩʃ'kɔlɐ] *m* Kindergarten; **jardinagem**

[ʒɐrdi'naʒẽj] *f* Gartenbau *m*; **jardineiro** [ʒɐrdi'nejru] *m* Gärtner
**jarra** ['ʒaʀɐ] *f* Vase; **jarro** ['ʒaʀu] *m* Kanne *f*
**javali** [ʒɐvɐ'li] *m* Wildschwein *n*; **~na** [ʒɐvɐ'linɐ] *f* Bache
**jeans** [dʒins] *mpl* Jeans
**jeito** ['ʒejtu] *m* Geschick *n*; *fig* Kniff; **~so** [ʒej'tozu] geschickt
**jejum** [ʒə'ʒũ] *m* Fasten *n*; ***em*** ~ nüchtern
**jipe** ['ʒipə] *m* Geländewagen, *Wz* Jeep
**joalheiro** [ʒwɐ'ʎejru] *m* Juwelier(geschäft *n*)
**joelho** ['ʒweʎu] *m* Knie *n*
**jogador** [ʒugɐ'dor] *m* Spieler; **jogar** [ʒu'gar] spielen; ~ ***às cartas*** Karten spielen; ~ ***fora*** wegwerfen
**jogging** ['dʒɔgĩ] *m* Jogging *n*
**jogo** ['ʒogu] *m* Spiel *n*; *zusammengehörige Dinge* Satz; Garnitur *f*
**jornal** [ʒur'nał] *m* (Tages-)Zeitung *f*; **~ista** [ʒurnɐ'liʃtɐ] *m,f* Journalist(in)
**jorro** ['ʒɔʀu] *m Wasser etc* Strahl
**jovem** ['ʒɔvẽj] jung; *m,f* Jugendliche(r)
**jubileu** [ʒubi'lew] *m* Jubiläum *n*
**judeu** [ʒu'dew] jüdisch; *m* Jude; **judia** [ʒu'diɐ] *f* Jüdin
**judiciária** [ʒudi'sjarjɐ] *f* Kripo
**juiz** ['ʒwiʃ] *m* Richter; **juíza** ['ʒwizɐ] *f* Richterin; **juízo** ['ʒwizu] *m* Urteil *n*; Verstand
**julgar** [ʒuł'gar] be-, verurteilen; meinen
**Julho** ['ʒuʎu] *m* Juli
**Junho** ['ʒuɲu] *m* Juni

**junta** ['ʒũtɐ] *f* Fuge; Verbindung(sstelle); Rat(sversammlung) *m*; **~r** [ʒũ'tar] verbinden, zusammenfügen; versammeln
**junto** ['ʒũtu] daneben; beiliegend; zusammen; **~ de** neben; *dicht* bei; **~s** *alle* zusammen
**jurar** [ʒu'rar] schwören; **júri** ['ʒuri] *m* Jury *f*; **jurisdição** [ʒurəʒdi'sɐ̃w] *f* Rechtsprechung; **jurista** [ʒu'riʃtɐ] *m,f* Jurist(in)
**juros** ['ʒuruʃ] *mpl* Zinsen
**justiça** [ʒuʃ'tisɐ] *f* Gerechtigkeit; Justiz; **justificar** [ʒuʃtəfi'kar] rechtfertigen; **justo** ['ʒuʃtu] richtig; recht; *Kleidung* eng, anliegend
**juvenil** [ʒuvə'niɫ] jugendlich; **juventude** [ʒuvẽ'tudə] *f* Jugend

## L

**lá** [la] da, dort; da-, dorthin
**lã** [lɐ̃] *f* Wolle
**lábio** ['labju] *m* Lippe *f*
**laboratório** [lɐburɐ'tɔrju] *m* Labor *n*
**laca** ['lakɐ] *f* Haarspray *m od n*
**laço** ['lasu] *m* Schlinge *f*; Schleife *f*; Band *n* (*a fig*)
**lacticínio** [lakti'sinju] *m* Milchprodukt *n*
**lacuna** [lɐ'kunɐ] *f* Lücke
**lado** ['ladu] *m* Seite *f*; ***ao ~ de*** neben
**ladrão** [lɐ'drɐ̃w] *m* Dieb
**ladrar** [lɐ'drar] bellen
**ladrilho** [lɐ'driʎu] *m* Kachel *f*; *Fußboden* Fliese *f*
**lagarta** [lɐ'gartɐ] *f* Raupe (*a tech*); **lagarto** [lɐ'gartu] *m* Eidechse *f*

**lago** ['lagu] *m* See
**lagosta** [lɐ'gɔʃtɐ] *f* Languste; **lagostim** [lɐguʃ'tĩ] *m* Riesengarnele *f*
**lágrima** ['lagrimɐ] *f* Träne
**lama** ['lɐmɐ] *f* Schlamm *m*
**lamber** [lɐ̃'ber] lecken
**lamentar** [lɐmẽ'tar] bedauern; beklagen; **lamentável** [lɐmẽ'tavɛɫ] bedauerlich
**lâmina** ['lɐminɐ] *f* Klinge; Plättchen *n*
**lâmpada** ['lɐ̃pɐdɐ] *f* (Glüh-)Lampe; **~ *halógena*** Halogenlampe
**lançar** [lɐ̃'sar] werfen, schleudern; lancieren
**lancha** ['lɐ̃ʃɐ] *f* Barkasse, Boot *n*
**lanchar** [lɐ̃'ʃar] vespern, e-n Imbiß nehmen; **lanche** ['lɐ̃ʃə] *m nachmittags* Imbiß; **lanchonete** [lɐ̃ʃu'netə] *f* Imbißstand *m*, Schnellimbiß *m*
**lanterna** [lɐ̃'tɛrnɐ] *f* Laterne
**lápis** ['lapiʃ] *m* Bleistift; **lapiseira** [lɐpi'zejrɐ] *f* Drehbleistift *m*; **~ *de ponta feltro*** Faserschreiber *m*; **lápis-tinta** [lapiʃ'tĩtɐ] *m* Tintenschreiber
**lapso** ['lapsu] *m* Fehler, Versehen *n*
**lar** [lar] *m* Heim *n* (*a fig*); Zuhause *n*; **~ *de infância*** Kinderheim *n*; **~ *de terceira idade*** Seniorenheim *n*; **~ *dos estudantes*** Studentenwohnheim *n*
**laranja** [lɐ'rɐ̃ʒɐ] *f* Apfelsine, Orange; *m* Orange *n*; *Ampel* Gelb *n*; **~da** [lɐrɐ̃'ʒadɐ] *f* Orangeade
**lareira** [lɐ'rejrɐ] *f* (Küchen-)Herd *m*
**largar** [lɐr'gar] loslassen; *nav* ablegen
**largo** ['largu] breit; weit; *m* (kleiner) Platz; **largu-**

**ra** [lɐr'gurɐ] *f* Breite; Weite
**lascivo** [lɐʃ'sivu] lüstern, schlüpfrig
**lastimar** [lɐʃti'mar] bedauern; beklagen
**lastro** ['laʃtru] *m* Ballast
**lata** ['latɐ] *f* Büchse, Dose; Kanister *m*; ***sardinhas*** *fpl* ***em*** ~ Ölsardinen
**latim** [lɐ'tĩ] lateinisch; *m* Latein *n*; **latino** [lɐ'tinu] lateinisch; ***~-americano*** lateinamerikanisch
**latir** [lɐ'tir] bellen
**latitude** [lɐti'tudə] *f geogr* Breite
**lavabo** [lɐ'vabu] *m* Waschbecken *n*; Waschraum
**lavagante** [lɐvɐ'gẽtə] *m* Hummer
**lavagem** [lɐ'vaʒẽj] *f* Wäsche; ~ ***automática*** Autowäsche; **lava-loiça** [lavɐ'lojsɐ] *m* Spüle *f*; **lavandaria** [lɐvẽdɐ'riɐ] *f* Wäscherei; ~ ***a seco*** chemische Reinigung; ~ ***sirva-se a si próprio*** Waschsalon *m*; **lava-pára-brisas** [lavɐparɐ'brizɐʃ] *m aut* Scheibenwaschanlage *f*; **lavar** [lɐ'var] (ab)waschen; *Zähne etc* putzen; **lavatório** [lɐvɐ'tɔrju] *m* Waschbecken *n*; **lavável** [lɐ'vavɛɫ] waschbar
**lavoura** [lɐ'vorɐ] *f* Ackerbau *m*; **lavrador** [lɐvrɐ'dor] *m* (Acker-)Bauer; **lavrar** [lɐ'vrar] *Feld* bearbeiten, beackern
**laxante** [lɐ'ʃẽtə] *m* Abführmittel *n*
**lazer** [lɐ'zer] *m* Vergnügen *n*
**leal** [ljaɫ] treu, loyal
**leão** [ljẽw] *m* Löwe
**lebre** ['lɛbrə] *f* Hase *m*
**le(c)cionar** [lɛsju'nar] unterrichten
**legal** [lə'gaɫ] rechtmäßig, legal; *bras* F toll

**legítimo** [lə'ʒitimu] rechtmäßig, legitim; *Kind* ehelich
**legumes** [lə'guməʃ] *mpl* Gemüse *n*
**lei** [lej] *f* Gesetz *n*; ~ ***antipoluição*** Umweltschutzgesetz *n*
**leilão** [lej'lɐ̃w] *m* Versteigerung *f*
**leite** ['lejtə] *m* Milch *f*; ~ ***em pó*** Trockenmilch *f*; ~ ***integral*** Vollmilch *f*; **~lho** [lej'teʎu] *m* Buttermilch *f*
**leito** ['lejtu] *m* Bett *n* (*a Fluß*); ***guardar o*** ~ das Bett hüten
**leitor** [lej'tor] *m* Leser; Lektor; *tech* Lesegerät *n*; ***~-gravador de cassetes*** Kassettenrecorder;
**leitura** [lej'turɐ] *f* Lektüre
**lembrança** [lẽ'brɐ̃sɐ] *f* Erinnerung; Andenken *n*;
**lembrar** [lẽ'brar] erinnern; ***~-se de*** sich erinnern an; **lembrete** [lẽ'bretə] *m* Merkzettel
**lenço** ['lẽsu] *m* (Taschen-, Hals-, Kopf-)Tuch *n*; **~l** [lẽ'sɔɫ] *m* Bettlaken *n*; **~-papel** [lẽsupɐ'pɛɫ] *m* Zellstofftaschentuch *n*
**lenda** ['lẽdɐ] *f* Legende; Sage
**lenha** ['leɲɐ] *f* Brennholz *n*
**lente** ['lẽtə] *f* *fot* Linse; ~ ***de conta*(c)*to*** Kontaktlinse
**lentilha** [lẽ'tiʎɐ] *f* *bot* Linse
**lento** ['lẽtu] langsam
**ler** [ler] (vor-, ver)lesen
**lesão** [lə'zɐ̃w] *f* Verletzung
**leste** ['lɛʃtə] *m* Ost(en)
**letra** ['lɛtrɐ] *f* Buchstabe *m*; (Begleit-)Text *m*; **~s** *pl* Geisteswissenschaften; **letreiro** [lə'trejru] *m*

(Hinweis-)Schild *n*
**levantamento** [ləvẽtɐ'mẽtu] *m* Erhebung *f*; **levantar-se** [ləvẽ'tarsə] aufstehen; sich erheben (*a fig*)
**levar** [lə'var] (weg)bringen; mitnehmen; *Zeit* brauchen
**leve** ['lɛvə] leicht; flüchtig; zart
**lha** [ʎɐ] = **lhe**(**s**) + *Pronomen* **a**
**lhe** [ʎə] *Pronomen* ihm; ihr; *Singular* Ihnen
**lho** [ʎu] = **lhe**(**s**) + *Pronomen* **o**
**libanês** [libɐ'neʃ] libanesisch; *m* Libanese
**libélula** [li'bɛlulɐ] *f* Libelle
**liberdade** [libər'dadə] *f* Freiheit; ~ ***de imprensa*** Pressefreiheit
**libertação** [libərtɐ'sɐ̃w] *f* Befreiung; *jur* Entlassung
**libertino** [libər'tinu] ausschweifend
**libra** ['librɐ] *f* Pfund *n* (*a Währung*)
**lição** [li'sɐ̃w] *f* Lektion; (Lehr-)Stunde; Vorlesung
**licença** [li'sẽsɐ] *f* Erlaubnis; *Erlaubnis* Schein *m*; Urlaub *m*; Lizenz; ***dar*** ~ gestatten
**licenciado** [lisẽ'sjadu] *m* (Hochschul-)Absolvent; **licenciatura** [lisẽsjɐ'turɐ] *f* Staatsexamen *n*
**liceu** [li'sew] *m* Gymnasium *n*
**licor** [li'kor] *m* Likör
**líder** ['lidər] *m* Führer; **liderança** [lidə'rẽsɐ] *f* Führung
**liga** ['ligɐ] *f* Bund *m*, Liga; *tech* Legierung; **~ção** [ligɐ'sɐ̃w] *f* Verbindung; *Esb*, *tel* Anschluß *m*; **~dura** [ligɐ'durɐ] *f* Verband *m*; **~r** [li'gar] verbinden; an-, einschalten; ***não*** ~ F nicht beachten

**ligeiro** [li'ʒejru] leicht
**lilás** [li'laʃ] lila(farben); *m* Flieder
**lima** ['limɐ] *f* Feile
**limão** [li'mɐ̃w] *m* Zitrone *f*
**limitar** [ləmi'tar] begrenzen; beschränken; **limite** [lə'mitə] *m* Begrenzung *f*; Grenze *f*; ~ ***de velocidade*** Geschwindigkeitsbeschränkung *f*
**limonada** [limu'nadɐ] *f* Limonade
**limpa-neve** [lĩpɐ'nɛvə] *m* Schneepflug; **limpar** [lĩ'par] säubern, reinigen; **limpa-vidros** [lĩpɐ'vidruʃ] *m aut* Scheibenwischer; **limpeza** [lĩ'pezɐ] *f* Reinigung; Sauberkeit; **limpo** ['lĩpu] sauber, rein
**lindo** ['lĩdu] hübsch, schön
**língua** ['lĩgwɐ] *f* Zunge; Sprache; ~ ***materna*** Muttersprache
**linguado** [lĩ'gwadu] *m zoo* Seezunge *f*
**linguagem** [lĩ'gwaʒɐ̃] *f* Sprache; Ausdrucksweise
**linha** ['liɲɐ] *f* Linie; Reihe; ~ ***aérea*** Fluggesellschaft; ~ ***rápida*** *etwa* S-Bahn
**liquidação** [ləkidɐ'sɐ̃w] *f* Auflösung; Ausverkauf *m*
**líquido** ['likidu] flüssig; netto; *m* Flüssigkeit *f*
**lisboeta** [liʒ'bwetɐ] *m,f* Lissabonner(in)
**lista** ['liʃtɐ] *f* Liste, Verzeichnis *n*; Speisekarte; *tel* Telefonbuch *n*
**literatura** [litərɐ'turɐ] *f* Literatur
**litoral** [litu'rał] *m* Küste(nstreifen) *f*
**litro** ['litru] *m* Liter *m od n*
**livrar** [li'vrar] befreien; freistellen (**de** von)
**livraria** [livrɐ'riɐ] *f* Buchhandlung
**livre** ['livrə] frei

**livrete** [livretə] *m*: ~ ***do automóvel*** Kraftfahrzeugschein
**livro** ['livru] *m* Buch *n*
**lixeira** [li'ʃejrɐ] *f* Müllkippe; **lixo** ['liʃu] *m* Müll
**lobo** ['lobu] *m* Wolf
**local** [lu'kał] lokal, örtlich; *m* Ort, Stelle *f*
**locanda** [lu'kɐ̃dɐ] *f* Imbißbude
**loção** [lu'sɐ̃w] *f* Lotion
**locomotiva** [lukumu'tivɐ] *f* Lokomotive
**locutor(a)** [luku'tor, (luku'tɔrɐ)] *m*, *f* Ansager(in)
**lodo** ['lodu] *m* Schlamm; Schmutz
**lógico** ['lɔʒiku] logisch
**logo** ['lɔgu] gleich; bald; ***até*** ~! bis später!
**logro** ['logru] *m* Schwindel, Betrug
**loiça** ['loisɐ] *f* Geschirr *n*
**loiro** ['loiru] blond; *Kchk* goldgelb; *m* Lorbeer
**loja** ['lɔʒɐ] *f* Laden *m*, Geschäft *n*; ~ ***de artigos desportivos*** Sportgeschäft *n*; ~ ***de conveniência*** Spätverkaufsstelle; ~ ***de moda*** Modegeschäft *n*
**lombo** ['lõbu] *m* Lende *f*
**lombriga** [lõ'brigɐ] *f* Spulwurm *m*
**longe** ['lõʒə] weit, fern; ***de*** ~ von weitem; ~ ***de*** weit (entfernt) von
**longitude** [lõʒi'tudə] *f geogr* Länge
**longo** ['lõgu] *zeitlich* lang; *räumlich* weit
**lotaria** [lutɐ'riɐ] *f* Lotterie
**lote** ['lɔtə] *m* Parzelle *f*; *Waren* Posten
**louco** ['loku] wahnsinnig, irre; **loucura** [lo'kurɐ] *f* Wahnsinn *m*

**lua** ['luɐ] *f* Mond *m*; **~-de-mel** [luɐdə'mɛɫ] *f* Flitterwochen *pl*
**lubrificação** [lubrəfikɐ'sɐ̃w] *f tech* Schmierung; **lubrificante** [lubrəfi'kɐ̃tə] *m* Schmiermittel *n*
**lúcio** ['lusju] *m* Hecht
**lucro** ['lukru] *m* Gewinn
**lugar** [lu'gar] *m* Platz, Ort, Stelle *f*; **~ *de nascimento*** Geburtsort; **~ *de pé*** Stehplatz; **~ *sentado*** Sitzplatz
**lula** ['lulɐ] *f* Tintenfisch *m*
**lume** ['lumə] *m* Feuer(stelle *f*) *n*; ***fazer* ~** Feuer machen
**lus**(**itan**)**o** ['luzu, luzi'tɐnu] portugiesisch, lusitanisch
**lustre** ['luʃtrə] *m* Kronleuchter; Glanz
**luta** ['lutɐ] *f* Kampf *m*; **~r** [lu'tar] kämpfen
**luto** ['lutu] *m* Trauer(bekleidung) *f*
**luva** ['luvɐ] *f* Handschuh *m*; *tech* Muffe
**luxo** ['luʃu] *m* Luxus; **luxuoso** [lu'ʃwozu] luxuriös
**luxúria** [lu'ʃurjɐ] *f* Zügellosigkeit; Geilheit
**luz** [luʃ] *f* Licht *n*; **~ *de marcha-atrás*** Rückfahrscheinwerfer *m*; **~ *de travagem*** Bremslicht *n*; ***acender*** (*od* ***apagar***) ***a* ~** Licht an- (*od* aus-)schalten; ***dar à* ~** gebären; **~*es*** *pl* ***de prevenção*** Warnblinkanlage *f*

## M

**ma** [mɐ] = **me + a**
**má** [ma] *f von* **mau**
**maca** ['makɐ] *f* Tragbahre

**maçã** [mɐ'sɐ̃] *f* Apfel *m*
**macaco** [mɐ'kaku] *m* Affe; *aut* Wagenheber
**maçapão** [mɐsɐ'pɐ̃w] *m* Marzipan *n*
**macarrão** [mɐkɐ'ʀɐ̃w] *m* Makkaroni *pl*
**machado** [mɐ'ʃadu] *m* Axt *f*; Beil *n*
**machista** [mɐ'ʃiʃtɐ] *m* F Macho; **macho** ['maʃu] *m zoo* Männchen *n*
**maço** ['masu] *m* Packen; Stoß; Päckchen *n* (*Zigaretten*)
**madeira** [mɐ'dejrɐ] *f* Holz *n*
**madeixa** [mɐ'dejʃɐ] *f* Strähne
**madrasta** [mɐ'draʃtɐ] *f* Stiefmutter; **madrinha** [mɐ'driɲɐ] *f* Patin; Trauzeugin
**madrugada** [mɐdru'gadɐ] *f* Tagesanbruch *m*
**maduro** [mɐ'duru] reif
**mãe** [mɐ̃j] *f* Mutter
**magano** [mɐ'gɐnu] *m* F toller Typ
**magia** [mɐ'ʒiɐ] *f* Zauber *m*; ***fazer*** ~ zaubern; **mágico** ['maʒiku] magisch
**magnético** [mɐ'gnɛtiku] magnetisch
**magnífico** [mɐg'nifiku] herrlich, vorzüglich
**magoar-se** [mɐ'gwarsə] sich weh tun; sich verletzen
**magro** ['magru] mager
**Maio** ['maju] *m* Mai
**maionese** [mɐju'nɛzə] *f* Mayonnaise
**maior** [mɐ'jɔr] größer; älter; volljährig; **~ia** [mɐju'riɐ] *f* Mehrheit; **~idade** [mɐjuri'dadə] *f* Volljährigkeit
**mais** [majʃ] mehr; *m* Rest; ***de*** ~ zuviel; ~ ***de***, ~ ***que*** mehr als; ~ ***ou menos*** mehr oder weniger

**mal** [mał] *Adverb* schlecht, schlimm; *m* Übel *n*; Krankheit *f*, Leiden *n*; ***estou*** ~ mir geht es schlecht; ***levar a*** ~ übelnehmen
**mala** ['malɐ] *f* Koffer *m*; *aut* Kofferraum *m*; ~ ***térmica*** Kühltasche
**malandro** [mɐ'lɐ̃dru] *m* Gauner, Halunke
**malária** [mɐ'larjɐ] *f* Malaria
**maldição** [małdi'sɐ̃w] *f* Fluch *m*, Verwünschung; **maldito** [mał'ditu] verflucht
**mal-entendido** [malẽtẽ'didu] *m* Mißverständnis *n*
**mal-estar** [maləʃ'tar] *m* Unbehagen *n*; Unwohlsein *n*
**malha** ['maʎɐ] *f* Masche; ~***s*** *pl* Strickwaren
**mal-humorado** [malumu'radu] übellaunig
**malta** ['małtɐ] *f* Gesindel *n*; F Truppe, Clique; ***a*** ~ F wir; unsereins
**maluco** [mɐ'luku] verrückt; *m* Verrückte(r)
**mama** ['mɐmɐ] *f weibliche* Brust; ~**r** [mɐ'mar] säugen
**mancha** ['mɐ̃ʃɐ] *f* Fleck *m*; ~**r** [mɐ̃'ʃar] beflecken
**mandamento** [mɐ̃dɐ'mẽtu] *m* Gebot *n*; **mandar** [mɐ̃'dar] befehlen; veranlassen; schicken; ~ ***fazer*** *Anordnung* machen lassen
**maneira** [mɐ'nejrɐ] *f* Art, Weise; ***de*** ~ ***alguma*** (*od* ***nenhuma***) keinesfalls; ***de*** ~ ***que*** so daß
**manejar** [mɐnə'ʒar] handhaben; **manejo** [mɐ'nɛʒu] *m* Handhabung *f*
**manga** ['mɐ̃gɐ] *f* Ärmel *m*; *bot* Mango; **mangueira** [mɐ̃'gejrɐ] *f* Schlauch *m*
**manhã** [mɐ'ɲɐ̃] *f* Morgen *m*; ***de*** ~ morgens
**mania** [mɐ'niɐ] *f* F Marotte, Schrulle

**manicura** [mɐni'kurɐ] *f* Maniküre
**manifestação** [mɐnifəʃtɐ'sɐ̃w] *f* Äußerung; Kundgebung, Demonstration
**manípulo** [mɐ'nipulu] *m* (Hand-)Griff, Hebel
**manivela** [mɐni'vɛlɐ] *f* Kurbel; Hebel *m*
**mano** ['mɐnu] *m Anrede* Bruder(herz *n*)
**manobra** [mɐ'nɔbrɐ] *f* Manöver *n*; *fig* Macherschaft *f*; **~r** manövrieren; steuern
**manta** ['mɐ̃tɐ] *f* Decke
**manteiga** [mɐ̃'tejgɐ] *f* Butter
**manter** [mɐ̃'ter] (aufrecht)erhalten, unterhalten
**manual** [mɐ'nwał] manuell; *m* Handbuch *n*
**manuscrito** [mɐnuʃ'kritu] *m* Manuskript *n*
**manutenção** [mɐnutẽ'sɐ̃w] *f* Aufrechterhaltung; Unterhalt(ung) *m*; *tech* Wartung
**mão** [mɐ̃w] *f* Hand; ***em segunda*** **~** aus zweiter Hand
**mapa** ['mapɐ] *m* (Land-)Karte *f*
**maquilhagem** [mɐki'ʎaʒẽj] *f* Make-up *n*, Schminke; **maquilhar** [mɐki'ʎar] (sich) schminken
**máquina** ['makinɐ] *f* Maschine; Apparat *m*; **~ *de barbear*** Rasierapparat *m*; **~ *de escrever*** Schreibmaschine; **~ *de lavar loiça*** Geschirrspülmaschine; **~ *de lavar roupa*** Waschmaschine; **~ *fotográfica*** Fotoapparat *m*
**mar** [mar] *m* Meer *n*, See *f*
**maravilha** [mɐrɐ'viʎɐ] *f* Wunder *n*; **maravilhoso** [mɐrɐvi'ʎozu] wunderbar
**marca** ['markɐ] *f* Marke; Zeichen *n*; **~dor** [mɐrkɐ'dor] *m* Signierstift; **~r** [mɐr'kar] markieren, kennzeichnen; *tel* wählen

**marcha** ['marʃɐ] *f* Marsch *m*; Lauf *m*; *aut* Gang *m*; ~ ***atrás*** Rückwärtsgang *m*; **em** ~ in Fahrt, im Lauf, in Gang
**marco** ['marku] *m Währung* Mark *f*
**Março** ['marsu] *m* März
**maré** [mɐ'rɛ] *f* Ebbe und Flut; ~ ***alta*** Flut; ~ ***baixa*** Ebbe; ~ ***negra*** Ölpest; ~***s*** *pl* Gezeiten;
**marear** [mɐ'rjar] seekrank werden
**marfim** [mɐr'fĩ] *m* Elfenbein *n*
**margarina** [mɐrgɐ'rinɐ] *f* Margarine
**marginal** [mɐrʒi'nał] *m* F Outsider
**maricas** [mɐ'rikɐʃ] *m* F Schwule(r)
**marido** [mɐ'ridu] *m* (Ehe-)Mann
**marinha** [mɐ'riɲɐ] *f* Marine; **marinheiro** [mɐri'ɲejru] *m* Seemann
**mariscos** [mɐ'riʃkuʃ] *mpl* Meeresfrüchte
**marítimo** [mɐ'ritimu] See..., Meeres...
**mármore** ['marmurə] *m* Marmor
**marroquino** [mɐʀu'kinu] marokkanisch; *m* Marokkaner
**martelo** [mɐr'tɛlu] *m* Hammer
**mas** [mɐʃ] aber; sondern
**mascar** [mɐʃ'kar] kauen
**máscara** ['maʃkɐrɐ] *f* Maske
**masculino** [mɐʃku'linu] männlich
**massa** ['masɐ] *f* Masse; *Kchk* Nudeln *pl*; F (*Geld*) Knete
**massagem** [mɐ'saʒẽj] *f* Massage; **massagista** [mɐsɐ'ʒiʃtɐ] *m,f* Masseur *m*, Masseuse *f*
**mata** ['matɐ] *f* Wald *m*
**matadouro** [mɐtɐ'doru] *m* Schlachthof; **matar**

[mɐ'tar] töten; schlachten *Zeit* totschlagen; *Durst* stillen
**matemática** [mɐtə'matikɐ] *f* Mathematik
**matéria** [mɐ'tɛrjɐ] *f* Materie, Stoff *m*; **material** [mɐtə'rjał] *m* Material *n*
**maternidade** [mɐtərni'dadə] *f* Mutterschaft; Entbindungsklinik; **materno** [mɐ'tɛrnu] mütterlich
**matiné** [mɐti'nɛ] *f* Nachmittagsveranstaltung, -vorstellung
**mato** ['matu] *m* Busch
**matrícula** [mɐ'trikulɐ] *f aut* Nummernschild *n*; **matricular(-se)** [mɐtriku'larsə] (sich) einschreiben
**matrimónio** [mɐtri'mɔnju] *m* Ehe *f*
**matutino** [mɐtu'tinu] morgendlich, früh; *m* Morgenzeitung *f*
**mau** [maw] schlecht; schlimm
**maxila** [ma'ksilɐ] *f* Kiefer *m*
**máxima** ['masimɐ] *f* Maxime, Grundsatz *m*; **máximo** ['masimu] größt; höchst; *m* Maximum *n*; Äußerste *n*; ***no ~*** höchstens
**me** [mə] mir; mich
**mecânico** [mə'kɐniku] mechanisch; *m* Monteur Schlosser; **mecanismo** [məkɐ niʒmu] *m* Mechanismus; Vorrichtung *f*
**mecha** ['mɛʃɐ] *f* Docht *m*; (Haar-)Strähne
**média** ['mɛdjɐ] *f* Durchschnitt *m*, Mittelwert *m*
**mediação** [mədjɐ'sɐ̃w] *f* Vermittlung; **mediante** [mə'djɐ̃tə] mittels
**medicamento** [medikɐ'mẽtu] *m* Medikament *n*

**medicina** [mədə'sinɐ] *f* Medizin; **médico** ['mɛdiku] ärztlich; *m* Arzt
**medida** [mə'didɐ] *f* Maßnahme; Maß *n*
**medieval** [mədjə'vał] mittelalterlich
**médio** ['mɛdju] durchschnittlich; mittlere(r); *m* Mittlere(r); **~s** *pl aut* Abblendlicht *n*
**medir** [mə'dir] messen
**Mediterrâneo** [mədi'təʀɐnju] *m* Mittelmeer *n*
**medo** ['medu] *m* Angst *f* (**de** vor)
**medusa** [mə'duzɐ] *f* Qualle
**meia** ['mejɐ] *f* Strumpf *m*
**meia-calça** [mejɐ'kałsɐ] *f* Strumpfhose; **meia-final** [mejɐfi'nał] *f Sp* Halbfinale *n*; **meia-noite** [mejɐ'nojtə] *f* Mitternacht
**meio** ['meju] halb; *m* Hälfte *f*; Mitte *f*; Milieu *n*; (Hilfs-)Mittel *n*; **~ *ambiente*** Umwelt *f*; **~-bilhete** [mejubi'ʎetə] *m* Kinderfahrkarte *f*; **~-dia** [meju'diɐ] *m* Mittag
**mel** [mɛł] *m* Honig
**melão** [mə'lɐ̃w] *m* Melone *f*
**melhor** [mi'ʎɔr] besser; beste(r); am besten; *m,f* Beste(r) *m,f,n*; **~a** [mi'ʎɔrɐ] *f* Besserung; **~amento** [miʎurɐ'mẽtu] *m* Verbesserung *f*; **~ar** [miʎu'rar] verbessern; sich bessern
**melro** ['mɛłʀu] *m* Amsel *f*
**membro** ['mẽbru] *m* Glied(maße *f*) *n*; Mitglied *n*
**memorável** [məmu'ravɛł] denkwürdig; **memória** [mə'mɔrjɐ] *f* Gedächtnis *n*; Gedenken *n*, Andenken *n*; *EDV* Speicher *m*
**mencionar** [mẽsju'nar] erwähnen

**mendigar** [mẽdi'gar] betteln; **mendigo** [mẽ'digu] *m* Bettler
**menina** [mə'ninɐ] *f* Mädchen *n*; P *Anrede* Fräulein *n*; **menino** [mə'ninu] *m* Junge
**menor** [mə'nɔr] kleiner; *Bedeutung* geringer; *Alter* minderjährig; *Superlativ* kleinste(r); geringste(r)
**menos** ['menuʃ] weniger, geringer; ***pelo ~*** wenigstens
**mensagem** [mẽ'saʒẽ] *f* Nachricht, Botschaft
**mensal** [mẽ'sał] monatlich
**menstruação** [mẽʃtrwɐ'sɐ̃w] *f* Menstruation
**mental** [mẽ'tał] geistig
**mentir** [mẽ'tir] lügen; **~a** [mẽ'tirɐ] *f* Lüge; **~oso** [mẽti'rosu] *m* Lügner
**menu** [mə'nu] *m* Speisekarte *f*; *EDV* Menü *n*
**mercado** [mər'kadu] *m* Markt; ***~ comum*** gemeinsamer Markt; **~ria** [mərkɐdu'riɐ] *f* Ware
**mercearia** [mərsjɐ'riɐ] *f* Lebensmittelgeschäft *n*
**merda** ['mɛrdɐ] *f* V Scheiße; **~s** ['mɛrdɐʃ] *m* V Scheißkerl
**merecer** [mərə'ser] *fig* verdienen
**merenda** [mə'rẽdɐ] *f* Imbiß *m*, Vesper
**meridional** [məri'djunał] südlich, Süd...
**mérito** ['mɛritu] *m* Verdienst *n*
**mês** [meʃ] *m* Monat
**mesa** ['mezɐ] *f* Tisch *m*; ***pôr*** (***levantar***) ***a ~*** den Tisch decken (abräumen); **~-de-cabeceira** *f* Nachttisch *m*
**mesmo** ['mɛʒmu] selbst; sogar; ***o ~*** derselbe, der gleiche; ***ela mesma*** sie selbst; ***dar no ~*** aufs gleiche hinauskommen

**mesquita** [məʃ'kitɐ] *f* Moschee
**mestiço** [məʃ'tisu] *m* Mestize
**mestre** ['mɛʃtrə] *m* Meister
**meta** ['mɛtɐ] *f* Ziel *n*
**metal** [mə'tał] *m* Metall *n*
**meter** [mə'ter] (hinein)setzen, -stellen, -legen; *~-se em* sich einmischen in
**método** ['mɛtudu] *m* Methode *f*
**metro** ['mɛtru] *m* Meter *m od n*; U-Bahn *f*
**metrópole** [mə'trɔpulə] *f* Metropole, Hauptstadt
**meu** [mew] mein
**mexer** [mə'ʃer] rühren (***em*** in) (*a fig*)
**mexerico** [məʃə'riku] *m* Geschwätz *n*, Klatsch
**mexilhões** [məʃi'ʎõjʃ] *mpl* Miesmuscheln
**microcomputador** [mikrɔkõputɐ'dor] *m* Mikrocomputer
**microfone** [mikru'fɔnə] *m* Mikrofon *n*
**microonda** [mikrɔ'õdɐ] *f* Mikrowelle
**migalha** [mi'gaʎɐ] *f* Krümel *m*, Krume
**mijar** [mi'ʒar] F pinkeln
**milagre** [mi'lagrə] *m* Wunder *n*
**milha** ['miʎɐ] *f* Meile
**milhão** [mi'ʎɐ̃w] *m* Million *f*
**milhar** [mi'ʎar] *m* Tausend *n*
**milho** ['miʎu] *m* Mais
**milícia** [mə'lisjɐ] *f* Miliz
**milímetro** [mə'limətru] *m* Millimeter *m od n*
**milionário** [milju'narju] *m* Millionär
**militar** [məli'tar] militärisch; *m* Militär *m*; Militär *n*
**mim** [mĩ] *nach Präposition* mir, mich

**mina** ['minɐ] *f* Mine; Bergwerk *n*; **mineral** [minə'rał] *m* Mineral *n*; **minério** [mi'nɛrju] *m* Erz *n*
**minha** ['miɲɐ] *Pronomen f* meine
**mini-bus** [mini'bas] *m* Kleinbus
**mínimo** ['minimu] kleinst; geringst; wenigst; *m* Minimum *n*; kleine(r) Finger; **~s** *pl aut* Standlicht *n*
**ministério** [mɘniʃ'tɛrju] *m* Ministerium *n*; **ministro** [mə'niʃtru] *m* Minister; ***primeiro*** **~** Premierminister
**minoria** [minu'riɐ] *f* Minderheit
**minúsculo** [mi'nuʃkulu] winzig
**minuto** [mi'nutu] *m* Minute *f*
**miradouro** [mirɐ'doru] *m* Aussichtspunkt; **mirar** [mi'rar] schauen
**miserável** [mizə'ravɛł] elend, erbärmlich; **miséria** [mi'zɛrjɐ] *f* Elend *n*, Not
**missa** ['misɐ] *f* Messe
**missão** [mi'sɐ̃w] *f* Mission, Auftrag *m*
**mistério** [miʃ'tɛrju] *m* Geheimnis *n*, Rätsel *n*; **misterioso** [miʃtə'rjozu] geheimnisvoll
**mistura** [miʃ'turɐ] *f* Mischung; **~** ***de hortaliça*** Mischgemüse *n*; **~r** [miʃtu'rar] (ver)mischen; mixen
**miúdo** ['mjudu] klein; *m* kleine(r) Junge; Kleingeld *n*
**mo** [mu] = **me** + **o**
**mobília** [mu'biljɐ] *f* Mobiliar *n*
**moça** ['mosɐ] *f* Mädchen *n*
**moçambicano** [musɐ̃bi'kɐnu] mosambikanisch; *m* Mosambikaner

**mochila** [mu'ʃilɐ] *f* Rucksack *m*; Ranzen *m*
**moço** ['mosu] *m* Junge
**moda** ['mɔdɐ] *f* Mode; ***fora de ~*** aus der Mode
**modelo** [mu'delu] *m* Modell *n*; ***~ fim-de-série*** Auslaufmodell *n*
**moderado** [mudə'radu] gemäßigt
**moderno** [mu'dɛrnu] modern
**modesto** [mu'dɛʃtu] bescheiden
**modista** [mu'diʃtɐ] *f* Schneiderin
**modo** ['mɔdu] *m* Art *f*, Weise *f*; ***de ~ algum*** (*od* ***nenhum***) keinesfalls
**módulo** ['mɔdulu] *m* P Fahrschein(abschnitt)
**moeda** ['mwɛdɐ] *f* Münze; Währung
**moinho** ['mwiɲu] *m* Mühle *f*
**mola** ['mɔlɐ] *f* Druckknopf *m*; Wäscheklammer; *tech* Feder
**molar** [mu'lar] *m* Backenzahn
**molde** ['mɔɫdə] *m* (Guß-)Form *f*
**moldura** [moɫ'durɐ] *f* Rahmen *m*
**mole** ['mɔlə] weich
**molhado** [mu'ʎadu] naß; **molhar** [mu'ʎar] naß machen; anfeuchten; einweichen
**molho** ['moʎu] *m* Soße *f*; Tunke *f*; *Schlüssel* Bund *n*
**momentâneo** [mumẽ'tɐnju] momentan, augenblicklich; **momento** [mu'mẽtu] *m* Moment, Augenblick
**monção** [mõ'sɐ̃w] *f* Monsun *m*
**monetário** [munə'tarju] Währungs...
**monge** ['mõʒə] *m* Mönch
**monitor** [muni'tor] *m* Ausbilder; *EDV* Monitor

**monopólio** [munu'pɔlju] *m* Monopol *n*
**monstro** ['mõʃtru] *m* Monster *n*, Ungeheuer *n*
**montagem** [mõ'taʒẽj] *f* Montage
**montanha** [mõ'tɐɲɐ] *f* Gebirge *n*; **montanhismo** [mõtɐ'ɲiʒmu] *m* Bergsteigen *n*; **montanhista** [mõtɐ'ɲiʃtɐ] *m,f* Bergsteiger(in)
**montante** [mõ'tẽtə] *m* Betrag, Summe *f*
**montar** [mõ'tar] montieren; aufstellen; reiten
**monte** ['mõtə] *m* Berg
**monumento** [munu'mẽtu] *m* Denkmal *n*, Monument *n*
**morada** [mu'radɐ] *f* Wohnsitz *m*, Wohnung; **moradia** [murɐ'diɐ] *f* Wohnhaus *n*; **morador** [murɐ'dor] *m* Bewohner
**moral** [mu'rał] moralisch; *m* Moral *f*, Stimmung *f*
**morango** [mu'rẽgu] *m* Erdbeere *f*
**morar** [mu'rar] wohnen
**morcego** [mur'segu] *m* Fledermaus *f*
**morder** [mur'der] beißen; *tech* ätzen
**moreno** [mu'renu] dunkel, brünett
**morno** ['mɔrnu] lau, warm
**morrer** [mu'ʀer] sterben
**morte** ['mɔrtə] *f* Tod(esfall) *m*; ***perigo*** *m* ***de*** **~** Lebensgefahr *f*; **morto** ['mortu] tot, gestorben
**mosca** ['moʃkɐ] *f* Fliege; **mosquito** [muʃ'kitu] *m* Moskito, Stechmücke *f*
**mostarda** [muʃ'tardɐ] *f* Senf *m*
**mosteiro** [muʃ'tejru] *m* Kloster *n*
**mostrar** [muʃ'trar] zeigen
**mota** ['mɔtɐ] *f* Motorrad *n*
**motel** [mɔ'tɛł] *m* Motel *n*

**motim** [mu'tĩ] *m* Aufstand, Aufruhr
**motivo** [mu'tivu] *m* Motiv *n*, Grund
**moto(cicleta)** ['mɔtɔ,mɔtɔsi'kletɐ] *f* Motorrad *n*; **motociclista** [mɔtɔsə'kliʃtɐ] *m,f* Motorradfahrer(in)
**motor** [mu'tor] *m* Motor; ~ ***de arranque*** *aut* Anlasser; ~ ***de recâmbio*** Austauschmotor; **~eta** [mutu'rɛtɐ] *f* Motorroller *m*; **~ista** [mutu'riʃtɐ] *m* Kraftfahrer; **~izada** [muturi'zadɐ] *f* Moped *n*
**móveis** ['mɔvejʃ] *mpl* Möbel; **móvel** ['mɔvɛɫ] beweglich
**mover** [mu'ver] bewegen; **movimento** [muvi'mẽtu] *m* Bewegung *f*; Verkehr
**muco** ['muku] *m* Schleim; **~sa** [mu'kɔzɐ] *f* Schleimhaut
**mudança** [mu'dẽsɐ] *f* (Ver-)Änderung; *Wohnung* Umzug *m*; *tech* Austausch *m*; **mudar** [mu'dar] (ver)ändern; ~ (***de***) wechseln; austauschen; *Verkehrsmittel* umsteigen; **~-*se*** umziehen (***para*** nach)
**mudo** ['mudu] stumm
**muito** ['mũjtu] viel; sehr; ***há*** ~ seit langem; vor langer Zeit
**mulato** [mu'latu] *m* Mulatte
**mulher** [mu'ʎer] *f* Frau; ~ ***a dias*** Aufwartefrau
**multa** ['muɫtɐ] *f* Geldstrafe; Knöllchen *n*
**multidão** [muɫti'dɐ̃w] *f* (Menschen-)Menge; ***uma*** ~ ***de ...*** eine Menge ...
**múltiplo** ['muɫtiplu] vielfach; vielfältig
**mundial** [mũ'djaɫ] weltweit, Welt...; **mundo** ['mũdu] *m* Welt *f*; ***terceiro*** ~ dritte Welt
**municipal** [munəsi'paɫ] städtisch; Gemeinde...;

Stadt...; ***conselho*** *m* ~ Rathaus *n*; **município** [munə'sipju] *m* (Stadt-)Gemeinde *f*, Bezirk; Kreis

**muralha** [mu'raʎɐ] *f* (Stadt-)Mauer; **muro** ['muru] *m* Mauer *f*

**murro** ['muʀu] *m* Faustschlag

**músculo** ['muʃkulu] *m* Muskel

**museu** [mu'zew] *m* Museum *n*

**música** ['muzikɐ] *f* Musik; **musical** [muzi'kał] musikalisch; **músico** ['muziku] *m* Musiker

**mutilado** [muti'ladu] versehrt, verstümmelt; *m* Versehrte(r), Verstümmelte(r)

**mútuo** ['mutwu] gegen-, wechselseitig

## N

**na** [nɐ] = **em** + **a**

**nabo** ['nabu] *m* Rübe *f*

**nação** [nɐ'sɐw] *f* Nation; **nacional** [nɐsju'nał] national; **nacionalidade** [nɐsjunɐli'dadə] *f* Staatsangehörigkeit; **nacionalizar** [nɐsjunɐli'zar] verstaatlichen

**nada** ['nadɐ] nichts; gar nicht; ***de*** ~ nichts zu danken; ~ ***de novo*** nichts Neues; ~ ***mal!*** nicht übel!

**nadador** [nɐdɐ'dor] *m* Schwimmer; ~***-salvador*** *m* Rettungsschwimmer; **nadar** [nɐ'dar] schwimmen

**nádegas** ['nadəgɐʃ] *fpl* Gesäß *n*

**naipe** ['najpə] *m* *Kartenspiel* Farbe *f*

**namorado** [nɐmu'radu] *m* Freund, Lebensgefährte; **namorar** [nɐmu'rar] verliebt sein in; ein Verhältnis haben mit
**não** [nɐ̃w] nein; nicht; kein; ~ *... nem ...* weder ... noch ...; **~-fumador** [nɐ̃wfumɐ'dor] *m* Nichtraucher; **~-poluente** [nɐ̃wpu'lwẽtə] umweltverträglich
**narcótico** [nɐr'kɔtiku] *m* Betäubungsmittel *n*; **narcotraficante** [nɐrkutrɐfi'kɐ̃tə] *m* Drogenhändler, Dealer
**narina** [nɐ'rinɐ] *f* Nasenloch *n*; **nariz** [nɐ'riʃ] *m* Nase *f*
**narração** [nɐʀɐ'sɐ̃w] *f* Erzählung; **narrador** [nɐʀɐ'dor] *m* Erzähler; **narrar** [nɐ'ʀar] erzählen
**nascente** [nɐʃ'sẽtə] *f* Quelle; **nascer** [nɐʃ'ser] geboren werden; **nascimento** [nɐʃsi'mẽtu] *m* Geburt *f*
**nata** ['natɐ] *f* Rahm *m*; Sahne (*a fig*)
**natação** [nɐtɐ'sɐ̃w] *f* Schwimmen *n*
**natal** [nɐ'tał] heimatlich; ***cidade*** *f* ~ Geburtsstadt; ♀ *m* Weihnachten *pl*
**natural** [nɐtu'rał] natürlich; ~ ***de*** gebürtig in (*od* aus)
**natureza** [nɐtu'rezɐ] *f* Natur
**naufrágio** [naw'fraʒju] *m* Schiffbruch
**náusea(s)** ['nawzjɐ(ʃ)] *f(pl)* Übelkeit *f*, Brechreiz *m*
**navalha** [nɐ'vaʎɐ] *f* (Rasier-)Messer *n*; Klinge
**nave** ['navə] *f* Schiff *n* (*a Kirche*); *Fabrik* Halle
**navegação** [nɐvəgɐ'sɐ̃w] *f* Schiffahrt; **navegar** [nɐvə'gar] zur See fahren; **navio** [nɐ'viw] *m*

Schiff *n*; ~ ***mercante*** Handelsschiff *n*
**neblina** [nə'blinɐ] *f* Nebel *m*; **nebuloso** [nəbu'lozu] nebelig; *fig* nebulös
**necessário** [nəsə'sarju] nötig, notwendig; **necessidade** [nəsəsi'dadə] *f* Notwendigkeit; **necessitado** [nəsəsi'tadu] bedürftig; **necessitar** [nəsəsi'tar] benötigen, brauchen
**nectarina** [nɛktɐ'rinɐ] *f* Nektarine
**negar** [nə'gar] verneinen; leugnen; **negativa** [nəgɐ'tivɐ] *f* Absage, abschlägige Antwort; **negativo** [nəgɐ'tivu] negativ; *m* Negativ *n*
**negociação** [nəgusjɐ'sɐ̃w] *f* Verhandlung; **negociar** [nəgu'sjar] verhandeln; Handel treiben; **negócio** [nə'gɔsju] *m* Handel; Geschäft *n*
**negro** ['nɛgru] schwarz; *m* Neger, Schwarze(r)
**nem** [nẽj] nicht (einmal); ~ ***sequer*** nicht einmal
**nenhum** [nə'ɲũ] kein(erlei); niemand
**nervo** ['nervu] *m* Nerv; **~sismo** [nərvu'ziʒmu] *m* Nervosität *f*; **~so** [nər'vozu] nervös
**neto** ['nɛtu] *m* Enkel
**neutro** ['newtru] neutral
**nevão** [nə'vɐ̃w] *m* Schneegestöber *n*; **nevar** [nə'var] schneien; **neve** ['nɛvə] *f* Schnee *m*; ~ ***solta*** Pulverschnee *m*
**nevoeiro** [nə'vwejru] *m* Nebel
**nicotina** [niku'tinɐ] *f* Nikotin *n*
**ninguém** [nĩ'gẽj] niemand
**ninho** ['niɲu] *m* Nest *n*
**nipónico** [ni'pɔniku] japanisch
**nítido** ['nitidu] klar, deutlich, scharf
**nível** ['nivɛɫ] *m* Niveau *n*, Stand; ***passagem f de*** ~

Bahnübergang *m*; **sem ~** *Esb* unbeschrankt; **~ *de vida*** Lebensstandard *m*; **nivelar** [nivə'lar] ebnen; ausgleichen
**nó** [nɔ] *m* Knoten; Knöchel
**nobre** ['nɔbrə] adelig; edel; **~za** [nu'brezɐ] *f* Adel *m*
**nocivo** [nu'sivu] schädlich; **~ *ao ambiente*** umweltschädigend
**no(c)turno** [nɔ'turnu] nächtlich; Nacht...
**nódoa** ['nɔdwɐ] *f* Fleck *m*; *fig* Makel *m*
**noite** ['nojtə] *f* Nacht; Abend *m*; **à ~** nachts; abends; ***boa* ~** guten Abend; gute Nacht
**noivo** ['nojvu] *m* Verlobte(r)
**nojento** [nu'ʒẽtu] ekelhaft; **nojo** ['noʒu] *m* Ekel; ***meter* ~** Ekel erregen
**nome** ['nomə] *m* Name; **~ação** [numjɐ'sɐ̃w] *f* Ernennung; **~ar** [nu'mjar] (er)nennen
**nora** ['nɔrɐ] *f* Schwiegertochter
**nordeste** [nɔr'dɛʃtə] *m* Nordosten
**norma** ['nɔrmɐ] *f* Norm; **~l** [nur'mał] normal
**noroeste** [nɔ'rwɛʃtə] *m* Nordwesten; **norte** ['nɔrtə] *m* Norden
**norueguês** [nɔrwɛ'geʃ] norwegisch; *m* Norweger
**nos** [nuʃ] uns
**nós** [nɔʃ] wir; *nach Präposition* uns
**nosso, -a** ['nɔsu, -ɐ] unser(e)
**nota** ['nɔtɐ] *f* Note; Notiz; Geldschein *m*; **notar** [nu'tar] bemerken; beachten; aufzeichnen; **notável** [nu'tavɛł] bemerkenswert; **notícia** [nu'tisjɐ] *f* Nachricht; **noticiário** [nuti'sjarju] *m* Nachrichten(sendung *f*) *pl*
**nova** ['nɔvɐ] *f* Neuigkeit

**novelo** [nu'velu] *m* Knäuel *n*
**Novembro** [nu'vẽbru] *m* November
**novidade** [nuvi'dadə] *f* Neuigkeit
**novilho** [nu'viʎu] *m* Jungstier
**novo** ['novu] neu; *Person* jung
**noz** [noʃ] *f* Nuß
**nu** (*m*), **nua** (*f*) [nu(ɐ)] nackt; kahl
**nublado** [nu'bladu] bewölkt
**nuca** ['nukɐ] *f* Nacken *m*
**nuclear** [nu'kljar] Kern..., Nuklear...; **núcleo** ['nuklju] *m* Kern
**nudismo** [nu'diʒmu] *m* FKK *f*, Nacktbaden *n*
**nulidade** [nuli'dadə] *f* Nichtigkeit; **nulo** ['nulu] nichtig; ungültig
**número** ['numəru] *m* Nummer *f*, Zahl *f*; **~ de telefone** Telefonnummer *f*; **numeroso** [numə'rozu] zahlreich
**nunca** ['nũkɐ] nie(mals); **~ mais** nie wieder
**núpsias** ['nupsjɐʃ] *fpl* Hochzeit *f*
**nutrição** [nutri'sɐ̃w] *f* Ernährung; **nutrir** [nu'trir] ernähren; **nutritivo** [nutrə'tivu] nahrhaft
**nuvem** ['nuvẽj] *f* Wolke

# O

**o** [u] *Artikel* der; *Pronomen* ihn; Sie
**oásis** ['waziʃ] *m* Oase *f*
**obedecer** [obədə'ser] gehorchen
**obje(c)tiva** [obʒɛ'tivɐ] *f fot* Objektiv *n*; **obje(c)tivo** [ɔbʒɛ'tivu] objektiv; *m* Ziel *n*, Absicht *f*

**obje(c)to** [ob'ʒɛtu] *m* Objekt *n*; Gegenstand
**obliterador** [oblitərɐ'dor] *m Fahrkarten* Entwerter; **obliterar** [oblitə'rar] entwerten
**obra** ['ɔbrɐ] *f* Werk *n*; Tat; **~s** *pl* Bauarbeiten; **~-prima** Meisterwerk *n*
**obrigação** [obrigɐ'sɐ̃w] *f* Pflicht, Verpflichtung; **obrigado** [obri'gadu]: **~!** danke!; **obrigar** [obri'gar] verpflichten; zwingen; **obrigatório** [obrigɐ'tɔrju] obligatorisch; Pflicht...
**observador** [obsərvɐ'dor] *m* Beobachter; **observar** [obsər'var] beobachten; bemerken
**obstáculo** [obʃ'takulu] *m* Hindernis *n*
**obter** [ob'ter] erhalten, erlangen
**obturador** [obturɐ'dor] *m fot* Verschluß
**ocasião** [okɐ'zjɐ̃w] *f* Gelegenheit; Anlaß *m*; **ocasional** [okɐzju'nał] gelegentlich
**oceano** [o'sjɐnu] *m* Ozean
**ocidental** [osidẽ'tał] westlich; **ocidente** [osi'dẽtə] *m* Westen
**ócio** ['ɔsju] *m* Muße *f*; (Ruhe-)Pause *f*
**oco** ['oku] hohl
**ocorrer** [oku'ʀer] vorfallen, geschehen
**octanagem** [ɔktɐ'naʒɐ̃j] *f* Oktanzahl
**oculista** [oku'liʃtɐ] *m,f* Optiker(in)
**óculos** ['ɔkuluʃ] *mpl* Brille *f*
**ocupação** [okupɐ'sɐ̃w] *f* Besetzung; *Job* Beschäftigung; **ocupar** [oku'par] besetzen; einnehmen; beschäftigen
**odiar** [o'djar] hassen; **ódio** ['ɔdju] *m* Haß
**oeste** ['wɛʃtə] *m* Westen
**ofender** [ofẽ'der] beleidigen; **ofensa** [o'fẽsɐ]

*f* Beleidigung
**oferecer** [ofərə'ser] anbieten; schenken; **oferta** [o'fɛrtɐ] *f* Angebot *n*
**oficial** [ofi'sjał] offiziell; amtlich; *m* Offizier
**oficina** [ofə'sinɐ] *f* Werkstatt; ~ ***autorizada*** Vertragswerkstatt
**ofício** [o'fisju] *m* Handwerk *n*; Beruf
**olá** [ɔ'la]: ~**!** Hallo!
**óleo** ['ɔlju] *m* Öl *n*; ~ ***para aquecimento*** Heizöl *n*
**olhar** [o'ʎar] schauen, (an)sehen; *m* Blick; **olheiras** [o'ʎejrɐʃ] *fpl* Augenringe; **olho** ['oʎu] *m* Auge *n*; ***a*** ~ ***nu*** mit bloßem Auge
**olimpíada** [olĩ'piɐdɐ] *f* Olympiade
**oliveira** [oli'vejrɐ] *f* Olivenbaum *m*
**ombro** ['õbru] *m* Schulter *f*
**omeleta** [omə'letɐ] *f* Omelett *n*
**onda** ['õdɐ] *f* Welle
**ónibus** ['ɔnibuʃ] *m* Personenzug; **ônibus** ['onibus] *m bras* (Omni-)Bus
**ontem** ['õtẽj] gestern
**opção** [ɔp'sɐ̃w] *f* Wahl; Entscheidung (***por*** für)
**ópera** ['ɔpərɐ] *f* Oper
**operação** [opərɐ'sɐ̃w] *f* Operation; **operador** [opərɐ'dor] *m* Techniker; **operar** [opə'rar] operieren; wirken; **operário** [opə'rarju] *m* Arbeiter
**opinião** [opi'njɐ̃w] *f* Meinung; ***sondagem*** *f* ***de*** ~ Meinungsforschung
**opor** [o'por] entgegenstellen; ~***-se a*** sich widersetzen
**oportunidade** [opurtuni'dadə] *f* Gelegenheit; **oportuno** [opurt'unu] zweckmäßig; gelegen

**oposto** [o'poʃtu] entgegengesetzt; gegenteilig
**optar** [ɔp'tar] wählen; sich entscheiden (***por*** für)
**ó(p)timo** ['ɔtimu] optimal, vortrefflich
**ora** ['ɔrɐ] nun, also
**oral** [o'rał] mündlich
**orçamento** [orsɐ'mẽtu] *m* Haushalt(splan)
**ordem** ['ɔrdẽj] *f* Ordnung; Reihenfolge; Befehl *m*, Anordnung; ~ ***de pagamento*** Zahlungsanweisung
**ordenado** [ordə'nadu] *m* Gehalt *n*; **ordenar** [ordə'nar] (an)ordnen
**orelha** [o'reʎɐ] *f* Ohr *n*
**órfão** ['ɔrfɐ̃w] *m* Waise(nkind *n*) *f*
**organismo** [orgɐ'niʒmu] *m* Organismus
**organização** [orgɐnizɐ'sɐ̃w] *f* Organisation; ~ ***de ajuda*** Hilfsorganisation; **organizar** [orgɐni'zar] organisieren
**órgão** ['ɔrgɐ̃w] *m* Organ *n*; Orgel *f*
**orgulho** [or'guʎu] *m* Stolz (***de*** auf); **~so** [orgu'ʎozu] stolz
**orientação** [orjẽtɐ'sɐ̃w] *f* Orientierung; Beratung
**oriental** [orjẽ'tał] östlich, Ost...
**orifício** [orə'fisju] *m* Öffnung *f*, Loch *n*
**origem** [o'riʒẽj] *f* Ursprung *m*; **original** [orəʒi'nał] ursprünglich; originell; *m* Original *n*
**oriundo** [o'rjũdu]: ***ser*** ~ ***de*** stammen aus
**ornamento** [ornɐ'mẽtu] *m* Ornament *n*
**orquestra** [ɔr'kɛʃtrɐ] *f* Orchester *n*
**orquídea** [or'kidjɐ] *f* Orchidee
**orvalho** [or'vaʎu] *m* Tau
**os** [uʃ] *Artikel mpl* die; *Pronomen mpl* sie; Ihnen

**osso** ['ɔsu] *m* Knochen
**ostra** ['ɔʃtrɐ] *f* Auster
**otorrinolaringologista** [ɔtɔʀinɔlɐrĩgɔlu'ʒiʃtɐ] *m* Hals-Nasen-Ohrenarzt
**ou** [o] oder; **~ ... ~ ...** entweder ... oder ...
**ouriço** [o'risu] *m* Igel; **~-do-mar** *m* Seeigel
**ourives** [o'rivəʃ] *m* Goldschmied; **~aria** [orivəzɐ'riɐ] *f* Juwelier(geschäft *n*) *m*
**ousar** [o'zar] wagen
**outono** [o'tonu] *m* Herbst
**outro** ['otru] andere(r); ein anderer; **~ *dia*** neulich; ***outra vez*** noch einmal
**Outubro** [o'tubru] *m* Oktober
**ouvido** [o'vidu] *m* Gehör *n*; Ohr *n*; **ouvinte** [o'vĩtə] *m,f* Zuhörer(in); **ouvir** [o'vir] (zu)hören
**oval** [o'vał] oval; **oveiro** [o'vejru] *m* Eierbecher
**ovelha** [o'veʎɐ] *f* Schaf *n*
**ovo** ['ovu] *m* Ei *n*; **~s** *pl* ***estrelados*** Spiegeleier; **~s** *pl* ***mexidos*** Rühreier
**oxalá** [ɔʃɐ'la] hoffentlich (+ *Konjunktiv*)
**oxigénio** [ɔksi'ʒɛnju] *m* Sauerstoff
**ozónio** [oz'ɔnju], **ozono** [o'zonu] *m* Ozon *n*; ***camada*** *f* **de ~** Ozonschicht

# P

**pá** [pa] *f* Schaufel; (Ruder-)Blatt *n*; **~ *do lixo*** Kehrschaufel; **~!** F eh!, Mann
**paciência** [pɐ'sjẽsjɐ] *f* Geduld; **paciente** [pɐ'sjẽtə] geduldig; *m, f* Patient(in)

**pacífico** [pɐ'sifiku] friedlich, friedfertig; **pacifista** [pɐsə'fiʃtɐ] *m,f* Pazifist(in)
**pacote** [pɐ'kɔtə] *m* Paket *n*
**padaria** [pɐdɐ'riɐ] *f* Bäckerei; **padeiro** [pɐ'dejru] *m* Bäcker
**padrasto** [pɐ'draʃtu] *m* Stiefvater
**padre** ['padrə] *m* Pater, Priester
**padrinho** [pɐ'driɲu] *m* (Tauf-)Pate
**padroeiro** [pɐ'drwejru] *m* Schutzheilige(r)
**pagamento** [pɐgɐ'mẽtu] *m* Bezahlung *f*; **pagar** [pɐ'gar] (be)zahlen
**página** ['paʒinɐ] *f* (Buch-)Seite
**pai** [paj] *m* Vater; **~s** *pl* Eltern
**país** [pɐ'iʃ] *m* Land *n*
**paisagem** [paj'zaʒẽj] *f* Landschaft
**paixão** [paj'ʃɐ̃w] *f* Leidenschaft
**palácio** [pɐ'lasju] *m* Palast
**palavra** [pɐ'lavrɐ] *f* Wort *n*; **~s** *pl* ***cruzadas*** Kreuzworträtsel *n*
**palavrão** [pɐlɐ'vrɐ̃w] *m* Schimpfwort *n*
**palco** ['pałku] *m* Bühne *f*
**palha** ['paʎɐ] *f* Stroh *n*; **palhinha** [pɐ'ʎiɲɐ] *f* Strohhalm *m*
**pálido** ['palidu] blaß
**palito** [pɐ'litu] *m* Zahnstocher
**palma** ['pałmɐ] *f* Handfläche; ***bater*** **~s** Beifall klatschen
**palmeira** [pał'mejrɐ] *f* Palme
**palmo** ['pałmu] *m* Handbreit *f*
**palpar** [pał'par] (be)fühlen, (be)tasten; **palpitação** [pałpitɐ'sɐ̃w] *f* Herzklopfen *n*

**pancada** [pɐ̃'kadɐ] *f* Schlag *m*; Stoß *m*
**pane** ['pɐnə] *f* Panne
**panela** [pɐ'nɛlɐ] *f* (Koch-)Topf *m*
**pânico** ['pɐniku] *m* Panik *f*
**pano** ['pɐnu] *m* Stoff; Tuch *n*
**panorama** [pɐnu'rɐmɐ] *m* Panorama *n*
**pântano** ['pɐ̃tɐnu] *m* Sumpf; Morast
**pão** [pɐ̃w] *m* Brot *n*; **~ *sueco*** Knäckebrot *n*; **~zinho** [pɐ̃w'ziɲu] *m* Brötchen *n*
**papa** ['papɐ] *m* Papst; *f* Brei *m*
**papagaio** [pɐpɐ'gaju] *m* Papagei; *Spielzeug* Drachen
**papel** [pɐ'pɛɫ] *m* Papier *n*; **~ *higiénico*** Toilettenpapier *n*; **~ *reciclado*** Recyclingpapier *n*; **~ada** [pɐpə'ladɐ] *f* Papierkram *m*; **~ão** [pɐpə'lɐ̃w] *m* Pappe *f*
**par** [par] *m* Paar *n* (*Dinge*)
**parabéns** [pɐrɐ'bɐ̃jʃ] *mpl* Glückwünsche; ***dar os ~ a alg*** j-n beglückwünschen
**pára-brisas** [parɐ'brizɐʃ] *m aut* Windschutzscheibe *f*
**paradeiro** [pɐrɐ'dejru] *m* Aufenthaltsort
**parafuso** [pɐrɐ'fuzu] *m* Schraube *f*
**paragem** [pɐ'raʒɐ̃j] *f* Stillstand *m*; *Bus* Haltestelle; **~ *proibida*** Halteverbot *n*
**paralisação** [pɐrɐlizɐ'sɐ̃w] *f* Stillegung; Stokkung; **paralisar** [pɐrɐli'zar] lähmen; stillegen; **paralisia** [pɐrɐli'ziɐ] *f* Lähmung
**parar** [pɐ'rar] (an)halten; stehenbleiben
**parasita** [pɐrɐ'zitɐ] *m* Parasit
**pára-sol** [parɐ'sɔɫ] *m* Sonnenschirm

**parceiro** [pɐr'sejru] *m* Partner
**parcial** [pɐr'sjał] teilweise; Teil...
**parcómetro** [pɐr'kɔmətru] *m* Parkuhr *f*
**pardo** ['pardu] dunkel; grau
**parecer** [pɐrə'ser] (zu sein) scheinen; aussehen (wie); **~-se** sich ähneln; *m* Aussehen *n*; Gutachten *n*; **parecido** [pɐrə'sidu] ähnlich
**parede** [pɐ'rɛdə] *f* Wand; Mauer
**parente** [pɐ'rẽtə] *m,f* Verwandte(r); **~sco** [pɐrẽ'tɛʃku] *m* Verwandtschaft *f*
**parlamentar** [pɐrlɐmẽ'tar] parlamentarisch; *m,f* Parlamentarier(in); **parlamento** [pɐrlɐ'mẽtu] *m* Parlament *n*
**parque** ['parkə] *m* Park; **~ *de campismo*** Zeltplatz; **~ *de estacionamento*** Parkplatz; **~ *infantil*** Kinderspielplatz
**parte** ['partə] *f* (An-)Teil *m*; Seite; ***à* ~** abseits, extra; ***em toda a* ~** überall; ***tomar* ~ *em*** teilnehmen an
**participação** [pɐrtəsipɐ'sɐ̃w] *f* Teilnahme; Mitteilung; **participante** [pɐrtəsi'pɐ̃tə] *m,f* Teilnehmer(in); **participar** [pɐrtəsi'par] mitteilen; teilnehmen (***em*** an)
**particularmente** [pɐrtikular'mẽtə] besonders; insbesondere
**partida** [pɐr'tidɐ] *f* Abreise, -fahrt; Start *m*; *Spiel* Partie; **partido** [pɐr'tidu] *m* Partei *f*; **partir** [pɐr'tir] (zer)teilen; (zer)brechen; abreisen, abfahren (***para*** nach); **~-se** entzweigehen
**parto** ['partu] *m* Entbindung *f*, Geburt *f*
**parvo** ['parvu] dumm, einfältig

**Páscoa** ['paʃkwɐ] *f* Ostern *n*
**passa** ['pasɐ] *f* Rosine
**passadeira** [pɐsɐ'dejrɐ] *f Teppich* Läufer *m*; **passado** [pɐ'sadu] *m* Vergangenheit *f*; **passador** [pɐsɐ'dor] *m* Durchschlag, Sieb *n*; **passageiro** [pɐsɐ'ʒejru] *m* Passagier; **passagem** [pɐ'saʒẽj] *f* Durchgang *m*; -fahrt; Fahrkarte; ~ ***de nível*** Bahnübergang *m*; ~ ***subterrânea*** Unterführung
**passaporte** [pɐsɐ'pɔrtə] *m* Paß
**passar** [pɐ'sar] vorüber-, vorbeigehen, -fahren; *Zeit* verstreichen; durch-, überqueren; überreichen; ~ ***bem/mal*** gut/halb durchbraten; ~ (***a ferro***) bügeln; ~***-se*** sich ereignen
**passarela** [pɐsɐ'rɛlɐ] *f* Fußgängerbrücke
**pássaro** ['pasɐru] *m* Vogel
**passe** ['pasə] *m* Zeit-, Monatskarte *f*
**passear** [pɐ'sjar] spazierengehen; ~***-se*** sich die Beine vertreten; **passeio** [pɐ'seju] *m* Spaziergang; Ausflug; Gehweg; ~ ***de bicicleta*** Radtour *f*
**passo** ['pasu] *m* Schritt; ***conduzir a*** ~ Schritt fahren
**pasta** ['paʃtɐ] *f* Paste; Aktentasche; ~ ***dentífrica*** Zahnpasta
**pastel** [pɐʃ'tɛł] *m* Pastete *f*; ~**aria** [pɐʃtəlɐ'riɐ] *f* Konditorei
**pastilha** [pɐʃ'tiʎɐ] *f* Pastille, Lutschtablette; ~ ***elástica*** Kaugummi *m*
**pastor** [pɐʃ'tor] *m* Hirt; Pfarrer
**pata** ['patɐ] *f Tier* Pfote; Tatze
**paternal, paterno** [pɐtər'nał, pɐ'tɛrnu] väterlich

**patife** [pɐ'tifə] *m* Schurke
**patinagem** [pɐti'naʒẽj] *f* Rollschuh-, Schlittschuhlauf *m*; **patinar** [pɐti'nar] Schlittschuh (*od* Rollschuh) laufen; *aut* schleudern
**pátio** ['patju] *m* Hof
**pato** ['patu] *m* Erpel; *Gattung* Ente *f*
**patrão** *m*, **patroa** *f* [pɐ'trɐ̃w, pɐ'troɐ] Chef(in); Arbeitgeber(in)
**pátria** ['patrjɐ] *f* Vaterland *n*
**património** [pɐtri'mɔnju] *m* Vermögen *n*; Erbe *n*
**patrulha** [pɐ'truʎɐ] *f* Streife
**pau** [paw] *m* Holz *n* (*auch Stück*); Stock; F *für Escudos*
**paulista** [paw'liʃtɐ] *m,f* Bewohner(in) von São Paulo
**pausa** ['pawzɐ] *f* Pause
**pavilhão** [pɐvi'ʎɐ̃w] *m* Halle *f*; Pavillon; **~ *gimno-desportivo*** (Mehrzweck-)Sporthalle *f*
**pavimento** [pɐvi'mẽtu] *m* Fußboden; Pflaster *n*
**paz** [paʃ] *f* Frieden *m*; ***fazer as ~es*** F sich (wieder) vertragen
**pé** [pɛ] *m* Fuß; ***a ~*** zu Fuß; ***ao ~ de*** neben; ***de ~*** aufrecht; stehend
**peão** [pjɐ̃w] *m* Fußgänger
**peça** ['pɛsɐ] *f* Stück *n* (*a theat*); *tech* Teil *n*
**pecado** [pə'kadu] *m* Sünde *f*
**pedaço** [pə'dasu] *m* Stück *n*
**pedágio** [pe'daʒju] *m bras* Autobahngebühr *f*
**pedal** [pə'dał] *m* Pedal *n*
**pediatra** [pə'djatrɐ] *m,f* Kinderarzt, -ärztin
**pedido** [pə'didu] *m* Bitte *f*, Gesuch *n*

**pedir** [pə'dir] bitten (**a/c a alg** j-n um et)
**pedra** ['pɛdrɐ] *f* Stein *m*
**pegar** [pə'gar] haften; kleben; *Motor* anspringen; *Kchk* anbrennen
**peido** ['pejdu] *m* F Furz
**peito** ['pejtu] *m* Brust *f*; **~ril** [pejtu'rił] *m* Brüstung *f*
**peixe** ['pejʃə] *m* Fisch
**pele** ['pelə] *f* Haut; Fell *n*; Pelz *m*
**pêlo** ['pelu] *m* Haar(kleid) *n*
**peluche** [pə'luʃə] *f* Plüsch *m*
**pena** ['penɐ] *f* Strafe; Leid *n*; Mühe; *Vogel* Feder; **é ~** es ist schade; ***vale a ~*** es lohnt sich
**penálti** [pə'nałti] *m* Strafstoß
**peneira** [pə'nejrɐ] *f* Sieb *n*
**penhor** [pə'ɲor] *m* Pfand(haus) *n*
**península** [pə'nĩsulɐ] *f* Halbinsel
**pénis** ['pɛniʃ] *m* Penis
**penitenciária** [pənitẽ'sjarjɐ] *f* Strafvollzugsanstalt
**pensão** [pẽ'sɐ̃w] *f* Pension; **~ *completa*** Vollpension; ***meia*** **~** Halbpension
**pensar** [pẽ'sar] denken
**penso** ['pẽsu] *m med* Verband
**pente** ['pẽtə] *m* Kamm; **~ado** [pẽ'tjadu] *m* Frisur *f*; **~ar** [pẽ'tjar] kämmen; frisieren
**Pentecostes** [pẽtə'kɔʃtəʃ] *m* Pfingsten *pl*
**penúltimo** [pən'ułtimu] vorletzte(r)
**penúria** [pə'nurjɐ] *f* Not, Mangel *m*
**pepino** [pə'pinu] *m* Gurke *f*
**pequeno** [pə'kenu] klein

**pêra** ['perɐ] *f* Birne
**perante** [pə'rɐ̃tə] vor; angesichts
**percentagem** [pərsẽ'taʒɐ̃j] *f* Prozentsatz *m*
**percurso** [pər'kursu] *m* Route *f*, Strecke *f*
**perda** ['perdɐ] *f* Verlust *m*
**perdão** [pər'dɐ̃w] *m* Verzeihung *f*
**perder** [pər'der] verlieren; **~-se** sich verirren
**perdiz** [pər'diʃ] *f* Rebhuhn *n*
**perdoar** [pər'dwar] verzeihen
**perecível** [pərə'sivɛɫ] (leicht) verderblich
**perfeito** [pər'fejtu] perfekt
**perfil** [pər'fiɫ] *m* Profil *n*
**perfume** [pər'fumə] *m* Parfüm *n*
**perfurar** [pərfu'rar] lochen; (durch)bohren
**pergunta** [pər'gũtɐ] *f* Frage; **~r** [pərgũ'tar] (be)fragen (***a alg*** j-n)
**periferia** [pərifə'riɐ] *f* Peripherie; Stadtrand *m*; **periférico** [pəri'fɛriku] *m* *EDV* Peripheriegerät *n*
**perigo** [pə'rigu] *m* Gefahr *f*; **~so** [pəri'gozu] gefährlich
**periódico** [pə'rjɔdiku] regelmäßig; zeitweise; **período** [pə'riwdu] *m* Zeitabschnitt
**perito** [pə'ritu] sachverständig; *m* Sachverständige(r)
**permanecer** [pərmɐnə'ser] (ver)bleiben; sich aufhalten; **permanente** [pərmɐ'nẽtə] ständig, permanent; *f* Dauerwelle
**permissão** [pərmi'sɐ̃w] *f* Erlaubnis; **permitir** [pərmə'tir] erlauben
**perna** ['pɛrnɐ] *f* Bein *n*

**pernoita** [pər'nojtɐ] *f* Übernachtung; **~r** [pərnoj'tar] übernachten
**pérola** ['pɛrulɐ] *f* Perle
**perplexo** [pər'plɛksu] bestürzt; perplex
**perseguição** [pərsəgi'sɐ̃w] *f* Verfolgung; **perseguir** [pərse'gir] verfolgen
**persiana** [pər'sjɐnɐ] *f* Jalousie
**personagem** [pərsu'naʒɐ̃j] *f* Persönlichkeit; Figur
**perspe(c)tiva** [pərʃpɛ'tivɐ] *f* Perspektive
**pertencer** [pərtẽ'ser] gehören (***a alg*** j-m)
**perto** ['pɛrtu]: ~ ***de*** nahe (bei)
**peru** [pə'ru] *m* Truthahn; **~a** [pə'ruɐ] *f* Pute; *bras aut* (Klein-)Transporter *m*
**pesadelo** [pəzɐ'delu] *m* Alptraum
**pesado** [pə'zadu] schwer
**pêsames** ['pezɐməʃ] *mpl* Beileid *n*
**pesar** [pə'zar] wiegen; schwer sein; ***a ~ de*** trotz
**pesca** ['pɛʃkɐ] *f* Fischfang *m*; **~da** [pəʃ'kadɐ] *f* Schellfisch *m*; **~dor** [pəʃkɐ'dor] *m* Fischer; **~r** [pəʃ'kar] fischen; ~ ***à linha*** angeln
**pescoço** [pəʃ'kosu] *m* Hals
**peso** ['pezu] *m* Gewicht *n*
**pesquisa** [pəʃ'kizɐ] *f* (Nach-)Forschung; Recherche
**pêssego** ['pesəgu] *m* Pfirsich; ~ ***careca*** Nektarine *f*
**pessimismo** [pəsə'miʒmu] *m* Pessimismus; **pessimista** [pəsə'miʃtɐ] *m,f* Pessimist(in)
**péssimo** ['pɛsimu] sehr schlecht
**pessoa** [pə'soɐ] *f* Person; ***as ~s*** man, die Leute *pl*

**pessoal** [pə'swał] persönlich; *m* Personal *n*; **o ~** F wir
**pestana** [pəʃ'tɐnɐ] *f* Wimper
**peste** ['pɛʃtə] *f* Pest
**petição** [pəti'sɐ̃w̃] *f* Bitte, Gesuch *n*
**petiscar** [pətiʃ'kar] naschen; **petisco** [pə'tiʃku] *m* Leckerbissen
**petróleo** [pə'trɔlju] *m* Erdöl *n*; Petroleum *n*
**peúga** ['pjugɐ] *f* Socke; **peuguete** [pju'getə] *f* (Kinder-)Söckchen *n*
**pia** [piɐ] *f* Becken *n*
**piada** ['pjadɐ] *f* Scherz *m*, Witz *m*; ***ter ~*** witzig sein
**piano** ['pjɐnu] *m* Klavier *n*
**picada** [pi'kadɐ] *f* Stich *m*; **~s** *pl* Seitenstechen *n*; **picador** [pikɐ'dor] *m* *Stierkampf* Picador; **picante** [pi'kɐ̃tə] *Essen* scharf; pikant (*a fig*); **picar** [pi'kar] stechen; kratzen
**pico** ['piku] *m* Gipfel; Dorn
**piedade** [pjə'dadə] *f* Barmherzigkeit
**pijama** [pi'ʒɐmɐ] *m* Pyjama
**pilar** [pi'lar] *m* Pfeiler
**pilha** ['piʎɐ] *f* Stapel *m*; Haufen *m*; *el* Batterie
**piloto** [pi'lotu] *m* Pilot; Lotse
**pílula** ['pilulɐ] *f* Pille
**pimenta** [pi'mẽtɐ] *f* Pfeffer *m*; **pimentão** [pimẽ'tɐ̃w̃] *m* Chili; *bras* Paprika(schote *f*); **pimento** [pi'mẽtu] *m* Paprika(schote *f*)
**pinça** ['pĩsɐ] *f* Pinzette
**pincel** [pĩ'sɛł] *m* Pinsel
**pinga** ['pĩgɐ] *f* Tropfen *m*, (guter) Schluck *m*; **pingo** ['pĩgu] *m* Tropfen

**pinha** ['piɲɐ] *f* (Tannen-)Zapfen *m*; **pinheiro** [pi'ɲejru] *m* Kiefer *f*; Pinie *f*
**pino** ['pinu] *m* Stift; *fig* Höhepunkt; **~ do verão** Hochsommer
**pintar** [pĩ'tar] malen; (an)streichen; färben; schminken; **pintor** [pĩ'tor] *m* Maler; **pintura** [pĩ'turɐ] *f* Malerei; Gemälde *n*; Anstrich *m*
**piolho** ['pjoʎu] *m* Laus *f*
**pior** [pjɔr] schlechter, schlimmer; **~ar** [pju'rar] sich verschlechtern
**pipa** ['pipɐ] *f* Faß *n*
**piquenique** [pikə'nikə] *m* Picknick *n*
**pirar-se** [pi'rarsə] F abhauen, verschwinden
**pirata** [pi'ratɐ] *m* Pirat; **piratear** [pirɐ'tjar] raubkopieren
**pires** ['pirəʃ] *m* Untertasse *f*
**piri-piri** [piri'piri] *m Kchk* Chili
**pisca-pisca** [piʃkɐ'piʃkɐ] *m aut* Blinker
**piscina** [piʃ'sinɐ] *f* Schwimmbad *n*; **~ com ondas** Wellenbad *n*; **~ infantil** Planschbecken *n*
**piso** ['pizu] *m* Stockwerk *n*
**pista** ['piʃtɐ] *f* Piste; Fährte; Bahn, Spur; **~ de rolagem** *av* Rollbahn
**pistão** [piʃ'tɐ̃w] *m tech* Kolben
**pistola** [piʃ'tɔlɐ] *f* Pistole
**pivó** [pi'vɔ] *m* Stift; Stiftzahn
**placa** ['plakɐ] *f* Platte; Schild *n*; Tafel
**planear** [plɐ'njar] planen
**planeta** [plɐ'netɐ] *m* Planet
**planície** [plɐ'nisjə] *f* Ebene
**plano** ['plɐnu] flach, eben; *m* Plan

**planta** ['plẽtɐ] *f* Pflanze; (Stadt-)Plan *m*; **~ção** [plẽtɐ'sɐ̃w] *f* Pflanzung; Plantage; **~r** [plẽ'tar] (an)pflanzen
**plástico** ['plaʃtiku] *m* Plastik *n*, Kunststoff
**plateia** [plɐ'tejɐ] *f theat* Parkett *n*
**pleno** ['plenu] vollständig, ganz; ***em plena rua*** mitten auf der Straße
**pneu** [pnew] *m* Reifen; **~s** *pl* Bereifung *f*
**pó** [pɔ] *m* Staub; Puder; Pulver *n*; ***em*** ~ gemahlen
**pobre** ['pɔbrə] arm; *m* Arme; **~za** [pu'brezɐ] *f* Armut
**poça** ['posɐ] *f* Pfütze; **poço** ['posu] *m* Brunnen; ~ ***de ar*** *av* Luftloch *n*
**poder** [pu'der] können; dürfen; *m* Macht *f*; ~ ***de compra*** Kaufkraft *f*; **~oso** [pudə'rozu] mächtig
**podre** ['podrə] faul; **podridão** [pudri'dɐ̃w] *f* Fäulnis
**poeira** ['pwejrɐ] *f* Staub *m*
**poema** ['pwemɐ] *m* Gedicht *n*; **poesia** [pwe'ziɐ] *f* Dichtung; **poeta** ['pwɛtɐ] *m,f* Dichter(in)
**pois** [pojʃ] also, nun; denn
**polaco** [pu'laku] polnisch; *m* Pole
**polegar** [pulə'gar] *m* Daumen
**polícia** [pu'lisjɐ] *f* Polizei; *m* Polizist
**política** [pu'litikɐ] *f* Politik; **político** [pu'litiku] politisch; *m* Politiker
**pólo** ['pɔlu] *m* Pol; *Sp* Polo *n*
**polpa** ['poɫpɐ] *f* Fruchtfleisch *n*
**poltrona** [poɫ'tronɐ] *f* Sessel *m*
**poluente** [pu'lwẽtə] (umwelt)verschmutzend; **poluição** [pulwi'sɐ̃w] *f* (Umwelt-)Verschmutzung

**polvo** ['poɫvu] *m* Tintenfisch
**pomada** [pu'madɐ] *f* Salbe
**pombo** ['põbu] *m* *Gattung* Taube *f*
**ponche** ['põʃə] *m* Punsch
**ponta** ['põtɐ] *f* Spitze; Ende *n*; *Zigarette* Stummel *m*
**pontapé** [põtɐ'pɛ] *m* Fußtritt
**ponte** ['põtə] *f* Brücke; Brückentag *m* (*verlängertes Wochenende*)
**ponteiro** [põ'tejru] *m* Zeigestock; *Uhr* Zeiger
**ponto** ['põtu] *m* Punkt; ~ ***de vista*** Standpunkt
**pontual** [põ'twaɫ] pünktlich; **~idade** [põtwɐli'dadə] *f* Pünktlichkeit
**popa** ['popɐ] *f* Heck *n*
**população** [pupulɐ'sɐ̃w] *f* Bevölkerung; **popular** [pupu'lar] populär, volkstümlich; Volks...
**por** [pur] durch; für; wegen; um; pro
**pôr** [por] setzen, stellen, legen; *Tisch* decken; **~-se *a fazer a/c*** sich daran machen etw. zu tun
**porão** [pu'rɐ̃w] *m* (Schiffs-)Laderaum
**porca** ['pɔrkɐ] *f* Sau; *tech* Mutter
**porção** [pur'sɐ̃w] *f* Portion; (An-)Teil *m*
**porcaria** [purkɐ'riɐ] *f* Schweinerei
**porcelana** [pursə'lɐnɐ] *f* Porzellan *n*
**porco** ['porku] *m* Schwein *n*
**pôr-do-sol** [pordu'sɔɫ] *m* Sonnenuntergang
**porém** [pu'rɐ̃j] jedoch, aber
**pormenor** [purmə'nɔr] *m* Detail *n*, Einzelheit *f*
**porque** ['purkə] weil, denn; warum
**porquê** [pur'ke]: **~?** Warum?
**porreiro** [pu'ʀejru] F toll, irre

**porta** ['pɔrtɐ] *f* Tür, Tor *n*; ***bater à ~*** an die Tür klopfen; ***à ~ fechada*** hinter verschlossener Tür; **~-bagagem** [pɔrtɐbɐ'gaʒẽj] *m* Kofferraum; ***~ de tejadilho*** Dachgepäckträger
**portagem** [pur'taʒẽj] *f* Autobahngebühr
**porta-moedas** [pɔrtɐ'mwɛdɐʃ] *m* Portemonnaie *n*
**portanto** [pur'tɐ̃tu] also, folglich
**portão** [pur'tɐ̃w] *m* Tor *n*
**portátil** [pur'tatiɫ] tragbar
**porta-voz** [pɔrtɐ'vɔʃ] *m,f* Sprecher(in)
**porte** ['pɔrtə] *m* Porto *n*
**porteiro** [pur'tejru] *m* Pförtner
**porto** ['portu] *m* Hafen
**português** [purtu'geʃ] portugiesisch; *m*, **-esa** *f* Portugiese, Portugiesin
**posição** [puzi'sɐ̃w] *f* Position, Stellung
**positivo** [puzi'tivu] positiv
**possessão** [pusə'sɐ̃w] *f* Besitz(ung) *m*
**possibilidade** [pusibəli'dadə] *f* Möglichkeit; **possível** [pu'sivɛɫ] möglich
**possuir** [pu'swir] besitzen
**posta** ['pɔʃtɐ] *f Kchk* Stück *n*, Scheibe
**postal** [puʃ'taɫ] Post...; *m* Postkarte *f*; ***~ ilustrado*** Ansichtskarte *f*
**poste** ['pɔʃtə] *m* Pfosten, Mast
**posterior** [puʃtə'rjor] darauffolgend; später
**postiço** [puʃ'tisu] künstlich; abnehmbar
**postigo** [puʃ'tigu] *m* Luke *f*; Schalterfenster *n*
**posto** ['poʃtu] *m* Posten; (Dienst-)Stelle *f*; ***~ de socorros*** Rettungsstelle *f*; ***~ de venda*** Verkaufsstand

**potável** [pu'tavɐɫ] trinkbar
**potência** [pu'tẽsjɐ] *f* Macht; Kraft; *tech* Leistung
**pouco** ['poku] wenig
**poupança** [po'pɐ̃sɐ] *f* Sparsamkeit; Ersparnis; **poupar** [po'par] (er)sparen
**pousada** [po'zadɐ] *f* Herberge; **~ de juventude** Jugendherberge
**povo** ['povu] *m* Volk *n*; **~ação** [puvwɐ'sɐ̃w] *f* Ortschaft
**praça** ['prasɐ] *f* Platz *m*; Taxistand *m*
**prado** ['pradu] *m* Wiese *f*
**praia** ['prajɐ] *f* Strand *m*; Seebad *n*; ***ir à* ~** an die See fahren
**prancha** ['prɐ̃ʃɐ] *f* Brett *n*, Bohle; Surfbrett *n*; **~ *à vela*** Windsurfing *n*
**prata** ['pratɐ] *f* Silber *n*
**prateleira** [prɐtə'lejrɐ] *f* Bord *n*, Regal *n*; *aut* Ablage
**prática** ['pratikɐ] *f* Praxis, Erfahrung; ***pôr em* ~** verwirklichen; **praticar** [prɐti'kar] ausüben; betreiben; **prático** ['pratiku] praktisch
**prato** ['pratu] *m* Teller; **~ *de sopa*** Suppenteller; **~ *rápido*** Schnellgericht *n*; **~ *raso*** flacher Teller
**prazer** [prɐ'zer] *m* Vergnügen *n*; ***muito* ~!** *Vorstellung* sehr angenehm!
**prazo** ['prazu] *m* Frist *f*, Termin; ***a curto* ~** kurzfristig
**precaução** [prəkaw'sɐ̃w] *f* Vorsicht(smaßnahme)
**precioso** [prə'sjozu] wertvoll, kostbar
**precisar** [prəsi'zar]: **~ *de*** benötigen; **preciso** [prə'sizu] nötig, notwendig; präzise

**preço** ['presu] *m* Preis; ~ ***global*** Pauschalpreis
**pré-cozinhado** [prɛkuzi'ɲadu] *m* Fertiggericht *n*
**prédio** ['prɛdju] *m* Gebäude *n*
**preencher** [prjẽ'ʃer] ausfüllen
**pré-estação** [prɛʃtɐ'sɐ̃w] *f* Vorsaison
**prefixo** [prə'fiksu] *m TV* Vorspann; *tel* Vorwahl *f*
**prego** ['prɛgu] *m* Nagel; *Kchk* (Braten-)Sandwich *n*
**preguiçoso** [prəgi'sozu] faul
**preia-mar** [prejɐ'mar] *f Gezeiten* Flut
**prejudicar** [prəʒudi'kar] schädigen; **prejuízo** [prə'ʒwizu] *m* Schaden
**prematuro** [prəmɐ'turu] verfrüht; vorzeitig
**prémio** ['prɛmju] *m* Prämie *f*, Gewinn
**prenda** ['prẽdɐ] *f* Geschenk *n*
**prender** [prẽ'der] befestigen; festhalten; festnehmen
**preocupado** [prjoku'padu] besorgt, beunruhigt; **preocupante** [prjoku'pɐ̃tə] besorgniserregend; **preocupar** [prjoku'par] beunruhigen
**pré-pagamento** [prɛpɐgɐ'mẽtu] *m* Vorauszahlung *f*
**preparação** [prəpɐrɐ'sɐ̃w] *f* Vor-, Zubereitung; **preparar** [prəpɐ'rar] vor-, zubereiten; **preparativo** [prəpɐrɐ'tivu] *m* Vorbereitung *f*, Vorkehrung *f*
**presa** ['prezɐ] *f* Beute
**presença** [prə'zẽsɐ] *f* Anwesenheit, Präsenz; **presente** [prə'zẽtə] anwesend; gegenwärtig; *m* Gegenwart *f*; Geschenk *n*

**preservativo** [prəzərvɐ'tivu] *m* Präservativ *n*
**presidente** [prəzi'dẽtə] *m,f* Präsident(in)
**pressa** ['prɛsɐ] *f* Eile; **às ~s** in aller Eile
**pressão** [prə'sɐ̃w] *f* Druck *m*; **~ arterial** Blutdruck *m*
**pressuposto** [prəsu'poʃtu] *m* Voraussetzung *f*
**prestação** [prəʃtɐ'sɐ̃w] *f* Leistung; ***a prestações*** auf Teilzahlung
**prestar** [prəʃ'tar] leisten; taugen; ***não ~ para nada*** zu nichts taugen; **prestável** [prəʃ'tavɛł] brauchbar
**presunto** [prə'zũtu] *m* (roher) Schinken
**pretender** [prətẽ'der] beabsichtigen
**pretexto** [prə'tejʃtu] *m* Vorwand
**preto** ['pretu] schwarz
**prevenção** [prəvẽ'sɐ̃w] *f* Vorkehrung; Vorsorge
**prever** [prə'ver] vorhersehen; **previsto** [prə'viʃtu] vorgesehen
**prima** ['primɐ] *f* Kusine
**primavera** [primɐ'vɛrɐ] *f* Frühling *m*
**primeiro** [pri'mejru] erste(r); zuerst
**primitivo** [prəmi'tivu] primitiv; ursprünglich
**primo** ['primu] *m* Cousin
**principal** [prĩsi'pał] hauptsächlich; *m* Hauptsache *f*
**principiante** [prĩsi'pjẽtə] *m,f* Anfänger(in); **princípio** [prĩ'sipju] *m* Anfang, Beginn; Prinzip *n*
**prioridade** [prjuri'dadə] *f* Vorrang *m*; *aut* Vorfahrt
**prisão** [pri'zɐ̃w] *f* Festnahme; Haft; Gefängnis *n*

**privado** [pri'vadu] privat
**privilégio** [prəvi'lɛʒju] *m* Vorrecht *n*
**proa** ['proɐ] *f* Bug *m*
**problema** [pru'blemɐ] *m* Problem *n*
**procedente** [prusə'dẽtə]: **~ de** *Herkunft* aus; **procedimento** [prusədi'mẽtu] *m* Handlungsweise *f*, Vorgehen *n*
**processamento** [prusəsɐ'mẽtu] *m* Verarbeitung *f*; **processo** [pru'sɛsu] *m* Prozeß
**procissão** [prusi'sɐ̃w] *f* Prozession
**procura** [pru'kurɐ] *f* Suche; Nachfrage; **~r** [pruku'rar] suchen
**produção** [prudu'sɐ̃w] *f* Produktion; **produto** [pru'dutu] *m* Produkt *n*; **produzir** [prudu'zir] herstellen, produzieren
**professor** [prufə'sor] *m* Lehrer
**profilaxia** [prufilɐ'ksiɐ] *f* Vorbeugung, Prophylaxe
**profissão** [prufi'sɐ̃w] *f* Beruf *m*; **profissional** [prufisju'nał] beruflich; *m* Fachkraft *f*, Profi
**profundidade** [prufũdi'dadə] *f* Tiefe; **profundo** [pru'fũdu] tief
**prognóstico** [pru'gnɔʃtiku] *m* Prognose *f*
**programa** [pru'grɐmɐ] *m* Programm *n*; **~ de entretenimento** Unterhaltungsprogramm *n*; **~dor** [prugrɐmɐ'dor] *m* Programmierer
**progresso** [pru'grɛsu] *m* Fortschritt
**proibição** [prujbi'sɐ̃w] *f* Verbot *n*; **proibir** [pruj'bir] verbieten
**proje(c)tar** [pruʒɛ'tar] planen; *fot* projizieren; **proje(c)to** [pru'ʒɛtu] *m* Projekt *n*; **proje(c)tor**

[pruʒɛ'tor] *m* Strahler; Scheinwerfer
**prolongar** [prulõ'gar] verlängern
**promessa** [pru'mɛsɐ] *f* Versprechen *n*; **prometer** [prumə'ter] versprechen
**promoção** [prumu'sɐ̃w] *f* Beförderung; Werbekampagne; Sonderangebot *n*
**pronto** ['prõtu] bereit; rasch; sofort(ig); **~-a-comer** *m* Fast-food *n*; **~-a-vestir** *m* Konfektion *f*; **~-socorro** *m* Abschleppwagen; Rettungswagen
**pronunciar** [prunũ'sjar] aussprechen
**propaganda** [prupɐ'gɐ̃dɐ] *f* Werbung; Propaganda
**propor** [pru'por] vorschlagen
**proporção** [prupur'sɐ̃w] *f* Verhältnis *n*, Proportion
**propósito** [pru'pɔzitu] *m* Absicht *f*; ***a ~*** übrigens; ***vir a ~*** gerade recht kommen
**proposta** [pru'pɔʃtɐ] *f* Vorschlag *m*
**propriedade** [pruprjə'dadə] *f* Eigentum *n*; Grundbesitz *m*; **proprietário** [pruprjə'tarju] *m* Eigentümer
**próprio** ['prɔprju] selbst; *Eigentum* eigen
**propulsão** [prupuɫ'sɐ̃w] *f tech* Antrieb *m*
**prosperidade** [pruʃpəri'dadə] *f* Wohlstand *m*; **próspero** ['prɔʃpəru] gedeihlich; wohlhabend
**prostituição** [pruʃtituj'sɐ̃w] *f* Prostitution; **prostituta** [pruʃti'tutɐ] *f* Prostituierte
**protagonista** [prutɐgu'niʃtɐ] *m,f* Hauptdarsteller(in)
**prote(c)ção** [prutɛ'sɐw] *f* Schutz *m*; ***~ do meio ambiente*** Umweltschutz *m*

**prótese** ['prɔtəzə] *f* Prothese
**protesto** [pru'tɛʃtu] *m* Protest
**prova** ['prɔvɐ] *f* Beweis *m*; Versuch *m*; Prüfung; Probe; ~ ***de amostra*** Stichprobe; **~r** [pru'var] beweisen; versuchen; probieren
**proveito** [pru'vejtu] *m* Nutzen
**província** [pru'vĩsjɐ] *f* Provinz
**provisório** [pruvi'zɔrju] vorübergehend, provisorisch
**provocação** [pruvukɐ'sɐ̃w] *f* Provokation
**proximidade** [prɔsəmi'dadə] *f* Nähe; **próximo** ['prɔsimu] nahe
**prudente** [pru'dẽtə] klug
**psiquiatra** [psi'kjatrɐ] *m,f* Psychiater(in)
**publicar** [publi'kar] veröffentlichen; **publicidade** [publəsi'dadə] *f* Öffentlichkeit; Werbung; Publicity; **público** ['publiku] öffentlich; *m* Publikum *n*
**pudim** [pu'dĩ] *m* Pudding
**pulga** ['pułgɐ] *f* Floh *m*
**pulmão** [puł'mɐ̃w] *m* Lunge *f*
**pulseira** [puł'sejrɐ] *f* Armband *n*; **pulso** ['pułsu] *m* Puls
**punho** ['puɲu] *m* Faust *f*
**punição** [puni'sɐ̃w] *f* Bestrafung
**puré** [pu'rɛ] *m* Püree *n*; Mus *n*
**puro** ['puru] pur, rein
**puta** ['putɐ] *f* V Nutte; **puto** ['puto] *m* F Junge, Bengel
**puxador** [puʃɐ'dor] *m* (Tür-)Griff; **puxar** [pu'ʃar] ziehen; reißen

# Q

**quadrado** [kwɐ'dradu] *m* Quadrat *n*; ***aos ~s*** kariert
**quadro** ['kwadru] *m* Bild *n*; Rahmen; *tech* Gestell *n*
**qual** [kwał] welche(r, -s)
**qualidade** [kwɐli'dadə] *f* Qualität; Eigenschaft
**qualquer** [kwał'kɛr] irgendein(e, -er, -es)
**quando** ['kwẽdu] wann; *zeitlich* wenn; als
**quantia** [kwẽ'tiɐ] *f* Betrag *m*, Summe; **quantidade** [kwẽti'dadə] *f* Menge
**quanto** ['kwẽtu] wieviel
**quarentena** [kwɐrẽ'tenɐ] *f* Quarantäne
**quaresma** [kwɐ'rɛʒmɐ] *m* Fastenzeit *f*
**quarta-feira** [kwartɐ'fejrɐ] *f* Mittwoch *m*
**quartel** [kwɐr'tɛł] *m* Kaserne *f*
**quarto** ['kwartu] *m* Zimmer *n*; Viertel *n*; ***~ de casal*** Doppelzimmer *n*
**quase** ['kwazə] fast, beinahe
**que** [kə] was; welche(r, -s); der, die, das; daß; ***por ~ ...?*** *bras* Warum ...?; ***~ tal?*** Wie gehts?
**quê** [ke]: ***~?*** Was?; ***por ~?*** *bras* Warum?
**quebrar** [kə'brar] (zer)brechen
**queda** ['kɛdɐ] *f* Fall *m*; Sturz *m*; ***~ de água*** Wasserfall *m*
**queijo** ['kejʒu] *m* Käse
**queima** ['kejmɐ] *f* Verbrennung; *bras* Schlußverkauf *m*; ***~dura*** [kejmɐ'durɐ] *f* Verbren-

nung; Sonnenbrand *m*; **~r** [kej'mar] (ver)brennen
**queixa** ['kejʃɐ] *f* Beschwerde; (An-)Klage; **~r-se** [kej'ʃarsə] sich beschweren
**queixo** ['kejʃu] *m* Kinn *n*
**quem** [kẽj] wer; welche(r, -s)
**quente** ['kẽtə] warm; heiß
**querer** [kə'rer] wollen; mögen, lieben
**questão** [kəʃ'tɐ̃w] *f* Frage; Problem *n*; **questionário** [kəʃtju'narju] *m* Fragebogen
**quilo(grama)** [kilu('grɐmɐ)] *m* Kilo(gramm) *n*
**quilómetro** [ki'lɔmətru] *m* Kilometer
**química** ['kimikɐ] *f* Chemie; **químico** ['kimiku] chemisch; *m* Chemiker
**quinquilharias** [kĩkiʎɐ'riɐʃ] *fpl* F Krimskrams *m*
**quinta** ['kĩtɐ] *f* (Land-)Gut *n*
**quinta-feira** [kĩtɐ'fejrɐ] *f* Donnerstag *m*
**quintal** [kĩ'taɫ] *m* Garten; *Maß* Zentner
**quiosque** ['kjɔʃkə] *m* Kiosk
**quotidiano** [kwɔti'djɐnu] alltäglich; *m* Alltag

## R

**rã** [ʀɐ̃] *f* Frosch *m*
**rábano** ['ʀabɐnu] *m* Rettich
**rabo** ['ʀabu] *m* Schwanz; F Hintern
**raça** ['ʀasɐ] *f* Rasse; Gattung
**ração** [ʀɐ'sɐ̃w] *f* Ration; Portion
**racismo** [ʀɐ'siʒmu] *m* Rassismus
**radar** [ʀɐ'dar] *m* Radar *m,n*

**radiação** [ʀɐdjɐ'sɐ̃w] *f* Strahlung; **radiador** [ʀɐdjɐ'dor] *m* Heizkörper; *aut* Kühler
**rádio** ['ʀadju] *f* Rundfunk *m*; *m* Radio(apparat *m*) *n*
**radioa(c)tividade** [ʀadjuatəvi'dadə] *f* Radioaktivität; **radioa(c)tivo** [ʀadjua'tivu] radioaktiv
**rádio-despertador** [ʀadjudəʃpərtɐ'dor] *m* Radiowecker
**radiografia** [ʀadjugrɐ'fiɐ] *f* Röntgenaufnahme
**rádio-gravador** [ʀadjugrɐvɐ'dor] *m* Radiorecorder
**radiopatrulha** [ʀadjupɐ'truʎɐ] *f* Funkstreife
**radiotáxi** [ʀadju'taksi] *m* Funktaxi *n*
**rainha** [ʀɐ'iɲɐ] *f* Königin
**raio** ['ʀaju] *m* Strahl; Blitz; Radius; **~ *de viragem*** *aut* Wendekreis; **~*s*** *pl* **X** Röntgenstrahlen
**raiva** ['ʀajvɐ] *f* Wut; **raivoso** [ʀaj'vozu] wütend, rasend
**raiz** [ʀɐ'iʃ] *f* Wurzel; ***lançar raízes*** Wurzeln schlagen
**ralar** [ʀɐ'lar] (zer)reiben (*a Kchk*)
**ralé** [ʀɐ'lɛ] *f* Abschaum *m*, Gesindel *n*
**ralenti** [ʀɐlẽ'ti] *m Motor* Leerlauf
**rali** [ʀɐ'li] *m* Rallye *f*
**ramificação** [ʀɐməfikɐ'sɐ̃w] *f* Ab-, Verzweigung; **ramo** ['ʀɐmu] *m* Ast; Zweig (*a fig*); Branche *f*
**rampa** ['ʀɐ̃pɐ] *f* Auffahrt, Rampe
**ranhura** [ʀɐ'ɲurɐ] *f* Schlitz *m*; Ritze
**rapariga** [ʀɐpɐ'rigɐ] *f* Mädchen *n*; *bras* F Hure; **rapaz** [ʀɐ'paʃ] *m* Junge; Bursche

**rapidez** ['ʀɐpi'deʃ] *f* Schnelligkeit; **rápido** ['ʀapidu] schnell; *m* Schnellzug
**raposa** [ʀɐ'pozɐ] *f* Füchsin; *Gattung* Fuchs *m*
**raqueta** [ʀɐ'ketɐ] *f* (Tennis-)Schläger *m*
**raro** ['ʀaru] selten; *fig* seltsam
**rasgar** [ʀɐʒ'gar] (zer)reißen
**ratazana** [ʀɐtɐ'zɐnɐ] *f* Ratte; **rato** ['ʀatu] *m* Maus *f*
**razão** [ʀɐ'zɐ̃w] *f* Vernunft; Verstand *m*; Grund *m*; ***ter* ~** recht haben; **razoável** [ʀɐ'zwavɛɫ] vernünftig
**ré** [ʀɛ] *f* Angeklagte; *nav* Heck *n*
**rea(c)ção** [ʀja'sɐ̃w] *f* Reaktion; **rea(c)tor** [ʀja'tor] *m* Reaktor; Triebwerk *n*
**real** [ʀjaɫ] real, wirklich; **~idade** [ʀjɐli'dadə] *f* Realität, Wirklichkeit; **~ista** [ʀjɐ'liʃtɐ] realistisch; *m* Realist; **~izar** [ʀjɐli'zar] verwirklichen
**rebanho** [ʀə'bɐɲu] *f* Herde
**rebocar** [ʀəbu'kar] *aut* abschleppen; **reboque** [ʀə'bɔkə] *m* Anhänger; Abschleppwagen
**rebuçado** [ʀəbu'sadu] *m* Bonbon *n*; **~ *para tosse*** Hustenbonbon *n*
**recado** [ʀə'kadu] *m* Auftrag; Mitteilung *f*
**recauchutagem** [ʀəkawʃu'taʒɐ̃j] *f Reifen* Runderneuerung
**recear** [ʀə'sjar] befürchten
**receber** [ʀəsə'ber] erhalten, bekommen; empfangen; **~ *de volta*** *Handel* zurücknehmen
**receita** [ʀə'sejtɐ] *f Kchk* Rezept *n*; ***só com* ~** rezeptpflichtig; **~s** *pl* Einnahmen; **~r** [ʀəsej'tar] *med* verschreiben

**recém-nascido** [ʀəsẽjnɐʃ'sidu] *m* Neugeborene(s) *n*
**recente** [ʀə'sẽtə] neu, jüngst
**recepção** [ʀəsɛ'sɐ̃w] *f* Empfang *m*; Annahmestelle
**recheio** [ʀə'ʃeju] *m Kchk* Füllung; *Wohnung* Einrichtung *f*
**recibo** [ʀə'sibu] *m* Quittung *f*
**reciclagem** [ʀəsikla'ʒẽj] *f* Recycling *n*
**recidiva** [ʀəsə'divɐ] *f med* Rückfall *m*
**recife** [ʀə'sifə] *m* Riff *n*
**recipiente** [ʀəsi'pjẽtə] *m* Behälter, Gefäß *n*
**reclamação** [ʀəklɐmɐ'sɐ̃w] *f* Reklamation; Einspruch *m*; **reclamar** [ʀəklɐ'mar] sich beschweren
**recolha** [ʀə'koʎɐ] *f* Sammlung; ~ ***do lixo*** Müllabfuhr; **recolher** [ʀəku'ʎer] (ein)sammeln
**recomendação** [ʀəkumẽdɐ'sɐ̃w] *f* Empfehlung; **recomendável** [ʀəkumẽ'davɛł] empfehlenswert
**recompensa** [ʀəkõ'pẽsɐ] *f* Ausgleich *m*; Belohnung
**reconciliação** [ʀəkõsiljɐ'sɐ̃w] *f* Versöhnung
**reconhecer** [ʀəkuɲə'ser] (an)erkennen; **reconhecimento** [ʀəkuɲəsi'mẽtu] *m* Anerkennung *f*
**recordação** [ʀəkurdɐ'sɐ̃w] *f* Erinnerung; Andenken *n*; **recordar** [ʀəkur'dar] erinnern (an)
**recorde** [ʀə'kɔrdə] *m* Rekord; **recordista** [ʀəkur'diʃtɐ] *m,f* Rekordinhaber(in)
**recorte** [ʀə'kɔrtə] *m* Ausschnitt

**recreio** [ʀə'kreju] *m* Erholung *f*
**recrutamento** [ʀəkrutɐ'mẽtu] *m* Stellenvermittlung *f*
**re(c)tificação** [ʀɛtəfikɐ'sɐ̃w] *f* Berichtigung; **re(c)to** ['ʀɛtu] gerade; aufrecht
**recuperar** [ʀəkupə'rar] zurückgewinnen; nachholen
**recursos** [ʀə'kursuʃ] *mpl* (Geld-)Mittel
**recusa** [ʀə'kuzɐ] *f* Ablehnung; **~r** [ʀəku'zar] ablehnen, zurückweisen
**reda(c)ção** [ʀəda'sɐ̃w] *f* Redaktion; **reda(c)tor** [ʀəda'tor] *m* Redakteur
**rede** ['ʀedə] *f* Netz *n*; Hängematte
**reembolso** [ʀjẽ'bołsu] *m* Rückerstattung; *Post* Nachnahme *f*
**refazer** [ʀefɐ'zer] wiederherstellen
**refeição** [ʀəfej'sɐ̃w] *f* Mahlzeit
**referência** [ʀəfə'rẽsjɐ] *f* Bezug *m*, Referenz *f*; Bericht *m*; **referir-se** [ʀəfə'rirsə] Bezug nehmen (***a*** auf)
**refle(c)tir** [ʀəflɛ'tir] widerspiegeln; nachdenken (***sobre*** über); **reflexo** [ʀə'flɛksu] *m* Reflex
**refogado** [ʀəfu'gadu] *m Kchk* Schwitze *f*
**reforçar** [ʀəfur'sar] verstärken
**reforma** [ʀə'fɔrmɐ] *f* Reform; Rente; **~do** [ʀəfur'madu] *m* Rentner; **~r** [ʀəfur'mar] reformieren; pensionieren
**refrescar** [ʀəfrəʃ'kar] erfrischen; abkühlen; **refresco** [ʀə'frɛʃku] *m* Erfrischung *f*
**refrigerante** [ʀəfriʒə'rẽtə] *m* Erfrischungsgetränk *n*

**refugiado** [Rəfu'ʒjadu] *m* Flüchtling; **refugiar-se** [Rəfu'ʒjarsə] fliehen
**rega** ['Rɛgɐ] *f* Bewässerung; **~dor** [Rəgɐ'dor] *m* Gießkanne *f*
**regalia** [Rəgɐ'liɐ] *f* Vergünstigung
**regar** [Rə'gar] (be)wässern
**região** [Rə'ʒjɐ̃w] *f* Region
**regime** [Rə'ʒimə] *m* Regime *n*; Diät *f*
**regional** [Rəʒju'nał] regional
**registar** [Rəʒiʃ'tar] registrieren; *aut* zulassen; **registo** [Rə'ʒiʃtu] *m* Verzeichnis *n*; Register *n*; Eintragung *f*; ~ ***civil*** Standesamt *n*
**regra** ['Rɛgrɐ] *f* Regel
**regressar** [Rəgrə'sar] zurückkehren; **regresso** [Rə'grɛsu] *m* Rückkehr *f*
**regulamento** [Rəgulɐ'mẽtu] *m* Regelung *f*; Vorschrift *f*; **regular** [Rəgu'lar] regeln; regelmäßig
**rei** [Rej] *m* König; **~no** ['Rejnu] *m* Königreich *n*
**reivindicação** [Rejvĩdikɐ'sɐ̃w] *f* Forderung
**relação** [Rəlɐ'sɐ̃w] *f* Bericht *m*; Verhältnis *n*; Beziehung
**relâmpago** [Rə'lɐ̃pɐgu] *m* Blitz
**relatório** [Rəlɐ'tɔrju] *m* Bericht
**relógio** [Rə'lɔʒju] *m* Uhr *f*; ~ ***de pulso*** Armbanduhr *f*; **relojoaria** [Rəluʒwɐ'riɐ] *f* Uhrengeschäft *n*
**relva** ['Rɛłvɐ] *f* Rasen *m*; **~do** [Rɛł'vadu] *m* Wiese *f*
**remediar** [Rəmə'djar] (ab)helfen; **remédio** [Rə'mɛdju] *m* Arznei *f*; Hilfsmittel *n*
**remendar** [Rəmẽ'dar] ausbessern; flicken
**remessa** [Rə'mɛsɐ] *f* Sendung, Lieferung; **remetente** [Rəmə'tẽtə] *m* Absender

**remo** ['ʀemu] *m* Ruder *n*
**remoinho** [ʀə'mwiɲu] *m* Strudel
**remoto** [ʀə'mɔtu] fern, abgelegen
**remuneração** [ʀəmunərɐ'sɐ̃w] *f* Vergütung, Bezahlung
**renda** ['ʀẽdɐ] *f* Miete; (Klöppel-)Spitze
**render** [ʀẽ'der] einbringen; sich rentieren; **rendimento** [ʀẽdi'mẽtu] *m* Ertrag; Gewinn; Leistung(sfähigkeit)
**renovar** [ʀənu'var] erneuern
**renúncia** [ʀə'nũsjɐ] *f* Verzicht *m*
**reparar** [ʀəpɐ'rar] reparieren; **~ em** bemerken
**repartição** [ʀəpɐrti'sɐ̃w] *f* Amt *n*, Behörde; **~ de registo** Einwohnermeldeamt *n*
**repente** [ʀə'pẽtə]: **de ~** plötzlich
**repetição** [ʀəpəti'sɐ̃w] *f* Wiederholung; **repetir** [ʀəpə'tir] wiederholen
**repolho** [ʀə'poʎu] *m* Weißkohl
**reportagem** [ʀəpur'taʒẽj] *f* Reportage; **repórter** [ʀə'pɔrtɛr] *m* Reporter
**repousar** [ʀəpo'zar] (aus)ruhen; **repouso** [ʀə'pozu] *m* Erholung *f*
**repreender** [ʀəprjẽ'der] tadeln, zurechtweisen
**represália** [ʀəprə'zaljɐ] *f* Repressalie
**representação** [ʀəprəzẽtɐ'sɐ̃w] *f* Vertretung; Darstellung; *theat* Vorstellung; **representante** [ʀəprəzẽ'tɐ̃tə] *m,f* Vertreter(in); **representar** [ʀəprəzẽ'tar] vertreten; darstellen; aufführen
**repressão** [ʀəprə'sɐ̃w] *f* Unterdrückung
**reprodução** [ʀəprudu'sɐ̃w] *f* Reproduktion; Fortpflanzung

**reprovação** [Rəpruvɐ'sɐ̃w] *f* Ablehnung; Mißbilligung; **reprovar** [Rəpru'var] mißbilligen; verwerfen
**réptil** ['Rɛptił] *m* Reptil *n*
**república** [Rə'publikɐ] *f* Republik
**repulsa** [Rə'pułsɐ] *f* Widerwille *m*
**reputação** [Rəputɐ'sɐ̃w] *f* Ruf *m*
**requeijão** [Rəkej'ʒɐ̃w] *m* Quark
**requerente** [Rəkə'rẽtə] *m,f* Antragsteller(in); **requerimento** [Rəkəri'mẽtu] *m* Antrag; Gesuch *n*
**requintado** [Rəkĩ'tadu] erlesen; ausgetüftelt
**requisitar** [Rəkəzi'tar] beantragen
**rescindir** [Rəʃsĩ'dir] *Vertrag* kündigen
**rés-do-chão** [Rɛʃdu'ʃɐ̃w] *m* Erdgeschoß *n*
**reserva** [Rə'zɛrvɐ] *f* Reserve; Platzkarte; (Natur-)Reservat *n*; *fig* Vorbehalt *m*; ***fazer ~ de*** vormerken lassen
**reservatório** [Rəzərvɐ'tɔrju] *m* Reservoir *n*
**resfriado** [Rəʃ'frjadu] erkältet; *m* Erkältung *f*
**residência** [Rəzi'dẽsjɐ] *f* Wohnsitz *m*; ***~ de estudantes*** Studentenwohnheim *n*; **residente** [Rəzi'dẽtə] wohnhaft (***em*** in)
**resíduo** [Rə'zidwu] *m* Rest; Rückstand; ***~s*** *pl* ***tóxicos*** Giftmüll *m*
**resignação** [Rəzignɐ'sɐ̃w] *f* Verzicht *m*; Resignation
**resina** [Rə'zinɐ] *f* Harz *n*
**resistência** [Rəziʃ'tẽsjɐ] *f* Widerstand *m*; **resistente** [Rəziʃ'tẽtə] haltbar; widerstandsfähig
**resolução** [Rəzulu'sɐ̃w] *f* Entschluß *m*; Auflösung; **resolver** [Rəzoł'ver] beschließen; (auf)lösen

**respe(c)tivamente** [ʀəʃpɛtivɐ'mẽtə] beziehungsweise; **respe(c)tivo** [ʀəʃpɛ'tivu] jeweilig, entsprechend
**respeitar** [ʀəʃpej'tar] (be)achten; **respeito** [ʀəʃ'pejtu] *m* Achtung *f*, Respekt (***por*** vor)
**respirar** [ʀəʃpi'rar] atmen
**responder** [ʀəʃpõ'der] (be)antworten; verantworten; **responsabilidade** [ʀəʃpõsɐbəli'dadə] *f* Verantwortung; *jur* Haftung; **responsável** [ʀəʃpõ'savɛɫ] verantwortlich (***por*** für); *m* Verantwortliche(r)
**resposta** [ʀəʃ'pɔʃtɐ] *f* Antwort
**ressaca** [ʀə'sakɐ] *f* Brandung; *fig* Kater *m*
**restabelecer** [ʀəʃtɐbələ'ser] wiederherstellen; ***~-se*** genesen
**restante** [ʀəʃ'tɐ̃tə] restlich, übrig; ***os ~s*** die übrigen
**restar** [ʀəʃ'tar] (übrig)bleiben
**restauração** [ʀəʃtawrɐ'sɐ̃w] *f* Restaurierung, Sanierung; **restaurante** [ʀəʃtaw'rɐ̃tə] *m* Restaurant *n*
**resto** ['ʀɛʃtu] *m* Rest
**restrição** [ʀəʃtri'sɐ̃w] *f* Be-, Einschränkung
**resultado** [ʀəzuɫ'tadu] *m* Resultat *n*, Ergebnis *n*; **resultar** [ʀəzuɫ'tar] führen (***em*** zu); sich ergeben (***de*** aus); ***não ~*** zu nichts führen
**resumo** [ʀə'zumu] *m* Zusammenfassung *f*
**retaguarda** [ʀɛtɐ'gwardɐ] *f* Rückseite; Heck *n*
**retalhista** [ʀətɐ'ʎiʃtɐ] *m,f* Einzelhändler(in)
**retardar** [ʀətɐr'dar] verzögern; aufhalten
**reter** [ʀə'ter] auf-, zurückhalten

**retirada** [Rəti'radɐ] *f* Rückzug *m*
**retoque** [Rə'tɔkə] *m* Überarbeitung *f*; *fot* Retusche *f*; **o último** ~ der letzte Schliff
**retornado** [Rətur'nadu] *m* Heimkehrer
**retrato** [Rə'tratu] *m* Bild *n*; Porträt *n*
**retroactivo** [Rətrua'tivu] rückwirkend
**retrosaria** [Rətruzɐ'riɐ] *f* Kurzwarenhandel *m*
**retrovisor** [Rətruvi'zor] *m* Rückspiegel
**réu** [Rɛw] *m* Angeklagte(r)
**reumatismo** [Rewmɐ'tiʒmu] *m* Rheuma *n*
**reunião** [Rju'njɐ̃w] *f* Versammlung; **reunificação** [Rjunəfikɐ'sɐ̃w] *f* Wiedervereinigung; **reunir-se** [Rju'nirsə] sich versammeln
**revelar** [Rəvə'lar] enthüllen; offenbaren; *fot* entwickeln
**revendedor** [Rəvẽdə'dor] *m* Fachhändler
**revés** [Rə'vɛʃ] *m* Mißgeschick *n*
**revestimento** [Rəvəʃti'mẽtu] *m* Überzug; Verkleidung *f*
**revezar-se** [Rəvə'zarsə] einander abwechseln
**revisão** [Rəvi'zɐ̃w] *f* Revision; Überprüfung; **revisor** [Rəvi'zor] *m* Kontrolleur
**revista** [Rə'viʃtɐ] *f* Zeitschrift; *theat* Revue
**revolução** [Rəvulu'sɐ̃w] *f* Revolution
**ribeira** [Ri'bejrɐ] *f* Bach *m*
**rico** ['Riku] reich; *m* Reiche(r)
**ridículo** [Rə'dikulu] lächerlich
**rifa** ['Rifɐ] *f* Auslosung
**rigor** [Ri'gor] *m* Stärke *f*; Strenge *f*; **em** ~ genaugenommen
**rim** [Rĩ] *m* Niere *f*

**rímel** ['ʀimɛł] *m Wz* Wimperntusche *f*
**rinoceronte** [ʀinusə'rõtə] *m* Nashorn *n*
**rio** [ʀiw] *m* Fluß
**riqueza** [ʀi'kezɐ] *f* Reichtum *m*
**rir(-se)** ['ʀir(sə)] lachen
**risco** ['ʀiʃku] *m* Gefahr *f*; Risiko *n*
**riso** ['ʀizu] *m* Gelächter *n*
**rissol** [ʀi'sɔł] *m Kchk* (kleine) Pastete *f*
**rítmico** ['ʀitmiku] rhythmisch; **ritmo** ['ʀitmu] *m* Rhythmus
**rival** [ʀi'vał] *m* Rivale
**robusto** [ʀu'buʃtu] kräftig; robust
**roça** ['ʀɔsa] *f bras* Land *n*; Acker *m*
**rocha** ['ʀɔʃɐ] *f* Fels *m*; **rochedo** [ʀu'ʃedu] *m* Klippe *f*
**roda** ['ʀɔdɐ] *f* Rad *n*; **~ *dianteira*** Vorderrad *n*; **~ *sobressalente*** Ersatzrad *n*; **~r** [ʀu'dar] rollen; *Film* drehen
**rodela** [ʀu'dɛlɐ] *f Kchk* Scheibe
**rodovia** [ʀodo'via] *f bras* Fahrbahn; **rodoviário** [ʀudu'vjarju]: ***empresa f rodoviária*** Transportunternehmen *n*
**rolamento** [ʀulɐ'mẽtu] *m* (Kugel-)Lager *n*; **rolar** [ʀu'lar] rollen
**rolha** ['ʀoʎɐ] *f* Korken *m*
**rolo** ['ʀolu] *m* Rolle *f*; (Film-)Spule *f*; Lockenwickler
**romance** [ʀu'mẽsə] *m* Roman; **romancista** [ʀumẽ'siʃtɐ] *m* Romancier
**romaria** [ʀumɐ'riɐ] *f* Wallfahrt
**romeno** [ʀu'menu] rumänisch; *m* Rumäne

**romper** [ʀõ'per] ab-, zerbrechen
**rosa** ['ʀɔzɐ] *f* Rose; **rosário** [ʀu'zarju] *m* Rosenkranz
**rosca** ['ʀɔʃkɐ] *f* Gewinde *n*
**rosquilha** [ʀuʃ'kiʎɐ] *f* Brezel
**rosto** ['ʀoʃtu] *m* Gesicht *n*
**rota** ['ʀɔtɐ] *f* Route, Kurs *m*; **roteiro** [ʀu'tejru] *m* Fremdenführer; Reisebeschreibung *f*
**rótulo** ['ʀɔtulu] *m* Etikett *n*; Aufschrift *f*
**rotura** [ʀu'turɐ] *f* Bruch *m*
**roubar** [ʀo'bar] rauben; **roubo** ['ʀobu] *m* Raub
**roupa** ['ʀopɐ] *f* Kleidung; Wäsche; *~ de cama* Bettwäsche; *~ interior* Unterwäsche; **roupa-velha** [ʀopɐ've ʎɐ] *f* F Resteessen *n*; **roupeiro** [ʀo'pejru] *m* Wäscheschrank
**roxo** ['ʀoʃu] violett
**rua** ['ʀuɐ] *f* Straße; *~ de sentido único* Einbahnstraße; *~ lateral* Seitenstraße
**rubéola** [ʀu'bɛwlɐ] *f* Röteln *pl*
**ruela** ['ʀwɛlɐ] *f* Gasse
**ruga** ['ʀugɐ] *f* Falte
**ruído** ['ʀwidu] *m* Lärm
**ruim** [ʀwĩ] schlecht
**ruína** ['ʀwinɐ] *f* Ruine
**ruivo** ['ʀujvu] rothaarig
**rulote** [ʀu'lɔtə] *f* Wohnwagen *m*
**rumo** ['ʀumu] *m* Richtung *f*, Kurs
**rural** [ʀu'raɫ] ländlich
**rusga** ['ʀuʒgɐ] *f* Razzia
**russo** ['ʀusu] russisch; *m* Russe

# S

**sábado** ['sabɐdu] *m* Sonnabend
**saber** [sɐ'ber] wissen; können; schmecken (***a*** nach); *m* Wissen *n*; **sábio** ['sabju] weise; gelehrt
**sabonete** [sɐbu'netə] *m* (Toiletten-)Seife *f*
**sabor** [sɐ'bor] *m* Geschmack; **~ear** [sɐbu'rjar] (ver)kosten; genießen; **~oso** [sɐbu'rozu] schmackhaft
**saca** ['sakɐ] *f* (große) Tasche; **~-rolhas** [sakɐ'ʀoʎɐʃ] *m* Korkenzieher
**saco** ['saku] *m* Sack; ~ ***plástico*** Plastiktüte *f*; **~-cama** [saku'kɐmɐ] *m* Schlafsack
**sacrifício** [sɐkrə'fisju] *m* Opfer *n*
**sacudir** [sɐku'dir] (aus)schütteln
**sadio** [sɐ'diw] gesund
**safar-se** [sɐ'farsə] F abhauen
**sagrado** [sɐ'gradu] heilig
**saia** ['sajɐ] *f* Rock *m*
**saída** [sɐ'idɐ] *f* Ausgang *m*; Ausfahrt; Ausweg *m*; **sair** [sɐ'ir] (hin)ausgehen; weggehen; ~ ***bem*** *fig* gut ausgehen
**sal** [sał] *m* Salz *n*
**sala** ['salɐ] *f* Saal *m*; Wohnzimmer *n*; ~ ***de espera*** Wartesaal *m*, -zimmer *n*
**salada** [sɐ'ladɐ] *f* Salat *m*
**salário** [sɐ'larju] *m* Lohn
**saldos** ['sałduʃ] *mpl* Schlußverkauf *m*

**saleiro** [sɐ'lejru] *m* Salzstreuer; **salgar** [sał'gar] salzen
**saliva** [sɐ'livɐ] *f* Speichel *m*
**salmão** [sał'mɐ̃w] *m* Lachs
**salsicha** [sał'siʃɐ] *f* Würstchen *n*
**saltar** [sał'tar] springen; **salto** ['sałtu] *m* Sprung; (*Schuh*) Absatz; *~ **de esqui*** Skispringen *n*
**salvamento** [sałvɐ'mẽtu] *m* Rettung *f*; **salvar** [sał'var] retten; **salva-vidas** [sałvɐ'vidɐʃ] *m* Rettungsboot *n*
**samba** ['sɐ̃bɐ] *m* Samba
**sanatório** [sɐnɐ'tɔrju] *m* Sanatorium *n*
**sandália** [sɐ̃'dalјɐ] *f* Sandale
**sande** ['sɐ̃də] *f*, **sanduíche** [sɐ̃'dwiʃə] *f* Sandwich *n*
**sangrar** [sɐ̃'grar] bluten; **sangue** ['sɐ̃gə] *m* Blut *n*; ***deitar*** *~* bluten
**sanita** [sɐ'nitɐ] *f* Klosett(becken) *n*
**santo** ['sɐ̃tu] heilig; *m* Heilige(r)
**são** [sɐ̃w] gesund
**são-tomense** aus São Tomé
**sapataria** [sɐpɐtɐ'riɐ] *f* Schuhgeschäft *n*
**sapateira** [sɐpɐ'tejrɐ] *f* Taschenkrebs *m*
**sapatilha** [sɐpɐ'tiʎɐ] *f* Turnschuh *m*; **sapato** [sɐ'patu] *m* Schuh
**sapo** ['sapu] *m* Kröte *f*
**saraiva** [sɐ'rajvɐ] *f* Hagel *m*
**sarampo** [sɐ'rɐ̃pu] *m* Masern *pl*
**sardinha** [sɐr'diɲɐ] *f* Sardine
**satélite** [sɐ'tɛlitə] *m* Satellit; *~ **de comunicações*** Nachrichtensatellit

**satisfação** [sɐtiʃfɐ'sɐ̃w] *f* Befriedigung; **satisfazer** [sɐtiʃfɐ'zer] zufriedenstellen; erfreuen
**saudação** [sawdɐ'sɐ̃w] *f* Gruß *m*; **saudade** [saw'dadə] *f* Sehnsucht; Erinnerung; **saudar** [saw'dar] (be)grüßen; **saudável** [saw'davɛɫ] gesund
**sauna** ['sawnɐ] *f* Sauna
**se** [sə] man; sich; *Konjunktion* wenn, falls
**sé** [sɛ] *f* Kathedrale
**seca** ['sɛkɐ] *f* Dürre; Trockenheit; **secador** [səkɐ'dor] *m* Fön; **secar** [sə'kar] trocknen
**se(c)ção** [sɛ'ksɐ̃w] *f* Abteilung; Abschnitt *m*
**seco** ['seku] trocken
**secretaria** [səkrətɐ'riɐ] *f* Sekretariat *n*; **secretária** [səkrə'tarjɐ] *f* Sekretärin; Schreibtisch *m*; **secretário** [səkrə'tarju] *m* Sekretär
**secreto** [sə'krɛtu] geheim
**século** ['sɛkulu] *m* Jahrhundert *n*
**secundário** [səkũ'darju] zweitrangig
**seda** ['sedɐ] *f* Seide
**sedativo** [sədɐ'tivu] *m* Beruhigungsmittel *n*
**sede** ['sedə] *f* Durst *m*
**sede** ['sɛdə] *f Firma etc* Sitz *m*
**segredo** [sə'gredu] *m* Geheimnis *n*
**seguido** [sə'gidu] aufeinanderfolgend; ***em seguida*** sogleich, anschließend; **seguinte** [sə'gĩtə] nächste(r, -s); folgende(r, -s); **seguir** [sə'gir] folgen; fortsetzen
**segunda-feira** [səgũdɐ'fejrɐ] *f* Montag *m*
**segundo** [sə'gũdu] gemäß, entsprechend; *m* Sekunde *f*

**segurado** [sәgu'radu] *m* Versicherungsnehmer; **segurança** [sәgu'rẽsɐ] *f* Sicherheit; Schutz *m*; **segurar** [sәgu'rar] (ver)sichern; festhalten; **seguro** [sә'guru] sicher; *m* Versicherung *f*; ***companhia** f **de** ~**s*** Versicherungsgesellschaft *f*; ~ ***contra todos os riscos*** Vollkaskoversicherung *f*; ~ ***de doença*** Krankenversicherung *f*; ~ ***de passageiros*** Insassenunfallversicherung *f*; ~ ***de responsabilidade civil*** Haftpflichtversicherung *f*; ~ ***social*** Sozialversicherung *f*

**seio** ['seju] *m* Brust *f*; Busen (*a fig*); *fig* Schoß

**sela** ['sɛlɐ] *f* (Reit-)Sattel *m*

**sele(c)ção** [sәlɛ'sɐ̃w] *f* Auswahl; Auslese

**selim** [sә'lĩ] *m* (Fahrrad-)Sattel

**selo** ['selu] *m* Briefmarke *f*; Stempel

**selva** ['sɛłvɐ] *f* Wildnis; Urwald *m*; **~gem** [sɛł'vaʒẽj] wild; *m,f* Wilde(r)

**sem** [sẽj] ohne

**semáforo** [sә'mafuru] *m* Verkehrsampel *f*

**semana** [sә'mɐnɐ] *f* Woche; **~l** [sәmɐ'nał] wöchentlich

**semelhança** [sәmә'ʎɐ̃sɐ] *f* Ähnlichkeit; **semelhante** [sәmә'ʎɐ̃tә] ähnlich

**semente** [sә'mẽtә] *f* Samen *m*

**semestre** [sә'mɛʃtrә] *m* Semester *n*

**semifinal** [sәmifi'nał] *f Sp* Halbfinale *n*

**sempre** ['sẽprә] immer

**senão** [sә'nɐ̃w] sonst; sondern

**senhor** [sә'ɲor] *m* Herr; Besitzer; **~a** [sә'ɲorɐ] *f* Dame; *Anrede* Frau; **~io** [sәɲu'riw] *m* Vermieter, Hauswirt

**sensação** [sẽsɐ'sɐ̃w] *f* Gefühl *n*; Sensation
**sensível** [sẽ'sivɛɫ] empfindlich; wahrnehmbar
**sentar-se** [sẽ'tarsə] sich setzen
**sentença** [sẽ'tẽsɐ] *f* Urteil *n*
**sentido** [sẽ'tidu] *m* Sinn; Richtung *f*; ~ ***proibido*** Einfahrtverbot *n*; **sentir** [sẽ'tir] fühlen, empfinden; ~***-se em baixo*** F sich mies fühlen
**separar** [səpɐ'rar] trennen
**ser** [ser] sein; *im Passiv* werden; *m* Wesen *n*
**série** ['sɛrjə] *f* Reihe; Serie
**sério** ['sɛrju] ernst; zuverlässig; **a ~** im Ernst
**serpente** [sər'pẽtə] *f* Schlange; **~ar** [sərpẽ'tjar] sich schlängeln
**serra** ['sɛʀɐ] *f* Säge; Gebirge *n*
**serralheiro** [səʀɐ'ʎejru] *m* Schlosser
**sertã** [sər'tɐ̃] *f* (große) Bratpfanne
**sertão** [sər'tɐ̃w] *m bras* Sertão, Buschland *n*
**serventia** [sərvẽ'tiɐ] *f*: ~ ***de cozinha*** Küchenbenutzung; **serviço** [sər'visu] *m* Dienst; Bedienung *f*; Service *n*; Service *m*; Dienstleistung *f*; ~ ***de urgência*** Notdienst; ~ ***de vaivém*** Pendelverkehr; **servir** [sər'vir] (be)dienen; passen; taugen (***para*** zu)
**sessão** [sə'sɐ̃w] *f* Sitzung; Veranstaltung
**sesta** ['sɛʃtɐ] *f* Siesta
**Setembro** [sə'tẽbru] *m* September
**seu** [sew] sein; Ihr
**sexo** ['sɛksu] *m* Geschlecht *n*
**sexta-feira** [sejʃtɐ'fejrɐ] *f* Freitag *m*
**sexual** [sɛ'kswaɫ] sexuell
**si** [si] *nach Präposition* sich; Sie; Ihnen

**SIDA** ['sidɐ] *f* Aids *n*
**sidra** ['sidrɐ] *f* Apfelwein *m*
**sifão** [si'fɐ̃w] *m* Siphon; Geruchsverschluß
**significado** [signəfi'kadu] *m* Bedeutung *f*; **significar** [signəfi'kar] bedeuten
**sílaba** ['silɐbɐ] *f* Silbe
**silenciador** [silẽsjɐ'dor] *m* Schalldämpfer (*a auto*); **silêncio** [si'lẽsju] *m* Stille *f*; Schweigen *n*; **silencioso** [silẽ'sjozu] still, leise; schweigend
**silvestre** [siɫ'vɛʃtrə] *bot*, *zoo* wild, Wild...
**sim** [sĩ] ja
**simbólico** [sĩ'bɔliku] symbolisch; **símbolo** ['sĩbulu] *m* Symbol *n*
**simpatia** [sĩpɐ'tiɐ] *f* Sympathie; **simpático** [sĩ'patiku] sympathisch
**simples** ['sĩpləʃ] einfach, schlicht
**simultâneo** [simuɫ'tɐnju] gleichzeitig
**sinagoga** [sinɐ'gogɐ] *f* Synagoge
**sinal** [si'naɫ] *m* Signal *n*; Zeichen *n*; Anzahlung *f*; **~ *de luzes*** Lichthupe *f*; **~ *de trânsito*** Verkehrszeichen *n*; **sinaleiro** [sinɐ'lejru] *m* Verkehrspolizist
**sincero** [sĩ'seru] aufrichtig, ehrlich
**sindicato** [sĩdi'katu] *m* Gewerkschaft *f*
**sinfonia** [sĩfu'niɐ] *f* Symphonie
**sino** ['sinu] *m* Glocke *f*
**sintético** [sĩ'tɛtiku] synthetisch; künstlich
**sismo** ['siʒmu] *m* Erdbeben *n*
**sistema** [siʃ'temɐ] *m* System *n*; **~ *antiblocagem*** Antiblockiersystem *n*; **~ *monetário*** Währungssystem *n*
**sítio** ['sitju] *m* Ort, Stelle *f*

**situação** [sitwɐ'sɐ̃w] *f* Situation; Lage; **situado** [si'twadu] gelegen; ***estar*** ~ liegen (*Ort*)
**slip** [slip] *m* Slip
**só** [sɔ] allein; nur; erst
**soalho** ['swaʎu] *m* Fußboden
**sob** [sob] unter
**sobra** ['sɔbrɐ] *f* (Über-)Rest *m*; **~r** [su'brar] übrigbleiben
**sobre** ['sobrə] auf; über; **~mesa** [sobrə'mezɐ] *f* Nachtisch *m*; **~ssalente** [sobrəsɐ'lẽtə] *m* Ersatzteil *n*; **~ssalto** [sobrə'sałtu] *m* Schreck; **~taxa** [sobre'taʃɐ] *f Gebühr* Zuschlag *m*; **~tudo** [sobrə'tudu] *m* vor allem; *m* Mantel; **~vivente** [sobrəvi'vẽtə] *m,f* Überlebende(r)
**sobrinha** [su'briɲɐ] *f* Nichte; **sobrinho** [su'briɲu] *m* Neffe
**social** [su'sjał] sozial; gesellschaftlich; **sociedade** [susjə'dadə] *f* Gesellschaft; ~ ***anónima*** Aktiengesellschaft; **sócio** ['sɔsju] *m* Teilhaber; Mitglied *n*
**socorrista** [suku'ʀiʃtɐ] *m,f* Sanitäter(in); **socorro** [su'koʀu] *m* Hilfe *f*; Beistand; ***primeiros*** **~s** Erste Hilfe *f*
**sofá** [su'fa] *m* Sofa *n*; **~-cama** [sufa'kɐmɐ] *m* Schlafcouch *f*
**sofrer** [su'frer] (er)leiden; **sofrimento** [sufri'mẽtu] *m* Leiden *n*
**sogra** ['sɔgrɐ] *f* Schwiegermutter; **sogro** ['sogru] *m* Schwiegervater
**sol** [sɔł] *m* Sonne *f*; ***tomar*** ~ sich sonnen; **~ário** [su'lariu] *m* Solarium *n*
**soldado** [soł'dadu] *m* Soldat

**soldar** [soɫ'dar] schweißen; löten
**solicitação** [suləsitɐ'sɐ̃w] *f* Bitte; Gesuch *n*; **solicitar** [suləsi'tar] beantragen; beanspruchen (*a tech*)
**solidão** [suli'dɐ̃w] *f* Einsamkeit
**sólido** ['sɔlidu] fest; solide
**solitário** [suli'tarju] einsam
**solo** ['solu] *m* Boden
**soltar** [soɫ'tar] lösen; lockern
**solteiro** [soɫ'tejru] *m* Junggeselle, Single
**solução** [sulu'sɐ̃w] *f* Lösung; **solúvel** [su'luvɛɫ] löslich; lösbar
**solvente** [soɫ'vẽtə] *m* Lösungsmittel *n*
**soma** ['somɐ] *f* Summe
**sombra** ['sõbrɐ] *f* Schatten *m*; **sombrio** [sõ'briw] schattig
**sondagem** [sõ'daʒẽj] *f* Untersuchung; *~-inquérito f* Umfrage
**sonhar** [su'ɲar] träumen (*com* von); **sonho** ['soɲu] *m* Traum
**sono** ['sonu] *m* Schlaf; Müdigkeit *f*; *ter ~* müde sein
**sopa** ['sopɐ] *f* Suppe
**soporífero** [supu'rifəru] *m* Schlafmittel *n*
**soro** ['soru] *m* Serum *n*
**sorrir** [su'ʀir] lächeln; **sorriso** [su'ʀizu] *m* Lächeln *n*
**sorte** ['sɔrtə] *f* Glück *n*; Schicksal *n*; *grande ~* Hauptgewinn *m*; *má ~* Pech *n*
**sorvete** [sur'vetə] *m* Speiseeis *n*
**sossego** [su'segu] *m* Ruhe *f*

**sótão** ['sɔtɐ̃w] *m* Dachboden
**soutien** [su'tjɛ̃] *m* BH
**sovaco** [su'vaku] *m* Achselhöhle *f*
**sozinho** [sɔ'ziɲu] allein
**stress** [strɛs] *m* Streß
**sua** [suɐ] ihr(e); sein(e); Ihr(e)
**suave** ['swavə] sanft, mild
**subarrendatário** [subɐʀẽdɐ'tarju] *m* Untermieter
**subida** [su'bidɐ] *f* Auffahrt; Aufstieg *m*; **subir** [su'bir] hinaufgehen, -fahren; *Fahrzeug* einsteigen
**sublinhar** [subli'ɲar] unterstreichen
**submarino** [submɐ'rinu] unterseeisch; *m* Unterseeboot *n*
**suborno** [su'bornu] *m* Bestechung *f*
**subsídio** [sub'sidju] *m* Beihilfe *f*
**subsistência** [subsiʃ'tẽsjɐ] *f* (Lebens-)Unterhalt *m*; (Fort-)Dauer; **subsistir** [subsəʃ'tir] fortbestehen
**substância** [subʃ'tɐ̃sjɐ] *f* Substanz, Stoff *m*
**substituição** [subʃtitwi'sɐ̃w] *f* Ersatz *m*; Vertretung
**subterrâneo** [subte'ʀɐnju] unterirdisch
**subúrbio** [su'burbju] *m* Vorort
**subvenção** [subvẽ'sɐ̃w] *f* Subvention, Zuschuß *m*
**sucata** [su'katɐ] *f* Schrott *m*
**suceder** [susə'der] geschehen; **sucesso** [su'sɛsu] *m* Erfolg; Ereignis *n*; **sucessor** [susə'sor] *m* Nachfolger
**sucursal** [sukur'saɫ] *f* Niederlassung, Filiale

**sudoeste** [su'dwɛʃtə] *m* Südwesten
**sueco** ['swɛku] schwedisch; *m* Schwede
**sueste** ['swɛʃte] *m* Südosten
**suficiente** [sufi'sjẽtə] genügend
**sufrágio** [su'fraʒju] *m* Wahlrecht *n*
**sugerir** [suʒə'rir] anregen; **sugestão** [suʒəʃ'tɐ̃w] *f* Anregung
**suicida** [swi'sidɐ] *m,f* Selbstmörder(in); **suicídio** [swi'sidju] *m* Selbstmord
**suíço** ['swisu] schweizerisch; *m* Schweizer
**sujeito** [su'ʒejtu] unterworfen; ~ ***a direitos*** zollpflichtig; *m* Person *f*
**sujo** ['suʒu] schmutzig; *Sp* unfair
**sul** [suł] *m* Süden
**sumo** ['sumu] *m* Saft
**suor** [swɔr] *m* Schweiß
**super** ['supər] *f Benzin* Super *n*
**superar** [supə'rar] überwinden; übertreffen
**superfície** [supər'fisjə] *f* Oberfläche
**superior** [supə'rjor] ober; höher; höchst; *m* Vorgesetzte(r); **~idade** [supərjuri'dadə] *f* Überlegenheit
**superlotado** [supərlu'tadu] überfüllt
**supermercado** [supərmər'kadu] *m* Supermarkt
**superstição** [supərʃti'sɐ̃w] *f* Aberglaube *m*
**suplemento** [suplə'mẽtu] *m Zeitung* Beilage *f*; *Esb* Zuschlag; *Finanzen* Zulage *f*
**suplente** [su'plẽtə] *m* Stellvertreter
**supor** [su'por] annehmen, vermuten
**suporte** [su'pɔrtə] *m* Stütze *f*
**supositório** [supuzi'tɔrju] *m* Zäpfchen *n*

**supremo** [su'premu] höchst
**surdo** ['surdu] taub
**surf** [sɜːf] *m*, **surfe** ['sɜːfə] *m* Surfen *n*; **surfar** [sər'far] *bras* surfen; **surfista** [sər'fiʃtɐ] *m,f* Surfer(in)
**surgir** [sur'ʒir] auftauchen, erscheinen
**surpreendente** [surprjẽ'dẽtə] überraschend; **surpreender** [surprjẽ'der] überraschen; **surpresa** [sur'prezɐ] *f* Überraschung
**susce(p)tível** [suʃsɛ'tiveɫ] empfänglich; empfindlich
**suscitar** [suʃsi'tar] hervorrufen, erwecken
**suspeita** [suʃ'pejtɐ] *f* Verdacht *m*; **~r** [suʃpej'tar] mißtrauen; vermuten
**suspender** [suʃpẽ'der] einstellen, unterbrechen; **suspensão** [suʃpẽ'sɐ̃w] *f* Einstellung, Unterbrechung; *aut* Federung
**suspirar** [suʃpi'rar] seufzen; **suspiro** [suʃ'piru] *m* Seufzer
**sustentar** [suʃtẽ'tar] (unter)stützen; **sustento** [suʃ'tẽtu] *m* Stütze *f* (*a fig*); (Unter-)Halt
**susto** ['suʃtu] *m* Schreck(en)
**sutura** [su'turɐ] *f med* Naht

## T

**ta** [tɐ] = **te** + **a**
**tabacaria** [tɐbɐkɐ'riɐ] *f* Tabakkiosk *m*, -laden *m*; **tabaco** [tɐ'baku] *m* Tabak; **tabagismo** [tɐbɐ'ʒiʒmu] *m* Tabakmißbrauch
**tabela** [tɐ'bɛlɐ] *f* Tabelle; **à ~** nach Fahrplan

**taberna** [tɐ'bɛrnɐ] *f* Weinschenke
**tablier** [ta'blje] *m aut* Armaturenbrett *n*
**tábua** ['tabwɐ] *f* Brett *n*; Platte
**taça** ['tasɐ] *f* Glas *n*; Pokal *m*
**tacho** ['taʃu] *m* (großer) Kochtopf
**ta(c)to** ['tatu] *m* Takt (*a fig*); Tastsinn
**tal** [tał] solch ein(e, -er); ***que ~?*** Wie geht's?
**talão** [tɐ'lɐ̃w] *m* (Kontroll-)Abschnitt
**talher** [tɐ'ʎɛr] *m* Besteck *n*
**talho** ['taʎu] *m* Fleischer
**talo** ['talu] *m* Stiel, Stengel
**talvez** [tał'veʃ] vielleicht
**tamanho** [tɐ'mɐɲu] *m* Größe *f*
**também** [tɐ̃'bɐ̃j] auch
**tambor** [tɐ̃'bor] *m* Trommel *f*
**tampa** ['tɐ̃pɐ] *f* Deckel *m*; Stopfen *m*; ***~ de rosca*** Schraubverschluß *m*; **tampão** [tɐ̃'pɐ̃w] *m* Stöpsel; Tampon; **tampo** ['tɐ̃pu] *m* (Tisch-)Platte; Deckel
**tanga** ['tɐ̃gɐ] *f* Tanga *m*
**tangerina** [tɐ̃ʒə'rinɐ] *f* Mandarine
**tanque** ['tɐ̃kə] *m* Behälter; Tank
**tanto** ['tɐ̃tu] so (sehr, viel); ***~ ... como ...*** genauso ... wie ...; sowohl ... als auch ...; ***um ~*** ein klein wenig
**tão** [tɐ̃w] so (sehr); ***~ grande*** (genau)so groß
**tapar** [tɐ'par] be-, zudecken
**tapete** [tɐ'petə] *m* Teppich
**tarde** ['tardə] spät; *f* Nachmittag *m*; ***à ~*** nachmittags
**tarefa** [tɐ'rɛfɐ] *f* Aufgabe

**tarifa** [tɐ'rifɐ] *f* Tarif *m*, Gebühr
**tartaruga** [tɐrtɐ'rugɐ] *f* Schildkröte
**tasca** ['taʃkɐ] *f* Kneipe
**taxa** ['taʃɐ] *f* Gebühr; ~ ***turística*** Kurtaxe; ~ ***de câmbio*** Wechselkurs *m*
**táxi** ['taksi] *m* Taxi *n*; **taxímetro** [ta'ksimətru] *m* Taxameter *n*; **taxista** [ta'ksiʃtɐ] *m,f* Taxifahrer(in)
**te** [tə] dir; dich
**teatro** ['tjatru] *m* Theater *n*
**tecido** [tə'sidu] *m* Gewebe *n*, Stoff
**tecla** ['tɛklɐ] *f* Taste
**técnica** ['tɛknikɐ] *f* Technik; **técnico** ['tɛkniku] technisch; *m* Techniker; **tecnologia** [tɛknulu'ʒiɐ] *f* Technologie; **tecnológico** [tɛknu'lɔʒiku] technologisch
**te(c)to** ['tɛtu] *m* (Zimmer-)Decke *f*; Dach *n*
**tejadilho** [təʒɐ'diʎu] *m* Verdeck *n*; *aut* Dach *n*; ~ ***de abrir***, ~ ***dobradiço*** Schiebedach *n*
**tela** ['tɛlɐ] *f* Gewebe *n*; Leinwand; *EDV* Bildschirm *m*
**telecomando** [tələku'mẽdu] *m* Fernbedienung *f*
**telecomunicação** [tələkumunikɐ'sɐ̃w] *f* Telekommunikation
**telefax** [tɛlɛ'faks] *m* Telefax *n*
**teleférico** [tələ'fɛriku] *m* Drahtseilbahn *f*
**telefonar** [tələfu'nar] telefonieren; **telefone** [tələ'fɔnə] *m* Telefon *n*; ~ ***de cartão*** Kartentelefon *n*; ~ ***de moedas*** Münztelefon *n*; **telefonema** [tələfu'nemɐ] *m* Telefongespräch *n*; ~ ***a pagar pelo destinatário*** R-Gespräch *n*

**telegrama** [tələ'grɐmɐ] *m* Telegramm *n*
**telejornal** [tələʒur'nał] *m* *TV* Nachrichtensendung *f*
**telemóvel** [tələ'mɔvɛł] *m* Funktelefon *n*
**teleobje(c)tiva** [tələobʒɛ'tivɐ] *f* Teleobjektiv *n*
**telespectador** [tələʃpɛtɐ'dor] *m* Fernsehzuschauer
**telesqui** [tələ'ʃki] *m* Skilift
**televisão** [tələvi'zɐ̃w] *f* Fernsehen *n*; ~ ***por cabo*** Kabelfernsehen *n*; ~ ***via satélite*** Satellitenfernsehen *n*; **televisor** [tələvi'zor] *m* Fernsehgerät *n*
**telex** [tɛ'lɛx] *m* Telex *n*; **~ar** [tɛlɛ'ksar] telexen
**telha** ['teʎɐ] *f* Ziegel *m*; **~do** [tə'ʎadu] *m* Dach *n*
**tema** ['temɐ] *m* Thema *n*
**temperado** [tẽpə'radu] gemäßigt; mild
**temperatura** [tẽpərɐ'turɐ] *f* Temperatur
**tempestade** [tẽpəʃ'tadə] *f* Sturm *m*
**tempo** ['tẽpu] *m* Zeit *f*; Wetter *n*; **a** ~ rechtzeitig; ~ ***de antena*** Sendezeit *f*; **~rada** [tẽpu'radɐ] *f* Saison; **~rário** [tẽpu'rarju] vorübergehend, zeitweise
**tenaz** [tə'naʃ] zäh; *f* Zange
**tencionar** [tẽsju'nar] beabsichtigen
**tenda** ['tẽdɐ] *f* Zelt *n*
**tendência** [tẽ'dẽsjɐ] *f* Tendenz
**ténia** ['tɛnjɐ] *f* Bandwurm *m*
**ténis** ['tɛniʃ] *m* Tennis *n*; *pl* Tennisschuhe
**tenro** ['tẽʀu] zart
**tensão** [tẽ'sɐ̃w] *f* Spannung; ~ ***arterial*** Blutdruck *m*

**tentativa** [tẽtɐ'tivɐ] *f* Versuch *m*
**teologia** [tjulu'ʒiɐ] *f* Theologie
**teor** [tjor] *m* Wortlaut; Gehalt
**teoria** [tju'riɐ] *f* Theorie; **teórico** ['tjɔriku] theoretisch
**ter** [ter] haben; ~ ***de***, ~ ***que*** müssen
**terapia** [tərɐ'piɐ] *f* Therapie
**terça-feira** [tersɐ'fejrɐ] *f* Dienstag *m*
**terminal** [tərmi'nał] *m* Terminal; *EDV* Terminal *n*
**terminar** [tərmi'nar] (be)enden
**termómetro** [tər'mɔmətru] *m* Thermometer *n*
**termos** ['tɛrmuʃ] *m* Thermoskanne *f*
**terra** ['tɛʀɐ] *f* Erde; Land *n*; Boden *m*
**terraço** [tə'ʀasu] *m* Terrasse *f*
**terramoto** [təʀɐ'mɔtu] *m* Erdbeben *n*
**terreno** [tə'ʀenu] *m* Gelände *n*; Grundstück *n*
**terrível** [tə'ʀivɛł] schrecklich
**terror** [tə'ʀor] *m* Schrecken, Terror; **~ismo** [təʀu'riʒmu] *m* Terrorismus; **~ista** [təʀu'riʃtɐ] *m,f* Terrorist(in)
**tesoura** [tə'zorɐ] *f* Schere
**tesouro** [tə'zoru] *m* Schatz
**testa** ['tɛʃtɐ] *f* Stirn
**testamento** [təʃtɐ'mẽtu] *m* Testament *n*
**testar** [tɛʃ'tar] testen; **teste** ['tɛʃtə] *m* Test
**testemunha** [təʃtə'muɲɐ] *f* Zeuge *m*; ~ ***ocular*** Augenzeuge *m*; **~r** [təʃtəmu'ɲar] (be)zeugen
**testículo** [təʃ'tikulu] *m* Hoden
**tétano** ['tɛtɐnu] *m* Tetanus
**teu** [tew] dein(e)

**texto** ['tejʃtu] *m* Text
**tez** [teʃ] *f* Hautfarbe
**ti** [ti] *nach Präposition* dir; dich
**tia** [tiɐ] *f* Tante
**tifo** ['tifu] *m* Thyphus
**tigre** ['tigrə] *m* Tiger
**tijolo** [ti'ʒolu] *m* Ziegelstein
**tímido** ['timidu] schüchtern
**tinta** ['tĩtɐ] *f* Tinte; Farbe
**tio** [tiw] *m* Onkel
**típico** ['tipiku] typisch; **tipo** ['tipu] *m* Typ (F *a Person*)
**tipografia** [tipugrɐ'fiɐ] *f* Druckerei
**tira** ['tirɐ] *f* Streifen *m*, Band *n*
**tira-cápsulas** [tirɐ'kapsulɐʃ] *m* Flaschenöffner
**tiragem** [ti'raʒẽj] *f Buch etc* Auflage; *Briefkasten* Leerung
**tira-nódoas** [tirɐ'nɔdwɐʃ] *m* Fleckentferner
**tirar** [ti'rar] herausnehmen, -ziehen; entfernen; schießen; **tiro** ['tiru] *m* Schuß
**título** ['titulu] *m* Titel
**to** [tu] = **te** + **o**
**toalha** ['twaʎɐ] *f* Handtuch *n*; Tischdecke; ~ **de felpa** Frotteehandtuch *n*
**toca** ['tɔkɐ] *f* Höhle, Bau *m*
**tocar** [tu'kar] berühren; läuten; *mus* spielen
**todo** ['todu] ganz (und gar); jede(r, -s)
**toldo** ['tołdu] *m* Plane *f*; Markise *f*
**tolerância** [tulə'rẽsjɐ] *f* Duldsamkeit; Toleranz; **tolerar** [tulə'rar] dulden; tolerieren
**tomada** [tu'madɐ] *f* Ein-, Übernahme; *el* Steck-

dose; **tomar** [tu'mar] an-, einnehmen; trinken; **~ *por*** halten für
**tomate** [tu'matə] *m* Tomate *f*
**tomo** ['tomu] *m Buch* Band
**tonelada** [tunə'ladɐ] *f Maßeinheit* Tonne
**tónica** ['tɔnikɐ] *f* Tonic(wasser) *n*; **tónico** ['tɔniku] *m* Stärkungsmittel *n*
**tonto** ['tõtu] töricht, dumm
**topo** ['topu] *m* Spitze *f*
**toque** ['tɔkə] *m* Berührung *f*; Klang; *fig* Spur *f*; Schein
**toranja** [tu'rɐ̃ʒɐ] *f* Pampelmuse
**tórax** ['tɔraks] *m* Brustkorb
**tormenta** [tur'mẽtɐ] *f* Sturm *m*
**torneira** [tur'nejrɐ] *f* (Wasser-)Hahn *m* (***abrir*/*fechar*** öffnen/schließen)
**tornozelo** [turnu'zelu] *m* (Fuß-)Knöchel
**torrada** [tu'ʀadɐ] *f* Toast(brot *n*) *m*; **torradeira** [tuʀɐ'dejrɐ] *f* Toaster *m*
**torre** ['toʀə] *f* Turm *m*
**torrente** [tu'ʀẽtə] *f* Sturzbach *m*
**tortuoso** [tur'twozu] *Weg* gewunden
**tortura** [tur'turɐ] *f* Qual, Folter
**tosse** ['tɔsə] *f* Husten *m*; **tossir** [tu'sir] husten
**tosta** ['tɔʃtɐ] *f* Zwieback *m*; Toast *m*
**tostão** [tuʃ'tɐ̃w] *m* P *fig* Groschen
**total** [tu'taɫ] ganz, total; ***no* ~** alles in allem; **~idade** [tutɐli'dadə] *f* Gesamtheit; **~ista** [tutɐ'liʃtɐ] *m,f* Hauptgewinner(in)
**touca** ['tokɐ] *f* Badekappe
**toucinho** [to'siɲu] *m* Speck

**toupeira** [to'pejrɐ] *f* Maulwurf
**tourada** [to'radɐ] *f* Stierkampf *m*; **touro** ['toru] *m* Stier; ***corrida*** *f* ***de ~s*** Stierkampf *m*
**tóxico** ['tɔksiku] giftig; *m* Gift *n*; **toxicomania** [tɔksikumɐ'niɐ] *f* Drogensucht; **toxicómano** [tɔksi'kɔmɐnu] *m* Drogenabhängige(r)
**trabalhador** [trɐbɐʎɐ'dor] arbeitsam, fleißig; *m* Arbeiter; **trabalhar** [trɐbɐ'ʎar] arbeiten; **trabalho** [trɐ'baʎu] *m* Arbeit *f*; *fig* Mühe *f*
**tra(c)ção** [tra'sɐ̃w] *f aut* Antrieb *m*; ~ ***às quatro rodas*** Allradantrieb *m*
**tradição** [trɐdi'sɐ̃w] *f* Tradition
**tradução** [trɐdu'sɐ̃w] *f* Übersetzung; **tradutor** [trɐdu'tor] *m* Übersetzer
**tráfego** ['trafəgu] *m* Verkehr
**tragédia** [trɐ'ʒɛdjɐ] *f* Tragödie; **trágico** ['traʒiku] tragisch
**trago** ['tragu] *m* Schluck, Zug
**traição** [traj'sɐ̃w] *f* Verrat *m*
**traje** ['traʒə] *m* Kleidung *f*, Tracht *f*
**traje(c)to** [trɐ'ʒɛtu] *m* Strecke *f*; *av* Route *f*
**trâmite** ['trɐmitə] *m* Dienstweg
**tranca** ['trɐ̃kɐ] *f* Riegel *m*; Klinke; **~r** [trɐ̃'kar] verriegeln
**tranquilidade** [trɐ̃kwili'dadə] *f* Ruhe; **tranquilo** [trɐ̃'kwilu] ruhig
**transa(c)ção** [trɐ̃za'sɐ̃w] *f* Geschäft *n*
**transferência** [trɐ̃ʃfə'rẽsjɐ] *f* Übertragung; Transfer *m*
**transformação** [trɐ̃ʃfurmɐ'sɐw] *f* Veränderung; Umwandlung; *tech* Verarbeitung

**trânsito** ['trɐ̃zitu] *m* (Straßen-)Verkehr; ~ ***proibido*** Durchfahrt verboten
**transmissão** [trɐ̃ʒmi'sɐ̃w] *f* Übertragung (*a TV, tech*); ~ ***ao vivo*** Live-Sendung; **transmitir** [trɐ̃ʒmə'tir] übertragen, übermitteln
**transparente** [trɐ̃ʃpɐ'rẽtə] transparent; durchsichtig
**transplante** [trɐ̃ʃ'plɐ̃tə] *m* Transplantation *f*
**transportar** [trɐ̃ʃpur'tar] transportieren; **transporte** [trɐ̃ʃ'pɔrtə] *m* Transport(mittel *n*); ~***s*** *pl* ***públicos*** öffentliche Verkehrsmittel
**transtornos** [trɐ̃ʃ'tɔrnuʃ] *mpl* Verwirrung *f*, Durcheinander *n*
**trapo** ['trapu] *m* Lappen
**traque** ['trakə] *m* V Furz
**traqueia** [trɐ'kejɐ] *f* Luftröhre
**trás** [traʃ] nach; hinten; hinter; ***uns*** ~ ***os outros*** einer nach dem anderen
**traseiras** [trɐ'zejrɐʃ] *fpl* Rückeite *f*; **traseiro** [trɐ'zejru] hintere(r, -s); Hinter...; *m* F Hintern
**trasladar** [trɐʒlɐ'dar] versetzen, verlagern; überführen
**tratamento** [trɐtɐ'mẽtu] *m* Behandlung *f*; Anrede *f*; ~ ***de roupa*** *Hotel* Wäscheservice; **tratar** [trɐ'tar] behandeln; ~***-se de*** sich handeln um
**travagem** [trɐ'vaʒɐ̃j] *f* Bremsung; **travão** [trɐ'vɐ̃w] *m* Bremse *f*; ~ ***de estacionamento*** Handbremse *f*; **travar** [trɐ'var] bremsen
**travesseiro** [trɐvə'sejru] *m* Kopfkissen *n*
**travessia** [trɐvə'siɐ] *f* Überquerung, Überfahrt
**travesti** [trɐvəʃ'ti] *m* Transvestit

**trazer** [trɐ'zer] (her)bringen; *Kleidung* tragen
**trecho** ['treʃu] *m* Stück *n*, Abschnitt; Strecke *f*
**treinador** [trejnɐ'dor] *m* Trainer; **treinar** [trej'nar] trainieren; **treino** ['trejnu] *m* Training *n*
**trela** ['trɛlɐ] *f* Hundeleine
**trem** [trẽj] *m bras* Zug; **~ de cozinha** Küchenutensilien *pl*; **~ de rodagem** *aut* Fahrwerk *n*
**trena** ['trenɐ] *f* Haarband *n*
**trenó** [trə'nɔ] *m* Schlitten
**trepadeira** [trəpɐ'dejrɐ] *f* Kletterpflanze
**trespasse** [trəʃ'pasə] *m* Geschäftsauflösung *f*
**triângulo** [tri'ɐ̃gulu] *m* Dreieck *n*; **~ de pré-sinalização** Warndreieck *n*
**tribo** ['tribu] *f* (Volks-)Stamm *m*
**tribunal** [tribu'nał] *m* Gericht(shof) *n*
**triciclo** [tri'siklu] *m* Dreirad *n*
**tricotar** [triku'tar] stricken
**trigo** ['trigu] *m* Weizen
**trilho** ['triʎu] *m* Pfad
**trimestre** [tri'mɛʃtrə] *m* Vierteljahr *n*
**trinco** ['trĩku] *m* Klinke *f*, Türdrücker
**tripa** ['tripɐ] *f* Darm *m*; **~s** *pl Kchk* Kutteln
**triplo** ['triplu] dreifach
**tripulação** [tripulɐ'sɐ̃w] *f* Besatzung
**triste** ['triʃtə] traurig; **~za** [triʃ'tezɐ] *f* Traurigkeit
**triunfo** ['trjũfu] *m* Triumph
**troca** ['trɔkɐ] *f* Tausch *m*; Wechsel *m*; **~ de estudantes** Studentenaustausch *m*; **~ de opiniões** Meinungsaustausch *m*; **~r** [tru'kar] aus-, umtauschen
**troçar** [tru'sar]: **~ de** verspotten

**troco** ['troku] *m* Klein-, Wechselgeld *n*
**troço** ['trosu] *m* Abschnitt, Stück *n*
**tromba** ['trõbɐ] *f* Rüssel *m*; F Schnauze
**trombeta** [trõ'betɐ] *f* Trompete
**tronco** ['trõku] *m* Stamm; Stumpf
**trono** ['tronu] *m* Tron
**tropa** ['trɔpɐ] *f* F Militär *n*, Bund *m*
**tropeçar** [trupə'sar] stolpern (***em*** über)
**tropical** [trupi'kał] tropisch; **trópicos** ['trɔpikuʃ] *mpl* Tropen
**trotar** [tru'tar] traben, trotten
**trovão** [tru'vɐ̃w] *m* Donner; **trovejar** [truvə'ʒar] donnern; **trovoada** [tru'vwadɐ] *f* Gewitter *n*
**trunfo** ['trũfu] *m* Trumpf
**truque** ['trukə] *m* Trick, Kniff
**truta** ['trutɐ] *f* Forelle
**tu** [tu] du
**tubarão** [tubɐ'rɐ̃w] *m* Hai(fisch)
**tubérculo** [tu'bɛrkulu] *m* (Wurzel-)Knolle *f*
**tubo** ['tubu] *m* Rohr; ~ ***de escape*** Auspuffrohr *n*; ~ ***roto*** Rohrbruch
**tudo** ['tudu] alles
**túmulo** ['tumulu] *m* Grab(mal) *n*
**tumulto** [tu'mułtu] *m* Tumult, Aufruhr
**túnel** ['tunɛł] *m* Tunnel
**turbina** [tur'binɐ] *f* Turbine
**turbulento** [turbu'lẽtu] belebt; turbulent
**turco** ['turku] türkisch; *m* Türke
**turismo** [tu'riʒmu] *m* Tourismus; ***agência*** *f* ***de*** ~ Reisebüro *n*; ***junta*** *f* ***de*** ~ Fremdenverkehrsamt *n*; ~ ***rural*** Urlaub auf dem Land; **turista** [tu'riʃtɐ]

*m*, *f* Turist(in); **turístico** [tu'riʃtiku] touristisch
**turma** ['turmɐ] *f* Klasse
**turno** ['turnu] *m* *Arbeit* Schicht *f*
**turquês** [tur'keʃ] *m* Kneifzange *f*
**turvo** ['turvu] trübe
**tutela** [tu'tɛlɐ] *f* Vormundschaft; **tutor** [tu'tor] *m* Vormund

## U

**úbere** ['ubərə] *m* Euter *n*
**ufano** [u'fɐnu] hochmütig
**uísque** ['wiʃkə] *m* Whisky
**úlcera** ['ułsərɐ] *f* Geschwür *n*
**ultimamente** [ułtimɐ'mẽtə] zuletzt, letztlich; **último** ['ułtimu] letzt; äußerst
**ultramar** [ułtrɐ'mar] *m* Übersee (*ohne Artikel*)
**ultrapassado** [ułtrɐpɐ'sadu] überholt; **ultrapassar** [ułtrɐpɐ'sar] übertreffen; überwinden; *auto* überholen
**um**(**a**) [ũ, ('umɐ)] ein(e); ***uns, umas*** einige
**unanimidade** [unɐnəmi'dadə] *f* Einstimmigkeit
**unguento** [ũ'gwẽtu] *m* Salbe *f*
**unha** ['uɲɐ] *f* Fingernagel *m*; Kralle
**união** [u'njɐ̃w] *f* Vereinigung, Verband *m*
**único** ['uniku] einzig
**unidade** [uni'dadə] *f* Einheit
**unilateral** [unilɐtə'rał] einseitig
**unir** [u'nir] verbinden; vereinigen
**universal** [univər'sał] universal; universell

**universidade** [univərsi'dadə] *f* Universität; **universitário** [univərsi'tarju] Universitäts...; *m* Akademiker
**Universo** [uni'vɛrsu] *m* Universum *n*
**uns** [ũʃ] *siehe* ***um(a)***
**urbanismo** [urbɐ'niʒmu] *m* Städtebau
**urgência** [ur'ʒẽsjɐ] *f* Dringlichkeit; **urgente** [ur'ʒẽtə] dringend; ***ser*** **~** eilig sein
**urina** [u'rinɐ] *f* Urin *m*; **urinol** [uri'nɔɫ] *m* Pissoir *n*
**urna** ['urnɐ] *f* Urne
**urso** ['ursu] *m* Bär
**urtiga** [ur'tigɐ] *f* Brennessel
**usado** [u'zadu] gebraucht; **usar** [u'zar] gebrauchen; abnutzen; benutzen; **uso** ['uzu] *m* Gebrauch; Benutzung *f*; **~ *doméstico*** Hausgebrauch; **usual** [u'zwaɫ] üblich
**utensílio** [utẽ'silju] *m* Gerät *n*; Utensil *n*; **~s** ***pl de barbear*** Rasierzeug *n*
**utente** [u'tẽtə] *m,f* Nutzer(in)
**útil** ['utiɫ] nützlich; **utilização** [utəlizɐ'sɐ̃w] *f* Benutzung; **utilizar** [utəli'zar] benutzen
**uva** ['uvɐ] *f* Weintraube; **~-passa** [uvɐ'pasɐ] *f* Rosine

# V

**vaca** ['vakɐ] *f* Kuh; *Kchk* Rindfleisch *n*
**vacância** [vɐ'kɐ̃sjɐ] *f* freie Stelle; **vacante** [vɐ'kɐ̃tə] frei; vakant
**vacina** [vɐ'sinɐ] *f* Impfung; **~r** [vɐsi'nar] impfen

**vácuo** ['vakwu] *m* Vakuum *n*
**vadiar** [vɐ'djar] schlendern
**vagão** [vɐ'gɐ̃w] *m Esb* Waggon; **~-cama** Schlafwagen; **~-restaurante** Speisewagen
**vago** ['vagu] vage; leer; unbesetzt
**vaivém** [vaj'vɐ̃j] *m* Hin und Her *n*; Fähre *f*
**vala** ['valɐ] *f* Graben *m*; **vale** ['valə] *m* Tal *n*; Gutschein; **~ do correio** Postanweisung *f*
**valente** [vɐ'lẽtə] tapfer
**valer** [vɐ'ler] gelten; wert sein; nützen; ***vale a pena*** es lohnt sich
**valeriana** [vɐlə'rjɐnɐ] *f* Baldrian *m*
**validade, validez** [vɐli'dadə, vɐli'deʃ] *f* Gültigkeit; **válido** ['validu] (rechts)gültig; ***não*** **~** ungültig; **valioso** [vɐ'ljozu] wertvoll; **valor** [vɐ'lor] *m* Wert
**válvula** ['vaɫvulɐ] *f tech* Klappe; Ventil *n*
**vantagem** [vɐ̃'taʒɐ̃j] *f* Vorteil *m*; **vantajoso** [vɐ̃tɐ'ʒozu] vorteilhaft
**vão** [vɐ̃w] *m* Hohlraum; (Tor-)Bogen; ***em*** **~** vergeblich, umsonst
**vapor** [vɐ'por] *m* Dampf; Dampfer
**vara** ['varɐ] *f* Stab *m*; Rute
**varanda** [vɐ'rɐ̃dɐ] *f* Balkon *m*
**varão** [vɐ'rɐ̃w] *m* männliches Wesen *n*; F Stammhalter
**variado** [vɐ'rjadu] verschieden(artig); **variar** [vɐ'rjar] abwechseln; ändern; **variável** [vɐ'rjaveɫ] veränderlich; **variedade** [vɐrjə'dadə] *f* Vielfalt; Verschiedenartigkeit; **vário** ['varju] verschieden(artig)

**varíola** [vɐ'riwlɐ] *f* Pocken *pl*
**variz** [vɐ'riʃ] *f* Krampfader
**vasilhame** [vɐzi'ʎɐmə] *m* Leergut *n*; **vaso** ['vazu] *m* Gefäß *n* (*a anat*); ~ ***sanguíneo*** Blutgefäß *n*; ~ ***sanitário*** Klosett(becken) *n*
**vaza** ['vazɐ] *f Kartenspiel* Stich *m*
**vazante** [vɐ'zɐ̃tə] *f* Ebbe; **vazar** [vɐ'zar] (ent)leeren
**vazio** [vɐ'ziw] leer; *m* Leere *f*
**veado** ['vjadu] *m* Hirsch
**vedação** [vedɐ'sɐ̃w] *f* Absperrung; Zaun *m*
**vedeta** [və'detɐ] *f* Star *m*
**vegetação** [vəʒətɐ'sɐ̃w] *f* Vegetation **vegetal** [vəʒə'taɫ] pflanzlich; **vegetariano** [vəʒətɐ'rjɐnu] vegetarisch; *m* Vegetarier
**veia** ['vejɐ] *f* Vene, Ader (*a fig*)
**veículo** [və'ikulu] *m* Fahrzeug *n*
**vela** ['vɛlɐ] *f* Kerze (*a aut*); Segel *n*; ***barco m a*** ~ Segelboot *n*
**velhice** [vɛ'ʎisə] *f* (hohes) Alter *n*; **velho** ['vɛʎu] alt; *m* Alte(r)
**velocidade** [vəlusi'dadə] *f* Geschwindigkeit; *aut* Gang *m*; ~ ***directriz*** Richtgeschwindigkeit; **veloz** [və'loʃ] schnell
**veludo** [və'ludu] *m* Samt
**vencedor** [vẽsə'dor] *m* Sieger; **vencer** [vẽ'ser] (be)siegen; *Frist* verstreichen; **vencimento** [vẽsi'mẽtu] *m* Fälligkeit *f*
**venda** ['vẽdɐ] *f* Verkauf *m*; *med* Binde; ~ ***antecipada*** Vorverkauf *m*; ~ ***por correspondência*** Versandhandel *m*; ~***s*** *pl* Versand *m*; **vende-**

**dor(a)** [vẽdə'dor, (-ɔrɐ)] *m,f* Verkäufer(in); **vender** [vẽ'der] verkaufen
**veneno** [və'nenu] *m* Gift *n*; **~so** [vənə'nozu] giftig
**ventilação** [vẽtilɐ'sɐ̃w] *f* Lüftung; **ventilador** [vẽtilɐ'dor] *m* Ventilator; **~ *de ar quente*** Heizlüfter
**vento** ['vẽtu] *m* Wind
**ventosidades** [vẽtuzi'dadəʃ] *fpl* Blähungen
**ventre** ['vẽtrə] *m* Bauch
**ver** [ver] sehen; ***ir ~ alg*** j-n besuchen (gehen)
**verão** [və'rɐ̃w] *m* Sommer
**verdade** [vər'dadə] *f* Wahrheit; **verdadeiro** [vərdɐ'dejru] wirklich; wahrhaft(ig)
**verde** ['vɛrdə] grün; *m* Grün *n*; **verdura** [vər'durɐ] *f* Gemüse *n*
**vergonha** [vər'goɲɐ] *f* Scham; Schande; **~s** *pl* Schamteile
**verídico** [və'ridiku] wahrheitsgetreu
**verificar** [vərəfi'kar] überprüfen; feststellen
**verme** ['vɛrmə] *m* Wurm
**vermelho** [vər'meʎu] rot; *m* Rot *n*
**verniz** [vər'niʃ] *m* Lack; Nagellack
**verruga** [və'ʀugɐ] *f* Warze
**versado** [vər'sadu] versiert, bewandert
**versátil** [vər'satiɫ] vielseitig
**verso** ['vɛrsu] *m* Rückseite *f*; Vers
**verter** [vər'ter] (ein-, ver)gießen
**vertical** [vərti'kaɫ] vertikal
**vertigem** [vər'tiʒẽj] *f* Schwindelgefühl *n*
**véspera** ['vɛʃpərɐ] *f* Vorabend *m*

**vestiário** [vəʃ'tjarju] *m theat* Garderobe *f*; **vestido** [vəʃ'tidu] *m* Kleid *n*; **vestir** [vəʃ'tir] *Kleidung* tragen; anziehen

**veterinário** [vətəri'narju] *m* Tierarzt

**véu** [vɛw] *m* Schleier

**vez** [veʃ] *f* Mal *n*; ***cada ~*** jedesmal; jeweils; ***de ~ em quando*** manchmal; ***desta ~*** diesmal; ***em ~ de*** anstelle (von); ***outra ~*** noch einmal; ***muitas ~es*** oft; ***várias ~es*** mehrmals

**via** ['viɐ] *f* Weg *m*; *Esb* Gleis *n*; ***~ de acesso*** Zufahrtsstraße; ***~ rápida*** Schnellstraße

**viagem** ['vjaʒɐ̃j] *f* Reise; ***~ com tudo incluído*** Pauschalreise; ***~ de ida e volta*** Hin- und Rückreise; **viajante** [vjɐ'ʒɐ̃tə] *m,f* Reisende(r); **viajar** [vjɐ'ʒar] reisen

**viatura** [vjɐ'turɐ] *f* Fahrzeug *n*; ***~ de serviço*** Dienstwagen *m*

**viável** ['vjavɛɫ] befahrbar; *fig* gangbar

**víbora** ['viburɐ] *f* Viper

**vice-...** ['visə] Vize...

**vida** ['vidɐ] *f* Leben *n*; ***~ em comum*** Lebensgemeinschaft

**vídeo** ['vidju] *m* Video *n*; Videorecorder; Bildschirm; **videocâmara** [vidju'kɐmɐrɐ] *f* Videokamera; **videocassete** [vidjukɐ'sɛtə] *m* Videokassette *f*; **videogravador** [vidjugrɐvɐ'dor] *m* Videorecorder; **videotexto** [vidju'tejʃtu] *m* Videotext

**vidraceiro** [vidrɐ'sejru] *m* Glaser; **vidrão** [vi'drɐ̃w] *m* Altglascontainer; **vidro** ['vidru] *m* Glas(scheibe *f*) *n*

**viga** ['vigɐ] *f* Balken *m*
**vigente** [vi'ʒẽtə] gültig, geltend
**vigiar** [vi'ʒjar] (be-, über)wachen
**vigor** [vi'gor] *m* Strenge *f*; Gültigkeit *f*; ***em ~*** in Kraft
**vila** ['vilɐ] *f* Kleinstadt
**vinagre** [vi'nagrə] *m* Essig
**vingança** [vĩ'gɐ̃sɐ] *f* Rache; **vingar** [vĩ'gar] rächen
**vinha** ['viɲɐ] *f* Weinberg *m*; **vinho** ['viɲu] *m* Wein; ***~ branco*** Weißwein; ***~ tinto*** Rotwein
**viola** ['vjɔlɐ] *f* Gitarre
**violar** [vju'lar] verletzen; vergewaltigen; **violência** [vju'lẽsjɐ] *f* Gewalt; **violento** [vju'lẽtu] gewalttätig; heftig
**vir** [vir] (her)kommen
**viragem** [vi'raʒẽj] *f* Wende (*a pol*); ***raio m de ~*** Wendekreis
**virar** [vi'rar] (um)drehen, wenden; *bras* werden
**virgem** ['virʒẽj] jungfräulich; *f* Jungfrau
**virtude** [vir'tudə] *f* Tugend
**vírus** ['viruʃ] *m* Virus *m od n*
**visibilidade** [vizibəli'dadə] *f* Sicht
**visita** [və'zitɐ] *f* Besuch *m*; Besichtigung; ***~ guiada*** Führung; ***ter ~s*** Besuch haben; **~nte** [vəzi'tɐ̃tə] *m,f* Besucher(in); **~r** [vəzi'tar] besuchen; besichtigen
**visível** [və'zivɛł] sichtbar
**visor** [vi'zor] *m fot* Sucher
**vista** ['viʃtɐ] *f* Blick *m*; (Aus-)Sicht; Sehvermögen *n*; ***~ para o mar*** Seeblick *m*

**visto** ['viʃtu] gesehen; *m* Visum *n*
**vitamina** [vitɐ'minɐ] *f* Vitamin *n*
**vitela** [vi'tɛlɐ] *f* Kalb(fleisch) *n*
**viticultor** [vitikuɫ'tor] *m* Winzer; **viticultura** [vitikuɫ'turɐ] *f* Weinbau *m*
**vítima** ['vitimɐ] *f* Opfer *n*
**vitória** [vi'tɔrjɐ] *f* Sieg *m*
**viúva** ['vjuvɐ] *f* Witwe; **viúvo** ['vjuvu] *m* Witwer
**viva!** ['vivɐ] F Hallo!; **vivaz** [vi'vaʃ] lebhaft; **vivenda** [vi'vẽdɐ] *f* (Einfamilien-)Haus *n*; *allg* Wohnung; **viver** [vi'ver] leben; wohnen; **víveres** ['vivərəʃ] *mpl* Lebensmittel; **vivo** ['vivu] lebendig; lebhaft
**vizinho** [və'ziɲu] benachbart; *m* Nachbar
**voador** [vwɐ'dor] *m*: **~ de asa-delta** Drachenflieger; **voar** [vwar] *Vogel* fliegen
**vocabulário** [vukɐbu'larju] *m* Wörterverzeichnis *n*; Wortschatz
**você** [vɔ'se] Sie; *bras* du; **~s** *pl Anrede* Ihr
**volante** [vu'lẽtə] *m* Lenkrad *n*
**voleibol** [vɔlej'bɔɫ] *m* Volleyball
**volta** ['vɔɫtɐ] *f* Rückkehr; Rundgang *m*; Rundreise; Drehung; **dar uma ~** e-n Rundgang machen; **dar meia ~** kehrt machen; **estar de ~** zurück sein
**voltagem** [vɔɫ'taʒẽj] *f el* Spannung
**voltar** [vɔɫ'tar] zurückkehren; wenden; drehen
**volume** [vu'lumə] *m* Volumen *n*; Lautstärke *f*; Gepäckstück *n*; *Buch* Band; *Zigaretten* Stange *f*

**voluntário** [vulũ'tarju] freiwillig; *m* Freiwillige(r)
**vomitar** [vumi'tar] sich erbrechen; **vómito** ['vɔmitu] *m* Erbrechen *n*
**vontade** [võ'tadə] *f* Wille(n) *m*; **à** ~ ungezwungen nach Belieben
**voo** [vow] *m* Flug; ~ ***de carreira*** Linienflug; ~ ***doméstico*** Inlandflug; ***levantar*** ~ *av* starten
**vos** [vuʃ] euch
**vós** [vɔʃ] ihr
**vosso** ['vɔsu] euer
**voto** ['vɔtu] *m* Wunsch; *Wahl* Stimme *f*
**voz** [vɔʃ] *f* Stimme
**vulcão** [vuɫ'kɐ̃w] *m* Vulkan
**vulgar** [vuɫ'gar] gewöhnlich

## W

**windsurf** ['wındsɜːf] *m* Windsurfing *n*

## X

**x** [ʃiʃ]: ***raios*** ~ Röntgenstrahlen *pl*
**xadrez** [ʃɐ'dreʃ] *m* Schach *n*
**xaile** ['ʃajlə] *m* Schal
**xarope** [ʃɐ'rɔpə] *m* Sirup
**xenofobia** [ʃənufu'biɐ] *f* Fremdenfeindlichkeit; **xenófobo** [ʃə'nɔfubu] fremdenfeindlich
**xérox** ['ʃɛrɔks] *m Wz* Fotokopiergerät *n*

# Z

**zanga** ['zẽgɐ] *f* Zank *m*; Ärger *m*; **~r-se** [zẽ'garsə] sich ärgern (***com*** über); sich zanken (***com*** mit)
**zaragata** [zɐrɐ'gatɐ] *f* Lärm *m*; Streit *m*; Randale
**zebra** ['zɛbrɐ] *f* Zebra *n*; **~s** *pl* Zebrastreifen
**zelo** ['zelu] *m* Eifer, Elan
**zero** ['zɛru] *m* Null *f*
**zinco** ['zĩku] *m* Zink *n*
**zodíaco** [zu'diɐku] *m* Tierkreis
**zona** ['zonɐ] *f* Zone; **~ *de estacionamento limitado*** Kurzparkzone; **~ *de peões*** Fußgängerzone; **~ *de pouco trânsito*** verkehrsberuhigte Zone; **~ *de sombra*** *aut* toter Winkel *m*; **~ *verde*** Grünanlage
**zoologia** [zwolu'ʒiɐ] *f* Zoologie; **zoológico** [zwo'lɔʒiku] zoologisch
**zum** [zũ] *m fot* Zoom *n*

# Deutsch-Portugiesisches Wörterverzeichnis

## A

**Aal** *m* enguia *f*
**ab** *räumlich, zeitlich* de, desde, a partir de
**abbestellen** *Zimmer* anular a reserva
**abbiegen** virar, cortar (***nach rechts*** à direita)
**Abbildung** *f* ilustração
**abblenden** *aut* ligar os mínimos; **Abblendlicht** *n* mínimos *mpl*
**abbrechen** romper, partir; *Reise* suspender
**abbremsen** travar
**Abend** *m* noite *f*; *vor Dunkelheit* tarde *f*; ***am* ~** à noite; ***heute* ≈** esta noite; ***gestern* ≈** ontem à noite; ***guten ~!*** boa noite!; boa tarde!; ***zu ~ essen*** jantar; **~essen** *n* jantar *m*; **~kasse** *f* bilheteira; **~kleid** *n* traje *m* de cerimónia
**abends** à (*od* de) noite
**Abenteuer** *n* aventura *f*
**aber** mas; porém
**abfahren** *Zug etc* partir, sair; *Ski* descer; **Abfahrt** *f* partida, saída; descida; **Abfahrtszeit** *f* hora de partida
**Abfall** *m* (*Müll*) lixo; (*Rückstände*) detritos *mpl*; **~eimer** *m* balde de lixo
**Abflug** *m* partida *f*; (*Start*) descolagem *f*; **~zeit** *f* hora de partida
**Abfluß** *m* esgoto; **~rohr** *n* tubo *m* de descarga
**Abführmittel** *n* laxante *m*

**Abgas** *n* gás *m* de escape
**abgelaufen** *Paß, Fahrschein* caduco
**abgelegen** afastado
**abgenutzt** gasto
**Abgeordnete** *m,f* deputado *m*, -a *f*
**abgepackt** pré-embalado, de pacote
**Abgrund** *m* abismo
**abhalten** impedir (***j-n von et*** alg de fazer a/c)
**Abhang** *m* encosta *f*, declive
**abhängen** depender (***von*** de); **abhängig** dependente; **Abhängigkeit** *f* dependência
**abheben** *av* levantar voo, descolar; *tel*, *Geld* levantar
**abholen** ir buscar; ***~ kommen*** vir buscar
**abkühlen** arrefecer; *Wetter* refrescar
**Abkürzung** *f* abreviação; *Weg* atalho *m*
**abladen** descarregar
**Ablauf** *m* decurso; *Frist* vencimento; **2en** (de)correr; vencer(-se)
**ablegen** *Mantel* tirar; *Kleidung* despir(-se)
**ablehnen** recusar
**Ablenkung** *f* distra(c)ção
**abmachen** (*vereinbaren*) combinar; **Abmachung** *f* acordo *m*
**abmelden: *sich ~*** participar a saída
**abmessen** medir; **Abmessungen** *fpl* dimensões
**Abnahme** *f* diminuição; **abnehmen** diminuir; *Gewicht* emagrecer
**Abneigung** *f* aversão; antipatia
**abrechnen** fazer as contas; *fig* ajustar contas
**Abreise** *f* partida (***nach*** para); **2n** partir

**abreißen** arrancar; *Haus* demolir
**Abrüstung** *f* desarmamento *m*
**Absage** *f* recusa; *Einladung* desculpa
**Absatz** *m ök* venda *f*; *Schuh* salto; *Text* parágrafo
**abschaffen** abolir
**abschalten** desligar
**abscheulich** horrível
**abschicken** enviar, despachar
**Abschied** *m* despedida *f*; ~ ***nehmen*** despedir-se
**Abschleppdienst** *m* pronto-socorro; **abschleppen** rebocar; **Abschleppfahrzeug** *n* (carro *m* de) reboque *m*; **Abschleppseil** *n* cabo *m* de reboque
**abschließen** fechar à chave; *Vertrag* concluir; **Abschluß** *m* conclusão *f* (*a Vertrag*); *Ende* fim
**Abschnitt** *m Formular* recibo; *Zeit* período; (*Teilstück*) trecho
**abschreiben** copiar; **Abschrift** *f* cópia
**Absender** *m* remetente
**Absicht** *f* intenção; **＄lich** de propósito
**absolut** absoluto
**abspielen:** ***sich*** ~ passar-se, acontecer
**abspülen** lavar; *Geschirr* enxaguar
**abstammen** descender (***von*** de)
**Abstand** *m* distância *f*; *zeitlich* intervalo
**Abstecher** *m*: ***e-n*** ~ ***machen*** dar um salto (***nach, zu*** a)
**absteigen** descer; *Hotel* hospedar-se
**abstellen** *aut* estacionar; *Motor* parar; *TV* desligar
**Abstieg** *m* descida *f*

**abstimmen** votar; **Abstimmung** *f* votação
**Abstinenzler** *m* abstémio
**abstoßend** repugnante
**Absturz** *m* queda *f*; **abstürzen** cair; *av* despenhar-se
**Abteil** *n* *Esb* compartimento *m*; **~ung** *f* departamento *f*, se(c)ção *f*
**Abtreibung** *f* aborto *m* provocado
**abtrennen** separar
**abtrocknen** secar, enxugar
**abwarten** aguardar, esperar
**abwärts** abaixo
**abwaschen** lavar
**abwechseln:** ***sich*** ~ revezar-se; **~d** alternativo; **Abwechslung** *f* variação; (*Zerstreuung*) distra(c)ção; **abwechslungsreich** variado
**abwehren** repelir
**abwerten** *Geld* desvalorizar; **Abwertung** *f* desvalorização
**abwesend** ausente; *fig* distraído; **Abwesenheit** *f* ausência
**abwischen** limpar; *Tafel* apagar
**Abzeichen** *n* distintivo *m*
**abziehen** *Betrag* descontar; **Abzug** *m* cópia *f*; **abzüglich** menos, a descontar
**Abzweigung** *f* bifurcação
**Achse** *f* eixo *m*
**Achsel** *f* ombro *m*; **~höhle** *f* axila
**Achsenbruch** *m* ruptura *f* do eixo
**achten** estimar; ~ ***auf*** reparar em
**Achterbahn** *f* montanha *f* russa

**achtgeben** prestar atenção (***auf*** a); **Achtung** *f* respeito *m*; **~!** atenção!, cuidado!
**Acker** *m* campo
**addieren** somar
**Ader** *f* veia
**Adler** *m* águia *f*
**Adresse** *f* endereço *m*; **adressieren** endereçar (***an*** a)
**Affe** *m* macaco
**Afrikaner(in** *f*) *m* africano *m*, -a *f*; **afrikanisch** africano
**aggressiv** agressivo
**ähneln** parecer-se (***j-m*** com alg)
**ahnen** suspeitar
**ähnlich** parecido, semelhante; **≗keit** *f* semelhança
**Ahnung** *f* ideia; (*Gefühl*) pressentimento *m*; **≗slos** desprevenido
**AIDS** *n* SIDA *f*
**Akademie** *f* academia
**akklimatisieren: *sich* ~** aclimatar-se
**Aktie** *f* a(c)ção; **~ngesellschaft** *f* sociedade anónima
**Aktion** *f* a(c)ção
**Aktionär** *m* a(c)cionista
**aktiv** a(c)tivo; **≗itäten** *fpl* a(c)tividades
**aktuell** a(c)tual; *Mode* em voga
**Akzent** *m* acento; *Sprache* sotaque
**Alarm** *m* alarme
**Alge** *f* alga
**Alkohol** *m* álcool; **≗frei** sem álcool; **~iker(in** *f*) *m* alcoólico *m*, -a *f* ; **~ismus** *m* alcoolismo

**alle** todos, -as; **~s** tudo; ***vor ~m*** sobretudo
**Allee** *f* avenida
**allein** só
**allerdings** *einschränkend* porém; *zustimmend* sem dúvida
**Allergie** *f* alergia; **allergisch** alérgico (***gegen*** a)
**allgemein** geral, comum; ***im ~en*** em geral; **2arzt** *m* médico de clínica geral
**allmählich** pouco a pouco
**Allradantrieb** *m* tra(c)ção *f* às quatro rodas
**Alltag** *m* dia-a-dia; **alltäglich** diário, quotidiano; *fig* comum; trivial
**als** *zeitlich* quando; *Vergleich* (do) que; de; *Konjunktion* como; ***besser ~*** melhor que; ***mehr ~ 5*** mais de 5
**also** portanto
**alt** velho; (*ehemalig*) antigo; ***wie ~ sind Sie?*** quantos anos tem?
**Altar** *m* altar
**Alter** *n* idade *f*; (*hohes ~*) velhice *f*, terceira idade
**altmodisch** fora da moda
**Altstadt** *f* bairro *m* antigo; **~sanierung** *f* saneamento *m* do bairro antigo
**ambulant** ambulante
**Ameise** *f* formiga; **~nhaufen** *m* formigueiro
**Amerikaner(in** *f*) *m* americano *m*, -a *f*
**Ampel** *f* semáforo *m*
**Amt** *n offiziell* cargo *m*; *Büro* repartição *f*; *tel* central *f*; **2lich** oficial
**amüsant** divertido; **amüsieren: *sich ~*** divertir-se

**Ananas** *f* ananás *m*; *bras* abacaxi *m*
**Anbau** *m Boden* cultivo; *Haus* anexo
**anbieten** oferecer
**anbinden** atar, ligar (**an** a)
**Anblick** *m* vista *f*; (*Aussehen*) aspecto
**Andenken** *n* lembrança *f*
**andere(r, s)** outro, -a; ***et ~s*** outra coisa
**andererseits** por outro lado
**ändern** mudar, alterar; *Kleidung* transformar; ***sich ~*** mudar-se; **Änderung** *f* mudança, alteração; **Änderungsvorschlag** *m* emenda *f*
**Andeutung** *f* indício *m*; (*Anspielung*) alusão
**Andrang** *m* afluência *f*
**anerkannt** reconhecido; **Anerkennung** *f* reconhecimento *m*
**Anfall** *m* ataque
**Anfang** *m* começo, princípio; **anfangen** começar; **Anfänger(in** *f*) *m* principiante; **anfangs** ao princípio
**anfassen** tocar (em); *fest* pegar (em); agarrar
**anfertigen** fazer; *tech* produzir
**anfeuchten** humedecer, molhar
**Anflug** *m av* aproximação *f*
**anfreunden: *sich ~ mit*** tornar-se amigo de; *fig* familiarizar-se com
**Angabe** *f* indicação; ***nähere ~n*** *pl* pormenores *mpl*; **angeben** indicar; (*prahlen*) gabar-se (***mit*** de); **Angeber(in** *f*) *m* gabarola
**angeblich** suposto; *Adverb* segundo se diz
**Angebot** *n* oferta *f*
**Angehörige** *m,f* parente, familiar

**Angeklagte** *m,f* réu *m*, ré *f*
**Angel** *f* cana de pesca
**Angelegenheit** *f* assunto *m*, questão
**angeln** pescar à linha; **Angelschein** *m* licença *f* de pesca
**angemessen** conveniente; adequado
**angenehm** agradável; **~!** prazer!
**Angestellte** *m,f* empregado *m*, -a *f*
**angewiesen:** ~ ***sein auf*** depender de
**angewöhnen:** ***sich et*** ~ habituar-se a a/c; **Angewohnheit** *f* hábito *m*
**Angina** *f* angina
**angreifen** atacar; *Gesundheit* afectar; **Angriff** *m* ataque
**Angst** *f* medo *m* (***vor*** de); **ängstigen** meter medo; ***sich*** ~ ter medo; **ängstlich** receoso
**anhalten** parar; **Anhalter:** ***per*** ~ ***fahren*** viajar à boleia
**Anhang** *m* apêndice, anexo
**Anhänger** *m aut* reboque; *Mensch* aderente; *Schmuck* pingente
**Animateur** *m* animador
**Anker** *m* âncora *f*
**Anklage** *f* acusação; ~ ***erheben*** fazer queixa
**anklopfen** bater à porta
**ankommen** chegar (***in*** a)
**ankündigen** anunciar
**Ankunft** *f* chegada; **~stag** *m* dia de chegada; **~szeit** *f* hora de chegada
**Anlaß** *m* motivo; (*Gelegenheit*) ocasião *f*
**anlassen** *Motor* arrancar; (*nicht ausschalten*) dei-

xar aceso (*od* ligado); *Kleidung* ficar com; **Anlasser** *m* arranque
**Anleitung** *f* instruções *fpl*
**anmachen** fixar, pôr; *Licht etc* acender
**Anmeldeformular** *n* impresso *m* de inscrição; **anmelden** *Schule etc* matricular; *Zoll* declarar; *Termin* marcar; **Anmeldung** *f* inscrição; *Behörde* participação
**Annahme** *f* (*Vermutung*) hipótese; **~stelle** *f* recepção; **annehmbar** aceitável; **annehmen** aceitar; (*vermuten*) supor
**Annonce** *f* anúncio *m*; **annoncieren** anunciar
**Anorak** *m* anoraque
**anprobieren** provar
**anreden** dirigir a palavra a, falar a
**Anreise** *f* chegada
**Anruf** *m* chamada; **~beantworter** *m* atendedor de chamadas; **2en** telefonar
**Ansager(in** *f*) *m* apresentador(a *f*) *m*
**anschalten** ligar
**anschaulich** claro, plástico; **Anschauung** *f* opinião
**Anschein** *m* aparência *f*; **2end** pelo visto, aparentemente
**anschieben** *aut* empurrar
**Anschlag** *m* atentado; (*Plakat*) cartaz
**anschließen** fechar à chave; *El* conectar
**Anschluß** *m* ligação *f*, conexão *f*; *Esb*, *av* correspondência *f*; **~ *finden*** travar conhecimento (***an*** com); **~zug** *m* comboio de correspondência
**anschnallen:** ***sich* ~** pôr o cinto; **Anschnallgurt**

*m* cinto de segurança; **Anschnallpflicht** *f* uso *m* obrigatório do cinto
**Anschrift** *f* endereço *m*, dire(c)ção
**ansehen** olhar, ver; **2** *n* (*Ruf*) reputação *f*
**Ansicht** *f* (*Meinung*) opinião, parecer *m*; **~skarte** *f* postal *m* ilustrado
**Ansprache** *f* discurso *m*, alocução; **ansprechen** abordar
**anspringen** *Motor* arrancar
**Anspruch** *m* (*Forderung*) reivindicação *f*; **~ *haben auf*** ter direito a
**anständig** decente; (*ordentlich*) bom; bem
**anstatt** em vez de
**anstecken** contagiar, infectar; *Schmuck* prender (com alfinete); **~d** contagioso, infeccioso
**anstellen** *Gerät* ligar; ***sich* ~** fazer (a) bicha
**anstoßen** chocar (***an*** contra)
**anstrengen: *sich* ~** esforçar-se (***zu*** por); **~d** cansativo; **Anstrengung** *f* esforço *m*
**Ansturm** *m Publikum* afluência *f*
**Anteil** *m* parte *f*; **~ *nehmen*** participar (***an*** em)
**Antenne** *f* antena
**Antibabypille** *f* pílula contraceptiva
**Antibiotikum** *n* antibiótico *m*
**Antiblockiersystem** *n* sistema *m* de travagem antibloqueio
**antik** antigo; **Antiquitäten** *fpl* antiguidades; **Antiquitätengeschäft** *n* antiquário *m*
**Antrag** *m* requerimento; **~steller** *m* requerente
**Antwort** *f* resposta; **2en** responder (***auf*** a)
**Anwalt** *m* advogado; **Anwältin** *f* advogada *f*

**anwenden** aplicar, empregar; **Anwendung** *f* aplicação, emprego *m*
**anwesend** presente; **Anwesenheit** *f* presença
**anzahlen** pagar de sinal; **Anzahlung** *f* sinal *m*
**Anzeichen** *n* indício *m*, sinal *m*
**Anzeige** *f Zeitung* anúncio *m*; *jur* denúncia, queixa; **anzeigen** *jur* denunciar
**anziehen** *Kleidung* vestir; **Anzug** *m* fato; *bras* terno
**anzünden** acender
**Aperitiv** *m* aperitivo
**Apfel** *m* maçã *f*; **~saft** *m* sumo de maçã; **~sine** *f* laranja; **~wein** *m* sidra *f*
**Apotheke** *f* farmácia
**Apparat** *m* aparelho
**Appartement** *n* apartamento *m*
**Appetit** *m* apetite; ***guten ~!*** bom proveito!
**Aprikose** *f* damasco *m*
**April** *m* Abril; ***am 1. ~*** no dia 1 de Abril
**Äquator** *m* equador
**Araber(in** *f***)** *m* árabe; **arabisch** árabe
**Arbeit** *f* trabalho *m*; **2en** trabalhar; **~er(in** *f***)** *m* operário *m*, -a *f*; **~geber** *m* entidade *f* patronal; *Einzelperson* patrão; **~nehmer(in** *f***)** *m* empregado *m*, -a *f*
**Arbeitsamt** *n* repartição *f* de trabalho
**arbeitslos** desempregado; **2e** *m,f* desempregado *m*, -a *f*; **2igkeit** *f* desemprego *m*
**Arbeitsverhältnis** *n* contrato *m* de trabalho
**Arena** *f* arena; *Stierkampf* praça de touros
**Ärger** *m* desgosto, aborrecimento; **ärgerlich**

desagradável; (*verärgert*) aborrecido, zangado; **ärgern** aborrecer, zangar; ***sich*** ~ ficar aborrecido, ficar zangado
**arm** pobre
**Arm** *m* braço
**Armaturenbrett** *n* painel *m*, tablier *m*
**Armbanduhr** *f* relógio-pulseira *m*
**Ärmel** *m* manga *f*
**Armut** *f* pobreza
**arrangieren** arranjar
**Arsch** *m* V cu; **~loch** *n* V sacana *m*, filho *m* da puta
**Art** *f* modo *m*, maneira
**Arterie** *f* artéria
**Artikel** *m* artigo
**Artischocken** *fpl* alcachofras
**Arznei** *f* medicamento *m*, remédio *m*
**Arzt** *m* médico; **Ärztin** *f* médica; **ärztlich** médico
**As** *n* ás *m*
**Asche** *f* cinza(s) *f*(*pl*); **~nbecher** *m* cinzeiro
**Asiat**(**in** *f*) *m* asiático *m*, -a *f*; **asiatisch** asiático
**Aspirin** *n* *Wz* aspirina *f* *Wz*
**Ast** *m* ramo
**Asthma** *n* asma *f*
**Atem** *m* fôlego; ***außer*** ~ sem fôlego; **~beschwerden** *pl* dispneia *f*; **atmen** respirar
**Atmosphäre** *f* atmosfera; *fig* ambiente *m*
**Atom** *n* átomo *m*; **Ձar** atómico; **~bombe** *f* bomba atómica; **~energie** *f* energia nuclear; **~friedhof** *m* cemitério nuclear; **~kraftwerk** *n* central *f* nuclear; **~müll** *m* desperdícios *mpl* radioa(c)tivos
**Attest** *n* certificado *m*

**Aubergine** *f* beringela
**auch** também
**auf** sobre, em (cima de); F (*geöffnet*) aberto
**aufbewahren** guardar, reservar; **Aufbewahrung** *f* depósito *m*
**aufblasbar** inflável; **aufblasen** inflar
**aufbrechen** *Tür* arrombar; (*weggehen*) ir-se (embora), partir; **Aufbruch** *m* partida *f*
**Aufenthalt** *m* estadia *f*; *Esb* paragem *f*; **~sgenehmigung** *f* autorização de residência; **~sraum** *m* sala *f* de espera
**auffahren** embater (***auf*** em); **Auffahrt** *f* subida; *Autobahn* acesso *m*; **Auffahrunfall** *m* acidente de embate
**Auffassung** *f* opinião
**auffordern** convidar (***zu*** para, a); **Aufforderung** *f* convite *m*
**Aufführung** *f* representação
**Aufgabe** *f* tarefa; (*Pflicht*) dever *m*
**aufgeben** *Brief* mandar; *Gepäck* despachar; *Geschäft* liquidar; *Absichten* desistir (de)
**aufgehen** *astr* nascer; *Tür* abrir-se
**aufhängen** pendurar; *Wäsche* estender
**aufheben** *vom Boden* apanhar; *aufbewahren* guardar
**aufholen** *Zeit* recuperar
**aufhören** acabar, terminar; **~ *zu*** deixar de
**Aufkleber** *m* autocolante
**aufladbar** recarregável; **aufladen** (re)carregar
**aufmerksam** atento; ***j-n ~ machen auf*** chamar a atenção de alg para; **2keit** *f* atenção

**Aufnahme** *f Krankenhaus* hospitalização; *fot* foto; *als Gast* acolhimento *m*; *Bild*, *Ton* gravação; **aufnehmen** *fot* fotografar
**aufpassen** ter cuidado; tomar conta (***auf*** de)
**aufräumen** pôr em ordem; *Zimmer* arrumar
**aufrecht** direito
**aufregen**: ***sich ~*** irritar-se (***über*** com); **Aufregung** *f* irritação
**Aufruf** *m* apelo
**aufschließen** abrir (à chave)
**Aufschnitt** *m* carnes *fpl* frias
**aufschreiben** anotar, apontar; **Aufschrift** *f* sobrescrito *m*
**Aufschwung** *m* conjuntura *f*
**aufsehenerregend** sensacional
**aufsetzen** *Hut*, *Brille* pôr; *av* tocar (no solo)
**Aufsicht** *f* inspe(c)ção; vigilância
**aufstehen** levantar-se
**Aufstieg** *m* subida *f*
**auftanken** encher o depósito
**auftauen** *Kühlkost* descongelar
**aufteilen** repartir, partilhar
**Auftrag** *m* recado
**aufwachen** despertar
**Aufwartefrau** *f* mulher a dias
**aufwärts** para cima
**aufwecken** despertar
**aufwerten** valorizar; **Aufwertung** *f* valorização
**Aufzug** *m* ascensor
**Auge** *n* olho *m*; **~narzt** *m* oculista; **~nblick** *m* momento, instante; **~nbraue** *f* sobrancelha;

**~nbrauenstift** *m* lápis para sobrancelhas
**August** *m* Agosto
**aus** *Herkunft* de; (*vorbei*) acabado; *Licht* desligado; (*außerhalb*) fora
**ausatmen** expirar
**ausbessern** consertar; *Kleidung* remendar
**ausbeulen** desamolgar
**Ausblick** *m* panorama, vista *f*
**ausbrechen** *fig* rebentar; *Krankheit*, *Feuer* declarar-se; *Vulkan* entrar em erupção
**ausbreiten** (**sich**) estender(-se), propagar(-se)
**Ausbruch** *m* *Vulkan* erupção *f*; (*Flucht*) evasão *f*
**Ausdauer** *f* persistência
**ausdehnen** (**sich**) estender(-se); **Ausdehnung** *f* extensão
**Ausdruck** *m* expressão *f*; *Wort* termo
**ausdrücken** *Zitrone* espremer; *Zigarette* apagar; ***sich*** **~** exprimir-se
**Auseinandersetzung** *f* controvérsia
**Ausfahrt** *f* saída
**ausfallen** (*nicht stattfinden*) não ter lugar
**Ausflug** *m* excursão *f*
**Ausfuhr** *f* exportação; **ausführen** exportar; *Befehl* executar, efe(c)tuar
**ausführlich** detalhado
**ausfüllen** *Formular* preencher
**Ausgabe** *f* entrega; *Buch* edição; **~n** *pl* despesas *fpl*
**Ausgang** *m* saída *f*; (*Ergebnis*) resultado, êxito
**ausgeben** *Geld* gastar
**ausgebucht** esgotado

**ausgehen** sair; *Licht* apagar-se; *Haar* cair; **gut ~** acabar bem
**ausgezeichnet** excelente
**Ausgleich** *m* compensação *f*
**Ausgrabung** *f* escavação
**aushalten** aguentar, suportar
**Aushang** *m* cartaz
**Auskunft** *f* informação
**ausladen** *Gepäck* descarregar
**Ausland** *n* estrangeiro *m*; **Ausländer(in** *f*) *m* estrangeiro *m*, -a *f*; **Auslandsgespräch** *n* telefonema *m* internacional
**auslaufen** *nav* partir, zarpar; *Flüssigkeit* derramar-se
**ausleeren** esvaziar
**ausmachen** desligar
**Ausnahme** *f* excepção; ***mit ~ von*** à excepção de; **ausnahmsweise** excepcionalmente
**auspacken** desembrulhar; *Koffer* desfazer
**auspressen** *Zitrone* espremer
**Auspuff** *m* escape; **~gas** *n* gás *m* de escape; **~topf** *m aut* silenciador
**ausrechnen** fazer o cálculo de
**Ausrede** *f* escusa
**ausreichen** chegar, ser (o) suficiente
**Ausreise** *f* saída; **2n** sair; **~visum** *n* visto *m* de saída
**ausrenken** *Glied* deslocar
**ausrollen** *av* fazer táxi
**ausruhen** descansar
**ausrutschen** escorregar; *aut* derrapar; **Ausrut-**

**scher** *m fig* deslize
**Aussage** *f jur* declaração
**ausschalten** desligar, interromper; *Licht* apagar
**Ausschlag** *m med* erupção *f* (cutânea)
**ausschließen** excluir; **ausschließlich** exclusivamente
**Ausschnitt** *m Kleid* decote
**Ausschuß** *m* comissão *f*, junta *f*; (*Abfall*) refugo
**Aussehen** *n* aspecto *m*; **2:** ***gut* ~** ter bom aspecto
**außen** fora; **2bordmotor** *m* motor exterior; **2handel** *m* comércio externo; **2minister** *m* ministro dos Negócios Estrangeiros; **2politik** *f* política externa; **2spiegel** *m* retrovisor exterior
**außer** excepto, à excepção de; **~ *Betrieb*** fora de serviço; **~ *Dienst*** aposentado; **~dem** além disso
**äußerlich: ~ *anzuwenden*** de aplicação externa
**außerordentlich** extraordinário
**äußerst** extremamente
**Äußerung** *f* declaração; (*Bemerkung*) observação
**Aussicht** *n* panorama *m*; **~spunkt** *m* miradouro
**Aussprache** *f* pronúncia; (*Gespräch*) discussão; **aussprechen** pronunciar
**Ausstattung** *f* equipamento *m*
**aussteigen** descer (***aus*** de)
**ausstellen** expor; *Quittung* passar; **Ausstellung** *f* exposição
**aussterben** extinguir-se
**aussuchen** escolher
**Austausch** *m* intercâmbio; *Ideen* troca *f*; **2en** cambiar, trocar; **~motor** *m* motor de recâmbio
**austeilen** distribuir

**Auster** *f* ostra
**Australier(in** *f*) *m* australiano *m*, -a *f*; **australisch** australiano
**Ausverkauf** *m* saldos *mpl*, liquidação *f*; **&t** esgotado
**Auswahl** *f* sele(c)ção (*a Sp*); **auswählen** escolher
**Auswanderer** *m* emigrante; **auswandern** emigrar (***nach*** para)
**auswärts** fora
**auswechseln** trocar, substituir
**Ausweis** *m* bilhete (*od* cartão) de identidade; **&en** expulsar; ***sich* ~** legitimar-se
**auswendig** de cor
**ausziehen** despir; *Schuhe*, *Handschuhe* descalçar
**Auto** *n* carro *m*, automóvel *m*; **~ *fahren*** conduzir; ***mit dem* ~ *fahren*** ir de carro
**Autobahn** *f* auto-estrada; **~auffahrt** *f* entrada para a auto-estrada; **~ausfahrt** *f* saída da auto-estrada; **~gebühr** *f* portagem; **~raststätte** *f* área de serviço; **~zubringer** *m* acesso rodoviário
**Autobus** *m* autocarro; **~haltestelle** *f* paragem
**Autofähre** *f* ferry-boat *m*
**Autofahrer(in** *f*) *m* motorista
**Automat** *m* *Zigaretten etc* distribuidora *f* automática
**Automatik** *f aut* transmissão automática; **automatisch** automático
**Automechaniker** *m* mecânico de automóveis; **Automobilclub** *m* automóvel clube; **Autonummer** *f* matrícula
**Autor(in** *f*) *m* autor(a *f*) *m*

**Autoradio** *n* auto-rádio *m*; **Autoschlüssel** *m* chave *f* do carro; **Autovermietung** *f* aluguer *m* de automóveis
**Avocado** *f* abacate *m*
**Axt** *f* machado *m*

# B

**Baby** *n* bebé *m*; **⁓flasche** *f* biberão *m*; **⁓nahrung** *f* papas *fpl* para bebés
**Bach** *m* riacho, ribeiro
**Backbord** *n* bombordo *m*
**Backe** *f* bochecha
**backen** cozer; *Kuchen* fazer
**Backenzahn** *m* queixal
**Bäcker** *m* padeiro; **⁓ei** *f* padaria
**Bad** *n* banho *m*; *Raum* casa *f* de banho; *Schwimm⁓* piscina *n*
**Badeanzug** *m* fato de banho; **Badehose** *f* calção *m* de banho; **Badekappe** *f* touca; **Bademantel** *m* roupão; **Bademeister** *m* banheiro
**baden** tomar banho; **Badeort** *m* estação *f* balnear; **Badesalz** *n* sais *mpl* de banho; **Badewanne** *f* banheira; **Badezimmer** *n* casa *f* de banho
**Bahn** *f* comboio *m*; *Verkehrsmittel* caminho-de-ferro *m*; ***mit der ⁓ fahren*** ir de comboio; **⁓fahrt** *f* viagem de comboio; **⁓hof** *m* estação *f*; **⁓polizei** *f* polícia ferroviária; **⁓steig** *m* gare *f*, cais; **⁓übergang** *m* passagem *f* de nível
**bald** logo, em breve; ***bis ⁓!*** até logo!

**Balkon** *m* varanda *f*
**Ball** *m* bola *f*; *Tanz* baile; **~ett** *n* bailado *m*, ballet *m*
**Ballon** *m* aeróstato, balão
**Ballungsgebiet** *n* aglomerado *m*
**Banane** *f* banana
**Band** *n* cinta *f*, fita *f*; *m Buch* volume
**Bank** *f* banco *m*; **~konto** *n* conta *f* bancária; **~leitzahl** *f* código *m* bancário; **~note** *f* nota
**bar: *in* ~** a dinheiro contado; **2** *f* bar *m*; (*Theke*) balcão *m*
**Bär** *m* urso
**Bargeld** *n* dinheiro *m* contado; **2los** por cheque
**Barock** *n*, *m* barroco *m*
**Barsch** *m* perca *f*
**Bart** *m* barba *f*
**Barzahlung** *f* pagamento *m* em dinheiro
**Batterie** *f* bateria; *Uhr etc* pilha
**Bauarbeiten** *pl* obras *fpl*
**Bauch** *m* barriga; **~schmerzen** *pl* dores *fpl* de barriga
**bauen** construir
**Bauer** *m* camponês; *Schach* peão; **Bäuerin** *f* camponesa; **Bauernhof** *m* quinta *f*
**Baufirma** *f* companhia construtora; **Baujahr** *n* ano *m* de construção
**Baum** *m* árvore *f*; **~stamm** *m* tronco; **~wolle** *f* algodão *m*
**Baustelle** *f* obras *fpl*; **Bauwerk** *n* edifício *m*
**beachten** atender a; reparar em; **beachtlich** considerável

**Beamte** *m* funcionário público; **Beamtin** *f* funcionária pública
**beanspruchen** exigir; reivindicar; *tech* solicitar
**beanstanden** reclamar; **Beanstandung** *f* reclamação
**beantworten** responder a
**Becher** *m* taça *f*, copo
**Becken** *n* bacia *f*; *anat* pelve *f*
**bedanken:** ***sich bei j-m für et*** ~ agradecer a/c a alg
**Bedarf** *m* necessidade *f*; **~shaltestelle** *f* paragem facultativa
**bedauern** lamentar
**bedeckt** coberto
**bedeuten** significar, querer dizer; **Bedeutung** *f* (*Sinn*) significado *m*; (*Wichtigkeit*) importância
**bedienen** servir; *Geschäft* atender a; **Bedienung** *f* serviço *m*; *tech* manejo *m*, operação; **~*inbegriffen*** serviço incluído; **~sanleitung** *f* instruções *f/pl* de serviço
**Bedingung** *f* condição
**beeilen:** ***sich*** ~ apressar-se
**beeindrucken** impressionar
**beeinflussen** influenciar
**beenden** terminar, acabar
**Beere** *f* baga
**Befehl** *m* ordem *f*; **2en** ordenar, mandar
**befestigen** fixar, prender (***an*** a)
**befinden:** ***sich*** ~ estar, encontrar-se, achar-se
**befolgen** *Rat* seguir
**befördern** transportar

**befürchten** temer, recear
**begabt** talentoso; **~ *sein für*** ter jeito para; **Begabung** *f* talento *m*
**Begeisterung** *f* entusiasmo *m* (***für*** por)
**Beginn** *m* início, princípio, começo; **≈en** começar, iniciar
**begleiten** acompanhar; **Begleitung** *f* acompanhamento *m*
**beglückwünschen** dar os parabéns a, felicitar (***zu*** por)
**Begräbnis** *n* enterro *m*
**begreifen** compreender, perceber; **Begriff** *m* ideia *f*, noção *f*
**begrüßen** cumprimentar, saudar
**behalten** ficar com; (*bewahren*) guardar, conservar
**Behälter** *m* recipiente
**behandeln** tratar; **Behandlung** *f* tratamento *m*
**behaupten** afirmar; ***sich*** **~** impor-se; **Behauptung** *f* afirmação
**beherbergen** hospedar
**beherrschen** dominar; *sein Fach* saber a fundo
**behindern** dificultar; impedir; **behindert** *med* deficiente; **Behinderte** *m,f* deficiente (físico, -a)
**Behörde** *f* autoridades *fpl*; serviços *mpl* públicos
**bei** (*nahe*) perto de; (*neben*) ao lado de, ao pé de; *Person* com; em casa de
**beide** ambos, -as; ***alle*** **~** (ambos) os dois, (ambas) as duas
**Beifahrer** *m* acompanhante do condutor
**Beifall** *m* aplausos *mpl*, palmas *fpl*

**Beil** *n* machado *m*
**Beilage** *f Kchk* conduto *m*
**Bein** *n* perna *f*
**beinahe** quase
**Beinbruch** *m* fra(c)tura *f* de perna
**Beispiel** *n* exemplo *m*; ***zum ~*** por exemplo
**beißen** morder
**Beiwagen** *m* side-car
**bekannt** conhecido; **2e** *m,f* conhecido *m*, -a *f*; **~geben** publicar, comunicar; **2machung** *f* publicação
**Bekleidung** *f* vestuário *m*, roupa
**bekommen** receber; (*erlangen*) conseguir; *Krankheit*, *Zug* apanhar
**belästigen** importunar
**belebt** *Straße* movimentado
**Beleg** *m* recibo
**belegen** *Platz* ocupar; **belegt** ocupado; *Hotel* esgotado
**beleidigen** ofender, insultar; **Beleidigung** *f* ofensa, insulto *m*
**Belgier(in** *f*) *m* belga
**belichten** *fot* expor (à luz)
**beliebt** popular
**bellen** ladrar
**Belohnung** *f* recompensa
**bemerken** reparar (em), aperceber-se de; (*sagen*) notar, observar; **bemerkenswert** notável; **Bemerkung** *f* observação
**benachrichtigen** avisar, informar a; **Benachrichtigung** *f* informação, aviso *m*

**benehmen:** ***sich*** ~ (com)portar-se; ♀ *n* comportamento *m*
**benötigen** precisar de, necessitar
**benutzen** empregar, utilizar; aproveitar
**Benzin** *n* gasolina *f*; ***bleifreies*** ~ gasolina *f* sem chumbo; **~kanister** *m* bidão, lata *f*; **~tank** *m* depósito de gasolina; **~uhr** *f* contador *m* de gasolina
**beobachten** observar
**bequem** cómodo, confortável; **♀lichkeit** *f* comodidade, conforto *m*
**beraten** aconselhar; ***sich*** ~ ***mit*** consultar; ~ ***über*** deliberar sobre
**berechnen** calcular, fazer o cálculo de; **Berechnung** *f* cálculo *m*
**berechtigen** autorizar (***zu*** para); **Berechtigung** *f* autorização
**bereit** pronto (***zu*** para); disposto (***zu*** a)
**bereits** já
**Berg** *m* montanha *f*, monte; **♀ab** monte abaixo; **♀auf** monte acima; **♀ig** montanhoso; **~steigen** *n* alpinismo *m*, montanhismo *m*; **~steiger(in** *f*) *m* alpinista, montanhista
**Bericht** *m* relatório; *TV*, *rad* reportagem *f*; **♀en** relatar; informar
**Beruf** *m* profissão *f*
**beruhigen** (**sich**) acalmar(-se); **Beruhigungsmittel** *n* calmante *m*
**berühmt** famoso, célebre
**berühren** tocar
**beschäftigen** ocupar, empregar; ***sich*** ~ ***mit***

ocupar-se com, dedicar-se a
**Bescheid** *m* informação *f*; **~ *geben*** informar a, avisar
**bescheiden** modesto
**bescheinigen** certificar, atestar; **Bescheinigung** *f* certidão, atestado *m*
**bescheißen** V *fig* burlar, lograr
**beschließen** decidir, resolver; **Beschluß** *m* decisão *f*, conclusão *f*
**beschreiben** descrever; **Beschreibung** *f* descrição
**Beschwerde** *f* reclamação; **beschweren: *sich ~ über*** queixar-se de
**Besen** *m* vassoura *f*
**besetzt** ocupado; **²zeichen** *n* sinal *m* de impedido
**besichtigen** visitar; **Besichtigung** *f* visita
**Besitz** *m* propriedade *f*; posse *f*; (*Habe*) bens *mpl*; **²en** possuir, ter; **~er(in** *f*) *m* proprietário *m*, -a *f*; dono *m*, -a *f*
**besondere**(**r**, **-s**) particular, especial; **besonders** particularmente; sobretudo
**besorgen** arranjar
**besser** melhor; **²ung** *f*: ***gute ~!*** as melhoras!
**beständig** estável
**bestätigen** confirmar; **Bestätigung** *f* confirmação
**beste**(**r**, **-s**) melhor
**bestechen** subornar; **Bestechung** *f* suborno *m*, corrupção
**Besteck** *n* talher *m*

**bestellen** pedir; *ök* encomendar; *Hotel* fazer reserva de, reservar; *Ackerbau* cultivar; **Bestellung** *f* pedido *m*; encomenda; reserva; cultivo *m*
**Besuch** *m* visita *f*; **2en** visitar; *Person* ir ver; **~er(in** *f*) *m* visitante; **~szeit** *f* horas *fpl* de visita
**betätigen** a(c)cionar
**beten** pregar
**Beton** *m* betão; *bras* concreto
**betonen** acentuar
**betrachten** contemplar, mirar
**Betrag** *m* quantia *f*, importância *f*; **2en** (*kosten*) importar em, montar a; ***sich*** ~ comportar-se; **~en** *n* comportamento *m*
**Betrieb** *m* (*Unternehmen*) empresa *f*; *Tätigkeit* serviço; *fig* movimento; ***außer*** ~ fora de serviço, parado; ***in*** ~ em funcionamento, em serviço
**Betrug** *m* engano; fraude; **betrügen** enganar; *Spiel* fazer batota; **Betrüger(in** *f*) *m* impostor(a *f*) *m*
**betrunken** embriagado; F borracho
**Bett** *n* cama *f*; **~couch** *f* sofá-cama *m*; **~decke** *f* coberta; *gesteppt* edredão *m*; **~wäsche** *f* roupa de cama
**Beule** *f* amolgadura; *Kopf* galo *m*
**Beutel** *m* saco
**Bevölkerung** *f* população
**bevor** antes de
**bewachen** vigiar
**bewegen** mover; *hin und her* mexer; **bewegt** *Meer* agitado; *fig* comovido; **Bewegung** *f* movimento *m*

**Beweis** *m* prova *f*; **≗en** provar
**bewohnen** habitar; **Bewohner(in** *f*) *m* habitante
**Bewölkung** *f* nebulosidade, nuvens *fpl*
**bewußt** (*absichtlich*) de propósito; **~los** sem sentidos, desmaiado; **≗sein** *n* consciência *f*; ***das ~ verlieren*** perder os sentidos; ***zu ~ kommen*** recuperar os sentidos
**bezahlen** pagar; **Bezahlung** *f* pagamento *m*
**Bezeichnung** *f* nome *m*
**Beziehung** *f* relação
**Bezirk** *m* distrito
**BH** *m* soutien
**Bibel** *f* Bíblia
**Bibliothek** *f* biblioteca
**Bidet** *n* bidé *m*
**biegen** dobrar; ***um die Ecke ~*** virar a esquina
**Biene** *f* abelha
**Bier** *n* cerveja *f*; ***~ vom Faß*** cerveja de barril
**Bikini** *m* biquíni
**Bild** *n* imagem *f*; (*Gemälde*) pintura *f*; *Fot* foto *f*
**bilden** formar
**Bilderbuch** *n* livro *m* ilustrado; **Bildschirm** *m* écrã
**Bildung** *f* formação; *allg* cultura; *Schule* ensino *m*; **~surlaub** *m* férias *fpl* de formação
**Billard** *n* bilhar *m*
**billig** barato
**Binde** *f* penso *m*; (*Damen≗*) penso higiénico
**Bindehautentzündung** *f* conjuntivite
**binden** atar, ligar; **Bindfaden** *m* fio

**Biologie** *f* biologia; **biologisch** biológico; **Biotop** *m, n* biótopo *m*
**Birne** *f* pêra; *el* lâmpada
**bis** até; ~ ***morgen*** até amanhã
**Bischof** *m* bispo
**bisher** até agora
**Biß** *m* mordedura *f*; *Insekt* picada *f*; **2chen: *ein* ~** um bocado; **~wunde** *f* mordedura
**bitte** faz favor, por favor; **2** *f* pedido *m*; *amtlich* solicitação; **~n** pedir; ***j-n um et*** ~ pedir a/c a alg
**bitter** amargo
**Blähungen** *fpl* ventosidades
**Blase** *f* bolha, borbulha; (*Harn2*) bexiga; **~n** soprar
**blaß** pálido
**Blatt** *n* folha *f*; **Blätterteig** *m* massa *f* folhada
**blau** azul; *fig* F borracho
**Blech** *n* chapa *f*; **~schaden** *m aut* estragos *mpl* na chapa
**Blei** *n* chumbo *m*
**bleiben** ficar; (*übrig~*) restar
**bleifrei** sem chumbo; **Bleistift** *m* lápiz
**Blende** *f fot* diafragma *m*
**Blick** *m* olhar; (*Aussicht*) vista *f*; **2en** olhar
**blind** cego
**Blinddarm** *m* apêndice; **~entzündung** *f* apendicite
**Blinkleuchte** *f aut* pisca-pisca *m*
**Blitz** *m* raio; *Lichtschein* relâmpago; **2en** relampejar; **~licht** *n* flash *m*

**blöd(e)** estúpido, tolo; chato
**blond** louro
**bloß** só, apenas
**Blume** *f* flor; **~ngeschäft** *n* florista *m,f*; **~nkohl** *m* couve-flor *f*; **~nstrauß** *m* ramo de flores
**Bluse** *f* blusa, camiseta
**Blut** *n* sangue *m*; **~bild** *n* fórmula *f* de sangue; **~druck** *m* tensão *f* arterial
**Blüte** *f* flor
**bluten** deitar sangue; **Bluterguß** *m* hematoma; **Blutgruppe** *f* grupo *m* sanguíneo; **blutig** ensanguentado; **Blutspender(in** *f*) *m* doador(a *f*) *m* de sangue; **blutstillend** hemostático; **Blutung** *f* hemorragia; **Blutvergiftung** *f* septicemia; **Blutwurst** *f* chouriço *m* de sangue
**Boden** *m* chão, solo
**Bodybuilding** *n* culturismo *m*
**Bogen** *m* arco; **~gang** *m* arcada *f*
**Bohne** *f* feijão *m*; *Kaffee* grão *m*; **grüne ~n** *f/pl* feijão verde
**bohren** furar; *Zahnarzt* brocar; **Bohrer** *m* broca *f*; **Bohrmaschine** *f* berbequim *m* elé(c)trico
**Boje** *f* bóia, baliza
**Bombe** *f* bomba
**Bonbon** *m,n* rebuçado *m*
**Boot** *n* barco *m*; **~sfahrt** *f* passeio *m* de barco; **~sverleih** *m* aluguer de barcos
**Bord** *m*: **an ~** a bordo; **~karte** *f av* cartão *m* de embarque
**borgen** (*verleihen*) emprestar; (*entleihen*) pedir emprestado

**Börse** *f* bolsa; **Börsianer** *m* bolsista
**böse** mau, má; 2 *n* mal *m*
**Botschaft** *f* mensagem; *pol* embaixada; **~er(in** *f*) *m* embaixador *m*, embaixatriz *f*
**boxen** jogar o boxe; **Boxer** *m* boxador; **Boxkampf** *m* boxe; **Boxsport** *m* pugilismo
**Brand** *m* incêndio, fogo; **~rodung** *f* queimada; **~salbe** *f* pomada para queimaduras; **~stiftung** *f* fogo *m* posto
**Brandung** *f* rebentação
**Branntwein** *m* aguardente *f*
**Brasilianer(in** *f*) *m* brasileiro *m*, -a *f*; **brasilianisch** brasileiro
**braten** assar; *in der Pfanne* frigir; 2 *m* assado
**Bratkartoffeln** *fpl* batatas fritas; **Bratpfanne** *f* frigideira; **Bratröhre** *f* forno *m*; **Bratrost** *m* grelha *f*
**Brauch** *m* costume, uso; **2en** (*benötigen*) precisar de, necessitar
**braun** castanho; *bras* marrom; **Bräune** *f* bronzeamento *m*; **braungebrannt** bronzeado
**brechen** partir(-se), romper(-se); (*sich übergeben*) vomitar; **Brechreiz** *m* enjoo
**Brei** *m* puré; *für Kinder* papas *fpl*
**breit** largo; **2e** *f* largura; extensão; **2engrad** *m* grau de latitude
**Bremse** *f* travão *m*, *bras a* freio *m*; **bremsen** travar, *bras a* frear; **Bremsflüssigkeit** *f* óleo *m* de travões; **Bremslicht** *n* luz *f* de travagem (*bras* de freio); **Bremspedal** *n* pedal *m* de travão; **Bremsung** *f* travagem, *bras* travada

**brennen** arder; *scharfe Speise* picar; *Licht* estar aceso

**Brett** *n* prancha *f*, tábua *f*

**Brief** *m* carta *f*; **~kasten** *m* caixa *f* do correio; *öffentlich* marco postal; **~marke** *f* selo *m*; **~papier** *n* papel *m* de carta; **~tasche** *f* carteira; **~träger** *m* carteiro; **~umschlag** *m* envelope

**Brille** *f* óculos *mpl*

**bringen** (*her~*) trazer; (*weg~*) levar

**Brokkoli** *pl* brócolos *mpl*

**Brosche** *f* alfinete *m*

**Broschüre** *f* folheto *m*

**Brot** *n* pão *m*; **Brötchen** *n* pãozinho *m*; **Broterwerb** *m* ganha-pão

**Bruch** *m* rotura *f*; *Knochen* fra(c)tura *f*

**Brücke** *f* ponte

**Bruder** *m* irmão

**brünett** moreno

**Brunnen** *m* poço; (*Quelle*) fonte *f*

**Brust** *f* peito *m*; *weiblich a* seio *m*

**Buch** *n* livro *m*

**buchen** *Reise* reservar

**Bücherei** *f* biblioteca; **Buchhandlung** *f* livraria

**Büchse** *f* lata; **~nbier** *n* cerveja *f* em lata; **~nöffner** *m* abre-latas

**Buchstabe** *m* letra *f*; **buchstabieren** soletrar

**Bucht** *f* baía

**Buchung** *f* reserva; **~sbestätigung** *f* confirmação da reserva

**Büfett** *n*: ***kaltes*** ~ bufete *m* frio
**Bug** *m* proa *f*
**Bügel** *m* cruzeta *f*; **~eisen** *n* ferro *m* (de engomar); **2n** passar a ferro
**Bullauge** *n* vigia *f*
**Bummelstreik** *m* greve *f* de zelo
**bumsen** (*kopulieren*) V foder
**Bund** *m Hose* cintura *f*; *pol* união *f*
**Bundeskanzler** *m* chanceler federal; **Bundesland** *n* Estado *m* federado; **Bundesrepublik** *f*: ~ ***Deutschland*** República Federal da Alemanha
**bunt** variegado, multicolor
**Burg** *f* castelo *m*, fortaleza
**Bürger(in** *f*) *m* cidadão *m*, cidadã *f*; **Bürgermeister** *m* presidente da Câmara; **Bürgersteig** *m* passeio
**Büro** *n* escritório *m*, gabinete *m*
**Bürste** *f* escova
**Bus** *m* autocarro; (*Reise*2) camioneta *f*
**Busen** *m* seio
**Bushaltestelle** *f* paragem (de autocarro)
**Bußgeld** *n* multa *f*
**Büstenhalter** *m* soutien
**Butter** *f* manteiga; **~brot** *n* pão *m* com manteiga; **~milch** *f* soro *m* de manteiga

## C

**Café** *n* café *m*
**campen** fazer campismo; **Camper** *m* campista;

**Camping** *n* campismo *m*; **Campingplatz** *m* parque de campismo
**Caravan** *m aut* (auto-)caravana *f*
**Champagner** *m* champanhe
**Champignon** *m* cacavina *f*; *cllg* cogumelo
**Chance** *f* possibilidade, hipótese
**Charterflug** *m* voo charter; **Chartermaschine** *f* avião *m* charter
**Chassis** *n* chassi *m*
**Chef(in** *f*) *m* chefe *m*, *f*, patrão *m*, patroa *f*
**chemisch** químico
**Chicoreé** *m,f* chicória *f*
**Chinese** *m* chinês; **Chinesin** *f* chinesa; **chinesisch** chinês
**Chinin** *n* quinina *f*
**Chip** *m Computer* pastilha *f*
**Chirurg(in** *f*) *m* cirurgião, cirurgiã *f*; **Chirurgie** *f* cirurgia
**Chor** *m* coro
**Christ(in** *f*) *m* cristão, cristã *f*; **christlich** cristão
**chronisch** crónico
**Cola** *f* coca-cola *Wz*
**Cocktail** *m* coquetel
**Comics** *pl* banda *f* desenhada
**Compact Disc** *f* disco *m* compacto
**Computer** *m* computador
**Container** *m* contentor
**Cornflakes** *pl* flocos *mpl* de cereais
**Creme** *f* creme *m*

# D

**da** (*dort*) ali, aí; (*weil*) visto que, porque
**Dach** *n* te(c)to *m*; *aut* tejadilho *m*; **~gepäckträger** *m* porta-bagagem de tejadilho
**dagegen** contra; (*andererseits*) em compensação
**daheim** em casa
**dahinten** (lá) atrás; **dahinter** atrás
**damals** então, naquela altura
**Dame** *f* senhora; *Schach* rainha; **~nbinde** *f* penso *m* higiénico; **~nfrisör** *m* cabeleireiro para senhoras; **~nslip** *m* calcinhas *fpl*
**Dämmerung** *f* crepúsculo *m*
**Dampf** *m* vapor; **~er** *m* vapor
**danach** depois
**Däne** *m* dinamarquês; **Dänin** *f* dinamarquesa; **dänisch** dinamarquês
**daneben** ao lado, junto; (*außerdem*) além disso
**Dank** *m* agradecimento; **⁓** graças a; **⁓bar** agradecido (**für** por); **~barkeit** *f* gratidão; **⁓e** obrigado, -a; **⁓en**: ***j-m für et*** ~ agradecer a/c a alg
**dann** então
**Darm** *m* intestino
**darum** por isso
**das** *hinweisend* isto, isso
**Datenverarbeitung** *f* processamento *m* de dados
**Datum** *n* data *f*
**Dauer** *f* duração; **~karte** *f* passe *m*; **⁓n** durar, demorar; **⁓nd** permanente; **~welle** *f* permanente

**Daumen** *m* polegar
**davor** diante, à frente; *zeitlich* antes
**Dealer** *m* narcotraficante
**Deck** *n* convés *m*
**Decke** *f* manta; *Bett* cobertor *m*; *Zimmer* te(c)to *m*; *Tisch* toalha
**Defekt** *m* defeito
**Defizit** *n* défice *m*
**dein(e)** o teu, a tua; *pl* os teus, as tuas
**Delikatesse** *f* petisco *m*; **~ngeschäft** *n* charcutaria *f*
**demnächst** em breve
**Demokrat(in** *f*) *m* democrata; **~ie** *f* democracia
**denken** pensar (***an*** em)
**Denkmal** *n* monumento *m*
**denn** pois; **~och** contudo; ainda assim
**Deo(dorant)** *n* desodorizante *m*
**der** o; *Pronomen* que, o qual
**deshalb** por isso
**Desinfektion** *f* desinfe(c)ção; **~smittel** *n* desinfe(c)tante *m*
**Detail** *n* detalhe *m*
**deutlich** claro; *fig* evidente
**deutsch** alemão; **2e** *m,f* alemão *m*, alemã *f*
**Devisen** *fpl* divisas
**Dezember** *m* Dezembro
**Dia** *n* slide *m*, diapositivo *m*
**Dialekt** *m* diale(c)to
**Diamant** *m* diamante
**Diät** *f* dieta; **~ *halten*** fazer dieta
**dich** te; *betont* ti; ***für* ~** para ti

**dicht** *Nebel*, *Verkehr* espesso, denso; (*undurchlässig*) impermeável
**Dichtung** *f* poesia; *tech* junta, empanque *m*
**dick** grosso; (*beleibt*) gordo; **≈e** *f* grossura
**die** a; *Pronomen* que, a qual
**Dieb** *m* ladrão; **~stahl** *m* roubo, furto; **≈stahlsicher** à prova de roubo; **~stahlversicherung** *f* seguro *m* contra furto
**Dienst** *m* serviço; ***außer* ~** fora de serviço; ***öffentlicher* ~** serviços públicos
**Dienstag** *m* terça-feira *f*; ***am* ~** na terça(-feira); **≈s** às terças(-feiras)
**dienstfrei** de folga; **Dienstwagen** *m* viatura *f* de serviço
**dies** isto, isso; **~(e, -er, -es)** esta, este, isto
**Diesel** *m* gasóleo; **~motor** *m* motor Diesel
**Ding** *n* coisa *f*; **~sda** *n* F coiso *m*; *m,f* F fulano *m*, -a *f*
**dir** te; *betont* ti; ***neben* ~** junto de ti
**direkt** dire(c)to; **≈flug** *m* voo dire(c)to
**Direktor(in** *f* ) *m* dire(c)tor(a *f*) *m*
**Diskothek** *f* discoteca
**D-Mark** *f* marco *m* alemão
**Doktor** *m* doutor
**Dokument** *n* documento *m*
**Dollar** *m* dólar
**dolmetschen** interpretar, traduzir; **Dolmetscher(in** *f*) *m* intérprete
**Dom** *m* sé *f*, catedral *f*
**Donner** *m* trovão; **≈n** trovejar
**Donnerstag** *m* quinta-feira *f*; ***am* ~** na quinta(-fei-

ra); **≈s** às quintas(-feiras)

**Doppel** *n* cópia *f*; *Sp* (jogo *m* de) pares *mpl*; **~bett** *n* cama *f* de casal; **~stockbett** *n* beliche *m*; **≈t** duplo; **~zimmer** *n* quarto *m* duplo (*od* de casal)

**Dorf** *n* aldeia *f*

**dort** ali, lá

**Dose** *f* lata

**dosieren** dosar; **Dosis** *f* dose

**Drachen** *m* (*Papier≈*) papagaio; *Sp* asa-delta *f*; **~fliegen** *n* asa-delta *m*; **~flieger(in** *f*) *m* voador(a *f*) *m* de asa-delta

**Draht** *m* arame; **~seilbahn** *f* teleférico *m*

**draußen** fora; *im Freien* ao ar livre

**Dreck** *m* F porcaria *f*, imundície *f*; **≈ig** sujo, porco, imundo

**Dreibettzimmer** *n* quarto *m* de três camas

**Dreieck** *n* triângulo *m*; **Dreirad** *n* triciclo *m*

**dringend** urgente

**drinnen** dentro, no interior

**Droge** *f* droga; **~nabhängige** *m,f* toxicómano *m*, -a *f*; **~nhandel** *m* narcotráfico; **~nsucht** *f* toxicomania; **~rie** *f* drogaria

**drohen** ameaçar (***j-m mit et*** alg de/com a/c); **Drohung** *f* ameaça

**drüben** além, do outro lado

**Druck** *m* pressão *f*; *Buch* impressão *f*; *Bild* estampa *f*; **≈en** imprimir; **~knopf** *m* mola *f*

**drücken** apertar *a Hand*; *Knopf* carregar; (*zusammen~*) comprimir

**du** tu; *bras* você

**Duft** *m* aroma, perfume; **~en** cheirar bem (***nach*** a)
**dumm** parvo, estúpido; **~kopf** *m* parvo, estúpido
**Düne** *f* duna
**dunkel** escuro; **~grün** verde-escuro; **~heit** *f* escuridão
**dünn** delgado; (*mager*) magro; *Kaffee* fraco; *wäßrig* aquoso
**Dunst** *m* vapor; **~glocke** *f* capacete (de fumo); **~ig** vaporoso
**durch** por, através de; (*mittels*) mediante
**Durcheinander** *n* confusão *f*
**Durchfahrt** *f* passagem; ***auf der*** ~ de passagem; ~ ***verboten!*** trânsito proibido!
**Durchfall** *m* diarreia *f*
**Durchgang** *m* passagem *f*
**durchgebraten** bem passado
**durchgehend** *Esb* dire(c)to
**durchlassen** deixar passar
**Durchmesser** *m* diâmetro
**Durchsage** *f rad* aviso *m*, mensagem
**Durchschnitt** *m* média *f*; ***im*** ~ em média; **~lich** em média
**durchsichtig** transparente
**durchstreichen** riscar
**Durchzug** *m* (*Durchmarsch*) passagem *f*; *Luft* corrente *f* de ar
**dürfen** poder
**Durst** *m* sede *f*; **~ig**: ~ ***sein*** ter sede
**Dusche** *f* chuveiro *m*; (*Duschbad*) duche *m*; **~en** tomar um duche

**Düsenflugzeug** *n* avião *m* a jacto
**Dutzend** *n* dúzia *f*
**D-Zug** *m* (comboio) expresso, (comboio) rápido

# E

**Ebbe** *f* maré-baixa, baixa-mar; ~ ***und Flut*** a maré
**Ebene** *f* planície
**ebenfalls** também; **ebenso** igualmente; ~ **...** ***wie*** tanto ... como
**Echo** *n* eco *m*
**echt** puro; (*wahrhaft*) autêntico; (*typisch*) típico
**Eckball** *m* canto; **Ecke** *f innen* canto *m*; *außen* esquina; **Eckzahn** *m* canino
**edel** nobre; *Material* precioso
**egal** igual; ***das ist mir*** ~ é-me indiferente
**Ehe** *f* matrimónio *m*; **~frau** *f* mulher, esposa; **~lich** *Kind* legítimo
**ehemalig** antigo, ex-...
**Ehemann** *m* marido, esposo; **Ehepaar** *n* casal *m*, matrimónio *m*
**eher** antes
**Ehering** *m* aliança *f*
**Ehre** *f* honra; **~nwort** *n* palavra *f* de honra
**ehrlich** honesto, sincero; **≈keit** *f* honestidade, sinceridade
**Ei** *n* ovo *m*
**Eiche** *f* carvalho *m*
**Eid** *m* juramento
**Eierbecher** *m* oveiro; **Eierkuchen** *m* omeleta *f*

**Eifer** *m* zelo; **~sucht** *f* ciúme *m*; **≈süchtig** ciumento (***auf*** de)
**eigen** próprio; (*seltsam*) estranho; **~artig** curioso, estranho; **≈schaft** *f* qualidade; (*Merkmal*) característica
**eigentlich** próprio, verdadeiro; (*genaugenommen*) no fundo
**Eigentum** *n* propriedade *f*; **Eigentümer(in** *f*) *m* proprietário *m*, -a *f*
**eignen:** ***sich ~ zu*** (*od* ***für***) ser próprio para, prestar para
**Eilbrief** *m* carta *f* por expresso; **Eile** *f* pressa; **eilen** apressar-se, correr; (*dringend sein*) ser urgente; **eilig** com pressa; (*dringend*) urgente; **Eilzug** *m* comboio directo, semi-dire(c)to
**Eimer** *m* balde
**ein(e)** um, uma
**einatmen** aspirar
**Einbahnstraße** *f* rua de sentido único
**Einbettzimmer** *n* quarto *m* simples
**Einbildung** *f* ilusão
**einbrechen** arrombar; **Einbruch** *m* arrombamento
**einchecken** embarcar; **≈** *n* embarque *m*
**Eindruck** *m* impressão *f*
**einerseits** por um lado
**einfach** simples; (*leicht*) fácil; *Fahrkarte* de ida
**Einfahrt** *f* entrada; **~verbot** *n* sentido *m* proibido
**Einfall** *m* ideia *f*
**Einfluß** *m* influência *f* (***auf*** sobre); **~reich** influente
**Einfuhr** *f* importação; **einführen** introduzir;

**Einführung** *f* introdução
**Eingang** *m* entrada *f*
**eingebildet** *Person* vaidoso
**eingeschrieben** *Brief* registado
**eingleisig** de via única
**einheimisch** natural; *ök* nacional
**Einheit** *f* unidade
**einig: *sich* ~ *sein*** estar de acordo
**einige** (alg)uns, (alg)umas
**einigen: *sich* ~ *über*** acordar em
**Einkauf** *m* compra *f*; **≗en** ir às compras
**Einkommen** *n* rendimento *m*
**einladen** convidar (***zu*** para); *Gepäck* carregar; **Einladung** *f* convite *m*
**einlegen** *aut Gang* meter; *Film* colocar; *Kchk* pôr de molho
**einleiten** introduzir; **Einleitung** *f* introdução
**einlösen** *Scheck* cobrar
**einmal** uma vez; ***auf*** ~ de vez; (*plötzlich*) de repente; **~ig** único
**einmischen**: ***sich*** ~ ingerir-se, intervir
**einnehmen** ocupar; *Medikament* tomar; *Geld* cobrar
**einpacken** *in Papier* embrulhar; *Koffer* fazer as malas
**einparken** *aut* arrumar (o carro)
**Einreibemittel** *n* linimento *m*; **einreiben** fri(c)cionar; *med* aplicar uma emulsão
**einreichen** apresentar
**Einreise** *f* entrada; **≗n** entrar; **~visum** *n* visto *m* de entrada

**Einrichtung** *f Wohnung* mobília
**einsam** só, solitário; **2keit** *f* solidão
**Einsatz** *m Spiel* entrada *f*
**einschalten** ligar; *Licht a* acender
**einschenken** encher o copo
**einschiffen**: ***sich*** ~ embarcar; **Einschiffung** *f* embarque *m*
**einschlafen** adormecer; *Glieder* entorpecer
**einschließen** fechar (à chave); **einschließlich** inclusive
**Einschreib(e)brief** *m* carta *f* registada; **einschreiben** *Post* registar; ***sich*** ~ inscrever-se, matricular-se; **Einschreibgebühr** *f* matrícula; *Post* registo *m*
**einseitig** unilateral
**einsenden** enviar, remeter
**einspurig** de faixa única, *Esb* de via única
**einsteigen** subir, entrar (***in*** para)
**Einsteigerkurs** *m* curso de iniciação
**einstellen** *tech* ajustar, regular; *fot* focar; *Arbeit* suspender; *Mitarbeiter* contratar
**einstweilen** por enquanto
**einteilig** de uma só peça
**eintragen** registar, inscrever; **Eintragung** *f* registo *m*, inscrição
**eintreffen** chegar (***in*** a)
**eintreten** entrar (***in*** em); (*stattfinden*) realizar-se, ocorrer
**Eintritt** *m* entrada *f*; (*Beitritt*) adesão *f* (***in*** a); **~skarte** *f* (bilhete *m* de) entrada; **~spreis** *m* entrada *f*

**einverstanden** de acordo (*~mit* com)
**Einwand** *m* obje(c)ção *f*
**Einwanderer** *m* imigrante; **einwandern** imigrar; **Einwanderung** *f* imigração
**einwandfrei** impecável
**Einwegverpackung** *f* embalagem descartável
**einwenden** obje(c)tar, replicar
**einwerfen** *Münze* introduzir
**einwickeln** embrulhar
**Einwohner(in** *f*) *m* habitante; **~meldeamt** *n* repartição *f* de registo
**einzahlen** pagar; *Konto* depositar; **Einzahlung** *f* pagamento *m*; depósito *m*
**Einzelbett** *n* cama *f* individual; **Einzelhandel** *m* comércio a retalho; **Einzelheit** *f* detalhe *m*, pormenor *m*
**einzeln** isolado; *getrennt* separado; *nacheinander* um trás o outro
**Einzelzimmer** *n* quarto *m* individual
**einzig** único; ***nicht ein ~es Mal*** nem uma só vez
**Eis** *n* gelo *m*; (*Speise*2) gelado *m*, sorvete *m*; **~becher** *m* taça *f* de gelado; **~bein** *n* *Kchk* chispe *m*; **~beutel** *m* saco de gelo
**Eisen** *n* ferro *m*; **~bahn** *f* caminho-de-ferro *m*; *bras* estrada de ferro; **~bahnwagen** *m* carruagem *f*; *bras* vagão
**eisern** férreo
**eisig** gelado
**Eistüte** *f* cone *m*; **Eiswaffel** *f* barquilho *m*; **Eiswürfel** *m* cubo de gelo
**Eiter** *m* pus; **2n** supurar

**Ekel** *m* náusea *f*, nojo; **2haft** nojento
**Elan** *m* zelo
**elastisch** elástico
**Elefant** *m* elefante
**elegant** elegante
**Elektriker** *m* ele(c)tricista; **elektrisch** elé(c)trico; **Elektrizität** *f* ele(c)tricidade; **Elektrogeschäft** *n* loja *f* de ele(c)trodomésticos; **Elektroherd** *m* fogão elé(c)trico
**elend** miserável, desgraçado; 2 *n* miséria *f*
**Ellbogen** *m* cotovelo
**Eltern** *pl* pais *mpl*; **~haus** *n* casa *f* paterna
**Empfang** *m* recepção *f*; (*Aufnahme*) acolhimento *m*; **empfangen** receber; acolher; **Empfänger(in** *f*) *m Post* destinatário *m*, -a *f*; **Empfängnisverhütungsmittel** *n* anticonceptivo *m*; **Empfangschef** *m* chefe de recepção
**empfehlen** recomendar
**empfindlich** sensível; (*reizbar*) susceptível
**empörend** chocante, escandaloso
**Ende** *n* fim *m*, final *m*; (*Endpunkt*) extremo *m*; **2n** acabar, terminar
**endgültig** definitivo
**Endivie** *f* endívia
**endlich** finalmente
**endlos** sem fim; *fig* infinito
**Endspiel** *n Sp* final *f*; **Endspurt** *m Sp* arranque *m* final; **Endstation** *f* estação terminal
**Energie** *f* energia; **~versorgung** *f* abastecimento *m* de energia
**eng** estreito, apertado; *Freund* íntimo

**Engländer(in** *f*) *m* inglês *m*, -esa *f*; **englisch** inglês
**Enkel(in** *f*) *m* neto *m*, -a *f*
**enorm** enorme
**Entbindung** *f med* parto *m*
**entdecken** descobrir; **Entdeckung** *f* descobrimento *m*
**Ente** *f* pata; *Gattung* pato *m*
**entfernen** afastar; *med* extirpar; ***sich ~*** deslocar-se, afastar-se; **Entfernung** *f* distância
**entführen** sequestrar; **Entführer** *m* sequestrador; **Entführung** *f* sequestro *m*
**entgegengesetzt** oposto, contrário
**entgegenkommen** ir ao encontro de
**entgegennehmen** receber, aceitar
**entgegnen** replicar
**entgleisen** descarrilar
**enthaltsam** abstinente; *Alkohol* abstémio
**entkommen** escapar(-se)
**entladen** descarregar
**entlang** ao longo de
**entlassen** despedir; *med* dar alta a; **Entlassung** *f* despedimento *m*; alta
**entleeren** vazar
**entlegen** remoto, distante
**entleihen** pedir emprestado
**entmutigen** desanimar
**entschädigen** inde(m)nizar; **Entschädigung** *f* inde(m)nização; *Ausgleich* compensação
**entscheiden** decidir (***über*** sobre); ***sich ~ für*** decidir-se por; **entscheidend** decisivo; **Entscheidung** *f* decisão; **entschieden** decidido

**entschließen**: ***sich ~ zu*** resolver-se a, decidir-se a; **entschlossen** decidido, resoluto; **Entschluß** *m* resolução *f*, decisão *f*
**entschuldigen**: ***sich ~*** desculpar-se (***für*** por); **Entschuldigung** *f* desculpa; ***~!*** desculpe!, perdão!
**Entsetzen** *n* horror *m*; **entsetzlich** horrível
**entspannen**: ***sich ~*** descansar; **Entspannung** *f* descanso *m*, repouso *m*; *pol* desanuviamento *m*
**enttäuschen** desiludir; **Enttäuschung** *f* desilusão
**entweder**: ***~ ... oder*** ou ... ou, seja ... ou seja
**entwerten** inutilizar, obliterar; **Entwerter** *m* *Fahrkarten* obliterador
**entwickeln** desenvolver; *fot* revelar; **Entwicklung** *f* desenvolvimento *m*; *fot* revelação
**Entzündung** *f* inflamação
**Epoche** *f* época
**er** ele
**erbauen** construir
**Erbe** *n* herança *f*; *kulturell* património *m*; *m* herdeiro; **≈n** herdar
**erbitten**: ***et von j-m ~*** pedir a/c a alg
**erblich** hereditário
**erblicken** avistar, ver
**erbrechen**: ***sich ~*** vomitar
**Erbsen** *fpl* ervilhas
**Erdbeben** *n* terramoto *m*
**Erdbeere** *f* morango *m*
**Erdboden** *m* terra *f*, chão
**Erde** *f* terra; **≈n** ligar à terra
**Erdgas** *n* gás *m* natural; **Erdgeschoß** *n*

rés-do-chão *m*; **Erdhalbkugel** *f* hemisfério *m*; **Erdnuß** *f* amendoim; **Erdöl** *n* petróleo *m*; **Erdrutsch** *m* desabamento; **Erdstoß** *m* abalo sísmico; **Erdteil** *m* continente

**ereignen**: ***sich*** ~ acontecer, suceder; **Ereignis** *n* acontecimento *m*

**erfahren** (chegar a) saber; (*bewandert*) experimentado; **Erfahrung** *f* experiência

**erfinden** inventar; **Erfindung** *f* invenção

**Erfolg** *m* êxito

**erforderlich** preciso, necessário; **erfordern** requerer, exigir; **Erfordernis** *n* exigência *f*

**erforschen** investigar; estudar

**erfreulich** agradável; **erfreut** satisfeito; ***sehr*** **~!** muito prazer!

**erfrieren** gelar

**erfrischen**: ***sich*** ~ refrescar-se; **Erfrischung** *f* refresco *m*; **Erfrischungsgetränk** *n* refrigerante *m*

**ergänzen** acrescentar, completar

**Ergebnis** *n* resultado *m*; efeito *m*

**ergreifen** apanhar, agarrar; *Gelegenheit* aproveitar

**erhalten** receber; (*bewahren*) conservar, manter

**erhöhen** aumentar

**erholen**: ***sich*** ~ descansar; **Erholung** *f* descanso *m*, repouso *m*

**erinnern** lembrar (***j-n an et*** a/c a alg); ***sich*** **~ *an*** lembrar-se de; **Erinnerung** *f* lembrança; (*Gedächtnis*) memória *f*

**erkälten**: ***sich*** ~ constipar-se; **Erkältung** *f* constipação

**erkennen** reconhecer (***an*** por)
**erklären** explicar; (*aussagen*) declarar; **Erklärung** *f* explicação; declaração
**erkundigen**: ***sich*** ~ informar-se (***nach, über*** de, sobre)
**erlauben** permitir; **Erlaubnis** *f* autorização, licença
**erläutern** explicar, esclarecer; **Erläuterung** *f* explicação, esclarecimento *m*
**erleben** viver; (*teilnehmen an*) assistir a; **Erlebnis** *n* acontecimento *m*; *Erfahrung* experiência *f*; *Abenteuer* aventura *f*
**erledigen** *Auftrag* despachar; aviar
**erleiden** sofrer
**ermäßigt** *Preis* reduzido; **Ermäßigung** *f* desconto *m*, redução
**ermöglichen** possibilitar, facilitar
**ermorden** assassinar; **Ermordung** *f* assassínio *m*
**ernähren** alimentar; *Unterhalt* sustentar; **Ernährung** *f* alimentação
**ernst** sério; **2** *m* seriedade *f*; *Schwere* gravidade *f*; ***im*** ~ a sério; **Ernstfall** *m*: ***im*** ~ em caso de necessidade
**Ernte** *f* colheita; **2n** colher
**eröffnen** abrir; *feierlich* inaugurar; **Eröffnung** *f* abertura; inauguração
**erpressen** fazer chantagem a; **Erpressung** *f* chantagem
**erproben** experimentar
**Erreger** *m med* micróbio patogénico
**erreichen** alcançar, conseguir

**errichten** erguer
**erröten** enrubescer, corar
**Ersatz** *m Leistung* compensação *f*; *Stoff* sucedâneo; **~mann** *m* suplente; **~rad** *n* roda *f* sobresselente; **~teil** *n* (peça *f*) sobresselente (*m*)
**erscheinen** aparecer; *auf Einladung* comparecer; *Buch* sair
**erschießen** matar a tiro
**erschöpft** esgotado
**erschrecken** assustar, espantar
**erschüttern** abalar, sacudir; *fig* comover; **~d** *fig* comovente; **Erschütterung** *f* abalo *m*; *fig* comoção
**erschweren** dificultar
**ersetzen** substituir; *Schaden* reparar
**Ersparnis** *f* poupança; **~se** *pl* economias *fpl*
**erst** primeiro; **~e(r, -s)** primeiro, -a; ***zum ~n Mal*** pela primeira vez; **~ens** primeiro
**ersticken** sufocar; asfixiar
**erstrecken: *sich ~ auf*** estender-se a
**ertragen** suportar; (*aushalten*) aguentar
**ertrinken** afogar-se
**erwachen** despertar
**erwachsen** adulto; **2e** *m,f* adulto *m*, -a *f*
**erwähnen** mencionar
**erwärmen** aquecer
**erwarten** esperar; (*rechnen mit*) contar com; **Erwartung** *f* (*Hoffnung*) esperança
**erwidern** replicar, responder; **Erwiderung** *f* réplica, resposta
**erwischen** F apanhar

**erzählen** contar; **Erzähler(in** *f*) *m* narrador(a *f*) *m*; **Erzählung** *f* narração; conto *m*
**erzeugen** produzir; (*hervorrufen*) provocar; **Erzeuger** *m* produtor; **Erzeugerland** *n* país *m* produtor; **Erzeugnis** *n* produto *m*
**erziehen** educar; **Erziehung** *f* educação
**es:** ~ ***gibt*** há; ~ ***regnet*** chove; ***ich weiß*** ~ ***nicht*** não o sei
**Esel** *m* burro, asno
**Espresso** *m* café expresso, bica *f*
**eßbar** comestível
**essen** comer; ≗ *n* comida *f*; **≗szeit** *f* hora de comer
**Essig** *m* vinagre
**Eßzimmer** *n* sala *f* de jantar
**Etage** *f* andar *m*
**Etat** *m* orçamento
**Etui** *n* estojo *m*
**etwa** cerca de, aproximadamente
**etwas** alguma coisa, qualquer coisa; (*ein wenig*) um pouco (de)
**euch** vos
**euer(e)** o vosso, a vossa
**Eukalyptus** *m* eucalipto
**Eule** *f* coruja
**Europäer(in** *f*) *m* europeu *m*, europeia *f*; **europäisch** europeu
**Euroscheck** *m* eurocheque
**Euter** *n* teta *f*, úbere *m*
**evangelisch** protestante
**eventuell** eventual(mente)

**ewig** eterno; **&keit** *f* eternidade
**exakt** exa(c)to
**Examen** *n* exame *m*
**Exemplar** *n* exemplar *m*
**Exil** *n* exílio; ***ins ~ gehen*** exilar-se
**Existenz** *f* existência; **existieren** existir
**Expedition** *f* expedição
**explodieren** explodir, estalar; **Explosion** *f* explosão
**extra** extra; (*gesondert*) a parte; **&** *n* extra *m*

## F

**fabelhaft** fabuloso; *fig* estupendo
**Fabrik** *f* fábrica; *bras* usina
**Fach** *n Schrank*, *Regal* compartimento *m*; *Schublade* gaveta *f*; *Zweig* ramo *m*; *Schule* disciplina *f*; *Fachgebiet* especialidade *f*; **~arbeiter(in *f*)** *m* operário *m*, -a *f* especializado, -a; **~arzt** *m* médico especialista; **~händler** *m* revendedor, concessionário; **~mann** *m* especialista, profissional; (*Experte*) perito; **~schule** *f* escola técnica (*od* industrial)
**Fackel** *f* archote *m*, facho *m*; **~zug** *m* marcha *f* luminosa
**Faden** *m* fio; (*Garn*) linha *f*
**Fadosänger(in *f*)** *m* fadista
**Fahne** *f* bandeira
**Fahrausweis** *m* bilhete; **Fahrbahn** *f* faixa de rodagem, pista; *bras* rodovia

**Fähre** *f* ferry-boat *m*
**fahren** ir (***mit*** de, ***in*** em, ***nach*** para); *im Straßenverkehr* circular; *chauffieren* conduzir; *Fahrrad, per Anhalter etc* andar de
**Fahrer(in** *f*) *m* condutor(a *f*) *m*, motorista; **~haus** *n* habitáculo *m*
**Fahrgast** *m* passageiro; **Fahrgestell** *n* chassi *m*; **Fahrkarte** *f* bilhete *m*; passagem; *Abschnitt* módulo *m*; **Fahrkartenautomat** *m* distribuidora *f* automática de bilhetes; **Fahrkartenheft** *n* caderneta *f* de módulos; **Fahrkartenlocher** *m* obliterador; **Fahrkartenschalter** *m* bilheteira *f*
**Fahrplan** *m* horário; **2mäßig** à tabela
**Fahrpreis** *m* preço do bilhete; **~ermäßigung** *f* tarifa reduzida
**Fahrrad** *n* bicicleta *f*; **~ständer** *m* forqueta *f* de bicicletas
**Fahrschein** *m* bilhete
**Fahrschule** *f* escola de condução
**Fahrstuhl** *m* elevador
**Fahrt** *f* viagem; ***in voller*** **~** a toda a velocidade; ***während der*** **~** durante o traje(c)to
**Fahrzeug** *n* veículo *m*, **~papiere** *pl* papéis *mpl* do veículo
**fair** leal; *Sp* limpo
**Fakt** *m* fa(c)to; **~or** *m* fa(c)tor
**Fall** *m* queda *f*; (*Sachverhalt*) caso; ***auf jeden*** **~** de qualquer maneira; ***auf keinen*** **~** de modo nenhum; **2en** cair; (*abnehmen*) diminuir
**fällig:** **~** ***werden*** vencer-se
**falls** se (+ *Konjunktiv*); em caso de (+ *Infinitiv*),

caso (+ *Konjunktiv*)
**Fallschirm** *m* pára-quedas; **~springen** *n* pára-quedismo *m*
**falsch** falso; (*irrtümlich*) errado; *Haar*, *Zähne* postiço
**fälschen** falsificar; **Fälschung** *f* falsificação; (*Nachahmung*) imitação
**Faltdach** *n aut* tejadilho *m* de dobrar
**Familie** *f* família; **~nname** *m* apelido; **~nstand** *m* estado civil
**fangen** apanhar
**Farbe** *f* cor; *Anstrichstoff* tinta; **färben** tingir; *Haar* pintar
**Farbfernsehen** *n* televisão *f* a cores; **Farbfilm** *m* filme a cores; **Farbfoto** *n* fotografia *f* a cores;
**farbig** colorido
**Fasching** *m* carnaval
**Faserschreiber** *m* lapiseira *f* de ponta de feltro
**Faß** *n* barril *m*; *Wein* pipa *f*
**Fassade** *f* fachada
**fassen** pegar, agarrar; (*hineinpassen*) levar, comportar; (*begreifen*) compreender; **Fassung** *f* versão; *tech* suporte *m*
**fast** quase
**fasten** jejuar
**Fastfood** *n* pronto-a-comer *m*
**faul** podre; *Mensch* preguiçoso
**Faust** *f* punho *m*; **~schlag** *m* murro
**Favorit** *m* favorito
**Fax** *n* fax *m*; **2en** expedir por fax
**Februar** *m* Fevereiro

**Feder** *f* pena; *tech* mola; **~ballspiel** *n* badminton *m*
**fehlen** faltar; ***was fehlt Ihnen?*** o que é que tem?; **Fehler** *m* falta *f*, erro; (*Mangel*) defeito; **Fehlschlag** *m* fracasso
**Feier** *f* festa; *offiziell* cerimónia; **~abend** *m* fim do trabalho diário; **feiern** festejar; **Feiertag** *m* feriado
**feige** cobarde
**Feige** *f* figo *m*
**Feigling** *m* cobarde
**Feile** *f* lima
**fein** fino; (*vornehm*) distinto
**Feind** *m* inimigo; **2lich** inimigo, hostil
**Feld** *n* campo *m*; **~weg** *m* atalho
**Felge** *f* jante
**Fell** *n* pele *f*
**Fels(en)** *m* rocha *f*
**Feminismus** *m* feminismo; **Feministin** *f* feminista
**Fenster** *n* janela *f*; *aut* vidro *m*; **~platz** *m* lugar à janela; **~scheibe** *f* vidro *m*
**Ferien** *pl* férias *fpl*; ***~ haben*** estar de férias; ***in die ~ fahren*** ir para férias; **~haus** *n* casa *f* de campo, chalé *m*; **~kurs** *m* curso de férias; **~lager** *n* colónia *f* de férias; **~wohnung** *f* apartamento *m* (*od* casa) de férias
**Ferkel** *n* leitão *m*
**fern** longe; distante; ***von ~*** de longe; **2bedienung** *f* telecomando *m*; *bras* controle *m* remoto; **2e** *f* distância; ***in der ~*** ao longe
**Ferngespräch** *n* chamada *f* interurbana; **Fern-**

**glas** *n* binóculo *m*; **Fernlicht** *n* máximos *mpl*; **Fernschreiben** *n* telex *m*
**Fernsehen** *n* televisão *f*; **fernsehen** ver a televisão; **Fernseher** *m* televisor; **Fernsehsendung** *f* emissão; **Fernsehserie** *f* série televisiva; telenovela; **Fernsehzuschauer(in** *f*) *m* telespectador(a *f*) *m*; *bras a* tevente
**Fernsprechamt** *n* central *f* telefónica; **Fernverkehr** *m aut* transportes *mpl* interurbanos
**Ferse** *f* calcanhar *m*
**fertig** pronto; **~gericht** *n* pré-cozinhado *m*; **~haus** *n* casa *f* pré-fabricada; **~stellung** *f* acabamento *m*
**fest** firme; *Preis* fixo; *Wohnsitz* permanente
**Fest** *n* festa *f*; ***frohes ~!*** boas festas!
**festhalten** segurar; ***sich ~*** agarrar-se (***an*** a)
**Festland** *n* terra *f* firme, continente *m*
**festlich** festivo; (*feierlich*) solene
**festnehmen** prender
**Festplatte** *f EDV* disco *m* rígido
**Festpreis** *m* preço fixo
**Festspiele** *pl* festival *m*
**feststellen** constatar; verificar
**Fett** *n* gordura *f*; **≈** gordo; **~fleck** *m* nódoa *f* de gordura; **≈ig** gorduroso; *Haar* oleoso
**feucht** húmido; **≈igkeit** *f* humidade; **≈igkeitscreme** *f* creme *m* hidratante
**Feuer** *n* fogo *m*; *Brand* incêndio *m*; **≈gefährlich** inflamável; **~löscher** *m* extintor; **~wehr** *f* bombeiros *mpl*; **~werk** *n* fogo *m* de artifício; **~zeug** *n* isqueiro *m*

**Fieber** *n* febre *f*; ~ ***haben*** ter febre; **~mittel** *n* febrífugo *m*; **~thermometer** *n* termómetro *m*
**Figur** *f* figura; (*Statur*) estatura
**Filet** *n* filete *m*; **~steak** *n* bife *m* de lombo
**Filiale** *f* filial, sucursal
**Film** *m* filme; *fot* rolo; **2en** filmar; rodar um filme; **~kamera** *f* câmara de filmar
**Filter** *m* filtro; **2n** filtrar; **~zigarette** *f* cigarro *m* com filtro
**Filzstift** *m* lapiseira *f* de ponta de feltro
**Finanzamt** *n* fazenda *f* pública; **Finanzen** *pl* finanças *fpl*; **finanziell** financeiro; **finanzieren** financiar
**finden** encontrar, achar; (*meinen*) achar; **Finderlohn** *m* alvíssaras *fpl*
**Finger** *m* dedo; ***kleiner*** ~ mínimo
**Finsternis** *f* escuridão
**Firma** *f* empresa, firma
**Fisch** *m* peixe; **2en** pescar; **~er** *m* pescador; **~erboot** *n* embarcação *f* de pesca; **~fang** *m* pesca *f*; **~geschäft** *n* peixaria *f*
**Fiskus** *m* fisco
**fit** em forma
**fix** fixo; *fig* ágil; F despachado
**FKK** *f* nudismo *m* ; **~-Strand** *m* praia *f* de nudismo
**flach** plano, chato; *Teller* raso; **Fläche** *f* superfície; **Flachland** *n* planície *f*
**Flamme** *f* chama
**Fläschchen** *n* frasco *m*; **Flasche** *f* garrafa; *groß* garrafão *m*; *Baby* biberão *m*; **Flaschenbier** *n*

cerveja *f* em garrafas; **Flaschenöffner** *m* tira-cápsulas; **Flaschenpfand** *n* depósito *m*
**Fleck** *m* mancha *f* (***blauer*** negra); *Schmutz* nódoa *f*; **~entferner** *m* tira-nódoas
**Fleisch** *n* carne *f*; **~brühe** *f* caldo *m* de carne; **~er** *m* carniceiro; **~erei** *f* talho *m*; **~wurst** *f* chouriço *m* de carne
**Fleiß** *m* aplicação *f*; diligência *f*; **2ig** a(c)tivo, aplicado
**flexibel** flexível
**flicken** remendar
**Flieder** *m* lilás
**Fliege** *f* mosca
**fliegen** voar; *Fluggast* ir de avião
**fliehen** fugir (***vor*** de)
**Fliese** *f* azulejo *m*; *Fußboden* ladrilho *m*
**fließen** correr; **~d** corrente (*a Wasser*)
**flink** ágil
**Flirt** *m* namorico, flerte; **~en** namoricar, flertar
**Flitterwochen** *pl* lua-de-mel *f*
**Floh** *m* pulga *f*; **~markt** *m* feira *f* da ladra
**Floß** *n* jangada *f*, balsa *f*
**Flosse** *f* barbatana
**Flöte** *f* flauta
**Fluch** *m* praga; **2en** praguejar (***auf*** contra)
**Flucht** *f* fuga; **flüchten** fugir
**Flug** *m* voo; **~blatt** *n* folheto *m*
**Flügel** *m* asa *f*; *Fenster*, *Tür* batente; *Instrument* piano de cauda
**Fluggesellschaft** *f* companhia aérea; **Flughafen** *m* aeroporto

**Fluglotse** *m* F agulheiro do céu; **~streik** *m* greve *f* dos controladores do tráfego aéreo
**Flugplan** *m* horário do serviço aéreo; **Fluplatz** *m* aeroporto; **Flugschreiber** *m* caixa *f* negra; **Flugsicherheit** *f* segurança do tráfego aéreo; **Flugsteig** *m* porta *f*; **Flugticket** *n* bilhete *m* de avião
**Flugzeug** *n* avião *m*; *klein* avioneta *f*; **~entführung** *f* sequestro *m* de avião
**Fluß** *m* rio
**flüssig** líquido; **2keit** *f* líquido *m*; **2waschmittel** *n* detergente *m* líquido
**Flut** *f* preia-mar, maré cheia
**Folge** *f* consequência; *Ablauf* continuação; *TV* episódio *m*; ***zur ~ haben*** ter como consequência; **folgen** seguir; **folgern** concluir
**Folie** *f* folha
**Folklore** *f* folclore *m*
**fordern** exigir; *Rechte* reivindicar; **Forderung** *f* exigência; reivindicação
**Forelle** *f* truta
**Form** *f* forma; **~alitäten** *fpl* formalidades
**Format** *n* formato *m*; **2ieren** *EDV* formatar
**Formular** *n* impresso *m*
**forschen** investigar; **Forschung** *f* pesquisa, investigação
**fort** (*abwesend*) ausente; (*auswärts*) fora; **2bildung** *f* reciclagem, pós-graduação; **2bildungslehrgang** *m* curso de pós-graduação; **~bringen** levar; **~fahren** sair, partir; (*weitermachen*) continuar; **~gehen** ir-se (embora)

**Fortschritt** *m* progresso
**fortsetzen** continuar; **Fortsetzung** *f* continuação; ***in* ~*en*** por episódios
**Foto** *n* foto *f*; ***ein* ~ *machen*** tirar uma foto; **~apparat** *m* máquina *f* fotográfica; **~geschäft** *n* casa *f* de fotografias; **~graf(in** *f*) *m* fotógrafo *m*, -a *f*; **≈grafieren** fotografar; **~kopie** *f* fotocópia; **~kopiergerät** *n* fotocopiadora *f*
**Fracht** *f* carga; *av*, *nav* frete *m*; **~er** *m* navio de carga
**Frage** *f* pergunta (***stellen*** fazer); **~bogen** *m* questionário; **≈n** perguntar (***j-n et*** a/c a alg; ***j-n nach et*** a alg por a/c)
**frankieren** franquear
**Franzose** *m* francês *m*, **Französin** *f* francesa *f*; **französisch** francês
**Frau** *f* mulher; *Gattin* esposa; *Anrede* a senhora; senhora Dona (+ *Vorname*); **~enarzt** *m*, **-ärztin** *f* ginecologista
**Fräulein** *n* menina *f*; *bras* senhorita *f*
**frech** atrevido, descarado; **≈heit** *f* atrevimento *m*, descaramento *m*
**frei** livre; *Platz* vago; *Mitarbeiter* por conta própria; **≈bad** *n* piscina *f* ao ar livre; **≈berufler** *m* free lancer, trabalhador por conta própria; **≈gepäck** *n* bagagem *f* gratuita; **~haben** estar de folga; **~halten** *Platz* reservar; **≈heit** *f* liberdade; **≈karte** *f* entrada gratuita; **≈lichtbühne** *f* palco *m* ao ar livre
**Freitag** *m* sexta-feira *f*; **≈s** às sextas(-feiras)
**freiwillig** voluntário; **≈e** *m,f* voluntário *m*, -a *f*

**Freizeit** *f* tempos *mpl* livres; **~gestaltung** *f* organização dos tempos livres
**fremd** desconhecido; *Ort* estranho, alheio; (*ausländisch*) estrangeiro
**Fremdenführer(in** *f*) *m* guia; **Fremdenverkehr** *m* turismo; **Fremdenverkehrsamt** *n* centro *m* de informação turística; **Fremdenzimmer** *n* quarto *m* de hóspedes; **Fremdsprache** *f* língua estrangeira
**fressen** comer; F (*verschlingen*) devorar
**Freude** *f* alegria; (*Vergnügen*) prazer *m*; **freuen:** ***sich*** ~ estar satisfeito (*od* contente) (***über*** com)
**Freund(in** *f*) *m* amigo *m*, -a *f*; *feste Bindung* namorado *m*, -a *f*; **freundlich** amável, simpático; **Freundschaft** *f* amizade; **freundschaftlich** amistoso
**Frieden** *m* paz *f*; **Friedhof** *m* cemitério; **friedlich** pacífico
**frieren** estar com (*od* ter) frio
**Frikassee** *n* fricassé *m*
**frisch** fresco; (*neu*) recente; **2haltefolie** *f* folha para conservar fresco
**Friseur** *m*, **Friseuse** *f* cabeleireiro *m*, -a *f*; **frisieren** pentear; *aut* retocar; **Frisiersalon** *m* cabeleireiro
**Frist** *f* prazo *m*
**froh** contente, alegre; **fröhlich** alegre
**Fronleichnam** *m* Corpo de Deus
**Frontscheibe** *f aut* pára-brisas *m*; **Frontscheinwerfer** *m* farol dianteiro
**Frosch** *m* rã *f*

**Frost** *m* geada *f*; **~schutzmittel** *n* anticongelante *m*
**Frottiertuch** *n* toalha *f* de felpa
**Frucht** *f* fruta; **~fleisch** *n* polpa *f*; **~presse** *f* espremedor *m*; **~saft** *m* sumo
**früh** cedo; **~er** (*vormals*) dantes; (*ehemalig*) antigo; **~estens** o mais depressa possível; **&jahr** *n*, **&ling** *m* primavera *f*
**Frühstück** *n* pequeno almoço *m*; F mata-bicho *m*; **&en** tomar o pequeno almoço
**Fuchs** *m Gattung* raposa *f*
**fühlen** sentir; ***sich gut*/*schlecht* ~** sentir-se bem/mal
**führen** guiar, conduzir; (*vorn sein*) estar à frente; *Leben* levar; ***zu nichts* ~** não levar a nada; **Führer** *m* guia; *pol* líder, dirigente; **Führerschein** *m* carta *f* de condução; **Führung** *f* liderança; *Besichtigung* visita guiada
**füllen** encher (***mit*** de); *Kchk* rechear; *Zahn* chumbar; **Füller** *m* caneta(-tinteiro) *f*
**Fund** *m* achado; **~büro** *n* depósito *m* de objectos perdidos e achados; **~sachen** *fpl* perdidos e achados *mpl*
**Funk** *m* rádio *f*; ***über* ~** por rádio; **~haus** *n* casa *f* emissora; **~streifenwagen** *n* carro-patrulha; **~taxi** *n* radiotáxi *m*; **~telefon** *n* telemóvel *m*
**Funktion** *f* função; **&nieren** funcionar
**für** para; (*wegen*; *gegen*) por; **~ *3 Tage*** por 3 dias
**Furcht** *f* medo *m*, receio *m* (***vor*** de); **furchtbar** terrível; **fürchten** recear; ***sich* ~** ter medo; **furchtlos** sem medo; **furchtsam** receoso

**Fuß** *m* pé; *Tier* pata *f*; ***zu ~*** a pé
**Fußball** *m* futebol; **~spieler** *m* futebolista
**Fußboden** *m* chão; **Fußbremse** *f aut* travão *m* de serviço
**Fußgänger(in** *f*) *m* peão *m*, peã *f*, transeunte; **~brücke** *f* passarela; **~überweg** *m* passadeira *f*; **~zone** *f* zona de peões
**Fußstütze** *f* apoia-pé *m*
**Fußtritt** *m* pontapé
**Futter** *n Vieh* forragem *f*, pasto *m*; *Kleidung* forro *m*
**füttern** dar de comer a; *Kleidung* forrar

## G

**Gabel** *f* garfo *m*; *tel* descanso *m*; **2n: *sich ~*** bifurcar-se
**gähnen** bocejar
**Galerie** *f* galeria
**Galicier** *m*, **galicisch** galego
**Galle** *f* bílis; **~nblase** *f* vesícula biliar; **~nstein** *m* calcário biliar
**Gang** *m Mensch* andar; *Verlauf* marcha *f*, andamento; *Durchgang* passagem *f*; *Kchk* prato; *aut* velocidade *f*, marcha *f*; **2bar** viável; **~schaltung** *f aut* caixa de velocidades
**Ganove** *m* vigarista
**Gans** *f Gattung* ganso *m*; **Gänsehaut** *f* pele de galinha
**ganz** completo, inteiro; ***den ~en Tag*** todo o dia;

~ ***und gar*** absolutamente; ~ ***und gar nicht*** de modo algum
**gar** pronto, (bem) cozido
**Garage** *f* garagem
**Garantie** *f* garantia; **2ren** garantir; **~schein** *m* certificado de garantia
**Garderobe** *f* vestuário *m*, roupa; *theat etc* vestiário *m*; *Ablage* bengaleiro *m*; **~nmarke** *f* ficha de vestiário
**Garn** *n* fio *m*
**Garnelen** *fpl* camarões *mpl*
**Garten** *m* jardim; *Gemüse* horta *f*; *Obst* pomar; **Gärtner(in** *f*) *m* jardineiro *m*, -a *f*; **Gärtnerei** *f* horto *m*
**Gas** *n* gás *m*; ~ ***geben*** *aut* acelerar; **~heizung** *f* aquecimento *m* a gás; **~herd** *m* fogão a gás; **~pedal** *n aut* acelerador *m*
**Gasse** *f* beco *m*, ruela
**Gast** *m* hóspede; *Restaurant* cliente; **~arbeiter** *m* (trabalhador) emigrante
**Gästebuch** *n* livro *m* de hóspedes; **Gästezimmer** *n* quarto *m* de hóspede (*od* convidado)
**Gastfreundschaft** *f* hospitalidade; **Gastgeber(in** *f*) *m* anfitrião *m*, -iã *f*; **Gasthaus** *n* estalagem *f*; **Gaststätte** *f* restaurante *m*
**Gasuhr** *f*, **Gaszähler** *m* contador *m* de gás
**Gauner** *m* patife
**Gebäck** *n* pastéis *mpl*; **gebacken** estufado
**Gebäude** *n* edifício *m*, prédio *m*
**geben** dar; ***es gibt*** há
**Gebet** *n* oração *f*

**Gebiet** *n* área *f*; *Sachgebiet* ramo *m*; (*Territorium*) território *m*
**Gebirge** *n* montanha *f*; **gebirgig** montanhoso; **Gebirgskette** *f* cordilheira; **Gebirgspaß** *m* desfiladeiro
**Gebiß** *n* dentadura *f* (***künstliches*** postiça)
**Gebläse** *n* *aut* arejador *m*
**geboren**: ~ ***in*** nascido em
**gebraten** assado; *Pfanne* frito
**Gebrauch** *m* uso, emprego; **2en** usar, empregar; **~sanweisung** *f* instruções *fpl*; **2sfertig** pronto a usar; **2t** usado; em segunda mão; **~twagen** *m* carro usado (*od* em segunda mão)
**Gebühr** *f* taxa; *Autobahn* portagem; *bras* pedágio *m*; **~enfrei** isento de taxas; *Zoll* isento de direitos; **~enpflichtig** sujeito a taxas
**Geburt** *f* nascimento *m*; **gebürtig** natural de; **Geburtsdatum** *n* data *f* de nascimento; **Geburtsort** *m* lugar de nascimento; **Geburtstag** *m* dia de anos; *offiziell* aniversário; ~ ***haben*** fazer anos
**Gebüsch** *n* arbustos *mpl*, moita *f*
**Gedächtnis** *n* memória *f*
**Gedanke** *m* ideia *f*; ***sich ~n machen um*** preocupar-se com
**Gedeck** *n* talher *m*; *Mahlzeit* refeição *f*
**Gedicht** *n* poema *m*, poesia
**Gedränge** *n* multidão *f*
**Geduld** *f* paciência; **2ig** paciente
**gedünstet** estufado
**geeignet** *Mittel* apropriado, adequado; *Mensch* apto

**Gefahr** *f* perigo *m*; (*Risiko*) risco *m*; **gefährden** pôr em perigo; **gefährlich** perigoso; (*riskant*) arriscado
**Gefälle** *n* declive *m* ; *Niveauunterschied* desnível *m*
**gefallen** agradar; ***mir gefällt*** gosto de; **2** *m* favor; ***e-n ~ tun*** fazer um favor a
**Gefangene** *m,f* preso *m*, -a *f*, detido *m*, -a *f*; **Gefängnis** *n* prisão *f*, cadeia *f*
**Gefäß** *n* recipiente *m*; *anat a* vaso *m*
**gefaßt** calmo; ***~ sein auf*** estar preparado para, contar com
**Geflügel** *n* aves *fpl* (de capoeira)
**gefragt** procurado; *fig* em voga
**gefrieren** congelar; **Gefrierfach** *n* congelador *m*; **Gefriertruhe** *f* arca frigorífica
**Gefühl** *n* sentimento *m*; *Sinneswahrnehmung* sensação *f*; **2los** insensível (***gegen*** a); **2voll** sensível; sentimental
**gefüllt** *Kchk* recheado
**gegen** contra; *zeitlich*, *ungefähr* por volta de; *gegenüber j-m* para com; *Tausch* em troca de
**Gegend** *f* zona, local *m*
**Gegenfahrbahn** *f* faixa (de rodagem) oposta; *bras* contramão
**Gegensatz** *m* contraste; ***im ~ zu*** ao contrário de; **gegensätzlich** contrário, oposto
**gegenseitig** mútuo, recíproco; **2keit** *f* reciprocidade
**Gegenstand** *m* obje(c)to; *Thema* tema, assunto
**Gegenteil** *n* contrário *m*; ***im ~*** ao contrário

**gegenüber** em frente de; *fig* perante; ***j-m*** ~ para com alg
**Gegenverkehr** *m* trânsito em sentido oposto
**Gegenwart** *f* presente *m*, a(c)tualidade; (*Anwesenheit*) presença; **gegenwärtig** a(c)tual, presente
**Gegenwind** *m* vento contrário
**Gegner** *m* adversário; (*Feind*) inimigo
**gegrillt** grelhado
**Gehalt** *m* teor, conteúdo; *n* ordenado *m*
**geheim** secreto; **℞nis** *n* segredo *m*
**gehen** ir, andar; ***zu Fuß*** ~ ir (*od* andar) a pé; (*aufbrechen*) ir-se; *Zug* partir; *Teig* levedar; ***wie geht's?*** que tal?; ***wie geht es Ihnen?*** como está?; ***mir geht es gut*** estou bem; ***falsch*** ~ *Uhr* não estar certo; ***es geht um ...*** trata-se de ...
**Gehirn** *n* cérebro *m*; **~erschütterung** *f* traumatismo *m* cerebral
**Gehör** *n* ouvido *m*
**gehorchen** obedecer
**gehören** pertencer a, ser de; ***das gehört mir*** é meu; ***das gehört sich nicht*** isso não se faz
**Gehsteig** *m*, **Gehweg** *m* passeio
**Geige** *f* violino *m*
**Geisel** *f* refém *m*
**Geist** *m* espírito; (*Verstand*) intele(c)to, mente *f*; ***auf den*** ~ ***gehen*** F chatear; **~esgaben** *pl* faculdades *fpl* mentais; **~esgegenwart** *f* presença de espírito; **~ig** mental, intele(c)tual; ~ ***behindert*** mentalmente diminuído; **~los** estúpido; **~reich** espirituoso, engraçado

**Geiz** *m* avareza *f*; **&ig** mesquinho, avarento
**Gelächter** *n* gargalhada *f*
**gelähmt** paralítico
**Gelände** *n* terreno *m*; **~wagen** *m* veículo todo-o-terreno
**gelaunt:** ***gut*** (***schlecht***) **~** bem (mal) disposto
**gelb** amarelo; *Ampel* laranja; **&sucht** *f* icterícia
**Geld** *n* dinheiro *m*; **~automat** *m* caixa automático; **~börse** *f* carteira; porta-moedas *m*; **~buße** *f* multa; **~schein** *m* nota *f*; **~stück** *n* moeda *f*; **~transporter** *m* carro forte; **~wechsel** *m* câmbio
**Gelee** *n* geleia *f*
**gelegen** situado; (*passend*) oportuno, conveniente; **~ *kommen*** vir a propósito; **&heit** *f* ocasião; (*Chance*) hipótese; **~tlich** acidental, ocasional
**Gelenk** *n* articulação *f*
**Geliebte** *m,f* namorado *m*, -a *f*
**gelingen** sair bem, resultar; ***j-m gelingt et*** alg consegue (fazer) a/c
**gelten** (*gültig sein*) ser válido; (*in Kraft sein*) estar em vigor
**gelungen** bem sucedido
**Gemälde** *n* pintura *f*, quadro *m*; **~galerie** *f* galeria de pinturas
**gemäß** conforme, segundo
**gemein** (*gewöhnlich*) comum; (*niederträchtig*) infame
**Gemeinde** *f* freguesia; *Kirche* paróquia
**Gemeinheit** *f* infâmia
**gemeinsam** comum, cole(c)tivo; *Adverb* em comum, em conjunto

**Gemeinschaft** *f* comunidade; ***Europäische ~*** Comunidade Europeia
**Gemisch** *n* mistura *f*; **~t** misto
**Gemüse** *n* hortaliça *f*, legumes *mpl*; **~händler(in** *f*) *m* hortaliceiro *m*, -a *f*; **~suppe** *f* sopa de legumes
**Gemüt** *n* ânimo *m*; **2lich** aconchegado, acolhedor
**genau** exa(c)to, preciso; (*minuziös*) minucioso; **2genommen** em rigor; **~igkeit** *f* exa(c)tidão, precisão
**genehmigen** permitir, autorizar; **Genehmigung** *f* autorização
**Generation** *f* geração
**genial** genial
**Genick** *n* nuca *f*
**Genie** *n* génio *m*
**genießen** gozar de; *Kchk* saborear; **Genießer(in** *f*) *m* guloso *m*, -a *f*
**genug** suficiente; ***~ haben von*** F estar farto de; ***~!*** chega!, basta!
**Genuß** *m* prazer, gozo
**geöffnet** aberto
**Gepäck** *n* bagagem *f*; **~abfertigung** *f* despacho *m* de bagagens; **~aufbewahrung** *f* depósito *m* de bagagens; **~ausgabe** *f* devolução de bagagens; **~schein** *m* senha *f*; **~schließfach** *n* cacife *m* (de bagagem); **~stück** *n* volume *m*; **~träger** *m Person* carregador; *aut*, *Fahrrad* porta-bagagem
**gerade** re(c)to, direito; (*soeben*) agora mesmo; **2** *f* re(c)ta; **~aus** em frente
**Gerät** *n* aparelho *m*

**geräuchert** defumado
**geräumig** espaçoso
**Geräusch** *n* ruído *m*; *Lärm* barulho *m*
**gerecht** justo; **~fertigt** justificado; **2igkeit** *f* justiça
**Gerede** *n* palavreado *m*, rumores *mpl*; **~ *geben*** dar que falar
**Gericht** *n* tribunal *m*; *Kchk* prato *m*
**gering** *Ausmaß* pouco; *niedrig* baixo; **~schätzen** menosprezar
**gern** com muito gosto (*od* prazer); ***~ geschehen!*** (de) nada!
**geröstet** torrado, tostado
**Geruch** *m* cheiro (***nach*** a); **~ssinn** *m* olfa(c)to
**Gerücht** *n* boato *m*
**gesalzen** salgado (*a fig*)
**Gesang** *m* canto
**Gesäß** *n* nádegas *fpl*
**Geschäft** *n* negócio *m*; (*Laden*) loja *f*; *unsauber* negociata *f*; **~sauflösung** *f* liquidação; **~sführer(in** *f*) *m* gerente; **~smann** *m* homem de negócios; **~sreise** *f* viagem de negócios; **~sstunden** *fpl* horário *m* de expediente
**geschehen** acontecer, suceder
**Geschenk** *n* presente *m*, prenda *f*
**Geschichte** *f* história; (*Erzählung*) conto *m*
**Geschick** *n* habilidade *f*, jeito *m*; (*Schicksal*) destino *m*; **2t** hábil, jeitoso
**geschieden** divorciado
**Geschirr** *n* loiça *f*; *Küche* trem *m* de cozinha; **~spülmaschine** *f* máquina de lavar loiça

**Geschlecht** *n* sexo *m*; **2lich** sexual; **~skrankheit** *f* doença venérea; **~sorgane** *npl* órgãos *mpl* sexuais; **~sverkehr** *m* cópula *f*, coito
**geschlossen** fechado; *Einrichtung* encerrado
**Geschmack** *m* gosto; *Kchk* sabor; **2los** sem gosto; sensabor; **2voll** de bom gosto, fino
**geschmort** *Kchk* estufado
**Geschoß** *n* projé(c)til *m*; *Stockwerk* andar *m*
**Geschrei** *n* gritaria *f*
**Geschwätz** *n* palavreado *m*
**Geschwindigkeit** *f* velocidade; **~sbeschränkung** *f* limitação de velocidade; **~süberschreitung** *f* excesso *m* de velocidade
**Geschwister** *pl* irmãos *mpl*
**geschwollen** inchado; **Geschwulst** *f* tumor *m*
**Geschwür** *n* abscesso *m*, úlcera *f*
**gesellig** sociável; **2keit** *f Veranstaltung* convívio *m*
**Gesellschaft** *f* sociedade; (*Begleitung*) companhia; (*Feier*) sarau *m*
**Gesetz** *n* lei *f*; **2lich** legal; (*rechtmäßig*) legítimo; **2widrig** ilegal; (*unrechtmäßig*) ilegítimo
**Gesicht** *n* cara *f*; **~sausdruck** *m* fisionomia *m*; **~smassage** *f* massagem facial; **~spunkt** *m* ponto de vista
**gespannt** tenso; *fig* ansioso (***auf*** por)
**gesperrt** *Straße* impedido
**Gespräch** *n* conversa *f*; *tel* chamada; **2ig** falador; *mitteilsam* comunicativo
**Gestalt** *f* figura, forma; (*Wuchs*) estatura; *theat* personagem *m*

**Gestank** *m* fedor
**gestatten** permitir; *höflich* dar licença
**Geste** *f* gesto *m*
**Gestein** *n* pedra *f*; rocha *f*
**Gestell** *n* armação *f a Brille*
**gestern** ontem; ~ ***abend*** ontem à noite; ~ ***morgen*** ontem de manhã
**gestreift** às riscas
**gesund** saudável; (*heilsam*) salubre; ~ ***und munter*** são e salvo; **℞heit** *f* saúde; ~**!** santinho!
**Getränk** *n* bebida *f*; ~**eautomat** *m* distribuidora *f* automática de bebidas
**Getreide** *n* cereais *mpl*
**getrennt** separado
**Getriebe** *n* engrenagem *f*; *aut* caixa *f* de velocidades
**getrocknet** seco
**gewagt** arriscado
**Gewalt** *f* (*Stärke*) força; (*Zwang*) violência; ~**anwendung** *f* uso *m* da força; **℞ig** forte; (*mächtig*) tremendo; *fig* enorme; **℞los** sem violência; **℞sam** violento
**gewandt** ágil, hábil; *fig* despachado
**Gewässer** *n* águas *fpl*
**Gewerbe** *n* indústria *f*; (*Handwerk*) ofício *m*
**Gewerkschaft** *f* sindicato *m*
**Gewicht** *n* peso *m*
**Gewinn** *m* ganho; *Lotto* prêmio; *ök* lucro; **℞en** ganhar; ~**er(in** *f*) *m* vencedor(a *f*) *m*; *Lotto* premiado *m*, -a *f*
**gewiß** certo; *sicher* seguro; *sicherlich* decerto

**Gewissen** *n* consciência *f*; escrúpulo *m*; **2haft** consciencioso; **2los** sem escrúpulos
**Gewißheit** *f* certeza
**Gewitter** *n* trovoada *f*
**gewöhnen**: ***sich ~ an*** acostumar-se a, habituar-se a; **Gewohnheit** *f* costume *m*, hábito *m*; **gewöhnlich** ordinário; (*üblich*) usual; ***für ~*** em geral; ***wie ~*** como de costume
**gewohnt** acostumado, habituado
**Gewölbe** *n* abóbada *f*
**Gewürz** *n* condimento *m*
**Gezeiten** *pl* maré *f*
**Giebel** *m* frontão
**Gier** *f* avidez; **2ig** ávido (***nach*** de)
**gießen** verter, deitar; *Blumen* regar; ***es gießt*** chove a cântaros
**Gift** *n* veneno *m*; **2ig** venenoso; *med* tóxico; **~müll** *m* resíduos *mpl* tóxicos
**Gipfel** *m* cume; *fig* cúmulo; *pol* cimeira *f*
**Gips** *m* gesso; **~verband** *m* aparelho de gesso
**Girokonto** *n* conta *f* corrente
**Gitarre** *f* viola; ***portugiesische ~*** guitarra
**Gitter** *n* grade *f*
**Glanz** *m* brilho; **glänzen** brilhar
**Glas** *n* vidro *m*; *Gefäß* frasco *m*; *Trink2* copo *m*; **~er** *m* vidraceiro
**glatt** liso; (*rutschig*) escorregadio; **2eis** *n* regelo *m*
**Glatze** *f* careca
**Glaube** *m* crença *f*, fé *f* (*a rel*); **2n** crer, acreditar (***an*** em)
**gläubig**, **2e** *m,f* crente

**gleich** igual; (*gleichgültig*) indiferente; (*sofort*) já; **2berechtigung** *f* igualdade de direitos; **~en** parecer-se (***einander*** um com o outro); ***sich ~*** assemelhar-se; **~falls** igualmente; **2gewicht** *n* equilíbrio *m*; **2gültigkeit** *f* indiferença; **2strom** *m* corrente *f* contínua; **~zeitig** ao mesmo tempo
**Gleis** *n* via *f* (férrea)
**gleiten** deslizar; (*rutschen*) escorregar; ***~de Arbeitszeit*** horário *m* flexível
**Gletscher** *m* glaciar
**Glied** *n* membro *m*; *Ketten2* elo *m*; **~erung** *f* estrutura
**glitzern** cintilar
**Glocke** *f* sino *m*; (*Klingel*) campainha; **~nspiel** *n* carrilhão *m*; **~nturm** *m* campanário
**Glück** *n* sorte *f*; *Lebensgefühl* felicidade *f*; ***viel ~!*** boa sorte!; ***zum ~*** por sorte; ***~ haben*** ter sorte; **2lich** feliz; **~wünsche** *mpl* felicitações *fpl*, parabéns *mpl*
**Glühbirne** *f* lâmpada
**Glut** *f* brasa; (*Hitze*) calor *m*; *fig* ardor *m*
**Gnade** *f* graça
**Gold** *n* ouro *m*; **~medaille** *f* medalha de ouro
**Golf** *m* golfo; *Sp* golfe; **~ball** *m* bola *f*; **~platz** *m* campo de golfe; **~schläger** *m* taco de golfe
**Gotik** *f* gótico *m*
**Gott** *m* Deus; **~esdienst** *m* missa *f*, culto
**Grab** *n* túmulo *m*, campa *f*; **2en** escavar; *m* valeta *f*
**Grad** *m* grau; ***10 ~ unter Null*** dez graus negativos
**Gramm** *n* grama *m*

**Grapefruit** *f* toranja
**Gras** *n* erva *f*
**gräßlich** horrível
**Gräte** *f* espinha
**gratis** grátis; **2exemplar** *n* exemplar *m* gratuito
**Gratulation** *f* felicitação; **gratulieren** dar os parabéns a
**grau** cinzento
**grausam** cruel; **2keit** *f* crueldade
**greifbar** palpável; *fig* evidente; **greifen** apanhar, pegar
**grell** ofuscante; *Farbe* vivo, berrante
**Grenze** *f* fronteira; **2en** ser vizinho (***an*** de); **Grenzkontrolle** *f* controlo *m* alfandegário; **Grenzübergang** *m* passagem *f* da fronteira
**Grieß** *m* sêmola *f*
**Griff** *m Hand2* punho; *Messer2* cabo; *Vorrichtung* manípulo; *Tür* puxador; *Koffer* pega *f*
**Grill** *m* grelha *f* (*a aut*); **2en** grelhar
**Grippe** *f* gripe; **2krank** gripado
**Grips** *m* F miolos *mpl*
**grob** grosso; (*schwerwiegend*) grave; *Mensch* grosseiro
**Groll** *m* rancor; **2en** ter rancor a
**Gros** *n* grosso *m*
**groß** grande; (*hochgewachsen*) alto; (*erwachsen*) adulto; **~artig** grandioso; F (*toll*) estupendo, espantoso
**Größe** *f* tamanho *m*; (*Höhe*) altura; (*Ausdehnung*) dimensão; *Bekleidung* número *m*
**Großeltern** *pl* avós *mpl*; **Großmutter** *f* avó;

**Großstadt** *f* grande cidade; **Großvater** *m* avô
**großzügig** generoso
**Grube** *f* fossa
**grün** verde; *pol* ***die* 2*en*** os verdes; **2anlage** *f* zona verde
**Grund** *m* (*Boden*) solo, terreno; *Gefäß* fundo; (*Motiv*) razão *f*; ***im ~e genommen*** no fundo
**gründen** fundar
**Grundgesetz** *n* lei *f* fundamental; *pol* constituição *f*
**Grundlage** *f* base, fundamento *m*
**gründlich** *Adverb* a fundo
**Gründonnerstag** *m* Quinta-Feira *f* Santa
**Grundsatz** *m* princípio; **grundsätzlich** em princípio
**Grundschule** *f* escola primária
**Grundstück** *n* terreno *m*, propriedade *f*
**Gründung** *f* fundação
**Gruppe** *f* grupo *m*; *mus* conjunto *m*; **~nreise** *f* excursão
**Gruß** *m* cumprimento; ***viele Grüße*** cumprimentos; **grüßen** cumprimentar; *j-n* mandar cumprimentos a
**Gulasch** *n* guisado *m*
**Gully** *m* sarjeta *f*
**gültig** válido
**Gummi** *n*, *m* borracha *f*; F *Kondom* camisinha *f*; **~band** *n* elástico *m*; **~stiefel** *m* bota *f* de borracha
**günstig** favorável; (*vorteilhaft*) vantajoso; (*passend*) oportuno

**Gurke** *f* pepino *m*; **~nsalat** *m* salada *f* de pepino
**Gurt** *m* correia *f*; *aut*, *av* cinto
**Gürtel** *m* cinto; **~reifen** *m* pneu radial
**gut** bom, boa; *Adverb* bem; ***mir geht es ~*** estou bem; ***alles 2e!*** boa sorte!; **2** *n* bem *m*; (*Besitz*) propriedade *f*; *Land* quinta *f*; *bras* fazenda *f*
**Gutachten** *n* parecer *m*, juízo *m*
**Güte** *f* bondade; *Waren* qualidade
**Güterbahnhof** *m* estação *f* de mercadorias; **Güterzug** *m* comboio de mercadorias
**gutgelaunt** bem-disposto
**Guthaben** *n* crédito *m*
**gutmütig** bondoso
**Gutschein** *m* vale
**guttun** fazer bem
**Gymnasium** *n* liceu *m*; **Gymnasiast(in** *f*) *m* liceal
**Gymnastik** *f* ginástica

## H

**Haar** *n* cabelo *m*; **~band** *n* trena *f*; **~bürste** *f* escova do cabelo; **~farbe** *f* tinta para cabelo; **~festiger** *m* fixador; **~klammer** *f* gancho *m* para o cabelo; **~nadelkurve** *m* curva *f* apertada; **~schnitt** *m* corte do cabelo; **~spange** *f* travessão *m*; **~spray** *n*, *m* laca *f*; **2sträubend** horripilante; **~teil** *n* cabeleira *f*; **~trockner** *m*: ***elektrischer ~*** secador; **~waschmittel** *n* champô *m*
**Habe** *f* haveres *mpl*, bens *mpl*; **2n** ter *a Hilfsverb*; (*besitzen*) possuir

**Hacke** *f* enxada; picareta; (*Ferse*) calcanhar *m*
**Hackfleisch** *n* carne *f* picada
**Hafen** *m* porto; **~stadt** *f* cidade portuária (*od* marítima)
**Hafer** *m* aveia *f*; **~flocken** *fpl* flocos *mpl* de aveia
**Haft** *f* prisão; **2en** responder (***für*** por); **~pflichtversicherung** *f* seguro *m* de responsabilidade civil; **~ung** *f* responsabilidade
**Hagel** *m* granizo
**Hahn** *m* galo; (*Wasser2*) torneira; **Hähnchen** *n* frango *m*
**Hai** *m* tubarão
**Haken** *m* gancho; (*Angel2*) anzol; (*Kleider2*) cabide; *fig* busílis
**halb** meio; *Präfix* semi...; ***e-e ~e Stunde*** meia hora; ***um ~ acht*** *Uhrzeit* às sete e meia; **2finale** *n* meia-final *f*; *bras* semifinal *f*; **~ieren** dividir ao meio; **2insel** *f* península; **2jahr** *n* semestre *m*; **2mond** *m* meia-lua *f*; **2pension** *f* meia pensão; **~roh** *Steak* meio cru; **2schuh** *m* sapato; **~trokken** meio seco; **2zeit** *f* meio tempo *m*
**Hälfte** *f* metade; meio *m*
**Halle** *f* pavilhão *m*; *Hotel* átrio *m*; *Sp* ginásio *m*; **~nbad** *n* piscina *f* coberta
**hallo** F olá
**Hals** *m* pescoço; **~entzündung** *f* inflamação da garganta; **~kette** *f* colar *m*; **~-Nasen-Ohrenarzt** *m* otorrinolaringologista; **~schmerzen** *pl* dores *fpl* de garganta; **~tabletten** *fpl* pastilhas contra dores de garganta; **~tuch** *n* lenço *m*; cachecol *m*
**Halt** *m* paragem *f*, alto; ***~!*** alto!

**haltbar** resistente; *Lebensmittel* conservável; **halten** (*an~*) parar; (*fest~*) segurar; (*aus~*, *durch~*) manter-se; ~ ***für*** tomar por; **Haltestelle** *f* paragem, *bras* parada; **Halteverbot** *n* paragem *f* proibida

**Hamburger** *m Kchk* hamburguesa *f*

**Hammel** *m* carneiro; **~keule** *f* perna de carneiro

**Hammer** *m* martelo

**Hand** *f* mão; ***aus zweiter*** ~ em segunda mão; ***von*** ~ à mão; **~arbeit** *f* trabalho *m* manual; ***in*** ~ feito à mão; **~ball** *m* handebol; **~baller(in** *f*) *m* handebolista; **~bremse** *f* travão *m* de estacionamento; **~creme** *f* creme *m* para as mãos

**Händedruck** *m* aperto de mãos

**Handel** *m* comércio; **&n** a(c)tuar; agir; *Handel treiben* negociar; ~ ***von*** tratar de; ***sich*** ~ ***um*** tratar-se de; **~spartner** *m* parceiro comercial

**Handfeger** *m* vassourinha *f*; **Handfläche** *f* palma da mão; **Handgelenk** *n* pulso *m*; **Handgepäck** *n* bagagem *f* de mão; **Handgriff** *m* punho; cabo

**handhaben** manejar; manobrar; **handlich** prático; fácil de manejar

**Handlung** *f* a(c)ção; *theat* argumento *m*; **~sweise** *f* procedimento *m*, modo *m* de a(c)tuar

**Handschrift** *f* escrita, letra; (*Text*) manuscrito *m*; **&lich** escrito à mão

**Handschuh** *m* luva *f*; **Handtasche** *f* carteira; **Handtuch** *n* toalha *f*; **Handwerk** *n* ofício *m*; artes *fpl* mecânicas; **Handwerker** *m* artífice

**Hängematte** *f* rede

**hängen** estar pendurado (***an*** em)

**Hardware** *f* hardware *m*
**harmlos** inofensivo
**Harmonie** *f* harmonia
**Harpune** *f* arpão *m*
**hart** duro; **Härte** *f* dureza; **hartnäckig** persistente, teimoso
**Harz** *n* resina *f*
**Haschisch** *n* haxixe *m*
**Hase** *m* lebre *f*
**Haß** *m* ódio; **hassen** odiar
**häßlich** feio
**Hast** *f* pressa; **⁀ig** apressado
**hauchdünn** fino, delgado
**hauen** (*schlagen*) bater; *j-n* dar pancada em
**Haufen** *m* (*Menge*) F montão
**häufig** frequente; *Adverb* com frequência; **⁀keit** *f* frequência
**Haupt...** principal; **~bahnhof** *m* estação *f* central; **~eingang** *m* entrada *f* principal; **~gericht** *n* prato *m* principal; **~gewinn** *m* sorte *f* grande; **~gewinner(in** *f*) *m* totalista; **~reisezeit** *f* alta estação; **~rolle** *f* papel *m* principal; **~sache** *f*: ***die ~*** o principal; **⁀sächlich** principal; **~saison** *f* alta estação; **~stadt** *f* capital; **~straße** *f* rua principal; **~verkehrsstraße** *f fig* artéria; **~verkehrszeit** *f* horas *fpl* de ponta
**Haus** *n* casa *f*; ***nach ~e*** para casa; ***zu ~e*** em casa; ***von zu ~e*** de casa; **~angestellte** *f* empregada doméstica
**Häuserblock** *m* quarteirão
**Hausfrau** *f* dona de casa; **Hausfriedensbruch** *m*

violação *f* do domicílio; **Hausgebrauch** *m* uso doméstico; **Haushalt** *m* governo da casa; (*Staats*≈) orçamento; **Haushalt(s)gerät** *n* electrodoméstico *m*; **Hausherr(in** *f*) *m* dono *m*, -a *f* da casa; **Hausmeister** *m* porteiro; **Hausnummer** *f* número *m* da casa; **Hausrat** *m* recheio da casa; **Hausschlüssel** *m* chave *f* da casa; **Hausschuhe** *mpl* chinelos; **Haustier** *n* animal *m* doméstico

**Haut** *f* pele; **~arzt** *m* dermatologista; **≈eng** justo; **~krebs** *m* cancro da pele

**Hebel** *m* alavanca *f*

**heben** levantar; *mit Kran* guindar

**Hecht** *m* lúcio

**Heck** *n* popa *f*; *aut* retaguarda *f*

**Hecke** *f* sebe viva

**Heckleuchte** *f aut* luz traseira; **Heckmotor** *m* motor à retaguarda; **Heckscheibe** *f* óculo *m* (*od* vidro) traseiro; **Heckscheibenwischer** *m* limpa-vidro traseiro

**Hefe** *f* levedura

**Heft** *n* caderno *m*; (*Griff*) cabo *m*; (*Fahrkarten*≈) caderneta *f*

**heftig** veemente; *Sturm etc* violento, forte

**Heftpflaster** *n* adesivo *m*

**Heide** *m* pagão; *f Landschaft* charneca

**Heidelbeere** *f* arando *m*

**heilen** curar

**heilig** santo; **≈abend** *m* véspera *f* de Natal; **≈e** *m,f* santo *m*, -a *f*; **≈tum** *n* santuário *m*

**Heilmittel** *n* remédio *m*; **Heilpflanze** *f* planta

medicinal; **Heilquelle** *f* águas *fpl* medicinais
**Heim** *n* lar *m*; **~arbeit** *f* trabalho *m* de casa
**Heimat** *f* pátria, terra natal; **~adresse** *f* domicílio *m* permanente
**Heimfahrt** *f* volta, regresso *m*; **Heimkehrer** *m* retornado
**heimlich** secreto, dissimulado; *Adverb* às ocultas; **heimtückisch** pérfido
**Heimweh** *n* saudades *fpl*; **~ *haben nach*** ter saudades de
**Heimwerken** *n* bricolagem *f*; **Heimwerker** *m* bricoleur
**heiraten** casar(-se) (com)
**heiser** rouco
**heiß** quente; ***es ist* ~** está calor
**heißen** chamar-se; ***wie* ~ *Sie?*** como se chama?; ***ich heiße ...*** chamo-me ...; ***das heißt*** quer dizer
**heißlaufen** *aut* aquecer
**Heißwasserbereiter** *m* esquentador; **Heißwasserspeicher** *m* termoacumulador
**heiter** contente, alegre; *Wetter* claro, desnublado
**heizen** aquecer
**Heizkissen** *n* almofada *f* térmica; **Heizkörper** *m* radiador; **Heizlüfter** *m* ventilador de ar quente; **Heizöl** *n* óleo *m* para aquecimento; **Heizung** *f* aquecimento *m*, calefa(c)ção
**hektisch** agitado
**Held(in *f*)** *m* herói *m*, heroína *f*; *theat* protagonista
**helfen** ajudar, apoiar (***j-m*** alg)
**hell** claro; **~blau** azul claro; **²igkeit** *f* claridade

**Helm** *m* capacete
**Hemd** *n* camisa *f*
**Hemmnis** *n* obstáculo *m*; **Hemmung** *f*: ***~en haben*** sentir-se reprimido
**Henne** *f* galinha
**her** aqui, cá
**herab** para baixo; **~setzen** baixar, reduzir
**herauf** para cima
**heraus** para fora; **~bekommen** *Geld* receber de troco; **~bringen** *Produkt* lançar; **~finden** descobrir; **~fordern** desafiar; **2forderung** *f* desafio *m*; **~kommen** *Produkt* sair; *Geheimnis* descobrir-se; ***nichts ~*** *Ergebnis* não resultar, não dar resultado
**herbringen** trazer
**Herbst** *m* outono
**Herd** *m* fogão; *fig* lar
**Herde** *f* rebanho *m*
**herein** para dentro; **~!** entre!; **~fallen** *fig* deixar-se enganar; **~legen** *fig* enganar
**Hering** *m* arenque
**Herkunft** *f* origem; **~sland** *n* país *m* de origem
**Heroin** *n* heroína *f*
**Herr** *m* senhor; ***sein eigener ~ sein*** ser o dono de si próprio; **~enslip** *m* cuecas *fpl*
**herrlich** magnífico, excelente
**herstellen** produzir; **Hersteller** *m* produtor; **Herstellung** *f* produção, fabrico *m*
**herüber** para cá
**herum**: ***um ... ~*** em volta de, ao redor de
**herunter** para baixo
**hervorheben** salientar, sublinhar; **hervorra-**

**gend** excelente; **hervorrufen** causar; provocar
**Herz** *n* coração *m*; *Spielkarte* copas *fpl*; **~anfall** *m* ataque cardíaco; **~beschwerden** *fpl* perturbações cardíacas; **~infarkt** *m* enfarte do miocárdio; **~kranke** *m,f* cardíaco *m*, -a *f*; **~-Kreislauf-Krankheit** *f* doença cardiovascular; **2lich** cordial; **2los** desalmado; **~mittel** *n* cardiotónico *m*; **~schrittmacher** *m* pace-maker
**heterosexuell** heterossexual
**Heu** *n* feno *m*
**heulen** *Hund* ganir, uivar; F chorar
**Heuschnupfen** *m* febre *f* dos fenos
**Heuschrecke** *f* gafanhoto *m*
**heute** hoje; **~ *morgen*** (***nachmittag, abend***) esta manhã (tarde, noite); **~ *in vierzehn Tagen*** daqui a quinze dias; **~ *vor acht Tagen*** há oito dias; **heutig** de hoje; **heutzutage** hoje em dia
**Hexenschuß** *m* lumbago
**Hieb** *m* golpe
**hier** aqui; **~ *ist*** (***sind***) eis; **~ *entlang*** por aqui; **~her** cá, aqui; ***bis* ~** até aqui
**Hilfe** *f* ajuda; **~!** socorro!; ***Erste* ~** primeiros socorros; **hilflos** desamparado; (*verlassen*) abandonado; **Hilfsorganisation** *f* organização de ajuda
**Himbeere** *f* framboesa
**Himmel** *m* céu; **~fahrt** *f rel* Ascensão
**hin** (para) lá; **~ *und her*** dum lado para o outro; **~ *und wieder*** às vezes; *Fahrt* **~ *und zurück*** ida e volta; **~ab** para baixo; **~auf** para cima; **~aus** para fora

**hindern** impedir, embaraçar; **Hindernis** *n* obstáculo *m*
**hinein** (para) dentro
**Hinfahrt** *f* ida
**hinfallen** cair
**hinhocken:** ***sich*** ~ acocorar-se
**hinken** coxear
**hinlegen** colocar, pôr; ***sich*** ~ deitar-se
**hinten** (a)trás, detrás; ***nach*** ~ para trás; ***von*** ~ de trás
**hinter** atrás de, detrás de; **~einander** um atrás do outro; ***drei Tage*** ~ três dias seguidos; **2grund** *m* fundo; *fig* segundo plano; **~her** a seguir
**Hintern** *m* F traseiro
**Hinterrad** *n* roda *f* traseira
**Hin und Her** *n* vaivém *m*
**Hin- und Rückreise** *f* viagem de ida e volta
**hinunter** para baixo, abaixo
**Hinweg** *m* ida *f*
**Hinweis** *m* aviso; **2en** indicar (***auf et*** a/c); ***j-n*** ~ ***auf*** chamar a atenção de alg para; **~schild** *n* tabuleta *f* indicadora
**Hirn** *n* cérebro *m*; *Kchk* miolos *mpl*
**Hitze** *f* calor *m*; **Hitzschlag** *m* insolação *f*
**Hobby** *n* hobby *m*
**hoch** alto, elevado; 2 *n Wetter* anticiclone *m*; **~achtungsvoll** *Briefschluß* atenciosamente; **2druckgebiet** *n* zona *f* de alta pressão; **2geschwindigkeitszug** *m* comboio de alta velocidade; **2leistungsrechner** *m* computador de alta potência (*od* performance); **2saison** *f* estação

alta; **≈schule** *f* escola superior; universidade; **≈sommer** *m* pleno verão; **≈spannung** *f* alta tensão

**höchstens** no máximo

**Höchstgeschwindigkeit** *f* velocidade máxima

**Hochwasser** *n* cheia *f*

**Hochzeit** *f* núpsias *fpl*, casamento *m*

**Hocker** *m* banquinho

**Hof** *m* pátio; *Bauern≈* quinta *f*

**hoffen** esperar; **~tlich** oxalá (*Konjunktiv*)

**Hoffnung** *f* esperança; **≈slos** desesperado

**höflich** cortês, gentil; **~keit** *f* cortesia, gentileza

**Höhe** *f* altura; *geogr* altitude; *Geldbetrag* montante *m*; F ***das ist die ~!*** é o cúmulo!, isso é de mais!; **~nsonne** *f* sol *m* artificial; **~punkt** *m* ponto culminante; *fig* apogeu

**Höhle** *f* cova

**holen** (ir) buscar; *Arzt* chamar; **~ *lassen*** mandar buscar

**holländisch** holandês

**Hollywoodschaukel** *f* cadeira de baloiço (para o jardim)

**Holz** *n* madeira *f*, pau *m*; (*Brenn≈*) lenha *f*; **~kohle** *f* carvão *m* vegetal

**homosexuell** homossexual

**Honig** *m* mel

**Hopse** *f* F *Kinderspiel* pé-coxinho *m*

**hören** ouvir; (*zu~*) escutar; **Hörer(in** *f*) *m* ouvinte; *m tel* auscultador; **Hörgerät** *n* aparelho *m* acústico

**Horizont** *m* horizonte; **≈al** horizontal

**Hormon** *n* hormona *f*
**Horn** *n* chifre *m*, corno *m*; ***j-m Hörner aufsetzen*** F pôr cornos a alg; **Hörnchen** *n* croissant *m*; **Hornhaut** *f* calo *m*; *Auge* córnea
**Hornisse** *f* vespão *m*
**Horoskop** *n* horoscópio *m*
**Hose** *f* calças *fpl*; **~nrock** *m* saia-calça *f*; **~ntasche** *m* algibeira *f*; **~nträger** *mpl* suspensórios
**Hostess** *f* hospedeira
**Hot dog** *m,n* cachorro-quente *m*
**Hotel** *n* hotel *m*; **~halle** *f* átrio *m*, hall *m*; **~zimmer** *n* quarto *m* de hotel
**Hubraum** *m aut* cilindrada *f*
**hübsch** bonito
**Hubschrauber** *m* helicóptero; **~landeplatz** *m* heliporto
**huckepack** às cavalitas
**Huf** *m* casco
**Hüfte** *f* anca
**Hügel** *m* colina *f*; **2ig** acidentado
**Huhn** *n* galinha *f*; **Hühnerauge** *n* calo *m*
**Hülle** *f* invólucro *m*; (*Buch2*) capa
**Hummel** *f* zangão *m*
**Hummer** *m* lavagante
**Humor** *m* humor
**humpeln** coxear
**Humpen** *m* caneca *f*
**Hund** *m* cão, *bras* cachorro; **~efutter** *n* ração *f* para cães; **~eleine** *f* trela; **2emüde** F estafado
**Hunger** *m* fome *f*; ***ich habe ~*** estou com (*od* tenho) fome; **hungern** passar fome; (*fasten*)

jejuar; **hungrig** esfomeado
**Hupe** *f* buzina; **≗n** buzinar
**hüpfen** saltitar
**Hure** *f* prostituta; puta V
**Husten** *m* tosse *f*; ≗ tossir; **~bonbon** *n* rebuçado *m* para a tosse; **~saft** *m* xarope
**Hut** *m* chapéu
**Hütte** *f* cabana; (*Schutz*≗) abrigo *m*
**Hygiene** *f* higiene; **hygienisch** higiénico

## I

**ich** eu; ~ ***bin krank*** estou doente; ~ ***bin es*** sou eu
**ideal** ideal
**Idee** *f* ideia
**Idiot** *m* idiota; **≗isch** idiota
**idyllisch** idílico
**Igel** *m* ouriço
**ihm** lhe; ***von*** ~ dele
**ihn** o; ***für*** ~ para ele
**ihnen** lhes; ***von*** ~ deles, delas; ≗ lhe(s); ***von*** ≗ do(s) senhor(es), da(s) senhora(s), de si
**ihr** lhe; ***von*** ~ dela
**ihr(e)** (a) sua, (as) suas
**illegal** ilegal
**Illustrierte** *f* revista (ilustrada)
**Imbiß** *m* merenda *f*, copo-d'água; **~bude** *f* F botequim; **~stube** *f* snack-bar *m*
**immer** sempre; ~ ***mehr*** cada vez mais; ~ ***besser*** cada vez melhor; ***noch*** ~ ainda

**Immobilien** *fpl* imóveis *mpl*
**immun** imune (***gegen*** contra); **immunisieren** imunizar; **Immunsystem** *n* sistema *m* imunológico
**impfen** vacinar; **Impfpaß** *m* certificado de vacina; **Impfstoff** *m* vacina *f*; **Impfung** *f* vacina(ção)
**Import** *m* importação *f*; **2ieren** importar
**improvisieren** improvisar
**in** em; *Richtung* a, para; *Zeitraum* em, dentro de; **~ *Portugal*** em Portugal; ***~s Theater gehen*** ir ao teatro; ***~ drei Stunden*** dentro de três horas; ***~ drei Tagen*** daqui a três dias
**inbegriffen** incluído; (*inklusive*) inclusive
**Inder** *m*; **indisch** indiano
**Index** *m* índice
**Indio** *m* índio
**indirekt** indire(c)to
**individuell** individual
**Industrie** *f* indústria; **2ll** industrial
**Infarkt** *m* enfarte
**Infektion** *f* infe(c)ção
**Inflation** *f* inflação
**Informatik** *f* informática; **Information** *f* informação; **Informationsbroschüre** *f* folheto *m* de informação; **Informationsbüro** *n* agência *f* de informações; **Informationsschalter** *m* (guiché de) informação *f*
**informieren** informar (***j-n über*** a alg sobre, de)
**Infrarot-Türöffner** *m aut* comando à distância de abertura de portas
**Infrastruktur** *f* infra-estrutura

**Ingenieur** *m* engenheiro
**Inhaber(in** *f*) *m* proprietário *m*, -a *f*; (*Scheck*) portador(a *f*) *m*, titular
**Inhalt** *m* conteúdo; (*Schreiben*) teor
**Inland** *n* interior *m*; **~flug** *m* voo doméstico; **~sgespräch** *n* chamada *f* interurbana
**innen** dentro, no interior; **²ausstattung** *f* equipamento *m* interior; **²einrichtung** *f* mobiliário *m*; (*Hausrat*) recheio *m*; **²minister** *m* ministro do interior; **²politik** *f* política interna; **²stadt** *f* centro *m* da cidade
**innere(r, -s)** interior; *Krankheit* interno
**Innereien** *fpl anat* vísceras, entranhas; F tripas; *Kchk* miudezas; *Huhn* miúdos *mpl*
**innerhalb** dentro de
**innerlich** *med* interno
**Innerste(s)** *n* o mais íntimo *m*
**inoffiziell** não oficial
**Insasse** *m aut* passageiro, viajante; **~nunfallversicherung** *f* seguro *m* de passageiros
**insbesondere** particularmente
**Insekt** *n* inse(c)to *m*; **~enschutzmittel** *n* inse(c)ticida *m*; **~enstich** *m* picada *f*, ferroada *f*
**Insel** *f* ilha
**Inspektion** *f* inspe(c)ção
**instabil** instável
**Instrument** *n* instrumento *m*; **~entafel** *f aut* painel *m*
**Insulin** *n* insulina *f*
**intensiv** intenso; **²kurs** *m* curso intensivo; **²station** *f* unidade de cuidados intensivos

**Intercity(-Zug)** *m* intercidades, comboio alfa
**interessant** interessante; **Interesse** *n* interesse *m*; **interessieren**: ***sich ~ für*** interessar-se por
**Internat** *n* internato *m*
**international** internacional
**Internatsschüler(in** *f*) *m* interno *m*, -a *f*
**Internist(in** *f*) *m* médico *m*, -a *f* interno, -a; internista
**Interrailkarte** *f* bilhete *m* Inter-Rail
**Interview** *n* entrevista *f*
**Investition** *f* investimento *m*; **Investor** *m* investor
**inzwischen** entretanto
**Ire** *m*, **Irin** *f* irlandês *m*, -esa *f*; **irisch** irlandês
**irgendein** qualquer; **irgendwann** qualquer dia; **irgendwer** qualquer pessoa; **irgendwie** de qualquer maneira; **irgendwo** em qualquer parte
**irren** errar; ***sich ~*** enganar-se, estar enganado (***in*** em; *Person* com); **Irrtum** *m* erro, engano
**Ischias** *m,n,f* ciática *f*
**Islam** *m* islão
**Israeli** *m,f* israeliano *m*, -a *f*; **israelisch** israeliano
**Italiener(in** *f*) *m* italiano *m*, -a *f*; **italienisch** italiano

## J

**ja** sim; ***ich glaube, ~*** penso que sim
**Jacht** *f* iate *m*; **~hafen** *m* marina *f*; **~klub** *m* clube naval
**Jacke** *f* casaco *m*; jaquetão *m*; *sportlich* blusão *m*; **Jackett** *n* jaqueta *f*

**Jagd** *f* caça; ***auf die ~ gehen*** ir à caça; **~gewehr** *n* caçadeira *f*; **Jäger** *m* caçador
**Jahr** *n* ano *m*; **2elang** durante muitos anos, anos a fio; **~esdurchschnitt** *m* média *f* anual; **~esende** *n* fim *m* do ano; **~estag** *m* aniversário; **~eszeit** *f* estação do ano; **~hundert** *n* século *m*; ***im 20. ~*** no século XX (vinte); **~hundertfeier** *f* centenário *m*
**jährlich** anual
**Jahrmarkt** *m* feira *f* popular
**Jahrzehnt** *n* década *f*, decénio *m*
**Jähzorn** *m* raiva *f*, cólera *f*
**Jalousie** *f* estore *m*
**Januar** *m* Janeiro
**Japaner(in** *f*) *m* japonês *m*, -esa *f*; **japanisch** japonês
**je** (*pro*) por; (*jeweils*) cada vez; ***~ nachdem*** conforme; ***~ mehr, desto besser*** quanto mais, melhor
**Jeans** *pl* calças *fpl* de ganga, jeans *mpl*
**jede(r, -s)** cada; (*ein jeder*) cada um; (*alle*) toda a gente; ***jeden Tag*** todos os dias; **jedenfalls** em todo o caso; **jederzeit** a qualquer hora; **jedesmal** cada vez
**jedoch** porém, contudo
**Jeep** *m Wz* jipe *Wz*
**jemals** alguma vez
**jemand** alguém
**jene(r, -s)** aquele, aquela, aquilo
**jenseits** para além de, do outro lado de
**jetzt** agora; (*zur Zeit*) neste momento, a(c)tual-

mente; ~ ***eben*** agora mesmo; ***von*** ~ ***an*** a partir de agora
**jeweils** cada vez
**Jodtinktur** *f* tintura de iodo
**Joggen** *n* jogging *m*
**Joghurt** *m,n* iogurte *m*
**Johannisbeere** *f* groselha
**Journalist(in** *f*) *m,f* jornalista
**jucken** fazer comichão; **Juckreiz** *m* comichão *f*
**Jude** *m* judeu; **Jüdin** *f* judia
**Judo** *n* judo *m*
**Jugend** *f* juventude; (*die jungen Leute*) os jovens *mpl*; **~herberge** *f* pousada da juventude; **~liche** *m,f* jovem, adolescente; **~stil** *m* Arte *f* Nova
**Juli** *m* Julho
**jung** jovem; **2e** *m* rapaz; F (*Bengel*) puto; **2e** *n Tier* filhote *m*; **2geselle** *m* solteiro
**Juni** *m* Junho
**Junior** *m* júnior
**Jury** *f* júri *m*
**Justiz** *f* justiça
**Juwelen** *pl* jóias *fpl*; **Juwelier** *m* joalheiro; *Geschäft* joalharia *f*

## K

**Kabarett** *n* teatro *m* de variedades
**Kabel** *n* cabo *m*; **~fernsehen** *n* televisão *m* por cabo
**Kabeljau** *m* bacalhau fresco
**Kabine** *f tel* cabine; *nav* camarote *m*; (*Bade2*) barraca

**Kabinett** *n a pol* gabinete *m*
**Kabriolett** *n* descapotável *m*, cabriolé *m*
**Käfer** *m* escaravelho
**Kaffee** *m* café; ***löslicher*** ~ café solúvel (*od* instantâneo); ~ ***kochen*** fazer café; **~kanne** *f* cafeteira; **~tasse** *f* chávena do café
**Käfig** *m* gaiola *f*
**kahl** calvo; *Bäume* despido de folhas
**Kahn** *m* barco; **~fahrt** *f* passeio *m* de barco
**Kai** *m* cais, molhe
**Kaiser(in** *f*) *m* imperador *m*, imperatriz *f*; **~reich** *n* império *m*
**Kajüte** *f* camarote *m*
**Kakao** *m* cacau; *Getränk* chocolate
**Kaktus** *f* cacto *m*
**Kalb** *n* vitela *f*; **~fleisch** *n* carne *f* de vitela; **~sbraten** *m* vitela *f* assada
**Kalender** *m* calendário; (*Taschen*2) agenda *f*
**Kalorie** *f* caloria
**kalt** frio; ***es ist*** ~ faz frio; ***mir ist*** ~ tenho frio; **Kälte** *f* frio *m*; **Kaltfront** *f* frente de frio
**Kamel** *n* camelo *m*
**Kamera** *f fot* máquina fotográfica; (*Film*2) câmara
**Kamerad(in** *f*) *m* companheiro *m*, -a *f*
**Kamillentee** *m* chá de macela (*od* camomila)
**Kamin** *m* chaminé *f*
**Kamm** *m* pente; (*Gebirgs*2) cume; **kämmen (sich)** pentear(-se)
**Kampf** *m* luta *f*, combate; *Sp* desafio; **kämpfen** lutar (***gegen*** contra; ***um, für*** por)

**kampieren** acampar
**Kanal** *m* canal; **~isation** *f* canalização
**Kaninchen** *n* coelho *m*
**Kanister** *m* bidão, lata *f*
**Kännchen** *n* caneca *f*; **Kanne** *f* jarro *m*
**Kanone** *f* canhão *m*
**Kante** *f* borda, aresta
**Kantine** *f* cantina
**Kanu** *n* canoa *f*
**Kanzel** *f Kirche* púlpito *m*
**Kanzler** *m* chanceler
**Kap** *m* cabo
**Kapazität** *f* capacidade
**Kapelle** *f* capela; *mus* banda
**Kapern** *fpl* alcaparras
**kapieren** F topar
**Kapital** *n* capital *m*
**Kapitän** *m* capitão; *av* comandante
**Kapitel** *n* capítulo *m*
**Kapsel** *f* cápsula
**kaputt** F estragado, partido; (*erschöpft*) estafado
**Kapuze** *f* capuz *m*
**Karaffe** *f* garrafa
**Kardinal** *m* cardeal
**Karfreitag** *m* Sexta-feira *f* Santa
**kariert** aos quadrados
**Karneval** *m* carnaval
**Karo** *n* quadrado *m*; *Spielkarte* ouros *mpl*
**Karosserie** *f* carroçaria; ***verzinkte* ~** carroçaria galvanizada
**Karotte** *f* cenoura

**Karpfen** *m* carpa *f*
**Karte** *f* (*Eintritts*2) (bilhete *m* de) entrada; (*Land*2) mapa *m*; (*Spiel*2) carta; (*Post*2) (bilhete *m*) postal *m*; (*Fahr*2) bilhete *m*; (*Visiten*2) cartão *m* de visitas; **~n spielen** jogar às cartas; **~nspiel** *n* jogo *m* de cartas; (*Satz Karten*) baralho *m*; **~ntelefon** *n* credifone *m Wz*; **~nverkauf** *m* venda *f* de bilhetes; **~nvorverkauf** *m* venda *f* antecipada (de bilhetes)
**Kartoffel** *f* batata; **~brei** *m* puré de batatas; **~salat** *m* salada *f* de batatas
**Karton** *m* cartão; *fein* cartolina *f*; (*Schachtel*) caixa *f* (de cartão)
**Karussell** *n* carrocel *m*
**Karwoche** *f* Semana Santa
**Käse** *m* queijo; **~brötchen** *n* sandes *f* de queijo
**Kaskoversicherung** *f* seguro *m* contra todos os riscos
**Kasse** *f* caixa; *theat* bilheteira; **~nerfolg** *m* êxito de bilheteira; **~nzettel** *m* recibo
**Kassette** *f* cassete; (*Geld*2) cofre *m*; (*Schmuck*2) estojo *m* de jóias; **~nabspielgerät** *n* leitor *m* de cassetes; **~nrecorder** *m* gravador cassete; *bras* cassete
**Kassierer(in** *f*) *m* caixa
**Kastanie** *f* castanha; *Baum* castanheiro *m*
**Kasten** *m* caixa *f*; *groß* caixote; *Getränke* grade *f*
**Katalog** *m* catálogo
**Katalysator** *m* catalisador
**Katarrh** *m* catarro

**Katastrophe** *f* catástrofe; **~ngebiet** *n* região *f* declarada de catástrofe
**Kater** *m* gato; *fig* ressaca *f*
**Kathedrale** *f* catedral
**katholisch** católico
**Katze** *f* gato *m*; *weibliches Tier* gata; **~nsprung** *m*: ***einen ~ von hier*** a uns passos daqui
**kauen** mastigar, mascar
**Kauf** *m* compra *f*; **≈en** comprar (***et von j-m*** a/c a alg); **~haus** *n* (grande) armazém *m*, centro *m* comercial
**Kaugummi** *m* chicle(te), pastilha *f* elástica
**kaum** mal
**Kaution** *f* caução
**Kavalier** *m* cavalheiro
**Kaviar** *m* caviar
**Kehle** *f* garganta
**kehren** varrer; **Kehricht** *m* lixo; **Kehrschaufel** *f* pá do lixo
**Keilriemen** *m* correia *f* trapezoidal
**kein** nenhum(a); ***~ Mensch*** ninguém; ***ich habe ~ Geld*** não tenho dinheiro
**keine(r, -s)** nenhum, -a, ninguém
**Keks** *m* bolacha *f*
**Kelle** *f Kchk* concha
**Keller** *m* cave *f*
**Kellner(in** *f*) *m* empregado *m*, -a *f* (de mesa); *bras* garçom *m*, garçonete *f*
**kennen** conhecer; **~lernen** conhecer; **Kenntnis** *f* conhecimento *m*
**Kennzeichen** *n* marca *f*, distintivo *m*; *aut*

matrícula *f*; ***besondere ~*** *npl* sinais *mpl* particulares

**Keramik** *f* cerâmica

**Kerl** *m* F tipo, gajo; *bras* cara

**Kern** *m* núcleo; *Obst*: *hart* caroço; *weich* pevide *f*; **~kraftwerk** *n* central *f* nuclear

**Kerze** *f a aut* vela

**Ketchup** *n* cetchup *m*

**Kette** *f* cadeia; (*Hals*2) colar *m*

**Keuchhusten** *m* coqueluche *f*

**Keule** *f* clava, maça; *Kchk* perna, coxa

**Kiefer** *m* maxila *f*, maxilar *m*; *f* pinheiro *m*; **~nzapfen** *m* pinha *f*

**Kilo**(**gramm**) *n* quilo(grama) *m*

**Kilometer** *m* quilómetro; **~zähler** *m* conta-quilómetros

**Kind** *n* criança *f*; menino *m*, menina *f*; (*Sohn, Tochter*) filho *m*, filha *f*; ***von ~ an*** desde pequeno; ***~er haben*** ter filhos; **~erarzt** *m* pediatra; **~erbetreuung** *f* acompanhamento *m* de crianças; **~erbett** *n* cama *f* de criança; **~erfahrkarte** *f* meio-bilhete *m*; **~erfrau** *f* ama-seca; **~ergarten** *m* jardim-escola *m*; **~ergärtnerin** *f* educadora; **~ergeld** *n* abono *m* de família; **~erheim** *n* lar *m* de infância; **~erkleidung** *f* vestuário *m* de criança; **~erkrippe** *f* creche, infantário *m*; **~erlähmung** *f* paralisia infantil; **~erspielplatz** *m* parque infantil; **~erwagen** *m* carrinho de bebé

**Kinn** *n* queixo *m*

**Kino** *n* cinema *m*

**Kiosk** *m* quiosque

**Kirche** *f* igreja; **~nschiff** *n* nave *f*; **Kirchturm** *m* campanário

**Kirsche** *f* cereja; (*Sauer*2) ginja

**Kissen** *n* almofada *f*; (*Kopf*2) travesseiro *m*; **~bezug** *m* fronha *f*

**Kiste** *f* caixote *m*

**Kitt** *m* (massa *f* de) betume

**Kiwi** *f* kiwi *m*

**Klammer** *f* gancho *m*; (*Wäsche*2) mola

**Klappbett** *n* catre *m*

**klappern** bater

**Klappfahrrad** *n* bicicleta *f* dobradiça; **Klappsitz** *m* assento de abater; **Klappstuhl** *m* cadeira *f* articulada; **Klapptisch** *m* mesa *f* dobradiça; **Klappverdeck** *n* capota *f* dobrável

**klar** claro; *Himmel a* límpido; *~!* claro!

**Klärung** *f* esclarecimento *m*

**Klasse** *f a Esb* classe; *Schule* turma; **klassisch** clássico

**Klavier** *n* piano *m*

**Klebeband** *n* fita *f* adesiva; **kleben** colar; (*haften*) pegar; **Klebstoff** *m* cola *f*

**Klee** *m* trevo; **~blatt** *n* folha *f* de trevo

**Kleid** *n* vestido *m*; **~erbügel** *m* cruzeta *f*; *bras* cabide *m*; **~erhaken** *m* cabide; **~erschrank** *m* roupeiro, guarda-roupa; **Kleidung** *f* roupa, vestuário *m*

**klein** pequeno; *Körpergröße* baixo; 2 *n Kchk* miudezas *fpl*; **2bildkamera** *f* máquina fotográfica de pequeno formato; **2bus** *m* minibus; **2geld** *n* dinheiro *m* miúdo; **2flugzeug** *n* avioneta *f*;

**≈transporter** *m* camioneta *f*; **≈stadt** *f* vila; **≈wagen** *m* automóvel ligeiro
**Klempner** *m* canalizador, funileiro
**klettern** trepar, subir
**Klettverschluß** *m* fecho de fita aderente
**Klima** *n* clima *m*; **~anlage** *f* ar *m* condicionado
**Klinge** *f* lâmina
**Klingel** *f* campainha; **≈n** tocar a campainha
**Klinik** *f* clínica; **~er** *m* analista
**Klinke** *f* tranqueta
**Klippe** *f a fig* escolho *m*
**klopfen** *a Motor* bater; **an die Tür ~** bater à porta
**Klosett** *n* retrete *f*; **~becken** *n* sanita *f*, vaso *m* sanitário; **~brille** *f* tampo *m*; **~bürste** *f* piaçaba; **~papier** *n* papel *m* higiénico; **~spülung** *f* autoclismo *m*
**Kloster** *n* convento *m*
**Klub** *m* clube
**klug** inteligente; (*vorsichtig*) prudente
**Knäckebrot** *n* pão *m* sueco
**Knackpunkt** *m* F busílis
**knallen** estoirar
**knapp** escasso; *Kleidung* justo, apertado
**Knatsch** *m* F sarilho
**Knautschzone** *f aut* zona de deformação
**Kneipe** *f* F tasca
**Knie** *n* joelho *m*; **≈n** estar ajoelhado; **~scheibe** *f* rótula
**knitterfrei** anti-ruga; **knittern** engelhar, amarrotar
**Knoblauch** *m* alho; **~zehe** *f* dente *m* de alho

**Knöchel** *m* (*Finger*\~) nó; (*Fuß*\~) maléolo
**Knochen** *m* osso; **\~bruch** *m* fra(c)tura *f*
**Knopf** *m a el* botão; ***den \~ drücken*** carregar o botão; **\~loch** *n* casa *f* de botão
**Knoten** *m* nó; (*Haar*\~) F puxo
**Knüppel** *m* cacete, pau
**knurren** rosnar; F ***mein Magen knurrt*** as tripas estão a dar horas
**knusperig** estaladiço
**knutschen** F beijocar
**Koalition** *f* coligação
**Koch** *m* cozinheiro; **\~en** *Kchk* cozinhar; *Tee*, *Kaffee* fazer; ***\~ können*** saber cozinhar; ***das Wasser kocht*** a água está a ferver; **\~er** *m* fogareiro; **\~fertig** pronto a cozinhar
**Köchin** *f* cozinheira
**Kochnische** *f* kitchenette; **Kochplatte** *f* disco *m* elé(c)trico para cozinhar; **Kochtopf** *m* panela *f*; *groß* tacho
**Köder** *m* engodo
**Koffein** *f* cafeína; **\~frei** descafeinado
**Koffer** *m* mala *f*; ***die \~ packen*** fazer as malas; **\~kuli** *m* carrinho de bagagem; **\~raum** *m* porta-bagagem, mala *f*
**Kognak** *m* conhaque
**Kohl** *m* couve *f*; (*Weiß*\~) repolho
**Kohle** *f* carvão *m*; **\~nsäure** *f* ácido *m* carbónico; *Getränk* ***ohne \~*** sem gás; **\~tablette** *f* comprimido *m* de carvão
**Koje** *f* beliche *m*
**Kokain** *n* cocaína *f*

**Kokosnuß** *f* coco *m*
**Kolben** *m aut* êmbolo
**Kolibakterien** *fpl* colibacilos *mpl*
**Kolik** *f* cólica
**Kollege** *m*, **Kollegin** *f* colega
**Kölnischwasser** *n* água-de-colónia *f*
**Kolonne** *f aut* caravana
**Koma** *n* coma *m*
**Kombi** *m aut* carrinha *f*
**Komfort** *m* conforto; **2abel** confortável, cómodo
**komisch** cómico; (*seltsam*) esquisito
**kommen** vir; *vom Sprecher weg* ir; (*an*~) chegar; ***ich komme schon*** já vou; ***durch*** (*od* ***über***) ***Lissabon kommen*** passar por Lisboa; ***zu spät*** ~ chegar tarde (de mais); ***wie komme ich zum Bahnhof?*** como é que vou para a estação?
**kommend** que vem; (*darauffolgend*) seguinte
**Kommentar** *m* comentário
**Kommunikation** *f* comunicação
**Komödie** *f* comédia
**Kompaß** *m* bússola *f*
**Komplex** *m* complexo
**Komplize** *m* cúmplice
**kompliziert** complicado
**Kompott** *n* compota *f*
**Kompresse** *f* doce *m*, compressa
**Kondensmilch** *f* leite *m* condensado
**Konditorei** *f* pastelaria
**Kondom** *n* preservativo *m*
**Konfekt** *n* bombons *mpl* de chocolate
**Konfektionskleidung** *f* pronto-a-vestir *m*

**Konferenz** *f* conferência
**Konfitüre** *f* doce *m* de fruta
**Konflikt** *m* conflito
**Kongreß** *m* congresso; **~teilnehmer(in** *f*) *m* congressista
**König(in** *f*) *m* rei *m*, rainha *f*
**Konjunktur** *f* conjuntura
**konkret** concreto
**Konkurrent(in** *f*) *m* concorrente, rival; **Konkurrenz** *f* competição; concorrência *a Firma*
**Konkurs** *m* falência *f*
**können** poder; (*gelernt haben*) saber; ***können Sie schwimmen?*** sabe nadar?; ***nicht können mit j-m*** não poder com alg
**Konsequenz** *f* consequência
**konservativ** conservador
**Konserve** *f* conserva; **~ndose** *f* lata de conservas
**konstant** constante
**Konsul** *m* cônsul; **~at** *n* consulado *m*
**Konsum** *m* consumo
**Kontakt** *m* conta(c)to; **~linsen** *fpl* lentes de conta(c)to
**Kontinent** *m* continente; **~alklima** *n* clima *m* continental
**Konto** *n* conta *f* (bancária); **~nummer** *f* número *m* da conta
**Kontrast** *m* contraste
**Kontrollampe** *f* lâmpada piloto; **Kontrollbeamte** *m* fiscal; **Kontrolle** *f* controlo *m*; *bras* controle *m*; **Kontrolleur** *m* revisor; **kontrollieren** controlar

**Konversation** *f* conversação
**Konzert** *n* concerto *m*
**Kopf** *m* cabeça *f*; ***pro ~*** per capita; **~hörer** *m* auscultador; **~kissen** *n* travesseiro *m*; **~salat** *m* alface *f*; **~schmerzen** *mpl* dores *fpl* de cabeça; **~schmerztablette** *f* aspirina *Wz*, comprimido *m* para as dores de cabeça; **~schuppen** *pl* caspa *f*; **~stütze** *f* encosto *m* de cabeça; **~tuch** *n* lenço *m*
**Kopie** *f* cópia; **⁀ren** copiar
**Koralle** *f* coral *m*; **~nkette** *f* colar *m* de corais
**Korb** *m* cesto; *groß* cesta *f*; **~ball** *m* basquetebol
**Kork** *m* cortiça *f*; **~en** *m* rolha *f*; **~enzieher** *m* saca-rolhas
**Korn** *n* grão *m*
**Körper** *m* corpo; **~behinderte** *m,f* deficiente físico, -a; **~geruch** *m* sovaquinho; *bras* catinga *f*; **⁀lich** corporal; físico
**korrekt** corre(c)to
**Korrespondent(in** *f*) *m* correspondente
**korrigieren** corrigir
**Kosmetik** *f* cosmética; **~a** *pl* cosméticos *mpl*; **~salon** *m* salão de beleza
**Kost** *f* comida; alimentação; **⁀bar** precioso; **⁀en** *Speisen* provar, saborear; *Geld* custar; ***was kostet das?*** quanto custa?; **~en** *pl* custo *m*; (*Ausgaben*) despesas *fpl*; **⁀enlos** gratuito
**köstlich** delicioso
**Kostüm** *n* traje *m*; (*Damen⁀*) saia *f* e casaco
**Kotelett** *n* costeleta *f*
**Koteletten** *pl* suíças *fpl*
**Kotflügel** *m* pára-lamas

**kotzen** F vomitar
**Krabbe** *f* crustáceo *m*
**krabbeln** gatinhar
**Krach** *m* ruído, barulho; (*Streit*) briga *f*
**Kraft** *f* força; ***in*** ~ em vigor; **~brühe** *f* caldo *m*; **~fahrer** *m* motorista; **~fahrzeug** *n* automóvel *m*; **~fahrzeugschein** *m* livrete de automóvel; **~fahrzeugsteuer** *f* imposto *m* sobre veículos
**kräftig** forte, robusto; **~en** fortalecer, robustecer
**Kraftstoff** *m* combustível; **Kraftwerk** *n* central *f* eléctrica; *bras* usina *f*
**Kragen** *m* colarinho
**Krampf** *m* cãibra *f*; **~ader** *f* variz; **2lösend**: ***~es Mittel*** *n* antiespasmódico *m*
**Kran** *m* guindaste
**krank** doente; ~ ***sein*** estar doente; ~ ***werden*** adoecer
**Krankenhaus** *n* hospital *m*; **Krankenkasse** *f* Caixa de Previdência; **Krankenpfleger** *m* enfermeiro; **Krankenschein** *m* atestado médico; **Krankenschwester** *f* enfermeira; **Krankenversicherung** *f* seguro *m* de doença; **Krankenwagen** *m* ambulância *f*; **Krankheit** *f* doença, mal *m*
**Krater** *m* cratera *f*
**kratzen** arranhar; ***sich*** ~ coçar-se; **Kratzer** *m* (*Schramme*) arranhão
**Kraut** *n* erva *f*; **Kräuterkäse** *m* queijo com ervas aromáticas; **Kräutertee** *m* tisana *f*
**Krawatte** *f* gravata
**kreativ** criativo
**Krebs** *m* caranguejo; *med* cancro; *bras* câncer

**Kredit** *m* crédito; **~karte** *f* cartão *m* de crédito
**Kreide** *f* giz *m*
**Kreis** *m* círculo; *Verwaltung* concelho
**Kreislauf** *m* circulação *f*; **~mittel** *n* medicamento *m* cardiovascular; **~störungen** *fpl* perturbações circulatórias
**Kreisverkehr** *m* sentido circulatório
**Kreuz** *n* cruz *f*; *anat* espinha *f*; *Spielkarte* paus *mpl*; *rel* Crucifixo *m*; **Rotes ~** Cruz Vermelha; **≗en** cruzar; **~fahrt** *f* cruzeiro *m*; **~ung** *f* cruzamento *m*; **~worträtsel** *n* palavras *fpl* cruzadas
**kriechen** rastejar; **Kriechspur** *f aut* faixa para viaturas lentas
**Krieg** *m* guerra *f*
**kriegen** F (*bekommen*) conseguir, obter; (*erwischen*) apanhar
**Krimi** *m* F (romance *od* filme) policial; **~nalfilm** *m* filme policial; **~nalpolizei** *f* polícia judiciária; **~nalroman** *m* romance policial
**Krise** *f* crise
**Kristall** *m*, *n* cristal *m*
**Kritik** *f* crítica; **~er(in** *f*) crítico *m*, -a *f*; **kritisch** crítico; **kritisieren** criticar
**Kroketten** *fpl* croquetes *mpl*
**Krone** *f* coroa (*a Zahn*); **Kronkorken** *m* cápsula *f*
**Krücke** *f* muleta
**Krug** *m* jarro, cântaro
**krumm** curvo; (*geschlängelt*) tortuoso; (*schief*) torto
**Kruste** *f* crosta
**Kruzifix** *n* crucifixo *m*

**Krypta** *f* cripta
**Kubikmeter** *m* metro cúbico
**Kubaner(in** *f*) *m* cubano *m*, -a *f*; **kubanisch** cubano
**Küche** *f* cozinha; ***kalte*** ~ carnes *fpl* frias; ***bürgerliche*** ~ cozinha caseira
**Kuchen** *m* bolo, pastel
**Küchenbenutzung** *f* serventia de cozinha; **Küchenchef** *m* chefe de cozinha; **Kücheneinrichtung** *f* trem *m* de cozinha; **Küchenschabe** *f* barata
**Kuchenteig** *m* massa *f* de bolo
**Kuckuck** *m* cuco
**Kugel** *f* bola; (*Geschoß*) bala; *Sp* peso *m*; **~lager** *n* rolamento *m* (de esferas); **~schreiber** *m* esferográfica *f*
**Kuh** *f* vaca
**kühl** fresco; ***es ist*** ~ está fresco; ***schön*** ~ *Getränk* bem gelado; ~ ***aufbewahren*** conserve-se frio; **~en** refrigerar; (*ab~*) arrefecer; **Ser** *m aut* radiador; **Sergrill** *m* grelha *f*; **Serhaube** *f* capota do radiador; **Sfach** *n* congelador *m*; **Sflüssigkeit** *f* refrigerante *m*; **Sschrank** *m* frigorífico; *bras* geladeira *f*; **Stasche** *f* mala térmica; **Struhe** *f* arca frigorífica; **Swasser** *n* água *f* refrigerante
**kühn** ousado, audaz
**Kultur** *f* cultura; **~beutel** *m* bolsa *f* dos cosméticos; **Sell** cultural; **~film** *m* documentário cinematográfico; **~zentrum** *n* centro *m* cultural
**Kümmel** *m* cominho; *Schnaps* cúmel
**Kummer** *m* desgosto, aflição *f*

**kümmern** preocupar; ***sich ~ um*** cuidar de, ocupar-se com
**Kunde** *m*, **Kundin** *f* cliente; **~ndienst** *m allgemein* serviço; *produktbezogen* serviço pós-venda
**kündigen** despedir; *von selbst* despedir-se; *Wohnung* rescindir o contrato; **Kündigung** *f Vertrag allg* rescisão; (*Entlassung*) despedimento *m*; *von selbst* aviso *m* prévio de saída; **Kündigungsfrist** *f* prazo *m* de rescisão
**Kundschaft** *f* clientela
**künftig** futuro; (*in Zukunft*) a partir de agora
**Kunst** *f* arte; ***bildende Künste*** artes plásticas; **~ausstellung** *f* exposição de arte; **~geschichte** *f* história de arte; **~handwerk** *n* artesanato *m*
**Künstler(in** *f*) *m* artista *m,f*; **künstlerisch** artístico; **künstlich** artificial
**Kunststoff** *m* plástico, material sintético
**Kupfer** *m* cobre; **~stich** *m* gravura *f* em cobre
**kuppeln** *aut* embraiar; *bras* embrear; **Kupplung** *f aut* embraiagem; *bras* embreagem
**Kur** *f* cura
**Kurbelwelle** *f* cambota; *bras* virabrequim *m*
**Kürbis** *m* abóbora *f*
**Kurgast** *m* aquista *m,f*; **Kurhaus** *n* sanatório *m*; **Kurort** *m* termas *fpl*, estância *f* termal
**Kurs** *m* (*Wechsel*2) câmbio; *nav* rumo, rota *f*; (*Lehrgang*) curso; ***e-n ~ absolvieren*** frequentar um curso; **~buch** *n* guia *m* dos caminhos-de-ferro; **~wagen** *m* carruagem *f* dire(c)ta
**Kurtaxe** *f* taxa turística
**Kurve** *f* curva

**kurz** curto; *zeitlich* breve; ***vor ~em*** há pouco (tempo); **~ärmelig** com mangas curtas
**kürzen** encurtar; *Finanzen* reduzir
**kurzfristig** a curto prazo; **Kurzparkzone** *f* zona de estacionamento limitado; **Kurzschluß** *m* curto-circuito; **kurzsichtig** míope; **Kurzwarengeschäft** *n* retrosaria *f*; **Kurzwelle** *f* onda curta
**Kuß** *m* beijo; ***viele Küsse*** *im Briefschluß* beijinhos *mpl*; **küssen** beijar
**Küste** *f* costa; **~nstrich** *m* litoral
**Küster** *m* sacristão
**Kutteln** *fpl Kchk* tripas
**Kuvert** *n* envelope *m*

## L

**labil** instável
**Labor** *n* laboratório *m*
**Labyrinth** *n* labirinto *m*
**lächeln** sorrir; **②** *n* sorriso *m*
**lachen** rir; ***~ über*** rir-se de; **②** *n* riso *m*
**lächerlich** ridículo
**Lachs** *m* salmão
**Lack** *m* verniz; *Anstrich* pintura *f*; (*Nagel*②) esmalte; **~leder** *n* cabedal *m* envernizado
**laden** carregar
**Laden** *m* loja *f*; (*Fenster*②) portada *f*; (*Roll*②) persiana *f*; **~schlußzeit** *f* hora de encerramento; **~tisch** *m* balcão
**Ladung** *f* carga
**Lage** *f* situação; (*Zustand*) estado *m*; (*Position*)

posição; ***in der ~ sein, et zu tun*** ser capaz de fazer a/c

**Lager** *n* acampamento *m*; (*Waren*~) depósito *m*, armazém *m*; *bras* galpão *m*; *tech* mancal *m*; *bras* rolimã *m*; **~bestand** *m* estoque; **~feuer** *n* fogueira *f*

**lagern** armazenar; **Lagerung** *f* armazenagem

**Lagune** *f* laguna

**lahm** coxo; **Lähmung** *f* paralisia

**Laken** *n* lençol *m*

**Lamm** *n* cordeiro *m*; **~braten** *m* cordeiro assado; **~fell** *n* agnelina *f*; **~fleisch** *n* carne *f* de cordeiro

**Lampe** *f* candeeiro *m*; *bras* lâmpada; (*Glüh*~) lâmpada

**Land** *n* terra *f*; (*Staat*) país *m*; *nicht Stadt* campo *m*; ***auf dem ~*** no campo; *nav* ***an ~ gehen*** desembarcar

**Landebahn** *f* pista de aterragem; **landen** *av* aterrar; *nav* atracar

**Landenge** *f* istmo *m*

**Länderspiel** *n* torneio *m* (*od* desafio *m*) internacional

**Landesinnere** *n* interior *m*; **Landessprache** *f* língua nacional; **Landeswährung** *f* moeda nacional

**Landhaus** *n* casa *f* de campo, chalé *m*; **Landkarte** *f* mapa *m*; **Landschaft** *f* paisagem; **Landsmann** *m*, **Landsmännin** *f* compatriota; **Landstraße** *f* estrada nacional; **Landstreicher** *m* vagabundo

**Landung** *f* *nav* acostagem; *av* aterragem; **~sbrükke** *f* ponte-cais *m*

**Landweg** *m*: ***auf dem*** ~ por via terrestre; **Landwein** *m* vinho da região
**Landwirt(in** *f*) *m* agricultor(a *f*) *m*; **~schaft** *f* agricultura; **≈schaftlich** agrícola
**lang** comprido; ***dort*** ~ por ali; ***drei Jahre*** ~ durante três anos; ***seit ~er Zeit*** há muito tempo; **~ärmelig** de mangas compridas
**Länge** *f* comprimento *m*; ***sich in die*** ~ ***ziehen*** demorar muito; **~ngrad** *m* grau de longitude
**länger** mais comprido; *zeitlich* mais tempo; ***wir bleiben zwei Tage*** ~ vamos ficar mais dois dias
**Langeweile** *f* aborrecimento *m*
**langfristig** a longo prazo
**Langlauf** *m* esqui de fundo
**langsam** lento; *Adverb* devagar
**Langspielplatte** *f* disco *m* „long-play"
**Languste** *f* lagosta
**langweilen** (**sich**) aborrecer-se; **langweilig** aborrecido; F chato
**Langwelle** *f* onda longa
**Lappen** *m* trapo
**Laptop** *m* (*Computer*) computador portátil
**Lärm** *m* ruído, barulho
**Laserdrucker** *m* impressora *f* laser
**lassen** (*zu*~) deixar; (*aufhören*) deixar de fazer; (*veran*~) (mandar) fazer
**Last** *f* carga; *fig* peso *m*
**Lastauto** *n*, **Lastkraftwagen** *m* camião *m*; *bras* caminhão *m*
**Laterne** *f* candeeiro *m*
**Latzhose** *f* calças *fpl* à jardineira

**lau** morno
**Laub** *n* folhagem *f*
**Lauch** *n* alho-porro *m*
**Lauf** *m* corrida *f*; (*Verlauf*) decurso
**laufen** correr; (*zu Fuß gehen*) andar; (*gut ~*) funcionar
**Läufer** *m* corredor; *Teppich* passadeira *f*
**Laune** *f* capricho *m*; ***gute ~ haben*** estar bem disposto, estar de bom humor
**Laus** *f* piolho *m*
**laut** alto; (*lärmend*) ruidoso, barulhento
**läuten** tocar
**Lautsprecher** *m* altifalante; **Lautstärke** *f* volume *m* (de som)
**Lava** *f* lava
**Lawine** *f* avalanche
**LCD-Bildschirm** *m* tela *f* de cristal líquido
**leben** viver; 2 *n* vida *f*; (*Lebhaftigkeit*) vivacidade; **~d**; **~dig** vivo
**Lebensgefahr** *f* perigo *m* de morte; **Lebensgefährte** *m*, **Lebensgefährtin** *f* companheiro *m*, -a *f*; **Lebensgemeinschaft** *f* vida em comum; **Lebenshaltungskosten** *pl* custo *m* da vida; **Lebenslauf** *m* currículo
**Lebensmittel** *npl* géneros *mpl* alimentícios; **~geschäft** *n* mercearia *f*; *bras* armazém *m*
**Lebensversicherung** *f* seguro *m* de vida
**Leber** *f* fígado *m*; **~pastete** *f* pasta de fígado
**Lebewesen** *n* ser *m* vivo
**lebhaft** vivo; *Verkehr* intenso
**lecker** saboroso

**Leder** *n* couro *m*, cabedal *m*; **~jacke** *f* casaco *m* em cabedal
**ledig**, **2e** *m*, *f* solteiro *m*, -a *f*
**leer** vazio; *Batterie* descarregado; *unbewohnt* desabitado; **~en** esvaziar; ***den Briefkasten*** **~** fazer a tiragem; **2gut** *n* vasilhame *m*; **2lauf** *m* ralenti; **2ung** *f* tiragem
**legal** legal
**legen** pôr, colocar; ***sich*** **~** deitar-se; (*nachlassen*) acalmar-se
**lehnen** (**sich**) encostar(-se) (***an*** a)
**Lehre** *f* (*Ausbildung*) aprendizagem; **2n** ensinar; **~r(in** *f*) *m* professor(a *f*) *m*
**Leib** *m* corpo; **~esvisitation** *f* revisão; **~wächter** *m* guarda-costas
**Leiche** *f* cadáver *m*
**leicht** *Gewicht* ligeiro; *fig* leve; (*einfach*) simples, fácil; **2athlet(in** *f*) atleta; **2athletik** *f* atletismo *m*; **~sinnig** imprudente
**leid**: ***es tut mir*** **~** sinto muito; ***sie tut mir*** **~** tenho pena dela
**leiden** padecer, sofrer (***an*** de); ***j-n nicht*** **~** ***können*** não suportar alg
**leider** infelizmente
**Leihbücherei** *f* biblioteca pública; **leihen** emprestar; (*ent~*) pedir emprestado (***bei*** de); **Leihgebühr** *f* aluguer *m*; **Leihwagen** *m* carro de aluguer
**Leinwand** *f* tela; (*Film2*) écran *m*
**leise** silencioso; *sprechen* baixo; *fig* vago
**leisten** cumprir, prestar; ***sich et*** **~** permitir-se a/c

**Leistung** *f* rendimento *m*; *tech a* performance; **~ssport** *m* desporto de competição
**Leitartikel** *m* artigo de fundo
**leiten** (*an~*) dirigir; (*lenken*) conduzir *a el*
**Leiter** *f* escadote *m*; *m el* condutor; **~(in** *f*) *m* chefe
**Leitplanke** *f* barreira de segurança
**Leitung** *f* dire(c)ção; *ök* gerência; *el* linha; (*Wasser*, *Gas*) conduta, canalização; **~swasser** *n* água *f* da torneira
**Lektion** *f* lição
**Lektüre** *f* leitura
**Lende** *f Kchk* lombo *m*
**lenken** dirigir, guiar; *aut* conduzir; **Lenker** *m Fahrrad* guiador; **Lenkrad** *n* volante *m*; **Lenkradschloß** *n* bloqueio *m* do volante; **Lenksäule** *f aut* coluna de dire(c)ção (***verstellbar*** ajustável); **Lenkung** *f* dire(c)ção
**lernen** aprender (***zu*** a); estudar
**Lesbierin** *f* lesbiana; **lesbisch** lésbico
**Leselampe** *f* candeeiro *m* de leitura; **lesen** ler; **Leserbrief** *m* carta *f* de leitor; **leserlich** legível; **Lesestoff** *m* leitura *f*
**letzte**(**r, -s**) último; ***letzte Woche*** a semana passada
**Leuchtturm** *m* farol
**Leute** *pl* gente *f*; ***die ~*** as pessoas; ***die jungen ~*** a gente nova; ***viele ~*** muita gente
**Lexikon** *n* enciclopédia *f*
**Libelle** *f* libélula
**liberal** liberal
**Licht** *n* luz *f* (***an-/ausschalten*** acender/apagar);

**~bild** *n* fotografia *f*; **~bildervortrag** *m* conferência *f* com proje(c)ção de slides; **~empfindlichkeit** *f* sensibilidade à luz; **~hupe** *f aut* sinal *m* de luzes; **~maschine** *f* dínamo *m*; **~schalter** *m* interruptor; **~schutzfaktor** *m* fa(c)tor de prote(c)ção solar
**Lichtung** *f* clareira
**Lid** *n* pálpebra *f*; **~schatten** *m* sombra *f* (nas pálpebras)
**lieb** *Person* amável, simpático; *Anrede* caro; *vertraulich* querido; **2e** *f* amor *m*; **~en** amar; gostar de; ***sich*** **~** *körperlich* fazer amor; **~enswürdig** amável; **2enswürdigkeit** *f* amabilidade; **~er**: **~** ***haben*** (*od* ***mögen***) preferir, gostar mais de; **2haber(in** *f*) *m* namorado *m*, -a *f*; *Genießer* apreciador(a *f*) *m*
**Lied** *n* canção *f*; **~ermacher(in** *f*) *m* cançonetista *m*, *f*
**liefern** fornecer, entregar; **Lieferung** *f* entrega, remessa; **Lieferwagen** *m* furgoneta *f*; camioneta *f*
**Liege** *f* divã *m*; **2n** estar deitado; *Ort* estar situado, ficar; **2nlassen** deixar, abandonar; **~sitz** *m aut* assento de deitar; **~stuhl** *m* cadeira *f* de repouso, espreguiçadeira *f*; **~wagen** *m* carruagem-cama *f*, carruagem-couchette *f*; **~wiese** *f* relvado *m*
**Lift** *m* elevador, ascensor
**Likör** *m* licor
**lila** (cor de) lilás
**Limonade** *f* limonada
**Linie** *f* linha; *av*, *nav* carreira; **~nbus** *m Intercity*

camioneta *f*; **~nflug** *m* voo de carreira
**linke(r, -s)** esquerdo, -a; **links**: ***nach*** ~ à esquerda; **Linksabbieger** *m* carro que curva para a esquerda
**Linse** *f* lente; **~n** *fpl Kchk* lentilhas
**Lippe** *f* lábio *m*; **~nstift** *m* baton
**Liste** *f* lista
**Liter** *m,n* litro *m*
**Live-Sendung** *f TV* transmissão ao vivo
**LKW** *m* camião; *bras* caminhão; **~-Fahrer** *m* camionista
**Loch** *n* buraco *m*; (*Öffnung*) orifício *m*; (*Schlag*2) cova *f*; **2en** *Fahrkarte* picar; **~er** *m* perfurador; *Fahrkarte* obliterador
**Locke** *f* caracol *m*
**locken** (*an~*) atrair
**Lockenwickler** *m* rolo
**locker** frouxo; (*lose*) solto; *fig* relaxado; **~n** soltar
**Löffel** *m* colher *f*
**Loge** *f Theat* camarote *m*
**logisch** lógico
**Lohn** *m* salário; **2en**: ***sich*** ~ valer a pena; **~erhöhung** *f* aumento *m* de salário; **~steuerkarte** *f* cartão *m* de contribuinte fiscal
**Lokal** *n* restaurante *m*; 2 local; **~zeitung** *f* jornal *m* regional
**Lokomotive** *f* locomotiva
**los**: ***was ist ~?*** que se passa?; ***~!*** então!, vamo-nos!
**Los** *n* (*Lotterie*2) bilhete *m* de loteria; (*Schicksal*) sorte *f*, destino *m*

**löschen** *Feuer*, *Licht* apagar; *Durst* matar; (*Ladung*) desembarcar
**lösen** (*lockern*) soltar; *Fahrkarte* comprar; *Problem* resolver; *Rätsel* adivinhar
**losgehen** (*beginnen*) começar; (*weggehen*) partir, ir-se
**loslassen** soltar
**löslich** *Kaffee* solúvel; **Lösung** *f* solução; **Lösungsmittel** *n* solvente *m*
**Lotion** *f* loção
**Lotterie** *f* lotaria
**Löwe** *m* leão
**Lücke** *f* lacuna
**Luft** *f* ar *m*; ***frische ~ schnappen*** tomar ar; **~ballon** *m* balão; **~druck** *m* pressão *f* atmosférica
**lüften** arejar; **Lüfter** *m* arejador
**Luftfilter** *m* filtro de ar; **Luftkissenboot** *n* hovercraft *m*; *bras* aerobarco *m*; **Luftloch** *n* poço *m* de ar; **Luftmatratze** *f* colchão *m* pneumático; **Luftpost** *f*: ***per ~*** por correio *m* aéreo; **Luftpumpe** *f* bomba de ar; **Lufttemperatur** *f* temperatura do ar; **Luftverschmutzung** *f* poluição do ar; **Luftweg** *m*: ***auf dem ~*** por via aérea
**Lüge** *f* mentira; **lügen** mentir; **Lügner(in** *f*) *m* mentiroso *m*, -a *f*
**Lunge** *f* pulmões *mpl*; **~nentzündung** *f* pneumonia
**Lupe** *f* lupa
**Lust** *f* prazer *m*, gosto *m*; ***~ haben auf*** (*bzw* **zu**) ter vontade de; ***ich habe keine ~ darauf*** não me apetece (fazer isso)

**lustig** divertido; (*fröhlich*) alegre
**Lustspiel** *n* comédia *f*
**Lutscher** *m* chupa-chupa; *bras* pirulito; **Lutschtablette** *f* pastilha
**luxuriös** luxuoso; **Luxus** *m* luxo

## M

**machen** fazer; ***Licht ~*** acender a luz; ***wieviel macht das?*** quanto é?; ***das macht nichts*** não faz mal
**Macho** *m* machista
**Macht** *f* poder *m*; (*Stärke*) força; **mächtig** poderoso; **machtlos** impotente
**Mädchen** *n* rapariga *f*, menina *f*; **~name** *m* nome de solteira
**Magazin** *n Zeitschrift* revista *f*
**Magen** *m* estômago; ***sich den ~ verderben*** apanhar uma indigestão; **~bitter** *m* licor digestivo; **~schmerzen** *mpl* dores *fpl* de estômago; **~verstimmung** *f* indigestão
**mager** magro; **2milch** *f* leite *m* magro
**Magnet** *m* íman; *bras* ímã; **~band** *n* fita *f* magnética; **~karte** *f* crachá *m* magnético
**Mahlzeit** *f* refeição; ***~!*** bom proveito!
**Mai** *m* Maio
**Mais** *m* milho; **~kolben** *m* maçaroca *f*
**Majoran** *m* manjerona *f*
**Make-up** *n* maquilhagem *f*, make-up *m*; *bras* maquiagem *f*

**Makkaroni** *pl* macarão *m*
**mal**: ***drei ~ zwei ist sechs*** três vezes dois dá seis; *Kurzform, vgl.* **einmal**; **sag' ~!** diz lá!; **~** *n* vez *f*; (*Zeichen*) sinal *m*; ***ein anderes ~*** outra vez; ***zum ersten ~*** pela primeira vez; ***mit einem ~(e)*** de repente
**Malaria** *f* malária, paludismo *m*
**malen** pintar; **Maler(in** *f*) *m* pintor(a *f*) *m*; **Malerei** *f* pintura; **malerisch** pitoresco
**Mama** *f* mamã; *bras* mamãe
**man** a gente; **~ *weiß nie*** nunca se sabe; **~ *sagt*** diz-se, dizem; **~ *spricht deutsch*** fala-se alemão
**Manager** *m* manager, gerente, gestor
**manche** alguns, algumas
**manchmal** às (*od* por) vezes
**Mandarine** *f* tangerina
**Mandelentzündung** *f* angina; **Mandeln** *fpl* amêndoas; *anat* amígdalas
**Mandoline** *f* bandolim *m*
**Manege** *f* arena
**Mangel** *m* falta *f* (**an** de); (*Fehler*) defeito; **2haft** defeituoso; **2n an** faltar, carecer de
**Mango** *f* manga
**Maniküre** *f* manicura
**Mann** *m* homem; (*Ehe2*) marido; **~!** F rapaz!; **männlich** masculino; **Mannschaft** *f* equipa; *nav* tripulação
**Manschette** *f* punho *m*
**Mantel** *m* sobretudo; *leichter* **~** gabardina *f*
**Mappe** *f* pasta
**Märchen** *n* conto *m* (das fadas)

**Margarine** *f* margarina
**Marinade** *f* escabeche *m*
**Marine** *f* marinha
**Mark** *n* medula *f*; *f Währung* marco *m*
**Marke** *f* marca; (*Brief*≈) selo *m*; (*Abschnitt*) senha; (*Spiel*≈) ficha
**Markise** *f* toldo *m*
**Markt** *m* mercado; (*Wochen*≈, *Jahr*≈) feira *f*; **~forschung** *f* sondagem do mercado; **~halle** *f* mercado *m* coberto; **~platz** *m* praça *f* do mercado; **~wirtschaft** *f* economia de mercado
**Marmelade** *f* doce *m* de fruta
**Marmor** *m* mármore
**Marokkaner(in** *f*) *m* marroquino *m*, -a *f*
**Maroni** *fpl* castanhas
**Marsch** *m* marcha *f*; **≈ieren** marchar; **~route** *f* itinerário *m*
**März** *m* Março
**Marzipan** *n* maçapão *m*
**Masche** *f* malha
**Maschine** *f* máquina; (*Flugzeug*) avião *m*, aparelho *m*; ***mit ~ schreiben*** escrever (*od* bater) à máquina
**Masern** *pl* sarampo *m*
**Maske** *f* máscara; (*Verkleidung*) disfarce *m*
**Maß** *n* medida *f*; (*Mäßigung*) moderação *f*; ***nach ~*** por medida; ***~ nehmen*** tomar as medidas
**Massage** *f* massagem
**Masse** *f* massa; (*Menschen*≈) multidão; (*Menge*) quantidade; **~nentlassung** *f* despedimento *m* em massa; **~nkarambolage** *f* colisão em cadeia;

**~nmedien** *pl* meios *mpl* de comunicação social, media *mpl*; **~nproduktion** *f* produção em massa (*od* grande escala); **~nverkehrsmittel** *pl* transportes *mpl* cole(c)tivos; **²nweise** em massa, à farta
**Masseur** *m*, **Masseuse** *f* massagista; **massieren** dar massagens a
**mäßig** moderado; (*bescheiden*) modesto
**Massiv** *n* maciço *m*; **²** maciço, compacto
**Maßnahme** *f* medida
**Maßstab** *m* escala *f*; *fig* critério
**Mast** *m* mastro; (*Leitungs²*) poste
**Matador** *m* matador
**Material** *n* material *m*; **Materie** *f* matéria
**Mathematik** *f* matemática
**Matinee** *f* matiné
**Matratze** *f* colchão *m*
**matt** fosco; (*Schach*) mate; (*müde*) esgotado, abatido
**Matte** *f* esteira; (*Fuß²*) capacho *m*
**Mauer** *f* muro *m*; (*Stadt²*) muralha; **~werk** *n* alvenaria *f*
**Maul** *n* F boca *f*, bico *m*; (*Schnauze*) focinho *m*; **~esel(in** *f*) *m* macho *m*, mula *f*; **~korb** *m* açaime
**Maurer** *m* pedreiro
**Maus** *f a EDV* rato *m*; **~efalle** *f* ratoeira
**Maut** *f* portagem; *bras* pedágio *m*; **~straße** *f* estrada de portagem
**Maxime** *f* máxima
**Mayonnaise** *f* maionese
**Mechaniker** *m* mecânico; **mechanisch** mecânico
**Medaille** *f* medalha

**Medien** *pl* media *mpl*
**Medikament** *n* medicamento *m*; **Medizin** *f* medicina; **medizinisch** medicinal; (*ärztlich*) médico
**Meer** *n* mar *m*; ***am*** ~ à beira-mar; **~blick** *m*: ***mit*** ~ com vista ao mar; **~enge** *f* estreito *m*; **~esfrüchte** *fpl* mariscos *mpl*; **~esspiegel** *m*: ***1000 Meter über dem*** ~ mil metros sobre o nível de mar; **~rettich** *m* rábano; **~wasser** *n* água *f* de mar
**Mehl** *n* farinha *f*
**mehr** mais; ~ ***als*** mais (do) que, *bei Zahlen* mais de; ***nicht*** ~ já não; ***nichts*** ~ nada mais; ***um so*** ~ tanto mais; ***viel*** ~ muito mais; ~ ***oder weniger*** mais ou menos; **~ere** vários, -as; **2heit** *f* maioria; **~mals** várias vezes; **2parteiensystem** *n* multipartidarismo *m*; **2wegflasche** *f* garrafa com depósito; **2wegverpackung** *f* embalagem reutilizável; **2wertsteuer** *f* (*MWSt*) imposto *m* sobre o valor acrescentado (*IVA*); **2zwecksporthalle** *f* pavilhão *m* gimnodesportivo
**meiden** evitar
**Meile** *f* milha
**mein(e)** (o) meu *m*, (a) minha *f*; *pl* (os) meus, (as) minhas
**meinen** achar, julgar; (*denken*) pensar; (*sagen wollen*) querer dizer; ***was*** ~ ***Sie?*** o que lhe parece?; ***das will ich*** ~***!*** claro que sim!
**meinetwegen** por minha causa; *nachgebend* como quiser, cá por mim
**Meinung** *f* opinião; **~sumfrage** *f* sondagem de opinião; **~sverschiedenheit** *f* controvérsia, divergência

**meist**: *die* **~en** a maior parte; **~ens** em geral, a maior parte das vezes
**Meister**(**in** *f*) *m* mestre *m*, -a *f*; *Sp* campeão *m*, campeã *f*; **Meisterschaft** *f* campeonato *m*; **Meisterwerk** *n* obra-prima *f*
**Meldeamt** *n* repartição *f* de registo; **melden** comunicar, informar; (*anzeigen*) denunciar; ***sich*** ~ apresentar-se; (*am Telefon*) atender; *zu Wort* pedir a palavra; **Meldung** *f rad*, *TV* informação
**Melodie** *f* melodia
**Melone** *f* (*Honig*≈) melão *m*; (*Wasser*≈) melancia
**Menage** *f Kchk* (*Essig und Öl*) galheteiro *m*
**Menge** *f* quantidade; (*Menschen*≈) multidão
**Mensa** *f* cantina (universitária)
**Mensch** *m* homem; (*Person*) pessoa *f*; ***kein*** ~ ninguém; **≈enleer** deserto; **~enrechte** *npl* direitos *mpl* humanos; **~enverstand** *m*: ***gesunder*** ~ bom senso; **~heit** *f* humanidade; **≈lich** humano
**Menstruation** *f* menstruação
**Menü** *n* ementa *f*; *EDV* menu *m*
**Meridian** *m* meridiano
**Merkblatt** *n* folheto *m* informativo; **merken** notar, aperceber-se de; ***sich et*** ~ tomar nota de; fixar na memória; **Merkmal** *n* cara(c)terística *f*; **merkwürdig** estranho, esquisito; **Merkzettel** *m* lembrete
**Messe** *f* feira; *rel* missa; **~gelände** *n* recinto *m* da feira; **~halle** *f* pavilhão *m*
**messen** medir
**Messer** *n* faca *f*; (*Taschen*≈) canivete *m*; **~klinge** *f*

lâmina; **~schneide** *f* gume *m*
**Messestand** *m* stand
**Messing** *n* latão *m*
**Mestize** *m* mestiço
**Metall** *n* metal *m*
**Meter** *m,n* metro *m*; **~maß** *n* metro *m*; (*Meßband*) fita *f* métrica
**Metro** *f* metro *m*
**Metzger** *m* carniceiro; açougueiro *a bras*; **~ei** *f* talho *m*; açougue *m a bras*
**Mexikaner(in** *f*) *m* mexicano *m*, -a *f*
**MEZ** *f* hora da Europa Central
**mich** me; *betont* mim; ***für*** **~** para mim
**Miene** *f* ar *m*
**mies** F mau, ruim; ***sich ~ fühlen*** sentir-se em baixo; **≈muscheln** *fpl* mexilhões *mpl*
**Mietauto** *n* carro *m* de aluguer; **Miete** *f* aluguer *m*; (*Wohnungs≈*) renda; **mieten** alugar; *Wohnung* arrendar; **Mieter(in** *f*) *m* arrendatário *m*, -a *f*, inquilino *m*, -a *f*; **Miethaus** *n* casa *f* arrendada; **Mietpreis** *m* aluguer; renda *f*, **Mietvertrag** *m* contrato de arrendamento; **Mietwagen** *m* carro de aluguer
**Migräne** *f* enxaqueca
**Mikrocomputer** *m* microcomputador
**Mikrophon** *n* microfone *m*
**Mikroskop** *n* microscópio *m*
**Mikrowelle** *f* microonda; **~nherd** *m* forno de microondas
**Milch** *f* leite *m*; **~flasche** *f* garrafa do leite; *für Babies* biberão *m*; **~kaffee** *m* café com leite; *im*

*Glas* galão; **~mixgetränk** *n* batido *m* de leite; **~pulver** *n* leite *m* em pó
**mild** suave; *Klima* temperado; *Wetter* ameno, agradável
**Milieu** *n* meio *m*
**Militär** *n* tropa *f*; *m* militar; **~diktatur** *f* ditadura militar; **&isch** militar
**Millimeter** *m,n* milímetro *m*
**Millionär(in** *f*) *m* milionário *m*, -a *f*
**Minarett** *n* minarete *m*
**Minderheit** *f* minoria; **minderjährig** menor
**Mindestabstand** *m* distância *f* mínima; **Mindestalter** *n* idade *f* mínima
**mindestens** pelo (*od* ao) menos
**Mineral** *n* mineral *m*; **~wasser** *n* água *f* mineral
**Minigolf** *n* minigolfe *m*; **Minirock** *m* minissaia *f*
**Minister(in** *f*) *m* ministro *m*, -a *f*; **Ministerpräsident(in** *f*) *m* primeiro, -a ministro *m*, -a *f*; **Ministerium** *n* ministério *m*
**minus** menos; ***drei Grad*** **~** três graus negativos
**Minute** *f* minuto *m*; **~nzeiger** *m* ponteiro dos minutos
**mir** me; *betont* mim; ***von*** **~** de mim
**mischen** misturar; *Karten* baralhar; **Mischgemüse** *n* mistura *f* de hortaliça; **Mischung** *f* mistura
**Mißbrauch** *m* abuso; **&en** abusar de
**Mißerfolg** *m* fracasso
**Mißernte** *f* má colheita

**mißhandeln** maltratar; **Mißhandlung** *f* maus tratos *mpl*
**mißtrauen** desconfiar (*j-m* de alg); ♀ *n* desconfiança *f*
**Mißverständnis** *n* malentendido *m*; **Mißwirtschaft** *f* desgoverno *m*
**Mist** *m* (*Dünger*) esterco
**mit** com; ~ ***mir*** comigo; ~ ***dir*** contigo; ~ ***uns*** connosco; ~ ***euch*** convosco; ~ ***dem Zug fahren*** ir de comboio; ~ ***zehn Jahren*** aos dez anos
**mitbringen** trazer; **Mitbringsel** *n* pequena prenda *f*
**miteinander** em conjunto
**Mitfahrgelegenheit** *f* boleia
**Mitglied** *n* membro *m*; *Verein* sócio *m*; **~sausweis** *m* cartão; **~sbeitrag** *m* cota *f*
**Mitleid** *n* compaixão *f*
**mitmachen** participar (***bei*** em; *bras* de)
**Mitreisende(r)** *m,f* companheiro *m*, -a *f* de viagem
**Mittag** *m* meio-dia; ***heute*** ♀ hoje ao meio-dia; ***zu*** ~ ***essen*** almoçar; **~essen** *n* almoço *m*; **♀s** ao meio-dia; **~sruhe** *f* sesta
**Mitte** *f* meio *m*; centro *m*; (*Hälfte*) metade; ~ ***April*** em meados de Abril; ~ ***dreißig*** na casa dos trinta
**mitteilen** comunicar; **Mitteilung** *f* comunicação
**Mittel** *n* meio *m*; (*Hilfs*♀) recurso *m*; (*Heil*♀) remédio *m*; *pl* (*Geld*♀) recursos *mpl*, fundos *mpl*
**Mittelalter** *n* Idade Média; ♀**ich** medieval
**Mittelfinger** *m* (dedo) médio

**morgen** amanhã; ~ ***früh*** amanhã de manhã; ***bis*** ~ até amanhã; **Morgen** *m* manhã *f*; ***guten*** ~***!*** bom dia!; **Morgengrauen** *n* alvorada *f*; **morgens** de manhã; ***um sechs Uhr*** ~ às seis da manhã
**Mosaik** *n* mosaico *m*
**Moschee** *f* mesquita
**Moskito** *m* mosquito
**Moslem** *m*, **Moslime** *f* muçulmano *m*, -a *f*
**Most** *m* sumo, suco de fruta
**Motel** *n* motel *m*
**Motiv** *n* motivo *m*
**Motor** *m* motor; ~**boot** *n* barco *m* (*od* lancha *f*) a motor; ~**haube** *f* capota (do motor); *bras* capô *m*; ~**öl** *n* óleo *m* para motores; ~**panne** *f* pane do motor; ~**rad** *n* mota *f*, moto(cicleta) *f*; ~**radfahrer(in** *f***)** *m* motociclista; ~**roller** *m* motoreta *f*, vespa *Wz f*; *bras* motoneta *f*, lambreta *Wz f*; ~**schaden** *m* avaria *f* do motor
**Motte** *f* traça
**Möwe** *f* gaivota
**Mücke** *f* mosquito *m*; ~**nstich** *m* picada *f* de mosquito
**müde** cansado; **Müdigkeit** *f* cansaço *m*, fadiga
**Mühe** *f* esforço *m*; ***machen Sie sich keine*** ~ não se incomode
**Mühle** *f* moinho *m*
**Mulatte** *m* mulato
**Müll** *m* lixo; ~**abfuhr** *f* recolha do lixo
**Mullbinde** *f* ligadura de gaze
**Müllcontainer** *m* contentor do lixo; **Mülldepo-**

**nähern**: ***sich ~*** aproximar-se (***j-m*** de alg)
**Nähmaschine** *f* máquina de costura
**nahrhaft** nutritivo; **Nahrung** *f* alimentação, comida; **Nahrungsmittel** *npl* géneros *mpl* alimentícios
**Naht** *f* costura; *med* sutura; **≈los** sem costura
**Nahverkehr** *m* tráfego suburbano; **~szug** *m* comboio urbano
**Nähzeug** *n* apetrechos *mpl* de costura
**naiv** ingénuo
**Name** *m* nome; ***wie ist Ihr ~?*** qual é o seu nome?, como se chama?; **~nstag** *m* dia onomástico
**nämlich** a saber
**nanu!** ora essa!
**Narbe** *f* cicatriz
**Narkose** *f* anestesia
**naschen** petiscar
**Nase** *f* nariz *m*; **~nbluten** *n* hemorragia *f* nasal; ***~ haben*** deitar sangue pelo nariz; **~nloch** *n* narina *f*; **~ntropfen** *mpl* gotas *fpl* para o nariz
**Nashorn** *n* rinoceronte *m*
**naß** molhado; ***~ werden*** molhar-se; **Nässe** *f* humidade; **naßkalt** frio e húmido
**Nation** *f* nação; **≈al** nacional; **~alfeiertag** *m* feriado nacional; **~algericht** *n* prato *m* nacional; **~alität** *f* nacionalidade; **~alpark** *m* parque nacional
**Natur** *f* natureza; **natürlich** natural; ***~!*** pois claro!; **Naturschutz** *m* prote(c)ção *f* da natureza; **Naturschützer(in** *f***)** *m* defensor(a *f*) *m* da natureza; **Naturschutzgebiet** *n* reserva *f* natural

**Nebel** *m* nevoeiro, neblina *f*; **~scheinwerfer** *m* farol de nevoeiro; *bras* farol de neblina; **~schlußleuchte** *f* farolim *m* de nevoeiro; *bras* farolete *m* de neblina
**neben** junto de, ao lado de; (*abgesehen von*) além de; **~an** ao lado; **~bei** de passagem; **~einander** ao lado um do outro
**Nebeneingang** *m* entrada *f* lateral; **Nebenfluß** *m* afluente; **Nebengebäude** *n* edifício *m* anexo; **Nebenstraße** *f* rua lateral; *außerhalb der Stadt* estrada secundária
**neblig**: ***es ist*** ~ está nevoeiro
**Neffe** *m* sobrinho
**Negativ** *n fot* negativo *m*
**nehmen** tomar; (*ergreifen*) pegar, apanhar; *Bus, Taxi* tomar; (*an~*) aceitar; (*fort~*) levar; *Einkauf* ficar com
**Neid** *m* inveja *f*; **≗isch** invejoso (***auf*** de)
**Neigung** *f a fig* inclinação (***zu*** para)
**nein** não; ~ ***sagen*** dizer que não, negar
**Nektarine** *f* nectarina; F pêssego *m* careca
**Nelke** *f* cravo *m*; *Gewürz* cravo-da-índia *m*
**nennen** (*aufzählen*) nomear; (*erwähnen*) mencionar; ***sich*** ~ chamar-se
**Nerv** *m* nervo; **≗ös** nervoso; **~osität** *f* nervosismo *m*
**Nest** *n* ninho *m*
**nett** simpático, engraçado
**netto** líquido
**Netz** *n* rede *f*; **~anschluß** *m* ligação *f* à rede; **~unabhängigkeit** *f* autonomia; **~werk** *n* rede *f*

**neu** novo; **~este Mode** última moda; **2bau** *m* edifício novo; construção *f* recente; **2geborene(s)** *n* recém-nascido *m*
**Neugier** *f* curiosidade; **2ig** curioso (*auf* por)
**Neuigkeit** *f* nova, novidade
**Neujahr** *n* Ano *m* Novo
**neulich** há pouco
**neutral** neutro; *pol* neutral; **2ität** *f* neutralidade
**nicht** não; ***auch ~*** também não; ***~ mehr*** já não; ***~ wahr?*** não é?; ***~ einmal*** nem sequer
**Nichte** *f* sobrinha
**Nichtraucher** *m* não-fumador; *bras* não-fumante; **~abteil** *n* compartimento *m* de não-fumadores
**nichts** nada; ***~ mehr*** mais nada; ***~ Neues*** nada de novo; ***das macht ~*** não faz mal
**nicken** acenar afirmativamente (com a cabeça)
**nie** nunca; ***~ mehr*** nunca mais
**Niederlage** *f* derrota, fracasso *m*
**Niederlassung** *f* filial, sucursal
**Niederschläge** *fpl* precipitações
**niedrig** baixo; *Preis* moderado
**niemals** nunca, jamais
**niemand** ninguém
**Niere** *f* rim *m*; **~nstein** *m* cálculo renal
**nieseln** chuviscar; **Nieselregen** *m* chuvisco
**niesen** espirrar
**Nikotin** *n* nicotina *f*
**nirgends** em parte alguma
**Niveau** *n* nível *m*
**nobel** generoso; **2hotel** *n* hotel *m* de luxo

**noch** ainda; ~ ***nicht*** ainda não; ~ ***einmal*** outra vez; ~ ***heute*** hoje mesmo; ~ ***etwas?*** mais alguma coisa?
**nochmals** outra vez, mais uma vez
**Nonne** *f* freira
**Nonstopflug** *f* voo *m* dire(c)to
**Norden** *m* norte; ***im*** ~ no norte; ***nach*** ~ ao norte; ***nach*** ~ ***liegen*** estar virado para norte; **nördlich** ao (*od* do) norte; ~ ***von*** ao norte de; **Nordosten** *m* nordeste; **Nordsee** *f* Mar *m* do Norte; **Nordwesten** *m* noroeste; **Nordwind** *m* vento norte
**normal** normal; **₂benzin** *n* gasolina *f* normal; ***bleifreies*** ~ gasolina *f* verde; **~erweise** normalmente
**Not** *f* miséria; (*Bedrängnis*) dificuldade *f*; **~arzt** *m* médico de urgência; **Notausgang** *m* saída *f* de urgência; **Notbremse** *f* travão *m* de emergência; **Notdienst** *m* serviço de urgência
**Note** *f* nota
**Notebook-Computer** *m* bloco de notas
**Notfall** *m* caso de urgência; ***im*** ~ em caso de necessidade
**notieren** apontar, tomar nota
**nötig** necessário, preciso; (*unumgänglich*) indispensável; ~ ***haben*** necessitar, precisar de
**Notiz** *f* nota, apontamento *m*; (*Zeitungs₂*) notícia; **~buch** *n* agenda *f*
**Notlage** *f* calamidade, apuros *mpl*; **Notlandung** *f* aterragem forçada; **Notquartier** *n* alojamento *m* provisório; **Notruf** *m* chamada *f* de urgência; **Notrufsäule** *f* telefone *m* de urgência;

**Notwehr** *f* legítima defesa
**notwendig** necessário
**November** *m* Novembro
**nüchtern** não alcoolizado; (*ohne Essen*) em jejum
**Nudeln** *fpl* massa *f*
**null** zero; *~ **Uhr*** zero horas; *~ **Bock*** F nula vontade; ♀ *f* zero *m*; ***drei Grad unter*** (***über***) *~* três graus negativos (positivos); *~**diät*** *f* dieta zero
**Nummer** *f* número *m*; *~**nschild*** *n* (chapa *f* de) matrícula *f*
**nun** pois, ora, então; ***von ~ an*** a partir de agora; *~ **gut!*** ora bem!; ***was ~?*** e agora?
**nur** só; (*lediglich*) apenas
**Nuß** *f* noz, castanha; *~**baum*** *m* nogueira *f*; *~**knakker*** *m* quebra-nozes
**Nutte** *f* V puta
**nutzen** utilizar, aproveitar; **Nutzen** *m* proveito, vantagem *f*; **Nutzer** *m* utente, usuário; **nützlich** útil; **nutzlos** inútil

# O

**Oase** *f* oásis *m*
**ob** se; ***und ~!*** pois claro
**oben** em cima; (*in der Höhe*) no cimo; ***dort ~*** lá em cima; ***nach ~*** para cima; *~ **ohne*** topless
**Ober** *m* empregado de mesa; *~**deck*** *n* tolda *f* tombadilho *m*
**Obere** *m* chefe, superior; ♀(**r, -s**) superior
**Oberfläche** *f* superfície; **oberflächlich** superficial; **oberhalb von** acima de; **Oberhemd** *n*

camisa; **Oberkörper** *m* tronco; **Oberschenkel** *m* coxa *f*; **Oberteil** *n* parte *f* superior; *Bekleidung* corpo *m*
**Objekt** *n* obje(c)to *m*; **~iv** *n* obje(c)tiva *f*
**Obst** *n* fruta *f*; **~handlung** *f* frutaria; **~kuchen** *m* bolo de frutas; **~plantage** *f* pomar *m*; **~saft** *m* sumo de fruta; **~salat** *m* salada *f* de fruta
**Obus** *m* troleibus; *bras* ônibus elétrico
**obwohl** embora (+ *Konjunktiv*)
**Ochse** *m* boi; **~nschwanzsuppe** *f* sopa de rabo de boi
**oder** ou
**Ofen** *m* fogão, estufa *f*; (*Back*&) forno
**offen** aberto; (*aufrichtig*) franco; *Posten* vago; ***auf ~er Straße*** em plena rua; **~sichtlich** evidente, óbvio; *Adverb* pelos vistos
**öffentlich** público; **&keit** *f* público *m*; ***in der ~*** em público
**offiziell** oficial
**Offizier** *m* oficial
**öffnen** abrir; **Öffnung** *f* abertura; (*Loch*) orifício *m*; **Öffnungszeiten** *fpl* horas de serviço, horário *m*
**oft** muitas vezes, frequentemente; ***wie ~?*** quantas vezes?
**ohne** sem; **~ *weiteres*** sem mais nada; **~gleichen** sem igual
**Ohnmacht** *f* desmaio *m*; *fig* impotência; **ohnmächtig** desmaiado; **~ *werden*** desmaiar, perder os sentidos
**Ohr** *n* orelha *f*; (*Gehör*) ouvido *m*; **~enarzt** *m*

otologista; **~schmerzen** *mpl* dores *fpl* de ouvido; **~feige** *f* bofetada; **~ring** *m* brinco

**Ökologe** *m*, **Ökologin** *f* ecologista; **ökologisch** ecológico

**Oktanzahl** *f* octanagem

**Oktober** *m* Outubro

**Öl** *n* óleo *m*; (*Erd*2) petróleo *m*; **~gemälde** *n* pintura *f* a óleo; **~heizung** *f* aquecimento *m* a óleo

**Olive** *f* azeitona; **~nöl** *n* azeite *m*

**Ölpest** *f* maré negra; **Ölsardinen** *fpl* sardinhas de conserva; **Ölwechsel** *m* mudança *f* de óleo

**Olympiade** *f* olimpíada; **olympisch**: *2e Spiele npl* Jogos *mpl* Olímpicos

**Oma** *f* vovó

**Omelett** *n* omeleta *f*

**Omnibus** *m* autocarro; *bras* ônibus; (*Reisebus*) camioneta *f*

**Onkel** *m* tio

**Opa** *m* vovô

**Oper** *f* ópera

**Operation** *f* operação; *med a* intervenção; **~ssaal** *m* sala *f* de operações

**Operette** *f* opereta

**operieren** operar

**Opernglas** *n* binóculo *m*

**Opfer** *n* vítima *f*; *fig* sacrifício *m*; **2n** sacrificar

**Optiker** *m* oculista

**Orange** *f* laranja; 2 cor de laranja; **~ade** *f* laranjada; **~nbaum** *m* laranjeira *f*; **~nsaft** *m* sumo de laranja

**Orchester** *n* orquestra *f*
**Orden** *m rel* ordem *f*; *Auszeichnung* condecoração *f*
**ordentlich** regular; (*aufgeräumt*) arrumado; **Ordnung** *f* ordem; ***in ~ sein*** estar certo; *Gerät* funcionar bem; ***das geht schon in ~!*** isso arranja-se!
**Organisation** *f* organização
**Orgel** *f* órgão *m*
**orientieren**: ***sich ~*** orientar-se (***an*** por); **Orientierung** *f* orientação
**Original** *n* original *m*; **~fassung** *f* versão original
**Orkan** *m* furacão
**Ort** *m* lugar, sítio; (*~schaft*) povoação *f*
**Orthopäde** *m* ortopedista
**örtlich** local
**Ortschaft** *f* povoação, localidade; **Ortsgespräch** *n* chamada *f* local; **Ortszeit** *f* hora local
**Osten** *m* leste; ***Naher ~*** Próximo Oriente *m*
**Osterferien** *pl* férias *fpl* de Páscoa; **Ostern** *n* Páscoa *f*
**Österreicher(in** *f*) *m* austríaco *m*, -a *f*; **österreichisch** austríaco
**östlich** (de) leste, oriental; ***~ von*** a leste de
**Ostsee** *f* Mar *m* Báltico; **Ostwind** *m* vento leste
**Overall** *m* macacão
**Overheadprojektor** *m* retroproje(c)tor
**Oxid** *n* óxido *m*
**Ozean** *m* oceano
**Ozon** *n* ozono *m*, ozónio *m*; **~loch** *n* buraco *m* de ozónio; **~schicht** *f* camada de ozónio

# P

**Paar** *n* par *m*; ***ein ~ Schuhe*** um par de sapatos
**paar**: ***ein ~*** (alg)uns, (alg)umas; ***ein ~ Tage*** alguns dias; ***in ein ~ Tagen*** dentro de poucos dias; ***vor ein ~ Tagen*** alguns dias atrás, há alguns dias; **~mal**: ***ein ~*** umas vezes
**Päckchen** *n* embrulho *m*, pacote *m*; *Post* encomenda *f*; *Zigaretten* maço *m*
**packen** (*ergreifen*) agarrar; (*ein~*) embrulhar, empacotar; *Koffer* fazer; **Packpapier** *n* papel *m* de embrulho; **Packung** *f* embalagem; invólucro *m*; *Schachtel* caixa
**Paddel** *n* pangaia *f*; **~boot** *n* canoa *f*; **2n** andar de canoa
**Paket** *n* pacote *m*; *Post* encomenda *f*; **~annahme** *f* expedição de encomendas; **~karte** *f* boletim *m* de expedição
**Palast** *m* palácio
**Palette** *f* palete *m*
**Palme** *f* palmeira; **Palmsonntag** *m* Domingo de Ramos
**Pampelmuse** *f* toranja
**paniert** panado
**Panik** *f* pânico *m*; **~mache** *f* F alarmismo *m*
**Panne** *f* avaria; *bras* pane; ***e-e ~ haben*** estar avariado; **~ndienst** *m* pronto-socorro
**Panorama** *n* panorama *m*
**Pantoffel** *f* pantufa

**Papagei** *m* papagaio
**Papier** *n* papel *m*; **~e** *pl* (*Ausweis*) documentos *mpl*; **~korb** *m* cesto dos papéis; **~taschentuch** *n* lenço-papel *m*
**Pappe** *f* papelão *m*, cartão *m*
**Pappel** *f* choupo *m*
**Paprika** *m* *Gewürz* colorau; *Gemüse* pimento, pimentão
**Papst** *m* Papa
**Parabolantenne** *f* antena parabólica
**Paradies** *n* paraíso *m*
**Paragraph** *m* *jur* artigo; (*Absatz*) parágrafo
**parallel** paralelo (**zu** a)
**Parfüm** *n* perfume *m*
**Pariser** *m* F (*Kondom*) camisa-de-vénus *f*
**Park** *m* parque; **2en** estacionar; **~ *verboten*** estacionamento proibido
**Parkett** *n* plateia *f*; *Fußboden* parquete *m*
**Parkgebühr** *f* taxa de estacionamento; **Parkhaus** *n* auto-silo *m*; *bras* edifício-garagem *m*; **Parkkralle** *f* garra de bloqueio das rodas; **Parkleuchte** *f* farol *m* de estacionamento; **Parkplatz** *m* (parque de) estacionamento; **Parkuhr** *f* parcómetro *m*; **Parkverbot** *n* estacionamento *m* proibido
**Parlament** *n* parlamento *m*; **~arier** *m* parlamentar
**Parmesankäse** *m* parmesão
**Parole** *f* slogan *m*
**Partei** *f* partido *m*; *jur* parte
**Parterre** *n* rés-do-chão *m*

**Partie** *f Spiel* partida
**Partner(in** *f*) *m* parceiro *m*, -a *f*; *ök* sócio *m*, -a *f*; (*Lebens*∼) companheiro *m*, -a *f*; **Partnerstädte** *fpl* cidades gémeas
**Party** *f* festa
**Paß** *m* passaporte; (*Berg*∼) desfiladeiro
**Passagier** *m* passageiro
**Paßbild** *n* fotografia *f* de passaporte
**passen** *Kleidung* servir, assentar bem; (*zupaß kommen*) calhar (bem), convir; ∼ ***zu*** condizer com; ***das paßt wirklich gut*** está mesmo a calhar
**passieren** (*geschehen*) acontecer
**Paßkontrolle** *f* controlo *m* de passaportes
**Pastete** *f* empada; (*kleine* ∼) rissol *m*
**Pate** *m* padrinho
**Pater** *m* padre
**Patient(in** *f*) *m* doente
**Patin** *f* madrinha
**pauschal** global; ∼**angebot** *n*, ∼**preis** *m* preço global (*od* por inteiro) ; ∼**reise** *f* viagem com tudo incluído
**Pause** *f* intervalo *m*
**Pavillon** *m* pavilhão
**Pazifik** *m* Pacífico
**Pazifist(in** *f*) *m*, **pazifistisch** pacifista
**Pech** *n* azar *m*; ∼ ***haben*** ter azar
**Pedal** *n* pedal *m*
**peinlich**: ∼ ***sein*** ser embaraçoso
**Pelz** *m* pele *f*; ∼**mantel** *m* casaco de peles
**Pendelverkehr** *m* serviço de vaivém
**Penis** *m* pénis

**Penizillin** *n* penicilina *f*
**Pension** *f* pensão; ***in ~ gehen*** reformar-se
**perfekt** perfeito
**Periode** *f* período *m*
**Peripherie** *f* periferia
**Perle** *f* pérola; **~nkette** *f* colar *m* de pérolas
**Perlmutt** *n* madrepérola *f*
**Person** *f* pessoa; *theat* personagem *m,f*; **~al** *n* pessoal *m*; **~alausweis** *m* cartão (*od* bilhete) de identidade; **~alien** *pl* dados *mpl* pessoais; **~enkraftwagen** *m* automóvel ligeiro; **~enschaden** *m* danos *mpl* físicos; **~enzug** *m* ónibus
**persönlich** pessoal; **2keit** *f* personalidade
**Perücke** *f* cabeleira, peruca
**Pessar** *n* pessário *m*
**Petersilie** *f* salsa
**Petroleumkocher** *m* fogareiro a petróleo
**Pfad** *m* trilho, atalho
**Pfand** *n* depósito *m*; **~haus** *n* casa *f* de penhores
**Pfanne** *f* frigideira; *groß* sertã
**Pfannkuchen** *m* bola *f* de Berlim
**Pfarrer** *m* pároco, cura
**Pfeffer** *m* pimenta *f*; **~minztee** *m* chá de hortelã-pimenta
**Pfeife** *f* apito *m*; (*Tabaks2*) cachimbo *m*; **2n** apitar; *Person* assobiar; **~nreiniger** *m* limpador de cachimbo
**Pferd** *n* cavalo *m*; **~erennbahn** *f* hipódromo *m*; **~erennen** *n* corrida *f* de cavalos
**Pfiff** *m* apito; assobio
**Pfifferlinge** *mpl* cantarelos

**Pfingsten** *n* Pentecostes *m*
**Pfirsich** *m* pêssego
**Pflanze** *f* planta; **2n** plantar
**Pflaster** *n* (*Straßen2*) pavimento *m*; *med* adesivo *m*
**Pflaume** *f* ameixa
**pflegen** cuidar de, tratar; ***et zu tun*** ~ costumar fazer a/c
**Pflicht** *f* dever *m*; **~en** *pl* (*Aufgaben*) afazeres *mpl*, deveres *mpl*
**pflücken** colher, apanhar
**Pförtner** *m* porteiro
**Pfosten** *m* poste
**Pfund** *n* libra *f*; *Einkauf* meio quilo *m*
**Pfütze** *f* poça, charco *m*
**Phantasie** *f* fantasia; **phantastisch** fantástico
**Phantombild** *n* retrato *m* robot
**photo..., Photo...** *s* ***foto..., Foto...***
**Physik** *f* física; **physikalisch** físico
**Pianist(in** *f*) *m* pianista
**Pickel** *m* borbulha *f*
**Picknick** *n* piquenique *m*
**Pick-up** *m aut* carrinha *f*
**Pilgerfahrt** *f* romaria, peregrinação
**Pille** *f* pílula
**Pilot** *m* piloto
**Pilz** *m* cogumelo; fungo
**Pinguin** *m* pinguim
**Pinie** *f* pinheiro *m*
**pinkeln** F mijar
**Pinzette** *f* pinça

**Pissoir** *n* urinol *m*
**Pistazie** *f* pistácia
**Piste** *f* pista
**Pistole** *f* pistola
**Pizza** *f* pizza
**Pkw** *m* automóvel, viatura *f* ligeira
**Plakat** *n* cartaz *m*, pôster *m*
**Plan** *m* plano; *Esb* **nach ~** à tabela; **2en** proje(c)tar; planificar
**Planet** *m* planeta
**planmäßig** conforme o plano
**Planschbecken** *n* piscina *f* infantil
**Plantage** *f* plantação; *bras* fazenda
**Plastik** *n* plástico *m*; *f* escultura; **~tüte** *f* saco *m* plástico
**Plateau** *n* planalto *m*
**Platin** *n* platina *f*
**platt** plano, chato; F ***e-n 2n haben*** ter um pneu furado
**Platte** *f* chapa; (*Stein2*, *Beton2*) laje; (*Tisch2*) tampo *m*; (*Schall2*) disco *m*; **~nspieler** *m* gira-discos; *bras* toca-discos
**Plattform** *f* plataforma; **Plattfuß** *m* pé chato
**Platz** *m* (*Stelle*, *Ort*) lugar; *Arch* praça *f*; (*Sport2*) campo; (*Sitz2*) assento; ***~ machen*** dar lugar; ***~ nehmen*** sentar-se; ***ist dieser ~ frei?*** este lugar está livre?; ***es ist ~ für sechs Leute*** cabem seis pessoas; **~anweiser(in** *f*) *m* arrumador *m*, arrumadeira *f*
**Plätzchen** *n* *Kchk* bolachinha *f*
**platzen** rebentar, romper-se

**Platzkarte** *f* reserva
**Platzregen** *m* aguaceiro
**plaudern** cavaquear
**Pleite** *f* falência, bancarrota; ≗ falido
**Plombe** *f* (*Zahn*≗) chumbo *m*
**plötzlich** de repente
**plus** mais; ***zehn Grad*** ~ dez graus positivos
**Po** *m* nádegas *fpl*
**Pocken** *pl* varíola *f*
**Pokal** *m* taça *f*
**Poker** *m* póquer
**Pol** *m* pólo
**Pole** *m*, **Polin** *f* polaco *m*, -a *f*
**Politik** *f* política; **~er** *m* político; **politisch** político
**Polizei** *f* polícia; **~stunde** *f* hora de encerramento; **~wache** *f* esquadra
**Polizist** *m* polícia, guarda; *bras* policial
**polnisch** polaco
**Pommes frites** *pl* batatas *fpl* fritas
**Pony** *n* pónei *m*; *m Friseur* franja *f* de cabelo
**Popo** *m infantil* tutu
**populär** popular
**Porno** *m* F porno; *bras* pornô
**Portal** *n* portão *m*
**Portier** *m* porteiro
**Portion** *f* ração, dose
**Porto** *n* porte *m*
**Portugiese** *m*, **-in** *f* português *m*, -esa *f*; **portugiesisch** português
**Portwein** *m* vinho do Porto
**Porzellan** *n* porcelana *f*

**Position** *f* posição
**positiv** positivo
**Post** *f* correio *m*, correspondência; **~amt** *n* correio *m*; **~anweisung** *f* vale *m* postal; **~fach** *n* caixa *f* postal; **~karte** *f* (bilhete *m*) postal *m*; **2lagernd** posta restante; **~leitzahl** *f* código *m* postal; **~scheck** *m* cheque postal
**praktisch** prático
**Pralinen** *fpl* bombons *mpl* de chocolate
**Präservativ** *n* preservativo *m*
**Präsident(in** *f*) *m* presidente
**Praxis** *f* prática; (*Arzt2*) consultório *m*
**Preis** *m* preço; (*Prämie*) prémio; **~ausschreiben** *n* concurso *m*; **~erhöhung** *f* aumento *m* de preços; **~nachlaß** *m* desconto; **~senkung** *f* redução dos preços; **2wert** barato
**Prellung** *f* contusão
**Premiere** *f* estreia
**Premierminister** *m* primeiro ministro
**Presse** *f* prensa; *Medium* imprensa
**Priester** *m* sacerdote
**Prinzip** *n* princípio *m*; ***im*** ~ em princípio; ***aus*** ~ por princípio
**privat** privado, particular; **2besitz** *m* propriedade *f* pessoal; **2fernsehen** *n* televisão *f* privada
**Probe** *f* prova; (*Waren2*) amostra; *theat* ensaio *m*; **probieren** experimentar, provar
**Problem** *n* problema *m*
**Produkt** *n* produto *m*; **produzieren** produzir
**Professor** *m* (professor) catedrático
**Profi** *m* F profissional

**Profil** *n* perfil *m*
**Programm** *n* programa *m*; **⁓ieren** programar
**Projektor** *m* proje(c)tor
**Promenade** *f* passeio *m*; **⁓ndeck** *n* convés *m* de passeio
**prompt** pronto, rápido
**Propangas** *n* gás *m* propano
**Prospekt** *m* folheto informativo
**prost!** *beim Trinken* (à) saúde!; **⁓ *Neujahr!*** feliz Ano Novo!
**Prostituierte** *f* prostituta
**Protest** *m* protesto; **⁓ieren** protestar
**Prothese** *f* prótese
**Protokoll** *n* protocolo *m*
**Proviant** *m* provisões *fpl*
**Provinz** *f* província
**Prozent** *n* por cento *m*; **⁓satz** *m* percentagem *f*
**Prozeß** *m* processo
**Prozession** *f* procissão
**Prozessor** *m* processor, processador
**prüfen** examinar; (*über⁓*) verificar; **Prüfung** *f* exame *m* (***ablegen*** prestar)
**Prügel** *pl* pancada *f*; **⁓ei** *f* pancadaria, briga
**PS** *pl* CV *m* (*Abkürzung für* cavalo-vapor)
**Publikum** *n* público *m*, audiência *f*
**Pudding** *m* pudim
**Puder** *m* pó; **⁓dose** *f* caixa de pó
**Pullover** *m* camisola *f*, pulôver; *bras* suéter
**Puls** *m* pulso
**Pulver** *n* pó *m*; **⁓kaffee** *m* café solúvel; **⁓schnee** *m* neve *f* solta

**Pumpe** *f* bomba; **&n** dar à bomba; F (*borgen*) pedir emprestado (***von*** a); emprestar (***j-m*** a alg)
**Punkt** *m* ponto; ~ ***zwei Uhr*** às duas em ponto
**pünktlich** pontual
**Punsch** *m* ponche
**Puppe** *f* boneca; **~nspiel** *n* teatro *m* de marionetas
**pur** puro
**Püree** *n* puré *m*
**Pute** *f* perua; **~r** *m* peru
**putzen** limpar; *Zähne* lavar; *Schuhe* engraxar; **Putzfrau** *f* mulher a dias; *bras* arrumadeira; **Putztuch** *n* esfregão *m*
**Puzzle** *n* quebra-cabeças *m*
**Pyjama** *m* pijama
**Pyramide** *f* pirâmide

## Q

**Quadrat** *n* quadrado *m*; **&isch** quadrado; **~kilometer** *m* quilómetro quadrado; **~meter** *m* metro quadrado
**Qual** *f* tormento *m*; **quälen** atormentar
**qualifizieren** qualificar; **Qualität** *f* qualidade
**Qualle** *f* medusa
**Quarantäne** *f* quarentena
**Quark** *m* requeijão
**Quartal** *n* trimestre *m*
**Quarzuhr** *f* relógio *m* de quartzo
**Quatsch** *m* F asneira *f*, parvoíce *f*

**Quecksilber** *n* mercúrio *m*
**Quelle** *f* fonte
**quer**: ~ ***durch*** através de; **2straße** *f* travessa
**quetschen** esmagar; **Quetschung** *f* contusão
**quietschen** chiar, guinchar
**Quirl** *m* molinilho
**quitt** quite; ***wir sind*** ~ estamos pagos
**quittieren** passar um recibo; **Quittung** *f* recibo *m*; ***gegen*** ~ contra recibo
**Quiz** *n* concurso *m*; **~master** *m* animador
**Quote** *f* quota

## R

**Rabatt** *m* desconto
**Rache** *f* vingança; ~ ***nehmen für*** vingar-se de
**Rachen** *m* goela *f*
**rachsüchtig** vingativo
**Rad** *n* roda *f*; (*Fahr2*) bicicleta *f*
**Radarkontrolle** *f* controlo *m* por radar
**radeln** pedalar
**radfahren** andar de bicicleta
**Radfahrer(in** *f*) *m* ciclista
**Radialreifen** *m* pneu radial
**Radiergummi** *m* borracha *f*
**Radieschen** *n* rabanete *m*
**Radio** *n* rádio *m*; (*Rundfunk*) rádio *f*; ~ ***hören*** ouvir a rádio
**radioaktiv** radioa(c)tivo; **2ität** *f* radioa(c)tividade
**Radiorecorder** *m* rádio-gravador; **Radiowecker** *m* rádio-despertador

**Radius** *m* raio
**Radkappe** *f* tampa da roda
**Radrennbahn** *f* velódromo *m*; **Radrennen** *n* corrida *f* de bicicletas; **Radtour** *f* passeio *m* de bicicleta; **Radweg** *m* faixa *f* para bicicletas
**Ragout** *n* ragu *m*
**Rahm** *m* nata *f*; **~en** *m* moldura *f*; *aut* chassi; (*Fahrrad*~) quadro; *fig* quadro; **~käse** *m* queijo amanteigado
**Rakete** *f* míssil *m*, foguetão *m*; *bras* foguete *m*; *Feuerwerk* foguete *m*
**Rallye** *f* rali *m*
**Ramsch** *m* F restos *mpl*, rebotalho; **~laden** *m* F barateiro
**Rand** *m* margem *f*; (*Stadt*~) periferia *f*; **~ale** *f* F zaragata; **~gebiet** *n* arredores *mpl*; **~streifen** *m* faixa *f* de paragens
**Rang** *m* categoria *f*; (*Stufe*) escalão; *theat* balcão
**Raps** *m* colza *f*
**rar** raro
**rasch** rápido; *Adverb* depressa
**rasen** ir a toda a pressa; (*vor Wut*) enfurecer-se; estar raivoso
**Rasen** *m* relva(do *m*) *f*
**rasend** furioso, raivoso
**Rasenmäher** *m* cortador de relva; **Rasensprenger** *m* borrifador
**Rasierapparat** *m* gilete *f Wz*; máquina de fazer a barba; *bras* barbeador; *elektrisch* máquina elé(c)trica de barbear; **Rasiercreme** *f* creme *m* da barba; **rasieren** (**sich**) fazer a barba; **Rasier-**

**klinge** *f* lâmina da barba; **Rasierpinsel** *m* pincel da barba; **Rasierwasser** *n* loção *f* de barba; **Rasierzeug** *n* utensílios *mpl* de barbear

**Rast** *f* descanso *m*, repouso *m*; **~ *machen*** descansar; **~haus** *n* estalagem *f*; **~platz** *m* área *f* de descanso; **~stätte** *f* área de serviço

**Rat** *m* conselho; ***j-n um ~ fragen*** pedir um conselho a alg

**Rate** *f* prestação; (*Quote*) quota; ***auf ~n*** a prestações

**Rathaus** *n* câmara *f* municipal

**Rätsel** *n* adivinha *f*; (*Geheimnis*) enigma *m*

**Ratte** *f* ratazana

**Raub** *m* roubo; **rauben** roubar; **Räuber** *m* ladrão; **Raubtier** *n* fera *f* **Raubüberfall** *m* assalto com arrombamento; **Raubvogel** *m* ave *f* de rapina

**Rauch** *m* fumo; *dicht* fumaça *f*; **2en** fumegar; *Person* fumar; **~er(in *f*)** *m* fumador(a *f*) *m*; *bras* fumante; **~erabteil** *n* compartimento *m* para fumadores; **~verbot** *n* proibição *f* de fumar

**rauh** áspero; *Klima* agreste; *Stimme* rouco; *See* grosso

**Raum** *m* espaço; (*Zimmer*) divisão *f*, assoalhada *f*; **~pflegerin** *f* mulher da limpeza

**Rausch** *m* bebedeira *f*; **~gift** *n* estupefaciente *m*; **~gifthandel** *m* narcotráfico; **~gifthändler** *m* narcotraficante; **~giftsüchtige(r** *m*) *f* toxicómano *m*, -a *f*, viciado *m*, -a *f*

**Rausschmeißer** *m* F gorila

**Reaktion** *f* rea(c)ção; **Reaktor** *m* rea(c)tor

**real** real; **~isieren** realizar, efe(c)tuar; **~istisch** realista; **2ität** *f* realidade
**Recherche** *f* pesquisa
**rechnen** calcular; **~ *mit*** contar com; **Rechnung** *f* conta; ***die ~ bitte!*** a conta, faz favor!; ***das geht auf meine ~*** isso é comigo; ***auf eigene ~*** por conta própria
**recht** (*wahrhaft*) autêntico; (*gerecht*) justo; **~ *sein*** estar certo; ***im ~en Augenblick*** na hora certa; **~ *haben*** ter razão; ***wenn es Ihnen ~ ist*** se lhe agradar
**Recht** *n* direito *m* (***auf*** a)
**rechte(r, -s)** direito, -a; **Rechte** *f* direita
**Rechteck** *n* re(c)tângulo *m*
**Rechtfertigung** *f* justificação
**rechts** do lado direito; (*rechter Hand*) à direita; **2abbieger** *m* viatura *f* que corta à direita; **2anwalt** *m* advogado; **2schutzversicherung** *f* seguro *m* de prote(c)ção jurídica
**rechtzeitig** a tempo
**recyceln** reciclar; **Recycling** *n* reciclagem *f*; **Recyclingpapier** *n* papel *m* reciclado
**Redakteur(in** *f*) *m* reda(c)tor(a *f*) *m*; **Redaktion** *f* reda(c)ção
**Rede** *f* discurso *m*; **e-e ~ *halten*** proferir um discurso; **~n** falar (***von*** de, sobre)
**Redner(in** *f*) *m* orador(a *f*) *m*
**Reederei** *f* companhia de navegação
**Reformhaus** *n* casa *f* de produtos dietéticos, „celeiro" *m Wz*
**Regal** *n* estante *f*

**Regatta** *f* regata
**Regel** *f* regra, norma; **2mäßig** regular; **2n** regular; *Angelegenheit* arranjar
**Regen** *m* chuva *f*; ***saurer*** ~ chuva ácida; **~bogen** *m* arco-íris; **~mantel** *m* gabardina *f*; **~schauer** *m* chuvada *f*; **~schirm** *m* guarda-chuva; **~wetter** *n* tempo *m* de chuvas; **~zeit** *f* época das chuvas
**regieren** governar; **Regierung** *f* governo *m*
**Region** *f* região; **2al** regional
**Regisseur** *m* encenador; *Film* realizador
**regnen** chover; ***es regnet*** chove; **regnerisch** chuvoso
**Reh** *n* corça *f*
**reich** rico
**Reich** *n* império *m*
**reichen** *Hand* estender; (*herüber~*) passar; (*genügen*) ser suficiente, chegar; (*sich erstrecken*) estender-se (***bis*** até); ***es reicht!*** chega!, estou farto!
**reichlich** bastante; **Reichtum** *m* riqueza *f*; **Reichweite** *f* alcance *m*; *aut*, *av* autonomia
**reif** maduro; **Reif** *m* geada *f*
**Reifen** *m* arco; *aut* pneu; **~druck** *m* pressão *f* do pneu; **~panne** *f* furo *m* no pneu; **~wechsel** *m* mudança *f* de pneu
**Reihe** *f* série; (*Sitz2* fila; (*Menschen2*) bicha; ***ich bin an der*** ~ é a minha vez; ***der ~ nach*** por ordem; **~nfolge** *f* ordem; **~nhaus** *n* casa *f* em série
**rein** puro; (*sauber*) limpo
**Reinfall** *m* fiasco, fracasso

**reinigen** limpar; **Reiniger** *m Produkt* detergente; **Reinigung** *f* limpeza; *Betrieb* lavandaria
**Reis** *m* arroz
**Reise** *f* viagem; ***gute ~!*** boa viagem!; **~andenken** *n* lembrança *f*; **~büro** *n* agência *f* de viagens; **~bus** *m* autocarro de turismo; **~führer** *m* guia turístico; **~gepäck** *n* bagagem *f*; **~gesellschaft** *f* grupo *m* de turistas; **~leiter** *m* guia turístico
**reisen** viajar
**Reisende** *m,f* viajante
**Reisepaß** *m* passaporte; **Reiseroute** *f* itinerário *m*; **Reisescheck** *m* cheque de viagem; **Reiseverkehr** *m* tráfego turístico; **Reiseziel** *n* destino *m* da viagem
**reißen** rasgar(-se); (*ab~*) arrancar
**Reißverschluß** *m* fecho éclair (*bras* ecler); **Reißzwecke** *f* percevejo *m*
**reiten** andar a cavalo, montar; **Reiter(in** *f*) *m* cavaleiro *m*, amazona *f*; **Reitsport** *m* hipismo
**reizend** encantador
**Reizung** *f med* irritação
**Reklamation** *f* reclamação
**Reklame** *f* publicidade, reclamo *m*
**Rekord** *m* recorde; **~halter(in** *f*) *m* recordista
**relativ** relativo
**Religion** *f* religião; **religiös** religioso
**Reling** *f* amurada
**Renaissance** *f* Renascimento *m*
**Rennbahn** *f* pista de corridas; **rennen** correr; **Rennen** *n* corrida *f*
**Rente** *f* reforma; pensão; ***in ~ gehen*** reformar-se;

aposentar-se; **Rentner(in** *f*) *m* pensionista, reformado *m*, -a *f*
**Reparatur** *f* conserto; **~werkstatt** *f* oficina
**reparieren** reparar, consertar
**Reportage** *f* reportagem; **Reporter(in** *f*) *m* repórter
**Republik** *f* república
**Reserve** *f* reserva; **~kanister** *m* bidão de reserva; **~rad** *n* roda *f* sobresselente
**reservieren** reservar; **Reservierung** *f* reserva
**Resonanz** *f* ressonância
**Respekt** *m* respeito; **≗ieren** respeitar
**Rest** *m* resto; **~e** *pl Essen* sobras *fpl*
**Restaurant** *n* restaurante *m*
**restaurieren** restaurar
**restlich** restante
**Resultat** *n* resultado *m*
**retten** salvar
**Rettung** *f* salvação; *Hilfe* socorro *m*; **~sboot** *n* barco *m* salva-vidas; **~sring** *m* salva-vidas; **~sweste** *f* colete *m* salva-vidas
**Reue** *f* arrependimento *m*
**revoltieren** revoltar-se; **Revolution** *f* revolução
**Revolver** *m* revólver
**Revue** *f* revista *a theat*
**Rezept** *n* receita *f*; **~ *einlösen*** aviar receita
**Rezession** *f* recessão
**R-Gespräch** *n* chamada *f* a pagar pelo destinatário
**Rheuma** *n* reumatismo *m*
**rhythmisch** rítmico; **Rhythmus** *m* ritmo

**richten** dirigir (***an, auf*** a); (*zurechtrücken*) arranjar; *jur* julgar
**Richter(in** *f*) *m* juiz *m*, juíza *f*
**Richtgeschwindigkeit** *f* velocidade dire(c)triz
**richtig** certo; (*gerecht*) justo; *Uhr* certo
**Richtung** *f* dire(c)ção, sentido *m*; ***in ~ auf*** em dire(c)ção a; ***in entgegengesetzter ~*** em sentido oposto
**riechen** cheirar (***nach*** a)
**Riegel** *m Verschluß* tranca *f*; *Schokolade* tablete
**Riff** *n* recife *m*
**Rind** *n* gado *m* bovino
**Rinde** *f* casca
**Rinderbraten** *m* carne *f* de vaca estufada; **Rindfleisch** *n* carne *f* de vaca
**Ring** *m* anel; (*Ehe*2) aliança *f*; **~finger** *m* dedo anular; **~straße** *f* estrada de circunvalação
**Rippe** *f* costela; *tech* alheta; **~nfellentzündung** *f* pleuresia
**Risiko** *n* risco *m*; ***auf eigenes ~*** por risco próprio; **riskant** arriscado; **riskieren** arriscar(-se a)
**Riß** *m* rasgão; *Gemäuer* fenda *f*; (*Haar*2) fissura *f*
**Ritter** *m* cavaleiro
**Roastbeef** *n* rosbife *m*
**Robbe** *f* foca
**robust** robusto
**Rock** *m* saia *f*; **~musik** *f* música rock; **~sänger** *m* roqueiro
**Roggen** *m* centeio; **~brot** *n* pão *m* de centeio
**roh** cru, crua; *Rohstoff* em bruto; *fig* rude, gros-

seiro; **≈bau** *m* construção *f* em bruto; **≈kost** *f* comida vegetariana
**Rohr** *n bot* cana *f*; *tech* tubo *m*; **~bruch** *m* tubo roto; **~leger** *m* canalizador
**Rohstoff** *m* matéria-prima *f*
**Rolladen** *m* persiana *f*; estore; **Rollbahn** *f* pista de rolagem
**Rolle** *f* rolo *m*; *tech* roldana; (*Spule*) bobina; *fig* papel *m*; ***das spielt keine*** ~ não tem importância; **≈n** rolar, rodar
**Roller** *m* (*Kinder≈*) trotinete
**Rollkragenpullover** *m* camisola *f* de gola alta
**Rollschuh** *m* patim de rodas; ~ ***laufen*** patinar (sobre rodas)
**Rollstuhl** *m* cadeira *f* de rodas; **Rolltreppe** *f* escada rolante
**Roman** *m* romance; **~cier** *m* romancista
**romanisch** romano; **romantisch** romântico
**röntgen** radiografar; **≈aufnahme** *f* radiografia; **≈strahlen** *pl* raios *mpl* X
**rosa** cor-de-rosa
**Rose** *f* rosa
**Rosé** *m* vinho rosé
**Rosenkohl** *m* couve *f* de Bruxelas
**Rosenmontag** *m* segunda-feira *f* de Carnaval
**Rosine** *f* uva-passa
**Rosmarin** *m* rosmaninho
**Rost** *m* ferrugem *f*; (*Grill*) grelha *f*; ***vom*** ~ grelhado; **≈en** enferrujar
**rösten** torrar
**rostfrei** inoxidável; **rostig** enferrujado; **Rost-**

**laube** *f* F (*altes Auto*) bate-latas *m*; **Rostschutzmittel** *n* anticorrosivo *m*
**rot** vermelho; (*leuchtend*) encarnado; *Haar* ruivo; (*Wein*) tinto
**Röteln** *pl* rubéola *f*
**Rotkohl** *m* couve *f* roxa
**Rotwein** *m* vinho tinto
**Roulade** *f* rolinhos *mpl* de carne, bife *m* enrolado
**Roulett** *n* roleta *f*
**Route** *f* itinerário *m*; rota
**Routine** *f* rotina
**Rowdy** *m* vândalo
**Rübe** *f* nabo *m*
**Rückantwort** *f* resposta com porte pago; **Rückblick** *m* retrospe(c)tiva *f*
**rücken** mover; (*schieben*) empurrar; (*beiseite~*) afastar
**Rücken** *m* costas *fpl*; **~lehne** *f* espaldar *m*; **~mark** *n* medula *f* espinhal; **~schmerz** *m* dores *fpl* nas costas; **~schwimmen** *n* natação *f* de costas; **~wind** *m* vento em popa
**rückerstatten** restituir, reembolsar; **Rückerstattung** *f* restituição, reembolso *m*
**Rückfahrkarte** *f* bilhete *m* (*od* passagem) de ida e volta; **Rückfahrscheinwerfer** *m aut* luz *f* de marcha atrás; **Rückfahrt** *f* volta, regresso *m*; **Rückfall** *m med* recidiva *f*; **Rückflug** *m* voo de regresso
**Rückgabe** *f* devolução
**Rückgrat** *f* espinha dorsal
**Rückkehr** *f* regresso *m*, volta

**Rücklage** *f* reserva
**Rücklicht** *n aut* farolim *m* traseiro
**Rückreise** *f* viagem de regresso
**Rucksack** *m* mochila *f*
**Rücksicht** *f* consideração, respeito *m*; **~slosigkeit** *f* desrespeito *m*
**Rücksitz** *m aut* banco traseiro; **Rückspiegel** *m aut* retrovisor
**rückwärts** para trás; **2gang** *m aut* marcha *f* atrás
**Rückweg** *m* regresso
**Ruder** *n* remo *m*; **~boot** *n* barco *m* a remos; **~er** *m* remador; **2n** remar
**Ruf** *m* grito; (*Auf2*) chamada *f*; *fig* fama *f*, reputação *f*; **2en** chamar (***nach j-m*** por alg); (*schreien*) gritar
**Ruhe** *f* calma, silêncio *m*; (*Ausruhen*) descanso *m*, repouso *m*; **~!** silêncio! ***lassen Sie mich in ~!*** deixe-me em paz!; **~pause** *f* intervalo *m*; **~sitz** *m* retiro; **~störung** *f* distúrbio *m*; perturbação; **~tag** *m* dia de folga
**ruhig** quieto; tranquilo; *Meer* calmo; **~ *bleiben*** ficar calmo
**Ruhr** *f* disenteria
**Rührei(er)** *npl* ovos *mpl* mexidos
**Ruine** *f* ruína; **ruinieren** arruinar
**Rum** *m* rum
**Rummel** *m* F (*Aufregung, Durcheinander*) movimento; barulho; **~platz** *m* feira *f* popular
**Rumpf** *m anat* tronco; *av* fuselagem *f*
**Rumpsteak** *n* bife *m*

**rund** redondo; (*ungefähr*) cerca de, aproximadamente; ~ ***um die Stadt*** à volta da cidade
**Rundblick** *m* vista *f* panorâmica
**Runde** *f* volta; *Bier* rodada; ***e-e ~ durch die Stadt machen*** F dar uma volta pela cidade
**Rundfahrt** *f* circuito *m*, volta
**Rundfunk** *m* radiodifusão *f*; **~gebühr** *f* taxa de rádio
**Rundtischgespräch** *n* mesa *f* redonda
**Rush-hour** *f* hora de ponta
**Russe** *m*, **-in** *f* russo *m*, -a *f*; **russisch** russo
**Rüstung** *f* armamento *m*; *Ritter* armadura
**Rutschbahn** *f* resvaladouro *m*; **Rutsche** *m Rummel, Spielplatz* escorrega *m*
**rutschen** escorregar, deslizar; *aut* derrapar; **rutschfest** antiderrapante; **rutschig** escorregadio
**rütteln** sacudir

## S

**Saal** *m* sala *f*
**Sache** *f* coisa; (*Angelegenheit*) assunto *m*; **sachlich** obje(c)tivo; **Sachschaden** *m* dano material; **Sachverständige** *m* perito
**Sack** *m* saco; **~gasse** *f* beco *m* sem saída
**Safari** *f* safári
**Safe** *m* cofre
**Safran** *m* açafrão
**Saft** *m* sumo; **~ig** suculento; **~presse** *f* espremedor *m*
**Sage** *f* lenda

**Säge** *f* serra
**sagen** dizer; ***ja*** (***nein***) ~ dizer que sim (não); ~ ***hören*** ouvir dizer; ***schwer zu*** ~ difícil de dizer
**sägen** serrar
**sagenhaft** F espantoso
**Sahne** *f* nata, creme *m*; **~torte** *f* torta de natas
**Saison** *f* estação, época, temporada
**Saite** *f* corda
**Sakko** *m* casaco, jaqueta *f*
**Sakristei** *f* sacristia
**Salami** *f* salame *m*
**Salat** *m* salada *f*; ***grüner*** ~ alface *f*
**Salbe** *f* pomada
**Salmonellen** *fpl* salmonelas
**Salon** *m* salão
**salopp** relaxado, à vontade; (*nachlässig*) negligente
**Salz** *n* sal *m*; **2ig** salgado; **~streuer** *m* saleiro
**sammeln** cole(c)cionar; *Daten* recolher; *Früchte* colher; **Sammlung** *f* cole(c)ção; *Daten* recolha; (*Kollekte*) cole(c)ta
**Samstag** *m* sábado
**Samt** *m* veludo; **~pullover** *m* camisola *f* de felpa
**Sanatorium** *n* sanatório
**Sand** *m* areia *f*
**Sandalen** *fpl* sandálias
**Sandbank** *f* banco *m* de areia; **sandig** arenoso; **Sandkasten** *m* caixa *f* de areia; **Sandstein** *m* grés
**Sandwich** *n* sanduíche *f*, sande *f*
**sanft** suave; (*mild*) ameno

**Sänger(in** *f*) *m* cantor(a *f*) *m*
**sanitär**: **~e** ***Anlagen*** *fpl* instalações sanitárias; **Sanitäter(in** *f*) *m* socorrista
**Sardelle** *f* anchova; **Sardine** *f* sardinha
**Satellit** *m* satélite; **~enfernsehen** *n* televisão *f* via satélite; **~enstadt** *f* cidade-satélite
**satt** satisfeito; ***es ~ haben zu*** estar farto de
**Sattel** *m* sela *f*; *Fahrrad* selim; **~schlepper** *m* tractor-camião
**Satz** *m* frase *f*; (*Sprung*) salto; *Menge* conjunto, jogo; *mus* andamento
**Sau** *f* porca
**sauber** limpo; **2keit** *f* limpeza; **~machen** fazer a limpeza
**sauer** ácido; *Obst*, *Wein* azedo; **2kirsche** *f* ginja; **2kraut** *n* chucrute *m*; **2stoff** *m* oxigénio; **2stoffflasche** *f* bomba de oxigénio
**saufen** *Tier* beber; *Mensch* embriagar-se; **Säufer(in** *f*) *m* F borrachão *m*, -ona *f*; **Saufgelage** *n* F borracheira *f*
**saugen** chupar
**säugen** mamar
**Sauger** *m* tetina *f*; **Säugetier** *n* mamífero *m*; **Saugflasche** *f* biberão *m*; **Säugling** *m* criança *f* de peito; **Saugnapf** *m* ventosa *f*
**Säule** *f* coluna; (*Pfeiler*) pilar *m*
**Saum** *m* orla *f*; *Kleid* bainha *f*
**Sauna** *f* sauna
**Säure** *f* ácido *m*
**S-Bahn** *f* linha rápida
**schäbig** (*abgetragen*) caçado; *fig* mesquinho

**Schach** *n* xadrez *m*; **~brett** *n* tabuleiro *m* de xadrez
**Schachtel** *f* caixa; (*Zigaretten*2) maço *m*
**schade**: ***wie ~!*** que pena!; ~ ***sein*** ser uma pena
**Schädel** *m* crânio; **~bruch** *m* fra(c)tura *f* do crânio
**schaden** prejudicar; *j-m* fazer mal a; 2 *m* dano; prejuízo; **2ersatz** *m* inde(m)nização *f*
**schädlich** nocivo; **Schadstoff** *m* substância *f* nociva; **Schadstoffemission** *f* emissões *fpl* nocivas
**Schaf** *n* ovelha *f*; **Schäfer** *m* pastor; **Schäferhund** *m* pastor alemão
**schaffen** criar; (*gelingen*) conseguir; (*herbei~*) trazer; (*fort~*) levar
**Schaffner** *m* revisor
**Schafskäse** *m* queijo de ovelha
**Schal** *m* xaile; (*Tuch*) cachecol
**Schale** *f* casca; *dünn* pele; *Muschel* concha; **schälen** descascar; pelar
**Schall** *m* som; **~dämpfer** *m* silenciador; *mus* abafador; **~geschwindigkeit** *f* velocidade do som; **~mauer** *f* barreira do som; **~platte** *f* disco *m*
**schalten** *el* comutar; *aut* mudar de velocidade; **Schalter** *m* guiché; *theat* bilheteira *f*; **Schaltgetriebe** *n aut* caixa *f* de velocidades; **Schalthebel** *m aut* alavanca *f* de velocidade
**Schaltjahr** *n* ano *m* bissexto
**schämen**: ***sich*** ~ ter vergonha; **Schande** *f* vergonha
**scharf** cortante; *Essen* picante; *Messer* afiado; *Foto* nítido

**Scharlach** *m* escarlate *f*
**Schaschlik** *m* espetada *f*
**Schatten** *m* sombra *f*; ***im*** ~ à sombra; **schattig** à sombra; ***es ist*** ~ está sombra
**Schatz** *m* tesouro; ***mein*** **~!** meu amor!
**schätzen** (*wert~*) apreciar; (*ab~*) avaliar; **schätzungsweise** aproximadamente
**schauderhaft** horroroso, horrível
**schauen** mirar, olhar; ~ ***nach*** (*sich kümmern*) cuidar de
**Schauer** *m* arrepio; *Regen* aguaceiro
**Schaufel** *f* pá
**Schaufenster** *n* montra *f*
**Schaukel** *f* baloiço *m*; **≈n** baloiçar; **Schaukelstuhl** *m* cadeira *f* de baloiço
**Schaum** *m* espuma *f*; **~gummi** *m* espuma *f* de borracha; **~wein** *m* espumante
**Schauspieler**(**in** *f*) *m* a(c)tor *m*, a(c)triz *f*
**Scheck** *m* cheque; ~ ***einlösen*** trocar um cheque; ***mit*** ~ ***bezahlen*** pagar em cheque; ***ungedeckter*** ~ cheque careca; **~heft** *n* livro *m* de cheques; **~karte** *f* cartão *m* de banco
**Scheibe** *f* disco *m*; *Brot* fatia; *Wurst* rodela; *Glas* vidro *m*; **~nbremse** *f* travão *m* de disco; **~nwaschanlage** *f aut* lava-pára-brisas *m*; **~nwischer** *m aut* limpa-pára-brisas
**scheiden** separar; ***sich*** ~ ***lassen*** divorciar-se; **Scheidung** *f* divórcio *m*
**Schein** *m* luz *f*; (*Schimmer*) brilho; (*Bescheinigung*) certificado; (*Geld≈*, *Fahr≈*) bilhete; **≈bar** aparente(mente)

**scheinen** brilhar; *fig* parecer; ***die Sonne scheint*** faz sol
**Scheinwerfer** *m* proje(c)tor, holofote; *aut* farol
**Scheiße** *f* V merda; **scheißegal** V: ***das ist mir ~*** estou-me nas tintas; **scheißen** V cagar (***auf*** para); **Scheißkerl** *m* V cabrão, merda(s)
**Scheitel** *m* risca *f*
**scheitern** fracassar
**Schema** *n* esquema *m*
**Schenke** *f* bodega
**Schenkel** *m* coxa *f*
**schenken** oferecer, dar de presente
**Scherbe** *f* caco *m*
**Schere** *f* tesoura
**Scherz** *m* brincadeira *f*; **2en** brincar
**Scheuerlappen** *m* esfregão
**Scheune** *f* celeiro *m*
**scheußlich** horrível
**Schicht** *f* camada; (*Arbeits2*) turno *m*
**schick** chique, elegante
**schicken** mandar, enviar; ***nach j-m ~*** mandar buscar alg
**Schickeria** *f* gente fina
**Schicksal** *n* destino *m*; sorte *f*
**Schiebedach** *n aut* tejadilho *m* de abrir; **schieben** empurrar
**Schiedsrichter** *m* árbitro; *bras* juiz
**schief** inclinado; (*krumm*) torto
**Schienbein** *n* tíbia *f*
**Schiene** *f* carril *m*; *med* tala; **~nbus** *m* automotora *f*; *bras* automotriz *f*

**schießen** disparar; *Fußball* chutar; *Tor* marcar; **Schießscheibe** *f* alvo *m*; **Schießstand** *m* carreira *f* de tiro
**Schiff** *n* navio *m*; **~(f)ahrt** *f* navegação; **~bruch** *m* naufrágio; **~sarzt** *m* médico de bordo; **~sbesatzung** *f* tripulação; **~sreise** *f* viagem de barco
**Schild** *n* letreiro *m*; (*Etikett*) rótulo *m*; (*Verkehrs*≈) sinal *m* de trânsito
**schildern** relatar, descrever; **Schilderung** *f* descrição
**Schildkröte** *f* tartaruga
**Schilf** *m* cana *f*, junco
**Schilling** *m* xelim
**Schimmel** *m* cavalo branco; **≈ig** bolorento; **≈n** criar bolor; **~pilz** *m* bolor
**Schimmer** *m* brilho
**schimpfen** ralhar (***auf*** com); **Schimpfwort** *n* insulto *m*; *Kraftwort* palavrão *m*
**Schinken** *m* presunto; *gekocht* fiambre; **~brötchen** *n* sande *f* com presunto (fiambre)
**Schirm** *m* guarda-chuva; (*Sonnen*≈) guarda-sol; (*Lampen*≈) abajur
**Schlacht** *f* batalha; **≈en** abater, matar; **~hof** *m* matadouro
**Schlaf** *m* sono; **~anzug** *m* pijama; **~couch** *f* sofá-cama *m*
**Schläfe** *f* fonte
**schlafen** dormir; **~ *gehen*** (ir) deitar-se
**Schlaflosigkeit** *f* insónia; **Schlafmatte** *f für Camper* colchonete *m*; **Schlafmittel** *n* soporífero *m*; **Schlafmütze** *f* F dorminhoco *m*; **Schlafsack**

*m* saco de dormir; **Schlafstadt** *f* cidade-dormitório; **Schlafwagen** *m* carruagem-cama *f*; *bras* carro-leito; **Schlafzimmer** *n* quarto *m* (de dormir)
**Schlag** *m* golpe; pancada *f*; *el* descarga *f*; **~ zehn Uhr** às dez em ponto; **~ader** *f* artéria; **~anfall** *m* ataque de apoplexia; **~baum** *m* barreira *f*
**schlagen** bater (em); *Uhr* dar horas; (*besiegen*) vencer; *Sp* ***j-n mit 3 zu 2 schlagen*** bater alg três a dois
**Schlager** *m* canção *f* de moda
**Schläger** *m* raqueta *f*; *bras a* raquete *f*; *Hockey* clava *f*; **~ei** *f* pancadaria, briga
**Schlagloch** *n* cova *f*
**Schlagsahne** *f* nata batida, creme *m* chantilly
**Schlagzeile** *f* cabeçalho *m*
**Schlagzeug** *n* bateria *f*
**Schlamm** *m* lodo, lama *f*; **2ig** lamacento
**Schlange** *f* serpente, cobra; (*Menschen2*) bicha; *bras* fila; ***~ stehen*** fazer bicha; **~nlinie** *f*: ***in ~ fahren*** conduzir em ziguezague
**schlank** delgado, esbelto
**schlappmachen** F *Motor* pifar; *Person* ir abaixo
**schlau** esperto
**Schlauch** *m* mangueira *f*, tubo flexível; *Reifen* câmara *f*; **~boot** *n* barco *m* pneumático; *bras* balsa *f* pneumática; **2los** sem câmara
**schlecht** mau, má; ruim; *Adverb* mal; (*verdorben*) estragado; ***mir ist ~*** sinto-me mal; **~gelaunt** mal disposto
**Schleier** *m* véu

**Schleife** *f* laço *m*
**schleifen** afiar
**Schleimhaut** *f* mucosa
**schlemmen** petiscar
**schleppen** arrastar; (*ab~*) rebocar; (*tragen*) carregar
**Schleuder** *f* (*Wäsche*~) centrifugadora; **~n** centrifugar; (*werfen*) lançar; *aut* derrapar
**Schleuse** *f* comporta
**schließen** fechar; (*beenden*) encerrar; *Freundschaft* travar; **Schließfach** *n* caixa *f* postal; *Bank* cofre *m*; (*Gepäck*~) cacife *m*; **schließlich** afinal, finalmente; **Schließtag** *m* dia de folga
**schlimm** grave
**Schlips** *m* gravata *f*
**Schlitten** *m* trenó
**Schlittschuh** *m* patim; ~ ***laufen*** patinar (sobre gelo)
**Schloß** *n* castelo *m*, palácio *m*; (*Tür*~) fechadura *f*
**Schlosser** *m* serralheiro
**Schlucht** *f* barranco *m*, desfiladeiro *m*
**Schluck** *m* gole, trago; **~auf** *m* soluços *mpl*; **~en** engolir, tragar
**Schlüpfer** *m* cuecas *fpl*
**schlüpfrig** (*rutschig*) escorregadio
**Schluß** *m* fim; (*Folgerung*) conclusão *f*; ~ ***machen mit*** acabar com
**Schlüssel** *m* chave *f*; **~bein** *n* clavícula *f*; **~bund** *m,n* molho *m* de chaves; **~fertig** chave na mão; **~loch** *n* buraco *m* da fechadura; **~wort** *n* palavra-chave *f*

**Schlußlicht** *n aut* farolim *m* traseiro; **Schlußverkauf** *m* saldos *mpl*; *bras* queima *f*
**schmal** estreito; **≈film** *m* filme de formato reduzido; **≈spur** *f Esb* via reduzida
**schmecken** saber (*nach* a); *gut* ~ saber bem, estar saboroso
**schmelzen** fundir(-se); *Eis* derreter; **Schmelzkäse** *m* queijo fundido
**Schmerz** *m* dor *f*; **≈en** doer; **~haft** doloroso; **≈mittel** *n* analgésico *m*
**Schmetterling** *m* borboleta *f*
**Schminke** *f* maquilhagem; **≈n** maquilhar, pintar
**Schmorbraten** *m* carne *f* estufada
**Schmuck** *m* adorno; (**~***stücke*) jóias *fpl*
**Schmuggel** *m* contrabando; **Schmuggler** *m* contrabandista
**Schmutz** *m* sujidade *f*, imundície *f*; **~fänger** *m aut* guarda-lama; **≈ig** sujo
**Schnappschuß** *m* instantâneo
**Schnaps** *m* aguardente *f*
**schnarchen** roncar
**Schnauze** *f* focinho *m*; *fig* V tromba
**Schnecke** *f* caracol *m*; *tech* sem-fim *m*; **~ntempo** *n*: *im* ~ a passo de caracol
**Schnee** *m* neve *f*; **~besen** *m* batedor; **~fall** *m* nevada *f*; **~gestöber** *n* nevão *m*; **~kette** *f* cadeia antiderrapante; **~mann** *m* boneco de neve; **~pflug** *m* limpa-neve
**Schneide** *f* gume *m*; **≈n** cortar; **~r(in** *f*) *m* alfaiate *m*, modista *f*
**schneien** nevar; *es schneit* neva

**schnell** rápido; *Adverb* depressa; **≈gericht** *n* prato *m* rápido; **≈imbiß** *m* lanchonete *f*; **≈straße** *f* via rápida; **≈zug** *m* rápido
**Schnitt** *m* corte; ***im ~*** na média; **~lauch** *m* cebolinho; **~stelle** *f EDV* interface; **~wunde** *f* golpe *m* (de faca), cortadura
**Schnitzel** *n Kchk* escalope *m*
**Schnitzer** *m* F gafe *f*
**Schnorchel** *m* tubo respirador
**schnorren** F cravar
**Schnuller** *m* chupeta *f*
**Schnupfen** *m* constipação *f*; *bras* resfriado
**Schnur** *f* cordel *m*; guita
**Schnurrbart** *m* bigode
**Schnürschuh** *m* sapato de atacadores; **Schnürsenkel** *m* atacador
**Schock** *m* choque
**Schokolade** *f* chocolate *m* (*a Getränk*)
**Scholle** *f Fisch* solha
**schon** já; ***~ gut!*** está bem!; ***~ heute*** hoje mesmo; ***~ wieder*** outra vez
**schön** belo; lindo; ***danke ~*** muito obrigado
**Schonbezug** *m aut* forro *m* de assento; **schonen** poupar; ***sich ~*** cuidar de si
**Schönheit** *f* beleza
**Schonkost** *f* dieta, regime *m*
**Schoppen** *m* copo, quartilho
**Schorf** *m* escara *f*
**Schornstein** *m* chaminé *f*
**Schoß** *m* colo; *fig* seio
**Schotter** *m* cascalho

**Schrank** *m* armário; (*Kleider*2) guarda-fatos; (*Wäsche*2) guarda-roupa
**Schranke** *f Esb* barreira; *bras* cancela
**Schraube** *f* parafuso *m*; **~nschlüssel** *m* chave *f* de boca; **~nzieher** *m* chave *f* de fenda
**Schraubverschluß** *m* tampa *f* de rosca
**Schreck** *m* susto; **2haft** assustadiço; **2lich** terrível
**Schrei** *m* grito
**schreiben** escrever; *auf Schreibmaschine* bater (à máquina); **2** *n* carta *f*; **Schreibmaschine** *f* máquina de escrever; **Schreibtisch** *m* secretária *f*, escrivaninha *f*; **Schreibwarenhandlung** *f* papelaria
**schreien** gritar
**Schrift** *f* escrita; (*Hand*2) letra; **2lich** por escrito; **~steller(in** *f*) *m* escritor(a *f*) *m*; **~verkehr** *m* expediente
**Schritt** *m* passo; **~** ***fahren*** conduzir a passo (de caracol)
**Schrott** *m* sucata *f*, ferro-velho; **2reif** pronto para o ferro-velho
**Schubfach** *n* gaveta *f*; **Schubkarren** *m* carrinho de mão
**schüchtern** tímido; **2heit** *f* timidez
**Schuft** *m* patife; **2en** F labutar
**Schuh** *m* sapato; **~creme** *f* graxa; **~geschäft** *n* sapataria; **~größe** *f*: ***ich habe ~ 42*** calço o quarenta e dois; **~macher** *m* sapateiro; **~putzer** *m* engraxador; *bras* engraxate
**Schuld** *f* culpa; (*Fehler*) falha; **~** ***haben*** ter a

culpa; **~en** *fpl* dívidas; **&en** dever; **&ig**: ***was bin ich ~?*** quanto é que lhe devo?; **~ige** *m,f* culpado *m*, -a *f*

**Schule** *f* escola (***besuchen*** frequentar); ***die Schule schwänzen*** F cabular; **Schüler(in** *f*) *m* aluno *m*, -a *f*; **Schüleraustausch** *m* troca *f* de estudantes; **Schulferien** *pl* férias *fpl* escolares; **Schuljahr** *n* ano *m* le(c)tivo; **Schulranzen** *m*, **Schultasche** *f mochila f*; **Schulstunde** *f* aula

**Schulter** *f* ombro *m*; **~blatt** *n* omoplata *f*

**Schuppen** *pl* (*Kopf&*) caspa *f*; (*Fisch&*) escamas *fpl*

**Schuß** *m* tiro; (*Fußball*) chuto

**Schüssel** *f* tigela; (*Suppen&*) terrina; (*Wasch&*) bacia

**Schuster** *m* sapateiro

**Schutt** *m* entulhos *mpl*, escombros *mpl*

**Schüttelfrost** *m* calafrios *mpl*; **schütteln** sacudir; *Flüssigkeit* agitar

**schütten** deitar, despejar

**Schutz** *m* prote(c)ção *f* (***vor*** de); ***~ suchen*** procurar abrigo; **Schutzblech** *n aut* guarda-lama *m*; *bras* pára-lama *m*; **schützen** proteger (***vor*** de); **Schutzheilige** *m,f* padroeiro *m*, -a *f*; **Schutzhütte** *f* abrigo *m*; **Schutzimpfung** *f* vacina(ção) preventiva

**schwach** fraco; débil (*a fig*); **Schwäche** *f* fraqueza; **Schwächeanfall** *m* fraqueza *f*; *med* astenia *f*

**Schwager** *m* cunhado; **Schwägerin** *f* cunhada

**Schwalbe** *f* andorinha

**Schwamm** *m* esponja *f*

**schwanger** grávida; **&schaft** *f* gravidez; **&-**

**schaftsabbruch** *m* aborto provocado
**Schwanz** *m* rabo; cauda *f* (*a Flugzeug*); V (*Penis*) caralho
**Schwarm** *m* (*Bienen*♀) enxame; (*Vogel*♀) bando; *fig* paixão *f*
**schwarz** negro, preto; (*illegal*) negro; paralelo; ♀**brot** *n* pão *m* escuro; ♀**fahrer** *m* passageiro sem bilhete; ♀**markt** *m* mercado negro
**Schwebebahn** *f* teleférico *m*
**Schwede** *m*, **-in** *f* sueco *m*, -a *f*; **schwedisch** sueco
**schweigen** ficar calado, calar-se; **schweigsam** calado
**Schwein** *n* porco *m*; **~ebraten** *m* porco assado; **~efleisch** *n* carne *f* de porco; **~ekotelett** *n* costeleta *f*; **~erei** *f* porcaria
**Schweiß** *m* suor
**Schweizer(in** *f*) *m* suíço *m*, -a *f*; **schweizerisch** suíço
**schwer** pesado; (*schwierig*) difícil; *Wein* forte; ♀**kraft** *f* gravidade; **~krank** gravemente doente; ♀**lasttransporter** *m* camião de pesados
**Schwester** *f* irmã; (*Kranken*♀) enfermeira
**Schwiegereltern** *pl* sogros *mpl*; **Schwiegermutter** *f* sogra; **Schwiegersohn** *m* genro; **Schwiegertochter** *f* nora; **Schwiegervater** *m* sogro
**schwierig** difícil; ♀**keit** *f* dificuldade
**Schwimmbad** *n*, **Schwimmbecken** *n* piscina *f*; **schwimmen** nadar; **Schwimmer(in** *f*) *m* nadador(a *f*) *m*; **Schwimmflosse** *f* barbatana; **Schwimmweste** *f* colete *m* salva-vidas

**Schwindel** *m* (*Betrug*) engano, embuste; *med* vertigem *f*; **⁓frei** livre de vertigens; **schwindelig:** ⁓ ***sein*** ter tonturas; **schwindeln** (*lügen*) mentir; **Schwindler(in** *f*) *m* mentiroso *m*, -a *f*; (*Betrüger*) vigarista
**Schwips** *m* F perua *f*
**schwitzen** transpirar; suar
**schwören** jurar
**schwul** F bicha, maricas; **⁓e** *m* F maricas; *bras* puto
**Schwüle** *f* ar *m* (*od* calor *m*) sufocante
**Schwur** *m* juramento
**Science-fiction** *f* fi(c)ção científica
**sechsspurig** de seis faixas
**See** *m* lago; *f* mar *m*; ***auf hoher*** ⁓ em alto mar; ***an die*** ⁓ ***fahren*** ir passar as férias à praia; **⁓bad** *n* praia *f*; **⁓blick** *m* vista *f* de mar; **⁓gang** *m* marulhada *f*; **⁓hund** *m* foca *f*; **⁓igel** *m* ouriço-do-mar; **⁓klima** *n* clima *m* marítimo; **⁓krank** enjoado; ⁓ ***werden*** enjoar (no mar); **⁓lachs** *m* salmão do mar
**Seele** *f* alma
**Seeluft** *f* ar *m* do mar; **Seemann** *m* marinheiro; **Seemeile** *f* milha marítima; **Seereise** *f* viagem por mar; **Seerose** *f* nenúfar *m*; **Seestern** *m* estrela-do-mar *f*; **Seezunge** *f* linguado *m*
**Segel** *n* vela *f*; **⁓boot** *n* barco *m* à vela; **⁓fliegen** *n* voo *m* planado; **⁓flugzeug** *n* planador *m*; **⁓jacht** *f* iate *m* à vela; **⁓klub** *m* clube naval; **⁓n** velejar; **⁓schiff** *n* veleiro *m*; **⁓tuch** *n* lona *f*
**sehen** ver, olhar; **⁓swert** notável; **⁓swürdigkeit** *f* monumento *m*; curiosidade

**Sehne** *f* tendão *m*
**Sehnsucht** *f* saudade, ânsia (***nach*** de); **sehnsüchtig** ansioso
**sehr** muito; ~ ***gut*** muito bem; ~ ***viel*** muito; ~ ***oft*** muitas vezes; ~ ***gern*** com muito gosto; ***danke*** ~ muito obrigado, -a
**seicht** pouco profundo; *fig* superficial
**Seide** *f* seda
**Seife** *f* sabonete *m*; (*Wasch*2) sabão *m*
**Seil** *n* corda *f*, cabo; **~bahn** *f* teleférico *m*; (*Stand*2) funicular *m*
**sein** ser, estar; ***aus Portugal*** ~ ser de Portugal; ***in Portugal*** ~ estar em Portugal
**seit** desde, há; ~ ***zwei Tagen*** há dois dias; ~ ***gestern*** desde ontem; **~dem** desde que
**Seite** *f* lado *m*; *Buch* página; ***auf dieser*** ~ deste lado; **~neingang** *m* entrada *f* lateral; **~ngebäude** *n* anexo *m*; **~nsprung** *m* escapadela *f*; **~nstechen** *n* picadas *fpl*; **~nstraße** *f* travessa; rua lateral; **~nwind** *m* vento lateral
**Sekretär(in** *f*) *m* secretário *m*, -a *f*; **Sekretariat** *n* secretaria *f*
**Sekt** *m* (vinho) espumante
**Sekunde** *f* segundo *m*
**selbst** mesmo, próprio; ***von*** ~ por si mesmo
**selbständig** independente, autónomo
**Selbstbedienung** *f* auto-serviço *m*, self-service *m*
**Selbstbildnis** *n* auto-retrato *m*
**selbstgemacht** caseiro, feito em casa
**selbstlos** desinteressado
**Selbstmord** *m* suicídio

**selbstverständlich** natural
**Selbstwählbetrieb** *m* serviço telefónico (interurbano) automático
**Sellerie** *m* aipo
**selten** raro; **&heit** *f* raridade
**seltsam** estranho, raro
**Semester** *n* semestre *m*
**Semmel** *f* pãozinho *m*; **~mehl** *n* pão *m* ralado
**senden** enviar, expedir; *rad*, *TV* emitir; **Sender** *m* emissora *f*; **Sendezeit** *f* tempo *m* de antena; **Sendung** *f* remessa; *TV* emissão
**Senf** *m* mostarda *f*
**Senior** *m* sénior; **~enpaß** *m* cartão dourado
**senken** baixar
**senkrecht** vertical
**Senkung** *f Preise* redução, abatimento *m*
**Sensation** *f* sensação
**September** *m* Setembro
**Serie** *f* série; ***in ~*** em série; **~nausstattung** *f* equipamento *m* de série
**Serum** *n* soro *m*
**Service** *m* (*Bedienung*) serviço; *tech* assistência *f* técnica; (*Garantie*) serviço pós-venda; **&freundlich** de fácil manutenção; **~werkstatt** *f* estação de serviço
**servieren** servir
**Serviette** *f* guardanapo *m*
**Servolenkung** *f aut* dire(c)ção assistida
**Sessel** *m* poltrona *f*; **~lift** *m* cadeira *f* teleférica
**setzen** pôr, meter; *Wette* apostar (***auf*** em); ***sich ~*** sentar-se; ***~ Sie sich!*** sente-se!

**Seuche** *f* epidemia; **~ngefahr** *f* perigo *m* de epidemia
**Sex** *m* sexo; **2uell** sexual
**Shampoo** *n* champô *m*
**Shorts** *pl* calças *fpl* curtas
**Show** *f* show *m*; **~master** *m* apresentador, animador
**sich** se; *betont* si; ***bei ~ haben*** ter consigo
**sicher** seguro; (*gewiß*) certo; ***ganz ~*** com toda a certeza
**Sicherheit** *f* segurança; ***in ~*** a salvo; **~sgurt** *m* cinto de segurança; ***den ~ anlegen*** apertar o cinto; **~snadel** *f* alfinete *m* de segurança; **~sschloß** *n* fechadura *f* de segurança
**sicherlich** seguramente; **Sicherung** *f* segurança; *el* fusível *m*
**Sicht** *f* vista; ***auf lange ~*** a longo prazo; (*Sichtbarkeit*) visibilidade; **2bar** visível
**sie** ela; eles *mpl*, elas *fpl*; *unbetontes Objektpronomen* a; *pl* os, as; ***ich sehe ~*** vejo-a; *mpl* vejo-os, *fpl* vejo-as
**Sie** o senhor, a senhora; você; *pl* os senhores, as senhoras; vocês
**Sieb** *n* crivo *m*; (*Durchschlag*) passador *m*
**Sieg** *m* vitória *f*; **2en** vencer, triunfar; **~er(in** *f*, *m* vencedor(a *f*) *m*
**Signal** *n* sinal *m*
**Signierstift** *m* marcador
**Silber** *n* prata *f*
**Silvester** *n* noite *f* do Ano Novo
**Sinfonie** *f* sinfonia

**singen** cantar
**Single** *m* solteiro *m*, -a *f*
**Sinn** *m* sentido; (*Bedeutung*) significado; ***das hat keinen* ~** isso não faz sentido; **2los** absurdo; (*nutzlos*) inútil; **2voll** razoável
**Sirene** *f* sirene
**Sirup** *m* xarope
**Sitte** *f* costume *m*
**Situation** *f* situação
**Sitz** *m* lugar, assento; (*Firmen2*, *Partei2*) sede *f*; **~bank** *f Motorrad* selim *m*; **2en** estar sentado; *Kleidung* ***gut* ~** ficar bem; **2enbleiben** *Schule* F chumbar; **~platz** *m* assento; *Bus*, *Bahn* lugar sentado; **~ung** *f* sessão, conferência
**Skala** *f* escala
**Skandal** *m* escândalo
**Skateboard** *n* skate *m*
**Ski** *m* esqui; **~*laufen*** esquiar, fazer esqui; **~anzug** *m* fato de esqui; **~halter** *m aut* porta-esquis; **~läufer(in** *f*) *m* esquiador(a *f*) *m*; **~lift** *m* telesqui
**Skinhead** *m* cabeça-rapada
**Skispringen** *n* salto *m* de esqui
**Skizze** *f* esboço *m*
**Skorpion** *m* escorpião
**Slip** *m* slip; (*Damen2*) calcinhas *fpl*
**Slowake** *m*, **-in** *f* eslovaco *m*, -a *f*; **slowakisch** eslovaco
**Smaragd** *m* esmeralda *f*
**Smog** *m* smog
**so** assim; (*~ sehr*) tanto; *vor Adjektiv* tão; ***~ ... wie*** tão (*od* tal) ... como; ***na ~ was!*** F ora essa!

**Söckchen** *n* peuguete *f*; **Socke** *f* peúga
**Sodbrennen** *n* azia *f*
**soeben** agora mesmo
**Sofa** *n* sofá *m*
**sofort** imediatamente *ich komme* **~** vou já
**Software** *f* software *m*
**sogar** até, mesmo
**sogenannt** chamado; (*angeblich*) pretenso
**Sohle** *f* sola; (*Fuß*2) planta do pé; (*Einlege*2) palmilha
**Sohn** *m* filho
**Soja** *f* soja
**solange** enquanto
**Solarium** *n* solário *m*
**solch** tal
**Soldat** *m* soldado
**sollen** dever
**Sommer** *m* verão; ***im* ~** no verão; **~fahrplan** *m* horário de verão; **~ferien** *pl* férias *fpl* de verão; **~haus** *n* casa *f* de campo; **2lich** estival, de verão; **~mantel** *m* gabardine *f*; **~reifen** *m* pneu para verão; **~schlußverkauf** *m* saldos *mpl* de verão; **~sprossen** *fpl* sardas; **~urlaub** *m* férias *fpl* de verão; **~zeit** *f Uhrzeit* hora de verão
**Sonderangebot** *n* oferta *f* especial; promoção *f*;
**Sonderausführung** *f* modelo *m* especial
**sondern** mas (sim), senão
**Sonderzug** *m* comboio especial
**Sonnabend** *m* sábado; **2s** aos sábados
**Sonne** *f* sol *m*; ***die* ~ *scheint*** faz sol; **2n: *sich* ~** tomar um banho de sol, apanhar sol; **~naufgang**

*m* nascer do sol; **~nblume** *f* girassol *m*; **~nbrand** *m* queimadura *f* do sol; **~nbrille** *f* óculos *mpl* escuros; **~ndach** *n* marquise *f*; **~nenergie** *f* energia solar; **~nfinsternis** *f* eclipse *m* solar; **~nschirm** *m* guarda-sol; **~nschutzmittel** *n* creme *m* protector do sol; **~nstich** *m* insolação *f*; **~nuntergang** *m* pôr-do-sol; **~nwende** *f* solstício *m*

**sonnig** cheio de sol

**Sonntag** *m* domingo; **2s** aos domingos

**sonst** senão; (*früher*) dantes; (*für gewöhnlich*) geralmente; ~ ***nichts*** nada mais; ~ ***noch etwas?*** que mais?

**Sorge** *f* preocupação; (*Für2*) cuidado *m*; **2n** cuidar (***für*** de); ***sich*** ~ preocupar-se (***um*** com)

**Sorgfalt** *f* cuidado *m*; **sorgfältig** cuidadoso

**Sorte** *f* espécie; **sortieren** classificar; **Sortiment** *n* sortido *m*

**soso** F assim-assim

**Soße** *f* molho *m*

**Souvenir** *n* lembrança *f*

**soviel** tanto; ~ ***wie*** tanto como

**sowieso** em todo o caso

**sowohl:** ~ ***... als auch*** tanto ... como

**sozial** social; **2abgaben** *fpl* encargos *mpl* sociais; **2amt** *n* serviços *mpl* de assistência social; **2versicherung** *f* seguro *m* social; **2wohnung** *f* habitação social

**Spaghetti** *pl* esparguete *m*

**Spanferkel** *n* leitão *m*

**Spange** *f* fivela; (*Haar*2) gancho *m*, travessão *m*
**Spanier(in** *f*) *m* espanhol(a *f*) *m*; **spanisch** espanhol
**spannen** esticar; *Kleidung* estar apertado
**spannend** palpitante; **Spannung** *f el* voltagem; *Film* suspense *m*
**Sparbuch** *n* caderneta *f* de poupança; **Spareinlage** *f* depósito *m* bancário; **sparen** economizar; (*a er*∼) poupar
**Spargel** *m* espargo
**Sparkasse** *f* caixa económica; **sparsam** económico; **Sparsamkeit** *f* economia
**Spaß** *m* brincadeira *f*; ***aus*** ∼ por brincadeira; ***keinen*** ∼ ***verstehen*** não estar para brincadeiras; ***viel*** ∼***!*** que se divirta!
**spät** tarde; ***wie*** ∼ ***ist es?*** que horas são?; ***zu*** ∼ tarde de mais; ∼**er** mais tarde; ***bis*** ∼ até logo; ∼**estens** o mais tardar
**spazieren**, ∼**fahren**, ∼**gehen** passear, dar um passeio; **Spaziergang** *m* passeio; ***e-n*** ∼ ***machen*** dar um passeio
**Speck** *m* toucinho
**Spedition** *f* expedição; ∼**sfirma** *f* agência de transportes
**Speiche** *f Rad* raio *m*
**Speicher** *m* armazém; *Computer* memória *f*
**Speise** *f* comida, prato *m*; ***warme*** ∼ prato quente; ∼**karte** *f* lista, ementa; *bras* cardápio *m*; 2**n** comer; ∼**saal** *m* sala *f* de jantar; ∼**wagen** *m Esb* vagão-restaurante *m*
**spendieren** oferecer

**Sperre** *f* barreira; **sperren** fechar, bloquear; **Sperrgebiet** *n* zona *f* interdita
**Sperrmüll** *m* entulhos *mpl*
**Sperrstunde** *f* hora de recolha
**Spesen** *pl* ajudas *fpl* de custo
**Spezialist(in** *f*) *m* especialista; **Spezialität** *f* especialidade
**Spiegel** *m* espelho; **~ei** *n* ovo *m* estrelado; **~reflexkamera** *f* câmara reflex
**Spiel** *n* jogo *m*; *Sp* partida *f*; **~ *Karten*** baralho *m*; **~automat** *m* jogo (automático); **℞en** jogar; *Kinder* brincar; *Mus* tocar; *Theaterstück* representar; ***Karten* ~** jogar às cartas; ***Fußball* ~** jogar futebol; **~er(in** *f*) *m* jogador(a *f*) *m*; **~film** *m* filme de longa metragem; **~platz** *m* parque infantil; **~raum** *m fig* margem *f*; **~zeug** *n* brinquedo *m*
**Spieß** *m Kchk* espeto
**Spikes** *pl Sp* sapatilhas *fpl* com pitons
**Spinat** *m* espinafre
**Spinne** *f* aranha; **℞n** *fig* F não regular bem; **~ngewebe** *n* teia *f* de aranha
**Spirituosen** *fpl* bebidas alcoólicas
**Spiritus** *m* espírito; **~kocher** *m* fogareiro a álcool
**spitz** agudo; (*angespitzt*) aguçado; **℞e** *f* ponta; (*Berg~*) pico *m*; *Gewebe* renda; *fig* topo *m*; F ***das ist ~!*** estupendo!; **℞engeschwindigkeit** *f* velocidade máxima; **℞entechnologie** *f* tecnologia de ponta; **℞name** *m* alcunha *f*
**Splitt** *m* brita *f*; **~er** *m* (*Holz*, *Glas*, *Stein*) lasca *f*
**spontan** espontâneo
**Sport** *m* desporto; *bras* esporte; **~ *treiben*** prati-

car desporto; **~geschäft** *n* loja *f* de artigos desportivos; **~halle** *f* pavilhão *m* gimnodesportivo; **~hemd** *n* camisa *f* desportiva; *bras* camisa *f* esporte; **~ler(in** *f*) *m* (d)esportista; **2lich** (d)esportivo; **~platz** *m* campo de desportos; **~verein** *m* clube (d)esportivo; **~wagen** *m* automóvel (d)esportivo

**Spott** *m* troça *f*; **2en** troçar (***über*** de)

**Sprache** *f* língua; **Sprachenschule** *f* escola de línguas; **Sprachkurs** *m* curso de línguas; **Sprachunterricht** *m* ensino de línguas

**Spray** *m,n* aerrosol *m*, spray *m*

**sprechen** falar (***j-n*** com alg); ***portugiesisch ~*** falar português; ***~ Sie deutsch?*** fala alemão?; **Sprecher(in** *f*) *m* rad, *TV* locutor(a *f*) *m*; **Sprechstunde** *f* hora de consulta; **Sprechstundenhilfe** *f* enfermeira-assistente; **Sprechzimmer** *n* consultório *m* (médico)

**Sprengsatz** *m* carga *f* explosiva; **Sprengstoff** *m* explosivo

**Springbrunnen** *m* repuxo

**springen** saltar; (*Sprünge machen*) dar pulos; (*zer~*) rebentar, partir(-se); **Springer** *m* saltador; *Schach* cavalo

**Spritze** *f* seringa; (*Injektion*) inje(c)ção

**Sprudel** *m* gasosa *f*

**Sprühdose** *f* atomizador *m*, pulverizador *m*

**Sprung** *m* salto; (*Riß*) fenda *f*; ***es ist nur e-n ~ von hier*** é a uns passos daqui; **~brett** *n* trampolim *m*; **~federmatratze** *f* colchão *m* de molas

**Spucke** *f* cuspo *m*; **2n** cuspir

**Spule** *f Film* rolo *m*
**Spüle** *f Küche* lava-loiça *m*; **spülen** lavar; enxaguar; **Spülmaschine** *f* máquina de lavar loiça; **Spülung** *f Klosett* autoclismo *m*
**Spur** *f* pista; (*Reste*) vestígio *m*; *Straße* faixa, mão; (*Fuß*≈) pegada; ***e-e ~ Salz*** uma pitada de sal; F ***keine ~!*** absolutamente nada!
**spürbar** sensível; **spüren** sentir
**Spurweite** *f* bitola
**Staat** *m* Estado; **≈lich** estatal; **~sangehörigkeit** *f* nacionalidade; **~sanwalt** *m* procurador da República; **~sbürger(in** *f*) *m* cidadã(o *m*) *f*; **~shaushalt** *m* orçamento do Estado; **~smann** *m* estadista; **~sstreich** *m* golpe de Estado
**stabil** estável
**Stachel** *m* pico; *bot* espinho; *zoo* ferrão; **~beeren** *fpl* uvas-espim; **~draht** *m* arame farpado
**Stadion** *n* estádio *m*
**Stadium** *n* fase *f*
**Stadt** *f* cidade; **städtisch** urbano; *Verwaltung* municipal; **Stadtmauer** *f* muralha; **Stadtplan** *m* planta *f* da cidade; **Stadtrundfahrt** *f* circuito *m* turístico; **Stadtteil** *m* bairro; **Stadtzentrum** *n* centro *m* da cidade; **Stadtzyklus** *m aut* ciclo urbano
**Stahl** *m* aço; **~gürtelreifen** *m* pneu de cinta de aço
**Stamm** *m Baum* tronco; **≈en** ser natural (***aus*** de); **~halter** *m* (filho) varão
**Stand** *m* (*Zu*≈) estado; (*Verkaufs*≈) posto de venda; *tech* nível; **~ard** *m* norma *f*; **~esamt** *n* registo *m* civil

**ständig** permanente
**Standlicht** *n aut* mínimos *mpl*
**Standpunkt** *m* ponto de vista
**Standspur** *f* faixa de emergência
**Stange** *f* vara; *Metall* barra; *Zigaretten* volume *m*
**Stapel** *m* pilha *f*; **2n** empilhar, amontoar
**Star** *m Film etc* estrela *f*, vedeta *f*
**stark** forte; (*dick*) grosso
**Stärke** *f* força; *physisch* robustez; (*starke Seite*) forte *m*; *tech* potência; (*Wäsche2*) goma; **stärken** fortalecer; **Stärkung** *f* fortalecimento *m*; **Stärkungsmittel** *n* tónico *m*
**starr** rígido
**Start** *m* arranque; *Sp* partida *f*; *av* descolagem *f*; **~bahn** *f av* pista de descolagem; **2en** partir; *aut* arrancar
**Station** *f* estação; *med* enfermaria; **2är**: **~e Behandlung** *f* tratamento *m* clínico
**stattfinden** ter lugar
**Statue** *f* estátua
**Stau** *m Verkehr* engarrafamento *m*
**Staub** *m* pó; **2ig** poeirento; **2saugen** aspirar (o pó); **~sauger** *m* aspirador
**Staudamm** *m* barragem *f*; **stauen**: ***sich ~*** acumular-se; *Verkehr* congestionar-se
**staunen** admirar-se (***über*** de)
**Stausee** *m* albufeira *f*
**Steak** *n* bife *m*
**stechen** picar; *in den Finger* espetar; **~d** aguço
**Steckdose** *f* tomada; **stecken** meter, pôr; **steckenbleiben** atolar-se *beim Sprechen* atrapa-

lhar-se; **Stecker** *m* ficha *f*; *bras* plugue; **Stecknadel** *f* alfinete *m*; **Steckschlüssel** *m* chave *f* tubular
**Steg** *m* (*Boots*2) prancha *f*; (*Lauf*2) passarela *f*
**stehen** estar em pé; *Uhr* estar parado; ***gut*** ~ *Kleidung* ficar bem a, cair bem a; **~bleiben** parar; ficar parado
**Stehlampe** *f* candeeiro *m* de pé; **Stehleiter** *f* escadote *m*
**stehlen** roubar, furtar
**Stehplatz** *m* lugar de pé
**steif** rígido, teso; *fig* cerimonioso
**steigen** subir (***auf*** a); crescer; **steigern** aumentar; **Steigerung** *f* aumento *m*; **Steigung** *f* subida
**steil** íngreme; 2**küste** *f* costa de falésia
**Stein** *m* pedra *f*; *Ziegel* tijolo; *Obst* caroço; *med* cálculo; **~bruch** *m* pedreira *f*; **~gut** *n* loiça *f*, faiança *f*; 2**ig** pedregoso; **~kohle** *f* hulha; **~schlag** *m* desabamento de pedras
**Stelle** *f* lugar *m*; *Amt* cargo *m*; (*freie* ~) vaga; (*Arbeitsplatz*) emprego *m*; 2**n** pôr, meter; *Uhr* acertar; **~nvermittlung** *f* recrutamento *m*; **Stellung** *f* posição; *Amt* posto *m*; *Job* emprego *m*; **Stellvertreter** *m* adjunto, substituto
**Stempel** *m* carimbo; 2**n** carimbar
**Steppdecke** *f* edredão *m*
**sterben** morrer (***an*** de)
**Stereoanlage** *f* aparelhagem de som
**steril** estéril
**Stern** *m* estrela *f*; **~schnuppe** *f* estrela cadente
**Steuer** *f* imposto *m*; *n aut* volante *m*; *av*, *mar* leme

*m*; **⁓frei** isento de impostos; **⁓n** dirigir; *aut* conduzir; **⁓pflichtig** sujeito a impostos
**Steward** *m* assistente de bordo; **⁓eß** *f* hospedeira; *bras* aeromoça
**Stich** *m* picada *f*; *Kartenspiel* vaza *f*; *beim Nähen* ponto; ***im ~ lassen*** abandonar
**Stichprobe** *f* prova de amostra
**Sticker** *m* autocolante
**stickig** sufocante, abafado
**Stiefbruder** *m* meio-irmão
**Stiefel** *m* bota *f*
**Stiefmutter** *f* madrasta; **Stiefschwester** *f* meia-irmã; **Stiefsohn** *m* enteado; **Stieftochter** *f* enteada; **Stiefvater** *m* padrasto
**Stiel** *m* cabo; *bot* talo
**Stier** *m* touro; **⁓kampf** *m* tourada *f*; **⁓kampfarena** *f* praça de touros
**Stift** *m* (*Blei⁓*) lápis; *tech* pino; **⁓ung** *f* fundação; **⁓zahn** *m* pivó
**Stil** *m* estilo
**still** quieto, tranquilo; (*friedlich*) pacífico; **⁓e** *f* calma, tranquilidade; silêncio *m*; **⁓en** *Durst* matar; *Schmerz* acalmar; *Kind* amamentar; **⁓schweigen** *n* silêncio *m*
**Stimme** *f* voz; **⁓n** estar certo
**Stimmung** *f* humor *m*, disposição; ***in guter ~ sein*** estar de bom humor
**stinken** cheirar mal, feder (***nach*** a); ***es stinkt!*** cheira mal!
**Stipendiat(in** *f*) *m* bolsista; **Stipendium** *n* bolsa *f* (de estudos)

**Stirn** *f* testa
**Stock** *m* pau; (*~werk*) andar
**stocken** interromper-se; *Verkehr* congestionar-se
**Stockfisch** *m* bacalhau; **Stockwerk** *n* piso *m*, andar *m*
**Stoff** *m* tecido; fazenda *f*; *allg* matéria *f*
**stöhnen** gemer
**stolpern** tropeçar (***über*** em)
**stolz** orgulhoso; **Stolz** *m* orgulho (***auf*** de)
**stoppen** parar; **Stopplicht** *n* luz *f* de stop; **Stoppsignal** *n* sinal *m* de parada; **Stoppuhr** *f* cronómetro *m*
**Stöpsel** *m* tampão; (*Korken*) rolha *f*
**Storch** *m* cegonha *f*
**stören** incomodar; perturbar
**stornieren** anular
**Störung** *f* incómodo *m*; *tech* avaria
**Stoß** *m* (*Schlag*) golpe; (*Schubs*) empurrão, encontrão; *mit Fuß* pontapé; (*Zusammen*2) choque; (*Stapel*) maço; **~dämpfer** *m* amortecedor; **2en** empurrar; (*gegen et ~*) dar contra; **~stange** *f* *aut* pára-choques *m*
**Strafanstalt** *f* prisão; **Strafe** *f* castigo *m*; **strafen** castigar; *jur* punir; **Strafgesetzbuch** *n* código *m* penal; **Strafstoß** *m* penálti; **Strafzettel** *m* multa *f*
**Strahl** *m* raio; (*Wasser*2) ja(c)to; **2en** irradiar; (*leuchten*) brilhar; *Person* estar radiante; **2end** *Person* radiante (***vor*** de); **~er** *m* *Lampe* proje(c)tor
**Strand** *m* praia *f*; **~korb** *m* cadeirão de praia
**Strapaze** *f* estafa

**Straße** *f* rua; (*Land*2) estrada; **~nbahn** *f* eléctrico *m*; *bras* bonde *m*; **~ncafé** *n* esplanada *f*; **~nhändler(in** *f*) *m* vendedor(a *f*) *m* ambulante; **~nlaterne** *f* candeeiro *m*; **~nverkehr** *m* trânsito; **~nverkehrsordnung** *f* código *m* da estrada
**Strauch** *m* arbusto
**Strauß** *m* ramo; *Vogel* avestruz *m od f*
**Strecke** *f* distância; (*Abschnitt*) traje(c)to *m*; **~nnetz** *n* *Esb* rede *f* ferroviária
**streichen** (*Wand*) pintar; (*durch~*) riscar; (*annulieren*) anular, cancelar
**Streichholz** *n* fósforo *m*
**Streife** *f* patrulha; **~n** *m* (*Stoff*) tira *f*; **~nwagen** *m* carro-patrulha
**Streik** *m* greve *f*
**Streit** *m* querela *f*; *schwerwiegend* conflito; **2en** disputar; brigar (**um** por); ***sich mit j-m über et ~*** disputar a/c com alg
**streng** severo; rigoroso; **2e** *f* severidade; rigor *m*; **~genommen** em rigor
**Streß** *m* stress
**Strich** *m* traço, risco; ***gegen den ~*** a contrapelo (*a fig*); **~kode** *m* código de barras
**Strick** *m* corda *f*; **2en** fazer malha, tricotar; **~waren** *pl* malhas *fpl*
**Stroh** *n* palha *f*; **~halm** *m* palhinha *f*; **~hut** *m* chapéu de palha
**Strom** *m* corrente *f*; (*Fluß*) caudal; **2abwärts** rio abaixo; **2aufwärts** rio acima
**strömen** correr; fluir
**Stromkreis** *m* circuito; **Stromstärke** *f* amperagem

**Strömung** *f* corrente; fluxo *m*
**Strudel** *m* remoinho (*a fig*)
**Strumpf** *m* meia *f*; (*Herren*ℒ) peúga *f*; **~hose** *f* collant *m*, meias-calças *fpl*
**Stube** *f* quarto *m*
**Stück** *n* (*Teil*) pedaço *m*; *thea*, *Maß* peça *f*; *Gepäck* volume *m*
**Student**(**in** *f*) *m* estudante; **Studentenwohnheim** *n* residência *f* universitária; **studieren** estudar
**Stufe** *f* degrau *m*; (*Niveau*) nível *m*; (*Grad*) grau *m*
**Stuhl** *m* cadeira *f*; **~gang** *m* evacuação *f*
**Stunde** *f* hora; *Unterricht* aula; **~nkilometer** *m* quilómetro por hora; **~nplan** *m* horário
**stündlich** de hora em hora
**Stundung** *f* prorrogação
**Stunk** *m* F bronca *f*
**Sturm** *m* tempestade *f*; **~flut** *f* maré viva; **stürmisch** tempestuoso; *fig* impetuoso
**Sturz** *m* queda *f*; *pol* derrube
**stürzen** cair (abaixo); (*um*~) virar; *pol* derrubar; ***sich ~ auf*** precipitar-se sobre
**Sturzhelm** *m* capacete
**Stütze** *f* apoio *m*, suporte *m*
**Stutzen** *m* bocal
**Stützpunkt** *m* base *f*
**Substanz** *f* substância
**Suche** *f* procura, busca; ***auf der ~ nach*** em busca (*od* à procura) de; ℒ**n** procurar, buscar; **~r** *m fot* visor
**Sucht** *f* vício *m*, mania

**süchtig** viciado; **⁀e** *m,f* viciado *m*, -a *f*
**Süden** *m* sul; **Südfrüchte** *pl* frutas *fpl* meridionais; **Südosten** *m* sudeste; **Südpol** *m* pólo sul; **Südwesten** *m* sudoeste
**Summe** *f* soma; **summieren** somar
**Sumpf** *m* pântano; **⁀ig** pantanoso
**Super** *n Benzin* super *f*; **⁀** F porreiro, fixe; *bras* legal; **~markt** *m* supermercado
**Suppe** *f* sopa; **~nlöffel** *m* colher *f* de sopa; **~nteller** *m* prato de sopa
**Surfbrett** *n* prancha *f* de surf; **surfen** praticar o surf; *bras* surfar; **Surfer(in** *f*) *m* surfista
**süß** doce; F *fig* giro, engraçado; **⁀igkeiten** *fpl* doces *mpl*; **⁀stoff** *m* sacarina *f*; **⁀wasser** *n* água *f* doce
**Sweatshirt** *n* camisola *f* de algodão (*od* molton)
**Symbol** *n* símbolo *m*; **⁀isch** simbólico
**Sympathie** *f* simpatia; **sympathisch** simpático
**synchronisieren** *Film* dobrar
**synthetisch** sintético
**Syphilis** *f* sífilis
**System** *n* sistema *m*; **⁀atisch** sistemático
**Szene** *f* cena; ***in ~ setzen*** por em cena

## T

**Tabak** *m* tabaco; **~laden** *m* tabacaria *f*; **~mißbrauch** *m* tabagismo
**Tabasco** *m* piri-piri

**Tabelle** *f* tabela; **~nkalkulationsprogramm** *n* *EDV* folha *f* de cálculo
**Tablett** *n* bandeja *f*, tabuleiro *m*; **~e** *f* comprimido *m*; (*Lutsch***ᒧ**) pastilha
**Tabu** *n* tabu *m*
**Tachometer** *m* taquímetro; *bras* tacômetro
**Tadel** *m* censura *f*; **ᒧlos** impecável
**Tafel** *f* (*Tisch*) mesa; *Schule* quadro *m*; *Schokolade etc* barra; *bras* tablete *m*
**Tag** *m* dia; ***dieser ~e*** um dia destes
**Tagebuch** *n* diário *m*; **Tagesanbruch** *m* madrugada *f*; **Tageslicht** *n* luz *f* do dia; **Tagessatz** *m* *Spesen etc* diária *f*; **Tageszeitung** *f* jornal *m* (diário)
**täglich** diário
**tagsüber** de dia
**Tagung** *f* sessão
**Taille** *f* cintura
**Takt** *m* compasso; *fig* ta(c)to; ***im ~ der Musik*** ao ritmo da música; **~ik** *f* tá(c)tica; **~losigkeit** *f* falta de ta(c)to
**Tal** *n* vale *m*
**Talkshow** *f* (debate *m* a) mesa redonda
**Tampon** *m* tampão
**Tanga** *m* tanga
**Tank** *m* depósito; *Wasser etc* tanque, cisterna *f*; **ᒧen** meter (*bras* botar) gasolina; **~er** *m* petroleiro; **~stelle** *f* bomba (*bras* posto *m*) de gasolina; *groß* estação de serviço; **~verschluß** *m* tampão de gasolina; **~wagen** *m* camião-cisterna

**Tanne** *f* abeto *m*; **~nbaum** *m* árvore *f* de Natal
**Tante** *f* tia
**Tanz** *m* dança *f*; baile (*a Veranstaltung*); **2en** dançar, bailar; **~lokal** *n* boate *f*
**Tapete** *f* papel *m* de parede
**tapfer** valente
**Tarif** *m* tarifa *f*; ***nach ~*** à tabela
**Tasche** *f* (*Hand2*) carteira, bolsa; *groß* mala; (*Einkaufs2, Reise2*) saco *m*; *bras* sacola; *Jacke, Hose* algibeira, bolso *m*
**Taschenbuch** *n* livro *m* de bolso; **Taschendieb** *m* carteirista; **Taschenkrebs** *m* sapateira *f*; **Taschenlampe** *f* pilha (eléctrica); **Taschenmesser** *n* canivete *m*; **Taschenrechner** *m* calculadora *f* portátil (*od* de bolso); *bras* minicalculadora *f*; **Taschentuch** *n* lenço *m*; **Taschenuhr** *f* relógio *m* de bolso
**Tasse** *f* chávena, xícara
**Tastatur** *f* teclado *m*; **Taste** *f* tecla
**tasten** ta(c)tear
**Tat** *f* feito *m*; a(c)ção; **Tätigkeit** *f* a(c)tividade; **Tatsache** *f* fa(c)to *m*; **tatsächlich** de fa(c)to
**taub** surdo; *fig* insensível
**Taube** *f* pombo *m*
**tauchen** mergulhar; **Taucher** *m* mergulhador; **Tauchsieder** *m* aquecedor de imersão
**tauen** descongelar
**Taufe** *f* ba(p)tismo *m*; **taufen** ba(p)tizar
**taugen** prestar (***für, zu*** para)
**Tausch** *m* troca *f*; (*Geld2*) câmbio; **2en** trocar; cambiar

**täuschen** enganar; ***sich ~ in*** enganar-se com; **Täuschung** *f* engano *m*; (*Sinnes*⁀) ilusão
**Taxameter** *n* taxímetro *m*; **Taxi** *n* táxi *m*; **Taxifahrer(in** *f*) *m* taxista; **Taxistand** *m* praça *f* de táxis
**Technik** *f* técnica; **~er** *m* operador, técnico; **technisch** técnico; **Technologie** *f* tecnologia; **technologisch** tecnológico
**Tee** *m* chá; **~kanne** *f* bule *m*; **~löffel** *m* colher *f* de chá
**Teerstraße** *f* estrada alcatroada
**Teich** *m* lagoa *f*
**Teigwaren** *pl* massa *f*
**Teil** *n* peça *f*; *m* parte *f*; **⁀en** dividir
**Teilnahme** *f* participação; **teilnehmen** participar (***an*** em); assistir (***an*** a); **Teilnehmer(in** *f*) *m* participante
**Telefax** *n* telefax *m*; **⁀en** mandar um telefax
**Telefon** *n* telefone *m*; *bras* fone *m*; **~buch** *n* lista *f* (telefónica); **~gespräch** *n* telefonema *m*; *bras* telefonada *f*; **⁀ieren** telefonar; **~karte** *f* cartão *m* credifone; **~zelle** *f* cabine telefónica
**Telegramm** *n* telegrama *m*
**Telekommunikation** *f* telecomunicação
**Teleobjektiv** *n* teleobje(c)tiva *f*
**Telex** *n* telex *m*; **⁀en** telexar
**Teller** *m* prato (***flacher*** raso; ***tiefer*** fundo)
**Tempel** *m* templo
**Temperatur** *f* temperatura
**Tempo** *n* velocidade *f*; **~limit** *n* limite *m* de velocidade

**Tennis** *n* ténis *m*; **~platz** *m* campo de ténis; **~schläger** *m* raquete *f*; **~schuhe** *mpl* ténis
**Teppich** *m* tapete; **~boden** *m* alcatifa *f*
**Termin** *m* (*Frist*) prazo; (*Verabredung*) entrevista *f*; encontro; (*Arzt*2) hora *f* marcada, consulta *f*
**Terminal** *m u. n* terminal *m*
**Terrasse** *f* terraço *m*
**Test** *m* teste; **2en** testar
**Tetanus** *m* tétano
**teuer** caro
**Teufel** *m* diabo
**Text** *m* texto; **~ilien** *pl* têxteis *mpl*; **~verarbeitung** *f* processamento *m* de textos
**Theater** *n* teatro *m*; **~stück** *n* peça *f* de teatro
**Theke** *f* balcão *m*
**Thema** *n* tema *m*, assunto *m*
**Thermometer** *n* termómetro *m*
**Thermosflasche** *f Wz* termos *m Wz*
**Thunfisch** *m* atum
**Ticket** *n* passagem *f*, bilhete *m*
**tief** (pro)fundo; *niedrig* baixo; ***3 Meter ~*** três metros de profundidade; 2 *n* depressão *f*; **2druckgebiet** *n* zona *f* de baixa pressão; **2e** *f* profundidade; **2kühlschrank** *m* arca *f* frigorífica; **2land** *n* planície *f* baixa
**Tier** *n* animal *m*; **~kreis** *m* zodíaco
**Tiger** *m* tigre
**Tinte** *f* tinta; **~nfisch** *m* lula *f*; choco; *groß* polvo; **~nschreiber** *m* lápis-tinta
**tippen** bater (à máquina)

**Tisch** *m* mesa *f*; **~tennis** *n* ténis *m* de mesa; **~tuch** *n* toalha *f* de mesa; **~wein** *m* vinho de mesa
**Titel** *m* título; **~seite** *f* frontispício *m*
**Toast** *m* torrada *f*; (*Trinkspruch*) brinde; **~er** *m* torradeira *f*
**Tochter** *f* filha; **~unternehmen** *n* filial *f*
**Tod** *m* morte *f*; **&müde** F estoirado
**Toilette** *f* casa de banho; *separat* retrete; *Zug, Restaurant* lavabo *m*
**toll** F porreiro; *bras* legal
**Tomate** *f* tomate *m*
**Ton** *m* som; *Klang, Farbe* tom; (*~erde*) argila *f*, barro; **~bandgerät** *n* gravador *m*
**Tonne** *f* (*Faß*) barril *m*, tonel *m*; *Maßeinheit* tonelada
**Topf** *m* panela *f*; *groß* tacho; **~lappen** *m* pega *f*
**Tor** *n* portão *m*; *Sp* baliza *f*; (*Torschuß*) golo *m* (***schießen*** marcar)
**Torte** *f* torta
**Torwart** *m* guarda-redes; *bras* goleiro
**tot** morto; **töten** matar; **Totschlag** *m* homicídio
**Tour** *f* excursão; **~ismus** *m* turismo; **~ist(in** *f*) *m* turista; **~istenklasse** *f* classe turística
**Tracht** *f* traje *m*
**tragbar** portátil; **tragen** (*mit sich führen*) levar; (*schleppen*) carregar; *Kleidung* vestir; ***die Kosten*** ~ custear
**tragisch** trágico
**Trainer** *m* treinador; **trainieren** treinar; **Training** *n* treino *m*; **Trainingsanzug** *m* fato de treino

**Traktor** *m* tra(c)tor
**trampen** F viajar à boleia
**Träne** *f* lágrima
**Transfer** *m* transferência *f*
**Transfusion** *f* transfusão
**Transplantation** *f* transplante *m*
**Transport** *m* transporte; **~er** *m* camioneta *f*; **~***klein* carrinha *f*; **≈ieren** transportar; **~unternehmen** *n* empresa *f* de transporte rodoviário
**Traubenzucker** *m* glucose *f*
**Trauer** *f* luto *m*; **≈n** estar de luto
**Traum** *m* sonho; **träumen** sonhar (***von*** com)
**traurig** triste; **≈keit** *f* tristeza
**Trauring** *m* aliança *f*; **Trauschein** *m* certidão *f* de casamento; **Trauung** *f* casamento *m*
**Treffen** *n* encontro *m* **≈** *j-n* encontrar; *Ziel* acertar; ***sich gut*** **~** vir a propósito
**Treffpunkt** *m* ponto de encontro
**Treibgas** *n* gás *m* propulsor; **Treibhaus** *n* estufa *f*; **Treibjagd** *f* batida; **Treibstoff** *m* combustível
**trennen** separar; **Trennung** *f* separação
**Treppe** *f* escada; **~ngeländer** *n* corrimão *m*; **~nhaus** *n* escadaria *f*
**Tresor** *m* cofre
**treten** *Fahrrad* pedalar; ***auf et*** **~** pisar a/c
**treu** fiel; **≈e** *f* fidelidade
**Trick** *m* truque
**Triebwerk** *n* rea(c)tor *m*
**trinken** beber; *Kaffee, Wein* tomar; **Trinkgeld** *n* gorjeta *f*; **Trinkwasser** *n* água *f* potável
**Tripper** *m* gonorreia *f*

**Tritt** *m* passo; (*Fuß*≈) pontapé; **~leiter** *f* escadote *m*
**trocken** seco; *Boden* árido; **≈heit** *f* seca; **≈milch** *f* leite *m* em pó; **≈rasierer** *m* máquina *f* elé(c)trica de barbear; **≈zeit** *f* seca
**trocknen** secar
**Trödelmarkt** *m* feira *f* da ladra
**Trommel** *f* tambor *m*; **~bremse** *f aut* travão *m* de tambor
**Tropen** *pl* trópicos *mpl*
**Tropfen** *m* gota *f*; ***guter*** **~** pinga *f*; ≈ pingar
**trotz** apesar de; **~dem** apesar disso
**trübe** turvo; *Himmel* coberto
**Trümmer** *pl* escombros *mpl*
**Trumpf** *m* trunfo
**Trunkenheit** *f* embriaguez; **Trunksucht** *f* alcoolismo *m*
**Truppe** *f* F *mil* tropa
**Tscheche** *m*, **-in** *f* checo *m*, -a *f*; **tschechisch** checo
**T-Shirt** *n* camisete *f*
**Tube** *f* bisnaga, tubo *m*
**Tuch** *n* pano *m*
**tüchtig** hábil; F despachado
**Tulpe** *f* tulipa
**tun** fazer; ***zu*** **~** ***haben*** ter que fazer; ***nichts zu*** **~** ***haben mit*** não ter nada que ver com
**Tuner** *m el* sintonizador
**Tunke** *f* molho *m*
**Tunnel** *m* túnel
**Tür** *f* porta; ***an die*** **~** ***klopfen*** bater à porta; ***hinter***

***verschlossener*** ~ à porta fechada
**Turbine** *f* turbina
**Türke** *m*, **-in** *f* turco *m*, -a *f*; **türkisch** turco
**Turm** *m* torre *f*; *Schach* roque
**turnen** fazer ginástica; **Turner(in** *f*) *m* ginasta; **Turnhalle** *f* ginásio *m*, pavilhão *m* de desporto; **Turnschuhe** *mpl* sapatilhas *fpl*; **Turnverein** *m* clube desportivo
**Türöffner** *m* abre-portas; **Türrahmen** *m* caixilho
**Tüte** *f* saco *m*; (*Eis*2) cone *m*
**Typ** *m* tipo (*a* F); F gajo; *bras* cara; ***toller*** ~ F magano, gajo porreiro
**Typhus** *m* tifo
**typisch** típico
**Tyrann** *m* tirano; **2isieren** tiranizar

# U

**U-Bahn** *f* metro *m*; *bras* metrô *m*; **~hof** *m* estação *f* do metro
**übel** ruim, mau, má; *Adverb* mal; 2 *n* mal *m*; **2keit** *f* enjoo *m*, náusea; **~launig** maldisposto; **~nehmen** levar a mal; **~riechend** malcheiroso
**üben** praticar; treinar
**über** sobre (*a fig*), acima de; (*hinweg*) por cima de; ~ ***ein Jahr*** mais de um ano; ~ ***Lissabon fahren*** viajar via Lisboa; ~ ***das Fernsehen*** por televisão; **~all** por toda a parte; **~arbeiten** (*korrigieren*) corrigir, retocar; ***sich*** ~ cansar-se, extenuar-se; **~backen** gratinar

**Überblick** *m* vista *f* geral, panorâmica *f*
**überbringen** entregar; **überdauern** sobreviver a; **überdenken** refle(c)tir em; **übereilen** precipitar
**übereinander** um sobre o outro; **übereinkommen** acordar (***in*** em); **übereinstimmen** concordar (***mit*** em); **übereinstimmend**: ~ ***mit*** conforme
**überfahren** *aut* atropelar; **Überfahrt** *f Meer* travessia
**Überfall** *m* assalto; **überfallen** assaltar; **überfällig** atrasado
**Überfluß** *m* abundância *f*; **überflüssig**: ~ ***sein*** ser escusado
**überfüllt** superlotado
**Übergabe** *f* entrega
**Übergang** *m* passagem *f*; *fig* transição *f*
**übergeben** entregar; ***sich*** ~ vomitar
**Übergepäck** *n* excesso *m* de bagagem;
**übergeschnappt**: ~ ***sein*** F ter peneiras
**Übergewicht** *n* excesso *m* de peso
**überhaupt** aliás, enfim; ~ ***nicht*** de modo algum
**überheblich** arrogante; **2keit** *f* arrogância
**überhöht** *Preis* exagerado
**überholen** ultrapassar; **Überholspur** *f* faixa de ultrapassagem; **überholt** ultrapassado; **Überholverbot** *n* proibição *f* de ultrapassagem
**überladen** sobrecarregar
**Überlandbus** *m* camioneta *f*
**überlassen** deixar, ceder
**überlasten** sobrecarregar; **Überlastschutz** *m*

prote(c)ção *f* contra sobrecarga
**überlaufen** *Attraktion* muito frequentado, muito concorrido
**überleben** sobreviver; **2de** *m,f* sobrevivente
**überlegen** refle(c)tir (sobre); **2heit** *f* superioridade
**überlisten** enganar
**Übermacht** *f* superioridade
**übermitteln** transmitir; **Übermittlung** *f* transmissão
**übermorgen** depois de amanhã
**übernachten** pernoitar; **Übernachtung** *f* pernoita
**übernehmen** *Auftrag* aceitar; *Verantwortung* assumir
**überprüfen** verificar
**überqueren** atravessar
**überraschen** surpreender; **überraschend** surpreendente, inesperado; **Überraschung** *f* surpresa
**überreden** convencer, persuadir
**Überreste** *mpl* restos
**Überschallgeschwindigkeit** *f* velocidade supersónica
**Überschlag** *m* cálculo aproximado; **2en** estimar; *sich ~ aut* capotar
**überschreiten** passar por; *Frist* ultrapassar
**Überschrift** *f* título *m*
**Überschuß** *m* excedente
**überschwemmen** inundar; **Überschwemmung** *f* inundação

**Übersee** ultramar *m*
**übersehen** não reparar (em)
**übersetzen** traduzir; **Übersetzer(in** *f*) *m* tradutor(a *f*) *m*; **Übersetzung** *f* tradução
**Übersicht** *f* vista geral; *auf Papier* quadro *m* sinóptico
**überspitzt** exagerado
**Überstunden** *fpl* horas extras
**übertragbar** *Scheck* endossável; **übertragen** *Aufgabe* confiar; *rad, TV* transmitir (***live*** ao vivo); *Krankheit* contagiar; **Übertragung** *f* transmissão; *Krankheit* contágio *m*
**übertreiben** exagerar; **Übertreibung** *f* exagero *m*
**überwachen** controlar; *behördlich* fiscalizar
**überweisen** transferir; *med* passar uma guia; **Überweisung** *f* transferência; *an den Arzt* guia
**überwinden** vencer, superar
**überzeugen** convencer (***von*** de)
**überziehen** *Mantel* vestir; ***das Konto ~*** exceder a cobertura da conta; **Überzug** *m* cobertura *f*
**üblich** habitual, do costume
**übrig** restante: ***~ sein*** sobrar; ***die ~en*** os (*od* as) demais; **~bleiben** sobrar; **~ens** aliás, a propósito; **~lassen** deixar
**Übung** *f* exercício *m*; (*Praxis*) prática; ***aus der ~*** *a fig* destreinado
**Ufer** *n* margem *f*; *Meer* costa *f*; **2los** ilimitado; **~promenade** *f* marginal
**Uhr** *f* relógio *m*; (*Uhrzeit*) hora; ***um wieviel ~?*** a que horas?; ***wieviel ~ ist es?*** que horas são?; ***es ist ein ~*** é uma hora; ***es ist zwei ~*** são duas

horas; ***es ist halb drei*** ~ são duas (horas) e meia; **~armband** *n* pulseira *f*; **~macher** *m* relojoeiro; *Geschäft* relojoaria *f*; **~zeiger** *m* ponteiro; **~zeit** *f* hora
**UKW** frequência *f* modulada
**um** *zeitlich* a; *räumlich* em volta de; *ungefähr* por (volta de), cerca de; ~ ***zwei Uhr*** às duas horas; ~ ***drei Prozent steigen*** subir em três por cento; ~ ***so besser*** tanto melhor; ainda bem; ~ ***zu*** para
**umarmen** abraçar; **Umarmung** *f* abraço *m*
**Umbau** *m* obras *fpl* (de reconstrução)
**umbringen** matar
**umbuchen** transferir; **Umbuchung** *f* transferência
**umdrehen** virar; *Schlüssel* rodar; **Umdrehung** *f* volta
**umfallen** cair
**Umfrage** *f* sondagem-inquérito
**Umgangssprache** *f* linguagem corrente; **umgangssprachlich** coloquial
**Umgebung** *f* arredores *mpl*
**umgehen** lidar (***mit*** com); **Umgehungsstraße** *f* circular
**umgekehrt** contrário, inverso
**Umhängetasche** *f* carteira (a tiracolo); *aus Stoff* sacola a tiracolo
**Umkehr** *f* volta, regresso *m*; **≈en** voltar
**Umkleidekabine** *f* cabine; **Umkleideraum** *m* vestiário
**umkommen** morrer
**Umleitung** *f* desvio *m*

**umquartieren** arranjar outro alojamento a; ***sich*** ~ mudar de alojamento
**Umrechnungskurs** *m* câmbio
**Umriß** *m* contorno, silhueta *f*
**umrühren** remexer
**Umsatz** *m* vendas *fpl*
**Umschlag** *m* *Brief* envelope; *Buch* capa *f*; *med* compressa *f*
**umsonst** grátis, gratuito; (*vergebens*) em vão
**Umstände** *mpl* circunstâncias *fpl*; ***unter diesen ~n*** nestas circunstâncias; ***machen Sie keine ~!*** não se incomode!
**Umsteigebahnhof** *m* (estação *f* de) correspondência *f*; **umsteigen** mudar de (comboio *etc*)
**Umtausch** *m* troca *f*; *Geld* câmbio; **≈en** trocar; *Geld* cambiar (***Mark in Escudos*** marcos em escudos)
**Umweg** *m* desvio
**Umwelt** *f* (meio *m*) ambiente *m*; **≈freundlich** não-poluente, favorável ao ambiente; **≈schädlich** poluente, nocivo ao ambiente; **~schutz** *m* prete(c)ção *f* ao meio ambiente; **~schützer(in** *f*) *m* ecologista; **~verschmutzung** *f* poluição do meio ambiente
**umziehen** (*Wohnung wechseln*) mudar de casa; ***sich*** ~ mudar de roupa; **Umzug** *m* mudança *f*; *Fest* cortejo
**unabhängig** independente; **≈keit** *f* independência
**unabsichtlich** despropositado
**unachtsam** distraído; **≈keit** *f* descuido *m*

**unangenehm** desagradável; **Unannehmlichkeit** *f* inconveniente *m*
**unanständig** indecente
**unappetitlich** repugnante
**unaufmerksam** desatento; (*zerstreut*) distraído
**unbedeutend** insignificante
**unbedingt** absoluto; (*auf jeden Fall*) em todo o caso
**unbefahrbar** intransitável
**unbefestigt** *Straße* não calçado
**unbefriedigend** insatisfatório
**unbefugt** não autorizado
**unbegründet** infundado; *~ sein* não ter fundo
**unbekannt** desconhecido
**unbeliebt** impopular
**unbequem** incómodo
**unbeschrankt** sem nível
**unbeschränkt** ilimitado
**unbesorgt**: *seien Sie ~!* não se preocupe!
**unbeständig** instável
**unbewacht** não vigiado
**unbewohnt** deserto, inabitado
**und** e
**undeutlich** difuso; indistinto; *fot* desfocado
**undicht**: *~ sein* fechar mal; *Behältnis* vazar; *Wasserhahn* ter fuga
**unecht** falso; *Schmuck* imitado
**unehelich** ilegítimo
**unendlich** infinito
**unentschieden** indeciso; *Sp* empatado; **2** *n Sp* empate *m*

**unerwartet** inesperado
**unfähig** incapaz (***zu*** de)
**unfair** desleal; *Sp* sujo
**Unfall** *m* acidente; **~station** *f* banco *m* de emergência; **~versicherung** *f* seguro *m* contra acidentes
**unfreundlich** *jemand* mal-humorado; *allg* desagradável
**Ungar**(**in** *f*) *m* húngaro *m*, -a *f*; **ungarisch** húngaro
**ungefähr** cerca de
**ungefährlich** inofensivo
**Ungeheuer** *n* monstro *m*
**ungenießbar** intragável
**ungeschickt** desajeitado
**ungesetzlich** ilegal
**ungesund** insalubre; *Aussehen* doentio
**ungewöhnlich** extraordinário; (*merkwürdig*) estranho
**Ungeziefer** *n* bichos *mpl*, bicharia *f*
**unglaublich** incrível
**Unglück** *n* desgraça *f*; (*~sfall*) desastre *m*; **Ƨlich** infeliz
**ungültig** inválido; *Paß* não válido; *Paßeintrag* caducou; *Sp* invalidado
**ungünstig** desfavorável
**unhöflich** descortês
**unhygienisch** anti-higiénico
**Universität** *f* universidade
**Unkosten** *pl* despesas *fpl*
**Unkraut** *n* erva *f* daninha

**unleserlich** ilegível
**Unmenge** *f* F: ***e-e ~ von*** um montão de, um sem-número de
**unmenschlich** desumano
**unmittelbar** imediato
**unmodern** fora de moda
**unmöglich** impossível
**unnötig** desnecessário; (*überflüssig*) escusado
**UNO** *f* ONU
**unpersönlich** impessoal
**unpünktlich** não pontual
**Unrecht** *n* injustiça *f*; ***~ haben*** não ter razão
**Unruhe** *f* inquietação; (*Aufruhr*) distúrbio *m*, revolta; **unruhig** inquieto
**uns** nos; ***für ~*** para nós
**unsauber** imundo
**unscharf** *fot* desfocado
**Unschuld** *f* inocência; **2ig** inocente
**unser(e)** o(s) nosso(s), a(s) nossa(s)
**unsicher** inseguro; (*ungewiß*) incerto; **2heit** *f* insegurança; incerteza
**Unsinn** *m* disparate; **2ig** absurdo
**unsportlich** pouco desportivo
**unsympathisch** antipático
**unten** em baixo; ***nach ~*** para baixo; ***von ~*** de baixo
**unter** debaixo de; sob (*a fig*); ***~ uns*** entre nós; ***~ Preis*** abaixo do preço; ***~ der Leitung von*** sob a dire(c)ção de; ***~ zwanzig Mark*** a menos de vinte marcos
**Unterbewußtsein** *n* subconsciente *m*

**unterbrechen** interromper; **Unterbrecher** *m aut* platinado; **Unterbrechung** *f* interrupção
**unterbringen** *Gast* alojar, hospedar
**untere(r, -s)** inferior
**unterentwickelt** subdesenvolvido
**Unterernährung** *f* subalimentação
**Unterführung** *f* passagem subterrânea
**Untergang** *m fig* declínio; *nav* naufrágio
**untergeordnet** subordinado
**unterhalb** por baixo (de)
**Unterhalt** *m* sustento; (*Alimente*) alimentos *mpl*; **2en** manter; *Familie* sustentar; (*vergnügen*) divertir; ***sich*** **~** conversar; (*vergnügen*) divertir-se; **2sam** divertido; **~ung** *f* conversa; (*Vergnügen*) distra(c)ção; *tech* manutenção; **~ungssendung** *f* programa *m* de entretenimento
**Unterhemd** *n* camisola *f*; **Unterhose** *f* cuecas *fpl*; *klein* slip *m*
**unterkommen** alojar-se, hospedar-se; **Unterkunft** *f* alojamento *m*
**Unterleib** *m* abdómen
**unterliegen** sucumbir; *fig* estar sujeito a
**Untermieter** *m* subarrendatário
**unternehmen** empreender; **2** *n* empresa *f*; **Unternehmer(in** *f*) *m* industrial; patrão *m*, patroa *f*
**Unterricht** *m* ensino; *Stunde* aula *f*; **2en** ensinar; (*informieren*) informar (***über*** sobre, ***von*** de)
**Unterrock** *m* saiote
**unterschätzen** subestimar
**unterscheiden** distinguir; **Unterscheidung** *f*

distinção; **Unterschied** *m* diferença *f*; **unterschiedlich** diferente
**unterschreiben** assinar; **Unterschrift** *f* assinatura
**Untersetzer** *m* pratinho
**unterstreichen** sublinhar (*a fig*)
**unterstützen** apoiar; **Unterstützung** *f* apoio *m*
**untersuchen** examinar; **Untersuchung** *f* exame *m*, análise; **Untersuchungshaft** *f* prisão preventiva; **Untersuchungskommission** *f* comissão de inquérito; **Untersuchungsliege** *f med* marquesa
**Untertasse** *f* pires *m*
**Unterwäsche** *f* roupa interior
**unterwegs** no caminho
**Unterweisung** *f* instrução
**Untreue** *f* deslealdade
**unübersichtlich** confuso; *Kurve* de má visibilidade
**unverbleit** sem chumbo
**unvermeidlich** indispensável
**unverschämt** desavergonhado
**unwahr** falso; **~scheinlich** improvável
**Unwetter** *n* temporal *m*
**unwichtig** insignificante
**Unwissenheit** *f* ignorância
**Urgroßmutter** *f* bisavó; **Urgroßvater** *m* bisavô
**Urheberrecht** *n* direitos *mpl* de autor
**Urin** *m* urina *f*
**Urlaub** *m* férias *fpl*; ***in ~ sein***, ***~ machen*** estar de férias; ***den ~ verbringen*** passar as férias; ***we-***

***gen ~ geschlossen*** encerrado para férias; **~er(in** *f*) *m* veranista, turista; **~szeit** *f* tempo *m* de férias
**Urne** *f* urna
**Urologe** *m* urologista
**Ursache** *f* causa; (*Grund*) razão; ***keine ~!*** de nada!
**Ursprung** *m* origem *f*; **~sland** *n* país *m* de origem
**Urteil** *n* juízo *m*; *jur* sentença *f*
**Urwald** *m* selva *f*, floresta *f* virgem
**Utensilien** *pl* utensílios *mpl*
**Utopie** *f* utopia

## V

**Vagabund** *m* vadio; **≈ieren** vadiar
**Vagina** *f* vagina
**Vakanz** *f* vacância; *Posten a* vaga
**Vakuum** *n* vácuo *m*; **≈verpackt** envasilhado sob vácuo
**Valuta** *f* moeda estrangeira
**Vanille** *f* baunilha; **~eis** *n* gelado *m* de baunilha; **~zucker** *m* açúcar de baunilha
**Varieté** *n* teatro *m* de variedades
**Vase** *f* jarra; **~line** *f* vaselina
**Vater** *m* pai; **~land** *n* pátria *f*; **~schaft** *f* paternidade
**Vegetarier(in** *f*) *m* vegetariano *m*, -a *f*; **vegetarisch** vegetariano
**Vegetation** *f* vegetação
**Veilchen** *n* violeta *f*

**Vene** *f* veia
**Ventil** *n* válvula *f*; **~ator** *m* ventoinha *f*
**verabreden** combinar; ***sich*** **~** marcar encontro; **Verabredung** *f* compromisso *m*; (*Treffen*) encontro *m*
**verabschieden** (**sich**) despedir(-se) (***von*** de)
**verachten** desprezar; **Verachtung** *f* desprezo *m*
**veraltet** antiquado
**veränderlich** variável; **verändern** alterar; ***sich*** **~** alterar-se; *Wetter* mudar; **Veränderung** *f* alteração, modificação
**veranstalten** organizar; *feierlich* celebrar; **Veranstaltung** *f Feier* festa; *offiziell* a(c)to *m*
**verantwortlich** responsável (***für*** por); **Verantwortung** *f* responsabilidade
**verarbeiten** transformar; processar; *bras* usinar
**verarzten** tratar, curar
**Verband** *m med* penso; **~szeug** *n* ligaduras *fpl*
**verbessern** melhorar; (*berichtigen*) corrigir; **Verbesserung** *f* melhoramento *m*
**verbieten** proibir
**verbinden** ligar; (*zusammenfügen*) juntar; **verbindlich** obrigatório; **Verbindung** *f* ligação; (*Beziehung*) relação; (*Verkehr*; *Telefon*) comunicação; *Esb* (*Anschluß*) correspondência
**verbleit** com chumbo
**verborgen** (*leihen*) emprestar; (*versteckt*) escondido
**Verbot** *n* proibição *f*; **2en** proibido; **~sschild** *n* sinal *m* de proibição
**Verbrauch** *m* consumo (***an*** de); **2en** consumir;

*Geld* gastar; **~er(in** *f*) *m* consumidor(a *f*) *m*; **⁲t** gasto; (*erschöpft*) esgotado
**Verbrechen** *n* crime *m*; **Verbrecher** *m* criminoso
**verbreiten** *Nachricht* difundir
**verbrennen** queimar; *Haut* escaldar; **Verbrennung** *f Haut* queimadura; *tech* combustão; **Verbrennungsmotor** *m* motor de explosão
**verbringen** *Zeit* passar
**Verdacht** *m* suspeita *f*; **verdächtig** suspeito; **Verdächtige** *m,f* suspeitoso *m*, -a *f*; **verdächtigen** suspeitar de
**verdammt** F (*verflixt*) danado, maldito; **~!** F porra!, caramba!; **~ *schwierig*** F extremamente difícil
**verdauen** digerir; **Verdauung** *f* digestão; **Verdauungsstörung** *f* indigestão
**Verdeck** *n* coberta *f*; *aut* capota *f*
**verderben** *Lebensmittel* estragar(-se); ***sich den Magen ~*** apanhar uma indigestão; **verderblich** perecível
**verdienen** *Geld* ganhar; *Lob etc* merecer
**verdursten** morrer de sede (*a fig*)
**Verein** *m* associação *f*, clube; **~igung** *f* unificação
**vereist** coberto de gelo
**vereitert** supurado
**verfahren**: ***sich ~*** perder-se
**verfallen** *Gültigkeit* caducar; *Haus etc* desmoronar-se; **Verfallsdatum** *n* data *f* de vencimento
**Verfassung** *f körperlich* disposição; *pol* Constituição; **⁲swidrig** anticonstitucional
**verfault** apodrecido

**verflixt** F danado, maldito
**verfluchen** amaldiçoar
**verfolgen** perseguir; *Ereignisse* (pros)seguir
**verführen** seduzir
**vergangen** passado; **~es Jahr** o ano passado; **2heit** *f* passado *m*
**Vergaser** *m aut* carburador
**vergebens** em vão; **vergeblich** inútil
**vergessen** esquecer(-se de); **vergeßlich** esquecido
**vergewaltigen** violar; **Vergewaltigung** *f* violação
**Vergiftung** *f* intoxicação
**Vergleich** *m* comparação *f* (**mit** com); *jur* compromisso; **2en** comparar
**vergnügen** (**sich**) divertir(-se), distrair(-se); **Vergnügen** *n* prazer *m*; (*Zeitvertreib*) lazer *m*, divertimento *m*; **mit viel ~!** com muito gosto!; **es ist mir ein ~!** é um prazer para mim!; **vergnügt** bem-disposto, alegre; **Vergnügungspark** *m* parque de diversões
**vergriffen** esgotado
**Vergrößerung** *f fot* ampliação
**verhaften** prender; **Verhaftung** *f* prisão
**verhalten**: **sich ~** comportar-se; **2** *n* comportamento *m*
**Verhältnis** *n* relação *f*; **~se** *pl* condições *fpl*; **2mäßig** relativamente
**verhandeln** negociar (**über et** a/c); **Verhandlung** *f* negociação
**verheiratet** casado

**verhindern** impedir
**verhungern** morrer de fome
**Verhütung** *f* prevenção; *med* profilaxia; **~smittel** *n* contraceptivo *m*
**verirren**: ***sich* ~** perder-se
**Verkauf** *m* venda *f*; **&en** vender; ***zu* ~** vende-se
**Verkäufer(in** *f*) *m* vendedor(a *f*) *m*; **Verkaufsstand** *m* posto de venda
**Verkehr** *m* (*Straßen&*) trânsito, circulação *f*; **&en** *Fahrzeuge* circular; (*Umgang haben*) dar-se (***mit*** com); **&sberuhigt**: ***~e Zone*** *f* zona de pouco trânsito; **~smittel** *n* (meio *m* de) transporte *m*; ***öffentliche* ~** *pl* transportes *mpl* públicos; **~spolizei** *f* polícia de trânsito; **~spolizist** *m* sinaleiro; **~sregeln** *fpl* normas do trânsito; **~sunfall** *m* acidente de viação; **~sverbindungen** *fpl* comunicações; **~szeichen** *n* sinal *m* de trânsito
**verkehrt** errado
**verkleinern** reduzir
**verknacksen** F: ***sich den Fuß* ~** torcer o pé
**verknallen** F: ***sich in j-n* ~** engatar alg
**verkorksen** F: ***sich den Magen* ~** dar cabo do estômago
**verkürzen** encurtar; ***sich die Zeit* ~** F matar o tempo
**Verladehafen** *m* porto de embarque; **verladen** carregar; *nav* embarcar
**Verlag** *m* editora *f*
**verlangen** exigir
**verlängern** prolongar; *Frist* prorrogar
**Verlängerung** *f* prolongamento *m*; *Frist* prorro-

gação; **~sschnur** *f* extensão; **~swoche** *f* (semana de) prolongamento *m*
**verlassen** abandonar, deixar; ***sich auf j-n ~*** fiar-se em alg, confiar em alg
**Verlauf** *m* decurso; *Entwicklung* desenrolar; **2en** passar(-se), decorrer; ***sich ~*** perder-se
**verlegen** *zeitlich* adiar; *räumlich* transferir (***nach*** para); *Buch* editar; (*verwirrt*) embaraçado, perplexo; **2heit** *f* embaraço *m*; *Lage* apuros *mpl*
**Verleger** *m* editor
**Verleih** *m* aluguer; **2en** emprestar; *Auto etc* alugar
**verlernen** desaprender
**verletzen** ferir; ***sich ~*** magoar-se; **Verletzte** *m,f* ferido *m*, -a *f*; **Verletzung** *f* ferida
**verlieben**: ***sich ~ in*** apaixonar-se por
**verlieren** perder
**Verlobte** *m,f* noivo *m*, -a *f*; **Verlobung** *f* noivado *m*
**Verlosung** *f* sorteio *m*
**Verlust** *m* perda *f*
**Vermarktung** *f* comercialização
**vermeiden** evitar
**vermieten** alugar; *Wohnung* arrendar; ***zu ~*** aluga-se; **Vermieter(in** *f***)** *m* arrendador(a *f*) *m*; (*Besitzer*) senhorio *m*, -a *f*
**vermissen** sentir a falta de
**Vermittlung** *f tel* central
**Vermögen** *n* fortuna *f*, bens *mpl*
**vermuten** supor; **vermutlich** provável; **Vermutung** *f* suposição; (*Verdacht*) suspeita
**vernachlässigen** descuidar, desleixar

**verneinen** negar
**vernichten** aniquilar; destruir; **Vernichtung** *f* aniquilamento *m*; destruição
**Vernunft** *f* razão; **vernünftig** razoável
**veröffentlichen** publicar; **Veröffentlichung** *f* publicação
**verordnen** *med* receitar; **Verordnung** *f* decreto *m*
**verpachten** arrendar
**verpacken** embalar; **Verpackung** *f* embalagem
**verpassen** perder
**Verpflegung** *f* alimentação; (*Proviant*) aprovisionamento *m*
**verprügeln** espancar
**Verrat** *m* traição *f*; **Verräter** *m* traidor
**verrechnen**: ***sich*** ~ enganar-se (na conta); **Verrechnungsscheck** *m* cheque cruzado
**verreisen** (ir) viajar (***nach*** para)
**verrenken** torcer
**verrostet** enferrujado
**verrückt** louco, doido
**versagen** falhar; **Versager** *m* F aselha, morcas
**versalzen** salgar em excesso
**versammeln** (**sich**) reunir(-se); **Versammlung** *f* reunião; assembleia
**Versandhandel** *m* venda *f* por correspondência
**versäumen** (*Zug*, *Gelegenheit*) perder; ***nicht*** ~ ***zu*** não deixar de
**verschaffen** arranjar
**verschieben** adiar
**verschieden** diferente, diverso; **~e** (*mehrere*) vários, -as

**verschimmelt** bolorento
**verschlafen** não acordar a horas; (*schlaftrunken*) sonolento
**verschließbar** com chave, com fechadura; **verschließen** fechar (à chave)
**verschlimmern (sich)** agravar(-se)
**verschlingen** devorar, tragar
**verschlucken** engolir; ***sich*** ~ engasgar-se
**Verschluß** *m* fecho; *fot* obturador
**verschmutzen** poluir
**verschreiben** receitar; **verschreibungspflichtig** só com receita
**verschütten** verter, derramar
**verschwenden** esbanjar; **Verschwendung** *f* esbanjamento *m*
**verschwinden** desaparecer
**verschwommen** *fot* desfocado, pouco nítido
**Versehen** *n* engano *m*; (*Unachtsamkeit*) descuido *m*; **≈tlich** por engano
**Versicherer** *m* segurador; **versichern** pôr no seguro; (*bekräftigen*) assegurar; ***sich*** ~ ***gegen*** fazer um seguro contra; **Versicherung** *f* seguro *m*; **Versicherungsgesellschaft** *f* companhia de seguros; *bras* seguradora; **Versicherungskarte** *f*: ***grüne*** ~ carta verde; **Versicherungsnehmer** *m* segurado; **Versicherungspolice** *f* apólice
**versorgen** abastecer; ***sich*** ~ ***mit*** prover-se de; **Versorgung** *f* abastecimento *m*
**verspäten**: ***sich*** ~ atrasar-se; **Verspätung** *f* atraso *m*
**versperren** vedar; bloquear; *Aussicht* tapar

**versprechen** prometer; ***sich* ~** enganar-se (ao falar); ***sich et* ~ *von*** esperar a/c de; ≈ *n* promessa *f*
**Verstand** *m* (*Vernunft*) razão *f*; (*Urteilsfähigkeit*) juízo; (*gesunder Menschen*≈) bom senso
**verständigen** avisar a (***von*** de); ***sich* ~** entender-se; **Verständigung** *f* entendimento *m*; **verständlich** compreensível; ***sich* ~ *machen*** fazer-se entender; **Verständnis** *n* compreensão *f* (***für*** por)
**Verstärker** *m* amplificador
**verstauchen**: ***den Fuß* ~** torcer o pé
**Versteck** *n* esconderijo *m*; ≈**en** esconder
**verstehen** entender, compreender
**Versteigerung** *f* leilão *m*; ***öffentliche* ~** hasta pública
**verstopft** entupido; **Verstopfung** *f* entupimento *m*; (*Darm*≈) prisão de ventre
**Verstoß** *m* falta *f* (***gegen*** a); *jur* infra(c)ção *f*; ≈**en** faltar (***gegen*** a); *jur* infringir
**Versuch** *m* ensaio, tentativa *f*; ≈**en** experimentar; provar (*a Kchk*); **~ *zu*** tentar
**verteidigen** defender; **Verteidiger** *m* defensor; *jur* advogado da defesa; *Sp* defesa *m*; **Verteidigung** *f* defesa
**verteilen** distribuir (***unter, zwischen*** entre); **Verteilung** *f* distribuição
**Vertrag** *m* contrato; *pol* tratado; ≈**en** aguentar, suportar; ***sich* ~** dar-se bem; (*Streit beenden*) fazer as pazes; **~sbruch** *m* violação *f* do contrato; **~shändler** *m* concessionário; **~swerkstatt** *f* oficina autorizada

**vertrauen** confiar em, ter confiança em; **Vertrauen** *n* confiança *f*; **vertrauenswürdig**: *~ sein* ser de confiança; **vertraulich** confidencial; **vertraut** familiarizado (*mit* com)
**vertreten** representar; (*er-setzen*) substituir; **Vertreter(in** *f*) *m* representante; (*Handels*2) agente
**Vertrieb** *m* venda *f*
**verunglücken** ser vítima de um acidente
**verursachen** causar
**verwackelt** *fot* tremido
**verwahren** guardar
**verwalten** administrar; **Verwalter** *m* administrador *m*; **Verwaltung** *f* administração
**verwandt** parente (*mit* de); **2e** *m,f* parente; **2schaft** *f* parentesco *m*; (*Familienangehörige*) parentes *mpl*
**verwechseln** confundir; **Verwechslung** *f* (*Irrtum*) engano *m*; equívoco *m*
**verwenden** usar, empregar; **Verwendung** *f* uso *m*, emprego *m*
**Verwertung** *f* aproveitamento *m*
**Verwicklungen** *fpl* implicações
**verwirklichen** realizar, efe(c)tuar
**Verzeichnis** *n* índice *m*
**verzeihen** perdoar; **Verzeihung** *f*: *~!* perdão!
**verzichten** renunciar (*auf* a)
**verzollen** pagar direitos; *Zollerklärung* declarar
**Verzweiflung** *f* desespero *m*
**Vetter** *m* primo
**Video** *n*, **~film** *m* vídeo; **~kamera** *f* videocâmara; **~kassette** *f* videocassete *f*, *bras m*; **~recorder** *m*

videogravador; *bras* videocassete *m*; **~text** *m* videotexto; **~thek** *f* videoteca
**Vieh** *n* gado *m*; **~zucht** *f* pecuária
**viel** muito; ***ziemlich*** ~ bastante; ~ ***zu teuer*** demasiado caro, caro de mais; ~ ***Glück!*** boa sorte!; **~*en Dank*!** muito obrigado, -a
**vielleicht** talvez (+ *Konjunktiv*)
**vielseitig** *tech* versátil
**vielversprechend** prometedor
**Viereck** *n* quadrângulo *m*
**Vierganggetriebe** *n aut* caixa *f* de quatro velocidades
**vierspurig** *Straße* de quatro faixas
**Viertel** *n* quarto *m*; (*Stadt*2) bairro *m*; ***um*** ~ ***nach*** (***vor***) ***drei Uhr*** às três e (menos) um quarto; **~jahr** *n* trimestre *m*; **~stunde** *f* quarto *m* de hora
**Vignette** *f* vinheta
**Villa** *f* vivenda
**violett** roxo
**Virus** *n* vírus *m*
**Visitenkarte** *f* cartão *m* de visitas
**Visum** *n* visto *m*
**Vitamin** *n* vitamina *f*
**Vogel** *m* ave *f*; *groß* pássaro
**Volk** *n* povo *m*; **~sfest** *n* festa *f* popular; **~slied** *n* canção *f* popular; **~stanz** *m* dança *f* folclórica
**voll** cheio; **~automatisch** inteiramente automático; **2bart** *m* barba *f* cerrada; **2bremsung** *f* travagem brusca
**Volleyball** *m* voleibol
**Vollgas** *n*: ***mit*** ~ a toda a velocidade

**völlig** completamente
**Vollkaskoversicherung** *f* seguro *m* contra todos os riscos
**vollkommen** perfeito; (*ganz u gar*) completamente
**Vollkornbrot** *n* pão *m* integral; **Vollmilch** *f* leite *m* integral; **Vollmond** *m* lua *f* cheia; **Vollpension** *f* pensão completa
**vollständig** completo
**volltanken** encher o depósito
**Voltzahl** *f* voltagem
**von** de; *Autor*, *Verursacher* por; *~ ... an* desde, a partir de ...; *~ ... bis* de ... a, desde ... até; *~ heute an* de hoje em diante, a partir de hoje; *~ mir aus* por mim; *ein Freund ~ mir* um amigo meu
**vor** *örtlich* diante de, em frente de; *zeitlich* antes de; há; *~ langer Zeit* há muito tempo; *~ acht Tagen* há oito dias; *um fünf ~ vier* às quatro menos cinco; *~ Freude* de alegria; *~ allem* sobretudo; *~ der Zeit* antes do prazo
**Vorabend** *m* véspera *f*
**vorangehen** ir à frente
**Voranmeldung** *f* aviso *m* prévio
**voraus** adiante; (*vorn*) à frente; *im ~* de antemão; **2setzung** *f* pressuposto *m*; **~sichtlich** provável; **2zahlung** *f* pré-pagamento *m*
**vorbei** *zeitlich* passado; *an ... ~* por diante de ...; **~fahren** passar (*an* por); **~gehen** passar (*bei j-m* por casa de); **~lassen** deixar passar
**vorbereiten** preparar (*auf* para); **Vorbereitung** *f* preparação; (*Vorkehrung*) preparativo *m*

**vorbestellen** marcar, reservar; **Vorbestellung** *f* reserva
**Vorbild** *n* exemplo *m*
**Vorderachse** *f* eixo *m* dianteiro
**Vordergrund** *m* primeiro plano
**Vorderrad** *n* roda *f* dianteira; **~antrieb** *m aut* tra(c)ção *f* às rodas dianteiras
**Vordersitz** *m* assento dianteiro
**Vordruck** *m* impresso
**Vorfahrt** *f* prioridade; **~sschild** *n* sinal *m* de prioridade; **~sstraße** *f* rua com prioridade
**Vorgang** *m* processo; (*Ereignis*) acontecimento
**Vorgänger** *m* antecessor
**vorgehen** proceder (***gegen*** contra); *Uhr* estar adiantado
**vorgestern** anteontem
**Vorhaben** *n* propósito *m*; **2** tencionar (fazer)
**Vorhang** *m* cortina *f*; *theat* pano
**Vorhängeschloß** *n* cadeado *m*
**vorher** antes; (*zuerst*) primeiro; **2sage** *f* previsão; **~sehen** prever
**vorhin** há pouco
**vorig** anterior; passado
**vorläufig** provisório; (*vorerst*) por enquanto
**vormerken** apontar; *Termin* fazer reserva (*od* marcação) de
**vormittag**: ***heute*** ~ esta manhã; ***morgen*** ~ amanhã de manhã; **2** *m* manhã *f*; **~s** de manhã; ***zehn Uhr*** ~ às dez da manhã
**vorn** em frente; à frente; ***nach*** ~ para a frente; ***von*** ~ da frente

**Vorname** *m* nome (próprio)
**vornehm** distinto
**vornehmen**: ***sich*** ~ pretender fazer
**Vorort** *m* subúrbio; **~zug** *m* comboio suburbano
**Vorrat** *m* reserva *f*; estoque; **vorrätig** em armazém
**Vorrichtung** *f* mecanismo *m*, dispositivo *m*
**Vorsaison** *f* pré-estação
**Vorschlag** *m* proposta *f*; **2en** propor
**Vorschrift** *f* prescrição, regulamento *m*; **2smäßig** conforme (o regulamento)
**Vorschuß** *m* adiantamento
**Vorsicht** *f* cuidado *m*, cautela; **~!** cuidado!; **2ig** cauteloso, cuidadoso; ~ ***sein*** ter cuidado (***bei, mit*** com)
**Vorsorge** *f* precaução, previdência; ~ ***treffen*** tomar previdências
**Vorspann** *m* *TV* prefixo
**Vorspeise** *f* entrada
**Vorsprung** *m* vantagem *f* (***vor*** sobre)
**Vorstand** *m* gerência *f*
**vorstellen** apresentar; *Uhr* adiantar; ***sich et*** ~ imaginar a/c; **Vorstellung** *f* apresentação; *theat* espe(c)táculo *m*; *Kino* sessão; *fig* ideia
**Vorteil** *m* vantagem *f* (***über*** sobre); **2haft** vantajoso
**Vortrag** *m* conferência *f*
**vorüber** passado; **~gehen** passar; **~gehend** passageiro; temporário
**Vorurteil** *n* preconceito *m*
**Vorverkauf** *m* venda *f* antecipada

**Vorwahl** *f tel* indicativo *m*, prefixo *m*
**vorwärts** avante; **~kommen** avançar
**vorwiegend** sobretudo, principalmente
**Vorwort** *n* prefácio *m*
**Vorwurf** *m* repreensão *f*, censura
**vorzeitig** prematuro; antes do tempo
**vorziehen** preferir; *Termin* adiantar
**Vorzimmer** *n* sala *f* de espera
**Vorzug** *m* vantagem *f*; (*Verdienst*) mérito
**vulgär** vulgar
**Vulkan** *m* vulcão; **2isch** vulcânico

## W

**Waage** *f* balança; **2recht** horizontal
**wach** acordado; acordar; **2e** *f* guarda; *Polizei* esquadra; **~en** (*nicht schlafen*) estar acordado; (*be~*) vigiar
**Wacholderschnaps** genebra *f*
**Wachs** *m* cera *f*
**wachsen** crescer; (*zunehmen*) aumentar; (*mit Wachs behandeln*) encerar
**Wachstum** *n* crescimento *m*; **~srate** *f* taxa de crescimento
**Wächter** *m* guarda
**wackelig** que abana; pouco seguro; **Wackelkontakt** *m* conta(c)to frouxo; **wackeln** vacilar, abanar
**Wade** *f* barriga da perna
**Waffe** *f* arma

**Waffel** *f* filhó *m*
**Waffenstillstand** *m* armistício
**wagen** arriscar-se (a), ousar
**Wagen** *m* carro; *Esb* carruagem *f*; **~heber** *m* macaco hidráulico; **~papiere** *pl* documentos *mpl* do carro; **~wäsche** *f* lavagem do carro
**Wahl** *f* escolha; *pol* eleição; ***erste*** **~** F de primeira; ***keine andere* ~ *haben*** não ter outra hipótese; **wählen** escolher; *pol* eleger; *tel* marcar (o número), discar; **Wähler(in** *f*) *m* eleitor(a *f*) *m*; **wählerisch** esquisito; **Wahlkampf** *m* campanha *f* eleitoral; **Wählscheibe** *f tel* disco *m*
**Wahnsinn** *m* loucura *f*; **ՁIg** louco
**wahr** verdadeiro; ***nicht* ~?** não é (verdade)?
**während** durante; (*derweil*) enquanto
**Wahrheit** *f* verdade
**wahrnehmen** perceber; *Gelegenheit* aproveitar; *Interessen* defender
**wahrscheinlich** provável; **Չkeit** *f* probabilidade
**Währung** *f* moeda; **~system** *n* sistema *m* monetário; **~sunion** *f* união monetária
**Wahrzeichen** *n* símbolo *m*
**Wal** *m* baleia *f*
**Wald** *m* floresta *f*; mata *f*; **~brand** *m* incêndio florestal; **~sterben** *n* degradação *f* de florestas
**Wallfahrt** *f* romaria; **~sort** *m* lugar de romaria
**Walnuß** *f* noz
**Walzer** *m* valsa *f*
**Wand** *f* parede; (*Trenn*Չ) tabique *m*
**Wanderausstellung** *f* exposição itinerante; **Wanderer** *m* viandante, excursionista; **Wander-**

**karte** *f* mapa *m* turístico; **wandern** caminhar, andar a pé; **Wanderung** *f* excursão (a pé); **Wanderweg** *m* caminho (de passear)
**Wandleuchte** *f* aplique *m*, candelabro *m*
**wann** quando; ***seit* ~?** desde quando?; ***bis* ~?** até quando?
**Wanne** *f* banheira
**Wanze** *f* percevejo *m*
**Wappen** *n* brasão *m*
**Ware** *f* mercadoria; **~nhaus** *n* grande armazém *m*; **~nlager** *n* estoque *m*; **~nzeichen** *n* marca *f* registada
**warm** quente; *Wetter* calor; ***mir ist* ~** tenho calor; **Wärme** *f* calor *m*; **wärmen** aquecer; **Wärmflasche** *f* botija; **Warmfront** *f* frente quente; **Warmwasser** *n* água *f* quente
**Warnblinkanlage** *f* luzes de prevenção; **Warndreieck** *n* triângulo *m* de pré-sinalização; **warnen** advertir; prevenir (***vor*** de); **Warnsignal** *n* sinal *m* de aviso; **Warnung** *f* aviso *m*, advertência
**warten** esperar (***auf j-n*** alg); (*ab~*) aguardar; **tech** manter; **Warteraum** *m* sala *f* de espera; **Wartung** *f tech* manutenção
**warum** porque; **~?** porquê?; **~ *nicht*?** como não?
**was** (o) que; **~?** o quê?; **~ *ist los*?** o que se passa?
**Waschanlage** *f aut* lavagem automática; **waschbar** lavável; **Waschbecken** *n* lavatório *m*, lavabo *m*; **Wäsche** *f* roupa; (*Vorgang*) lavagem; **waschecht** lavável; *Buntes* de cor fixa; **Wäscheklammer** *f* mola; **Wäschekorb** *m* roupeiro

**waschen** lavar
**Wäscherei** *f* lavandaria; **Wäscherin** *f* lavadeira; **Wäscheschleuder** *f* centrifugadora; **Wäscheservice** *m* tratamento de roupa; **Waschmaschine** *f* máquina de lavar roupa; **Waschmittel** *n* detergente *m*; **Waschpulver** *n* detergente *m* em pó; **Waschraum** *m* *E*-*b* *etc* lavabo; **Waschsalon** *m* lavandaria *f* (sirva-se a si próprio)
**Wasser** *n* água *f*; **2dicht** impermeável; **~fall** *m* queda *f* de água; **~hahn** *m* torneira *f*; **~knappheit** *f* falta de água; **~kraftwerk** *n* central *f* hidroeléctrica; *bras* usina *f* hidrelétrica; **~kühlung** *f* refrigeração por água; **~leitung** *f* canalização (de água); **~melone** *f* melancia; **~ski** *m* esqui aquático; **~spülung** *f* *Toilette* autoclismo *m*; **~stoff** *m* hidrogénio; **~straße** *f* via fluvial; **~waage** *f* nível *m* de bolha de ar; **~werk** *n* central *f* hidráulica
**wäßrig** aquoso
**Watt** *n* watt *m*, vátio *m*
**Watte** *f* algodão *m* (em rama)
**WC** *n* retrete *f*
**Wechsel** *m* mudança *f*; *Geld* câmbio; **~geld** *n* troco *m*; **2haft** instável; **~kurs** *m* câmbio; **2n** mudar (de); *Geld* cambiar; **2seitig** recíproco; **~sprechanlage** *f* interfone *m*; **~strom** *m* corrente *f* alternada; **~stube** *f* casa de câmbio
**wecken** despertar; **Wecker** *m* despertador
**weder**: **~ ... noch** nem ... nem
**weg** (*verloren*) perdido; **~ sein** *außer Haus* estar fora; ***der Schlüssel ist ~*** a chave desapareceu;

***der Zug ist bereits* ~** o comboio já partiu; ***weit* ~** longe (daqui)
**Weg** *m* caminho; (*Route*) itinerário, derrota *f*
**wegen** por causa de; *förmlich* devido a; ***von* ~!** nem pensar!
**wegfahren** partir ( para); **weggehen** ir-se embora; (*ausgehen*) sair; *Fleck* desaparecer, desfazer-se
**wegkommen** (*abhanden kommen*) desaparecer, perder-se; **wegnehmen** tirar; levar; **wegräumen** arrumar
**Wegweiser** *m* sinal itinerário
**wegwerfen** deitar fora, deitar no lixo; **Wegwerfwindel** *f* fralda descartável
**weh: ~ tun** doer; ***sich* ~ *tun*** magoar-se; *bras* machucar-se
**Wehen** *fpl* dores do parto
**Wehrdienst** *m* serviço militar; **~verweigerer** *m* obje(c)tor de consciência
**wehren: *sich* ~** defender-se (***gegen*** contra)
**Weib** *n* mulher *f*; (*~sbild*) F mulherão *m*; **~chen** *n zoo* fêmea *f*; **≗isch** efeminado; **≗lich** feminino
**weich** mole; *Ei* quente; (*sanft*) suave; **≗spüler** *m* amaciador
**Weide** *f* pastagem; *bot* salgueiro *m*
**weigern**: ***sich* ~ *zu*** recusar-se a; **Weigerung** *f* recusa
**Weihnachten** *n* Natal *m*; ***fröhliche* ~!** feliz Natal!; **Weihnachtsabend** *m* véspera *f* de Natal; **Weihnachtsbaum** *m* árvore *f* de Natal; **Weihnachtsferien** *pl* férias *fpl* de Natal;

**Weihnachtsmann** *m* Pai Natal
**weil** porque
**Weile** *f* momento *m*, instante *m*; ***vor einer*** ~ há algum tempo
**Wein** *m* vinho; **~bau** *m* viticultura *f*; **~berg** *m* vinha *f*; **~bergschnecke** *f* caracol *m* comum; **~brand** *m* conhaque
**weinen** chorar
**Weingegend** *f* região vinícola; **Weinglas** *n* cálice *m*; **Weinhandlung** *f* loja de vinhos; **Weinkarte** *f* lista dos vinhos; **Weinkeller** *m* adega *f*; **Weinlese** *f* vindima; **Weinlokal** *n* taberna *f*; **Weinstock** *m* cepa *f*; **Weintrauben** *fpl* uvas
**Weise** *f* maneira; **2** sábio
**Weisheit** *f* sabedoria; **~szahn** *m* dente do siso
**weiß** branco; **2brot** *n* pão *m* de trigo; *klein* carcaça *f*; **2kohl** *m* repolho; **2wein** *m* vinho branco
**weit** *Raum* extenso, vasto; *Entfernung* longo, distante; *Kleidung* largo; ~ ***von hier*** longe daqui; ***wie*** ~ ***ist es bis ...?*** a que distância fica ...?; ***von*** ~***em*** de longe; ***das geht zu*** ~***!*** isso é de mais!
**Weite** *f* extensão; *tech* largura
**weiter**: ~ ***nichts*** nada mais; ***und so*** ~ e assim por diante; **2bildung** *f* reciclagem; pós-graduação; **2fahrt** *f* continuação da viagem; **~geben** passar; **~gehen** seguir, continuar (*a fig*); **~machen** continuar
**weitgehend** considerável; **weitsichtig** *fig* previdente; **weitverbreitet** generalizado, muito frequente
**Weitwinkelobjektiv** *n fot* grande-angular *f*

**Weizen** *m* trigo
**welch(er, -e, -es)** qual, *pl* quais; (*was für ein*) que; ***~e Freude!*** que alegria!; ***~er von beiden?*** qual dos dois?
**welk** murcho; **~en** murchar
**Welle** *f* onda; *fig* vaga; **~nbad** *n* piscina *f* com ondas; **~ngang** *m* agitação *f* do mar; **~nreiten** surf *m*
**Welt** *f* mundo *m*; terceiro mundo; **~all** *n* universo *m*; **~ausstellung** *f* exposição universal; **~meister(in** *f*) *m* campeão *m*, campeã *f* mundial; **~meisterschaft** *f* campeonato *m* mundial; **~raum** *m* espaço; **~reise** *f* volta ao mundo; **~rekord** *m* recorde mundial; **~wunder** *n* maravilha *f* do mundo
**wem** (a) quem; ***mit ~?*** com quem?; ***von ~?*** de quem?; ***bei ~?*** com quem?; (*zu Hause*) em casa de quem?
**wen** quem; ***für ~?*** para quem?; ***an ~?*** a quem?
**Wende** *f* viragem; *pol* reviravolta, reviralho *m*; **~hals** *m pol* vira-casaca; **~kreis** *m aut* raio de viragem; **wenden** virar; ***sich ~ an*** dirigir-se a
**wendig** *Auto etc* maneável; *Person* hábil
**wenig** pouco; ***ein ~*** um pouco; **~er** menos; **2ste** *n* o menos, o mínimo; **~stens** pelo menos
**wenn** se; *zeitlich* quando; ***selbst ~*** mesmo que (+ *Konjunktiv*)
**wer** quem; ***~ ist da?*** quem é?
**Werbeagentur** *f* agência de publicidade; **werben** fazer publicidade (***für*** de); **Werbung** *f* publicidade

**werden** tornar-se, ficar; *bras* virar
**werfen** lançar, atirar
**Werft** *f* estaleiro *m*
**Werk** *n* (*Fabrik*) fábrica *f*; *fig* obra *f*; **~statt** *f* oficina; **~tag** *m* dia útil; **~zeug** *n* ferramenta *f*; **~zeugtasche** *f* saco *m* de ferramentas
**Wermut** *m* vermute
**wert**: ***nichts ~ sein*** não valer nada; **≈** *m* valor; **~en** avaliar; **≈gegenstand** *m* obje(c)to de valor; **~los** sem valor; **≈papier** *n* título *m*; **≈ung** *f* avaliação; **~voll** valioso
**Wesen** *n* ser *m*; (*Art*) natureza *f*; **≈tlich** essencial
**weshalb** porque
**Wespe** *f* vespa
**wessen** de quem
**Weste** *f* colete *m*
**Westen** *m* oeste; **westlich** ocidental, do oeste; ***~ von ...*** a oeste de ...
**Wettbewerb** *m* concurso; *ök* concorrência *f*; *Sp* competição *f*
**Wette** *f* aposta; ***e-e ~ abschließen*** apostar; ***um die ~*** ao desafio; **≈n** apostar (***um et*** a/c)
**Wetter** *n* tempo *m*; **~bericht** *m* boletim meteorológico; **~dienst** *m* serviço meteorológico; **≈fest** impermeável; **~leuchten** *n* corrisco *m*; **~vorhersage** *f* previsão do tempo; **≈wendisch** caprichoso
**Wettkampf** *m* desafio (*a Sp*); *Sp* competição *f*; **Wettlauf** *m* corrida *f*; **Wettrennen** *n* carreira *f*
**Whisky** *m* uísque
**wichtig** importante; **≈keit** *f* importância

**wickeln** enrolar; *Säugling* mudar as fraldas (a)
**wider** contra; **~fahren** acontecer; **⁑hall** *m* ressonância *f*; **~lich** repugnante; **~rechtlich** ilegal; **~spiegeln** refle(c)tir; contradizer; **~sprüchlich** contraditório; **⁑stand** *m* resistência *f*; **~standsfähig** resistente
**wie** como
**wieder** de novo, outra vez; ***nie ~!*** nunca mais!; **⁑aufbau** *m* reconstrução *f*; **⁑aufbereitung** *f* reprocessamento *m*; **~holen** repetir; **⁑holung** *f* repetição; **~sehen** voltar a ver; ***auf ⁑!*** até à vista, até à próxima!; **⁑vereinigung** *f* reunificação
**wiegen** pesar
**Wiese** *f* prado *m*; *bras* gramado *m*
**wieso** porque, como
**wieviel** quanto; ***~ kostet das?*** quanto é?; ***der ~te ist heute?*** que dia é hoje?
**Wild** *n* caça *f*; **⁑** selvagem; *Meer* bravo; **~leder** *n* camurça *f*; **~schwein** *n* javali *m*
**Wille** *m* vontade *f*
**willkommen** bem-vindo; ***j-n ~ heißen*** dar as boas-vindas a alg
**Wimper** *f* pestana; **~ntusche** *f* rímel *m Wz*
**Wind** *m* vento; **~e** *f* guincho *m*; **~el** *f* fralda, cueiro *m*; **~elhöschen** *n* cueiro *m* descartável
**windig** ventoso; estar vento
**Windkraft** *f* energia eólica; **Windmühle** *f* moinho *m* de vento; **Windpocken** *pl* varicela *f*; **Windschutzscheibe** *f* pára-brisas *m*; **Windstärke** *f* intensidade do vento; **Windstille** *f* calmaria;

**Windsurfen** *n* windsurf *m*, prancha *f* à vela;
**Windung** *f* volta, curva; *Schraube* rosca
**Winkel** *m* ângulo; ***toter*** ~ zona *f* de sombra
**Winter** *m* inverno; **~fahrplan** *m* horário de inverno; **~garten** *m* estufa *f*; **ɀlich** de inverno, invernal; **~reifen** *m* pneu de inverno; **~schlußverkauf** *m* saldos *mpl* de inverno; **~sport** *m* desportos *mpl* de inverno; **~urlaub** *m* férias *fpl* de inverno
**Winzer** *m* vinhateiro, viticultor
**winzig** minúsculo, diminuto
**wir** nós; F a gente
**Wirbel** *m* vértebra *f*; *Wasser* remoinho; **~säule** *f* coluna vertebral; **~sturm** *m* ciclone
**wirken** *Medikament* fazer efeito
**wirklich** de fa(c)to, realmente; **ɀkeit** *f* realidade
**wirksam** eficaz; **Wirkung** *f* efeito *m*; **wirkungslos** sem efeito; ineficaz
**Wirrwarr** *m* trapalhada *f*
**Wirsingkohl** *m* couve *f* lombarda
**Wirt(in** *f*) *m* dono *m*, -a *f*, patrão *m*, patroa *f*
**Wirtschaft** *f* economia; **ɀen** governar; administrar; **ɀlich** económico
**Wirtshaus** *n* taberna *f*
**wischen** esfregar, limpar; **Wischerblätter** *npl aut* borrachas *fpl*; **Wischlappen** *m* esfregão
**wissen** saber; ***nicht*** ~ ignorar; ***j-n et*** ~ ***lassen*** informar a alg; ɀ *n* saber *m*; conhecimentos *mpl*; **ɀschaft** *f* ciência; **ɀschaftler(in** *f*) *m* cientista; **~schaftlich** científico
**Witterung** *f* tempo *m*
**Witwe** *f* viúva; **~r** *m* viúvo

**Witz** *m* anedota *f*, piada *f*; **²ig**: *~ **sein*** ter graça (*od* piada)
**wo** onde; **~anders** noutra parte
**Woche** *f* semana; ***in zwei ~n*** daqui a quinze dias; ***innerhalb e-r ~*** dentro de uma semana; ***nächste ~*** a semana que vem; ***letzte ~*** a semana passada; **~nende** *n* fim-de-semana *m*; **~ntag** *m* dia da semana; (*Werktag*) dia útil
**wöchentlich** todas as semanas; ***dreimal ~*** três vezes por semana
**wofür** para que
**woher** donde
**wohin** aonde, para onde
**wohl** bem; **²** *n* bem *m*; ***zum ~!*** à saúde!; **~auf** rijo; **~habend** abastado; **²stand** *m* bem-estar
**wohnen** viver, morar; **Wohnmobil** *n* auto-caravana *f*; **Wohnort** *m*, **Wohnsitz** *m* morada *f*; domicílio; casa *f*, apartamento *m*; **Wohnwagen** *m* caravana *f*, rulote *f*; *bras* carro de moradia; **Wohnzimmer** *n* sala *f* (de estar)
**Wolf** *m* lobo
**Wolke** *f* nuvem; **~nbruch** *m* aguaceiro; **~nkratzer** *m* arranha-céus; **²nlos** desnublado; **wolkig** nublado
**Wolldecke** *f* cobertor *m*; **Wolle** *f* lã
**wollen** querer; (*wünschen*) desejar
**Wort** *n* palavra *f*; ***das ~ ergreifen*** tomar a palavra; ***beim ~ nehmen*** pegar na palavra
**Wörterbuch** *n* dicionário *m*
**Wrack** *n* destroços *mpl*
**Wucherpreis** *m* usura *f*

**wund** ferido; ***sich ~ laufen*** apanhar uma intertrigem; **℞e** *f* ferida
**Wunder** *n* milagre *m*; (*Wunderwerk*) maravilha *f*; **℞bar** maravilhoso
**wundern**: ***sich ~ über*** admirar-se de
**Wundstarrkrampf** *m* tétano
**Wunsch** *m* desejo; ***auf ~*** a pedido; **wünschen** desejar; ***wie Sie ~*** como quiser; ***was ~ Sie*** o que deseja?
**Würfel** *m* (*Spiel℞*) dado; *Eis etc* cubo; **℞n** jogar aos dados; **~spiel** *n* jogo *m* dos dados; **~zucker** *m* açúcar em cubos
**Wurm** *m* verme; *med* lombriga *f*
**Wurst** *f allg* enchido *m*; *geräuchert* chouriço *m*; *bras* lingüiço *m*; **Würstchen** *n* salsicha *f*; ***Wiener ~*** salsicha de Frankfurt
**Würze** *f* condimento *m*, tempero *m*
**Wurzel** *f* raiz; ***~n schlagen*** *a fig* lançar raízes
**würzen** condimentar, temperar; **würzig** aromático, saboroso
**Wüste** *f* deserto *m*
**Wut** *f* raiva, fúria; **wütend** furioso; ***~ werden*** zangar-se, ficar furioso

## X

**X-Beine** *npl*: ***~ haben*** F ser cambaio; *bras* ser um perna-de-xis
**x-beliebig** F qualquer
**x-mal** F imensas vezes
**Xylophon** *n* xilofone *m*

## Y

**Yak** *n* iaque *m*
**Yuppie** *m* yuppie

## Z

**Zacke** *f* ponta
**zaghaft** tímido
**zäh** tenaz; *Fleisch* duro; **~flüssig** viscoso; *Verkehr* congestionado; **≈igkeit** *f* tenacidade
**Zahl** *f* número *m*; **≈bar** pagável; **≈en** pagar; **~!** a conta!
**zählen** contar; **Zähler** *m* contador
**Zahlkarte** *f* vale *m* (do correio)
**zahllos** inumerável; **zahlreich** numeroso
**Zahlung** *f* pagamento *m*; **~sanweisung** *f* ordem de pagamento; **~smittel** *n* moeda *f*; **≈sunfähig** insolvente
**Zählwerk** *n* contador *m*
**zahm** manso; domesticado
**Zahn** *m* dente; (*Backen≈*) molar; ***Zähne putzen*** lavar os dentes; **~arzt** *m*, **~ärztin** *f* dentista; **~bürste** *f* escova de dentes; **~ersatz** *m* dentadura *f* postiça; **~fleisch** *n* gengiva *f*; **~pasta** *f* pasta dentífrica; **~rad** *n* roda *f* dentada; **~radbahn** *f in Lissabon* elevador *m*; *tech* funicular *m* de cremalheira; **~schmelz** *m* esmalte dos dentes; **~schmerzen** *mpl* dores *fpl* de dentes; **~stocher** *m* palito

**Zange** *f* alicate *m*; *grcß* tenaz
**Zank** *m* briga *f*; **≈en**: ***sich ~ mit*** brigar com
**Zäpfchen** *n* supositório *m*
**Zapfen** *m* *Tanne* pinha *f*; **≈** tirar; **Zapfhahn** *m* torneira *f*; **Zapfsäule** *f* bomba de gasolina
**zart** tenro; *Gesundheit* delicado
**zärtlich** carinhoso; **≈keit** *f* carinho *m*
**Zauber** *m fig* encanto; **~er** *m*, **~künstler** *m* ilusionista; **≈n** fazer ilusionismo (*od* magia)
**zaudern** hesitar
**Zaun** *m* cerca *f*; (*Draht*≈) rede *f*
**Zebra** *n* zebra *m*; **~streifen** *m* passadeira *f*
**Zeche** *f* despesas *fpl* de taberna; **Zechpreller** *m* caloteiro
**Zecke** *f* carraça
**Zehe** *f* dedo *m* do pé; (*Knoblauch*≈) dente *m*
**Zeichen** *n* sinal *m*; (*Kenn*≈) marca *f*; *fig* símbolo *m*; **~block** *m* bloco de desenho; **~papier** *n* papel *m* de desenho; **~sprache** *f* linguagem de mímica; **~trickfilm** *m* (filme de) desenhos *mpl* animados
**zeichnen** desenhar; **Zeichnung** *f* desenho *m*
**Zeigefinger** *m* indicador; **zeigen** mostrar, (*angeben*) indicar; (*hinweisen*) apontar (***auf*** para); (*beweisen*) provar; **Zeiger** *m* indicador; *Uhr* ponteiro
**Zeile** *f* linha
**Zeit** *f* tempo *m*; (*~alter*) época, era; (*~punkt*) momento *m*; (*Uhr*≈) hora; ***zur ~*** a(c)tualmente, neste momento; ***um diese ~*** *jetzt* a esta hora; *allg* a essas horas; ***es ist höchste ~*** são (mais que) horas; ***ich habe keine ~*** não tenho tempo;

***von ~ zu ~*** de vez em quando; **~alter** *n* época *f*, era *f*; **2gemäß** a(c)tual; **2genössisch** contemporâneo; **2ig** a tempo; (*früh*) cedo; **~karte** *f* passe *m*; **2lang**: **e-e ~** durante (*od* por) algum tempo; **2lich** temporal; **~lupe** *f* câmara lenta; **~punkt** *m* momento; *fig* altura *f*; **~raffer** *m* acelerador; **~raum** *m* período; **~schaltuhr** *f* comutador *m* de relógio; **~schrift** *f* revista; **~takt** *m* impulso

**Zeitung** *f* jornal *m*; **~sannonce** *f* anúncio *m*; **~skiosk** *m* quiosque de jornais

**Zeitvertrag** *m* contrato a prazo; **Zeitvertreib** *m* passatempo; **Zeitzone** *f* fuso *m* horário

**Zelle** *f* célula; *Gefängnis* cela; *tel* cabine

**Zellstoff** *m* celulose *f*; **~taschentuch** *n* lenço-papel *m*

**Zelt** *n* tenda *f*; **2en** fazer campismo; **~platz** *m* parque de campismo

**Zement** *m* cimento

**Zensur** *f* censura; *Schule* nota

**Zentimeter** *m od n* centímetro *m*

**Zentner** *m* quintal

**zentral** central; **2e** *f* central; **2heizung** *f* aquecimento *m* central; **2verriegelung** *f* tranca (*od* fecho *m*) central das portas

**Zentrum** *n* centro *m*

**zerbrechen** partir, quebrar; **zerbrechlich** frágil

**Zerfall** *m* ruína *f*; *fig* decadência *f*; *allg* decomposição *f*; **2en** cair em ruínas

**zerreißen** rasgar(-se)

**Zerrung** *f med* distensão

**zerschlagen** destroçar; ***sich ~*** *Pläne* falhar

**zersplittern** estilhaçar
**zerstören** destruir; **Zerstörung** *f* destruição
**zerstreuen**: ***sich*** ~ distrair-se; **zerstreut** *fig* distraído
**Zettel** *m* papel(inho); **~kasten** *m* ficheiro
**Zeug** *n* F coisas *fpl*, utensílios *mpl*
**Zeuge** *m* testemunha *f*; **Zeugnis** *n* certificado *m*
**Zickzack** *m* zigue-zague; ***im ~ gehen*** ir em zigue-zague
**Ziege** *f* cabra; *Kchk* cabrito *m*
**Ziegel** *m* tijolo; (*Dach2*) telha *f*
**Ziegenbock** *m* bode; **Ziegenkäse** *m* queijo de cabra
**ziehen** tirar; *an et* puxar; *Zahn* arrancar; *Zigarette* chupar; *Pendeltür* tirar; ***es zieht*** há corrente de ar
**Ziehharmonika** *f* acordeão *m*
**Ziel** *n* alvo *m*; *Sp* meta *f*; (*Absicht*) fim *m*, obje(c)tivo *m*; (*Reise2*) destino *m*; **2en** apontar (***auf*** para); **~flughafen** *m* aeroporto de destino; **2los** sem destino; **~scheibe** *f* alvo *m*
**ziemlich** bastante
**zierlich** gracioso, grácil
**Ziffer** *f* algarismo *m*; **~blatt** *n* mostrador *m*
**Zigarette** *f* cigarro *m*; **~nautomat** *m* distribuidora *f* automática de cigarros; **~papier** *n* mortalha *f*; **~schachtel** *f* maço *m*; **~nstummel** *m* ponta *f* de cigarro
**Zigarillo** *m* cigarrilha *f*; **Zigarre** *f* charuto *m*
**Zigeuner(in** *f*) *m* cigano *m*, -a *f*
**Zikade** *f* cigarra

**Zimmer** *n* quarto *m*; (*Wohnraum allg*) assoalhada *f*; (*Wohn*&) sala *f*; ~ ***mit Bad*** quarto com casa de banho (privativa); **~antenne** *f* antena interior; **~mädchen** *n* criada *f* (de quarto)
**Zimt** *m* canela *f*
**Zink** *n* zinco *m*
**Zinn** *n* estanho *m*
**Zinsen** *mpl* juros; **Zinssatz** *m* taxa *f* de juros
**zirka** aproximadamente, cerca de
**Zirkus** *m* circo
**Zitrone** *f* limão *m*; **Zitrusfrüchte** *fpl* citrinos *mpl*
**zittern** tremer, estremecer; ***vor Kälte*** ~ tiritar de frio
**zivil** civil; **&isation** *f* civilização; **&ist**(in *f*) *m* civil
**zögern** hesitar; (*schwanken*) vacilar
**Zoll** *m* alfândega *f*; *Gebühren* direitos *mpl* de alfândega; *Maßeinheit* polegada *f*; **~abfertigung** *f* despacho *m* da alfândega; **~amt** *n* alfândega *f*; **~beamte** *m* guarda fiscal; **~erklärung** *f* declaração aduaneira; **&frei** isento de direitos; **~kontrolle** *f* controlo *m* aduaneiro; **&pflichtig** sujeito a direitos
**Zollstock** *m* metro articulado
**Zone** *f* zona
**Zoo** *m* jardim zoológico
**Zoom** *n fot* zum *m*
**Zopf** *m* trança *f*
**Zorn** *m* cólera *f*, ira *f*; **&ig** irado; ~ ***werden*** encolerizar-se, irritar-se (***über*** com)
**zu** *Richtung* para, a; (*geschlossen*) fechado; ***um*** ~ para; ~***Hause*** em casa; ~***sehr*** demasiado; ~***j-m***

para casa de alg; *Sp* **4 ~ 2** quatro a dois
**zuallererst** em primeiro lugar
**Zubehör** *n* acessórios *mpl*
**zubereiten** preparar; **Zubereitung** *f* preparação
**Zubringer(straße** *f*) *m* (via *f* de) acesso *m*
**Zucchini** *pl* cabaças *fpl*
**Zucht** *f* criação
**Zucker** *m* açúcar; **~dose** *f* açucareiro *m*; **~kranke** *m,f* diabético *m*, -a *f*; **~krankheit** *f* diabetes; **~rohr** *n* cana *f* de açúcar
**zudecken** tapar, cobrir (**mit** de)
**zudrehen** *Hahn* fechar
**zudringlich** importuno
**zuerst** primeiro
**Zufahrt** *f* acesso *m*; **~sstraße** *f* via de acesso
**Zufall** *m* acaso; **zufällig** casual; **zufälligerweise** por acaso
**zufrieden** satisfeito (**mit** com); **2heit** *f* satisfação, contentamento *m*
**zufrieren** cobrir-se de gelo
**Zug** *m* comboio; *bras* trem; (*Luft*2) corrente *f* (de ar); (*Prozession*) cortejo; (*Schluck*) trago; ***mit dem ~ fahren*** ir de comboio
**Zugabe** *f* suplemento *m*; *mus* bis *m*
**Zugang** *m* acesso; **zugänglich** acessível
**Zuganschluß** *m* ligação *f*; correspondência *f*
**zugeben** admitir; (*anerkennen*) reconhecer; (*hinzufügen*) acrescentar
**zugehen** fechar-se; **~ auf** aproximar-se de
**Zugeständnis** *n* concessão *f*
**zügig** rápido; *Verkehr* fluente

**zugleich** ao mesmo tempo
**Zugmaschine** *f* tra(c)tor *m*
**zugreifen** agarrar; *fig* aproveitar (a oportunidade)
**zugrunde**: ~ ***gehen*** arruinar-se
**Zugschaffner** *m* revisor
**zugunsten** a favor de
**Zugverbindung** *f* ligação (ferroviária); **Zugverkehr** *m* circulação *f* (ferroviária)
**Zugvogel** *m* ave *f* de arribação
**zuhaben** *Geschäft etc* estar encerrado; **zuhalten** manter fechado
**Zuhälter** *m* chulo V
**zuhören** escutar; **Zuhörer(in** *f*) *m* ouvinte
**zukleben** colar
**zuknöpfen** abotoar
**Zukunft** *f* futuro *m*; ***in*** ~ de futuro; **zukünftig** futuro
**zulassen** admitir; (*geschlossen halten*) manter fechado; **zulässig** admissível; **Zulassung** *f aut* matrícula
**zulegen**: ***sich et*** ~ F arranjar a/c
**zuletzt** por fim; (*am Ende*) em último lugar
**Zulieferer** *m* fornecedor
**zumachen** fechar
**zumeist** em geral, na maior parte das vezes
**zumindest** ao menos
**Zumutung** *f* descaramento *m*, desaforo *m*
**zunächst** primeiro
**Zunahme** *f* aumento *m*
**Zuname** *m* apelido

**zünden** acender; *Motor etc* pegar; **Zündholz** *n* fósforo *m*; **Zündkerze** *f* vela de ignição; **Zündschloß** *n* contactor *m* do (motor de) arranque; **Zündschlüssel** *m* chave *f* de ignição; **Zündung** *f* ignição; **Zündverteiler** *m* platinado
**zunehmen** aumentar (*an* de); *Mond* crescer; *an Gewicht* engordar, aumentar de peso
**Zuneigung** *f* simpatia, afe(c)to *m*
**Zunge** *f* língua
**zunichte**: **~ *machen*** *Pläne etc* frustrar
**zunutze**: ***sich et ~ machen*** aproveitar-se de a/c
**zupacken** (*helfen*) deitar uma mão
**zurechnungsfähig** responsável
**zurechtfinden**: ***sich ~*** (conseguir) orientar-se; **zurechtkommen** chegar a tempo; *im Leben* arranjar-se; **zurechtmachen**: ***sich ~*** arranjar-se
**zurück** atrás; **~ *sein*** estar de volta (***aus, von*** de); **~bekommen** *Geld* receber de troco; **~bringen** devolver; **~erstatten** restituir; **~fahren** voltar, regressar; **~geben** devolver; **~gehen** voltar atrás; (*weniger werden*) diminuir; *Preise* descer; **~gezogen** retirado; **~halten** reter; ***sich ~*** conter-se; **~kehren**, **~kommen** voltar, regressar; **~nehmen** receber de volta; (*widerrufen*) revogar; **~schicken** devolver; **~stellen** *Uhr* atrasar; **~treten** demitir-se; **~zahlen** reembolsar; **~ziehen** (**sich**) retirar(-se)
**Zusage** *f* confirmação; (*Versprechen*) promessa
**zusammen** junto, em conjunto; ***alles ~*** tudo junto, no total; ***alle ~*** todos juntos

**Zusammenarbeit** *f* cooperação; **zusammenarbeiten** cooperar
**zusammenbrechen** ir-se abaixo; *Firma* falir; colapsar (*a fig*); **Zusammenbruch** *m* desmoronamento; *Firma* falência *f*; *fig* fracasso; colapso (*a Verkehr*)
**zusammenfassen** resumir; **Zusammenfassung** *f* resume *m*
**Zusammenfluß** *m* confluente
**Zusammengehörigkeit** *f* solidariedade
**zusammenhalten** *fig* ser solidário (***mit*** para com)
**Zusammenhang** *m fig* relação *f*, contexto; **zusammenhängen** estar relacionado (***mit*** com)
**zusammenheften** *Papier* agrafar
**zusammenklappbar** dobradiço; **zusammenklappen** dobrar; *Person* ter um colapso
**Zusammenleben** *n* vida *f* em comum
**Zusammenprall** *m*, **Zusammenstoß** *m* embate, colisão *f*; **⁀en** embater (***mit*** em), chocar (***mit*** com)
**zusammenstürzen** cair, desmoronar-se
**Zusammentreffen** *n* encontro *m*
**zusammentreten** reunir-se
**zusammenzählen** somar
**Zusatz** *m chem* aditivo; **zusätzlich** adicional, suplementar
**zuschauen** olhar, observar; **Zuschauer(in** *f*) *m* espe(c)tador(a *f*) *m*
**Zuschlag** *m Esb etc* suplemento, sobretaxa *f*; **⁀pflichtig** sujeito a sobretaxa
**zuschließen** fechar à chave

**Zuschuß** *m* subsídio
**zusehen** observar
**Zustand** *m* estado; **≈e:** **~** ***bringen*** conseguir fazer, pôr em prática; **~** ***kommen*** realizar-se
**zuständig** competente
**zustellen** *Post* distribuir
**zustimmen** consentir, concordar com; **Zustimmung** *f* consentimento *m*, aprovação
**Zutat** *f* ingrediente *m*
**zutreffen** estar certo; **~d** certo
**Zutritt** *m* acesso
**zuverlässig** de confiança; *tech* fiável; **≈keit** *f* segurança; fiabilidade
**zuviel** demasiado, de mais
**Zuwachs** *m* acréscimo
**zuwenig** muito pouco; **~** ***sein*** não chegar, ser insuficiente; ***es sind 2 Mark*** **~** faltam dois marcos
**Zuzug** *m* afluxo
**zuzüglich** inclusive
**Zwang** *m* obrigação *f*, pressão *f*; (*Gewalt*) violência *f*; **≈los** à vontade; **≈släufig** obrigatório, forçoso
**zwar** sem dúvida; ***und*** **~** a saber, aliás
**Zweck** *m* finalidade *f*, fim, obje(c)tivo
**Zwecke** *f* tacha
**zwecklos** inútil; **zweckmäßig** conveniente
**Zweibettzimmer** *n* quarto *m* duplo
**zweifach** duplo
**Zweifel** *m* dúvida *f*; **≈haft** duvidoso; **≈los** sem dúvida (alguma); **≈n** duvidar (***an*** de)

**Zweig** *m* ramo; **~stelle** *f* delegação
**Zweikreisbremse** *f* travão *m* (*bras* freio *m*) de dois circuitos; **zweiseitig** bilateral; **zweisprachig** bilingue; **zweispurig** *Straße* de duas faixas
**Zwerg** *m* anão
**zwicken** beliscar; *Kleidung* estar apertado
**Zwieback** *m* tosta *f*
**Zwiebel** *f* cebola
**Zwillinge** *mpl* gémeos *mpl*, -as *fpl*; **Zwillingsbruder** *m* irmão gémeo; **Zwillingsschwester** *f* irmã gémea
**zwingen** forçar (***zu*** a)
**zwinkern** piscar os olhos
**zwischen** entre; **≈deck** *n* entrecoberta *f*; **≈ergebnis** *n* resultado *m* provisório; **≈fall** *m* incidente *m*; **~landen** fazer escala; **≈landung** *f* escala; **≈zeit** *f* intervalo *m*; ***in der ~*** entretanto
**zwitschern** gorjear
**Zylinder** *m aut* cilindro; **~kopf** *m* culatra *f*; **~kopfdichtung** *f* gaxeta da culatra; **~schloß** *n* fechadura *f* cilíndrica
**Zypresse** *f* cipreste *m*

## Geografische Eigennamen

**Açores** [ɐ'soriʃ]: **os** ~ *mpl* die Azoren
**África** ['afrikɐ] *f* Afrika *n*
**Albânia** [ał'bɐnjɐ] *f* Albanien *n*
**Alemanha** [ɐlə'mɐɲɐ] *f* Deutschland *n*
**Alpes** ['ałpiʃ]: **os** ~ *mpl* die Alpen
**América** [ɐ'mɛrikɐ] *f* Amerika *n*; ~ ***Latina*** Lateinamerika *n*
**Andes** ['ɐ̃diʃ]: **os** ~ *mpl* die Anden
**Antilhas** [ɐ̃'tiʎaʃ] *fpl* Antillen *pl*; **as** ~ ***Maiores*** die Großen A.; **as** ~ ***Menores*** die Kleinen A.
**Arábia** *f* **Saudita** [ɐ'rabjɐsau'ditɐ] Saudi-Arabien *n*
**Argélia** [ɐr'ʒɛljɐ] *f* Algerien *n*
**Argentina** [ɐrʒẽ'tinɐ] *f* Argentinien *n*
**Ásia** ['azjɐ] *f* Asien *n*; ~ ***Menor*** Klein-, Vorderasien
**Atlântico** [ɐt'lɐ̃tiku] *m* Atlantik *m*
**Austrália** [awʃ'traljɐ] *f* Australien *n*
**Áustria** ['awʃtrjɐ] *f* Österreich *n*
**Baixa-Saxónia** [ˌbaiʃɐsɐk'sɔnjɐ] *f* Niedersachsen *n*
**Balcãs** [bałkɐ̃ʃ] *mpl* Balkan *m*
**Báltico** ['bałtiku] *m* Ostsee *f*
**Baviera** [bɐ'vjɛrɐ] *f* Bayern *n*
**Bélgica** ['bɛłʒikɐ] *f* Belgien *n*
**Berlim** [bər'lĩ] Berlin
**Bolívia** [bu'livjɐ] *f* Bolivien *n*
**Bona** ['bonɐ] Bonn
**Brasil** [bra'ziu] *m* Brasilien *n*
**Bruxelas** [bru'ʃɛlɐʃ] Brüssel
**Bulgária** [buł'garjɐ] *f* Bulgarien *n*
**Cabo** *m* **Verde** Kap Verde; ***Ilhas do*** ~ *fpl*

Kapverdische Inseln *fpl*
**Canadá** [kɐnɐ'da] *m* Kanada *n*
**Canal da Mancha** [kɐ'nałdɐ'mɐ̃ʃa] *m* Ärmelkanal *m*
**Canárias** [kɐ'narjɐʃ] *fpl* Kanarische Inseln *pl*
**Chile** ['ʃilə] *m* Chile *n*
**China** ['ʃinɐ] *f* China *n*
**Chipre** ['ʃiprə] *m* Zypern *n*
**Colómbia** [ku'lõmbjɐ] *f* Kolumbien *n*
**Coreia** [ku'rejɐ] *f* Korea *n*
**Costa do Marfim** ['kɔʃtadumɐr'fĩ] *f* Elfenbeinküste *f*
**Croácia** [krɔ'asjɐ] *f* Kroatien *n*
**Dinamarca** [dinɐ'markɐ] *f* Dänemark *n*
**Dresde** ['dreʒdə] Dresden
**Egipto** [i'ʒitu] *m* Ägypten *n*
**Equador** [ikwɐ'dor] *m* **1.** Äquator *m*; **2.** Ekuador *n*
**Eslésvico-Holsácia** [i'ʃleʒvikuɔł'sasja] *m* Schleswig-Holstein *n*
**Escócia** [iʃ'kɔsjɐ] *f* Schottland *n*
**Eslováquia** [iʒlu'vakjɐ] *f* Slowakei *f*
**Espanha** [iʃ'pɐɲɐ] *f* Spanien *n*
**Etiópia** [i'tjɔpjɐ] *f* Äthiopien *n*
**Europa** [eu'rɔpɐ] *f* Europa *n*
**Filipinas** [fəli'pinɐʃ] *fpl* Philippinen *pl*
**Finlândia** [fĩ'lɐ̃ndjɐ] *f* Finnland *n*
**França** ['frɐ̃sɐ] *f* Frankreich *n*
**Gabão** [gɐ'bɐ̃w] *m* Gabun *n*
**Gana** ['gɐnɐ] *m* Ghana *n*
**Genebra** [ʒə'nɛbrɐ] Genf
**Grã-Bretanha** [grɐ̃brə'tɐɲɐ] *f* Großbritannien *n*
**Grécia** ['grɛsjɐ] *f* Griechenland *n*
**Gronelândia** [gronə'lɐ̃djɐ] *f* Grönland *n*

**Guiné** [gi'nɛ] *f* Guinea *n*; **~-Bissau** [~bi'sau] Guinea-Bissau *n*
**Holanda** [u'lẽdɐ] *f* Holland *n*
**Hungria** [ũ'griɐ] *f* Ungarn *n*
**India** ['ĩdjɐ] *f* Indien *n*
**Indonésia** [ĩdu'nɛzjɐ] *f* Indonesien *n*
**Inglaterra** [ĩŋglɐ'tɛʀɐ] *f* England *n*
**Irão** [i'rɐ̃w] *m* Iran *m*
**Iraque** [i'rakə] *m* Irak *m*
**Irlanda** [ir'lẽdɐ] *f* Irland *n*
**Islândia** [iʒ'lẽdjɐ] *f* Island *n*
**Itália** [i'taljɐ] *f* Italien *n*
**Japão** [ʒa'pɐ̃w] *m* Japan *n*
**Jordânia** [ʒur'dɐnjɐ] *f* Jordanien *n*
**Koweit** [kɔ'veit] *m* Kuwait *n*
**Laus** [lauʃ] *m* Laos *n*
**Letónia** [lə'tɔnjɐ] *f* Lettland *n*
**Líbano** ['libɐnu] *m* Libanon *m*
**Líbia** ['libjɐ] *f* Libyen *n*
**Lisboa** [liʒ'boɐ] Lissabon
**Lituânia** [li'twɐnjɐ] *f* Litauen *n*
**Londres** ['lõdriʃ] London
**Marrocos** [mɐ'ʀɔkuʃ] *mpl* Marokko *n*
**Mediterrâneo** [mədit ə'ʀɐnju] *m* Mittelmeer *n*
**México** ['mɛʃiku] *m* Mexiko *n*
**Mongólia** [mõŋ'gɔljɐ] *f* Mongolei *f*
**Moscovo** [muʃ'kovu] Moskau
**Munique** [mu'nikə] München
**Nigéria** [ni'ʒɛrjɐ] *f* Nigeria *n*
**Noruega** [nɔ'rwɛgɐ] *f* Norwegen *n*
**Nova Iorque** [nɔvɐ'jɔrkə] New York

**Nova Zelândia** [nɔvɐzə'lɐ̃djɐ] *f* Neuseeland *n*
**Omana** [u'mɐnɐ] *m* Oman *n*
**Pacífico** [pɐ'sifiku] *m* Stille(r) Ozean *m*, Südsee *f*
**Países-Baixos** [pɐˌiziʒ'baiʃuʃ] *mpl die* Niederlande *npl*
**Paquistão** [pɐkiʃ'tɐ̃w] *m* Pakistan *n*
**Paris** [pɐ'riʃ] Paris
**Polónia** [pu'lɔnjɐ] *f* Polen *n*
**Quénia** ['kenjɐ] *m* Kenia *n*
**Quília** ['kiljɐ] Kiel
**Renánia** [ʀə'nɐnjɐ] *f* Rheinland *n*
**Reno** ['ʀenu] *m* Rhein *m*
**Roma** ['ʀomɐ] Rom
**Roménia** [ʀu'mɛnjɐ] *f* Rumänien *n*
**Rússia** ['ʀusjɐ] *f* Rußland *n*
**Sarre** ['saʀə] *m* **1.** Saarland *n*; **2.** Saar *f*
**Saxónia** [sɐk'sɔnjɐ] *f* Sachsen *n*
**Sérvia** ['sɛrvjɐ] *f* Serbien *n*
**Síria** ['sirjɐ] *f* Syrien *n*
**Sudão** [su'dɐ̃w] *m* Sudan *m*
**Suécia** ['swɛsjɐ] *f* Schweden *n*
**Suíça** ['swisɐ] *f* Schweiz *f*
**Tailândia** [tai'lɐ̃djɐ] *f* Thailand *n*
**Tanzânia** [tɐ̃'zɐnjɐ] *f* Tansania *n*
**Tunísia** [tu'nizjɐ] *f* Tunesien *n*
**Turíngia** [tu'rĩʒjɐ] *f* Thüringen *n*
**Turquia** [tur'kiɐ] *f* Türkei *f*
**Varsóvia** [vɐr'sɔvjɐ] Warschau
**Veneza** [və'nezɐ] Venedig
**Viena** ['vjɛnɐ] Wien
**Zurique** [zu'rikə] Zürich

## Portugiesische Abkürzungen

(**a**) ***assinado*** gezeichnet (gez.)
**a/c.** ***ao cuidado de*** bei (b.), per Adresse (p. Adr.)
**adv.º** ***advogado*** Rechtsanwalt
**apr.** ***aprovado*** genehmigt (gen.)
**Ap.$^{to}$** ***apartamento*** Appartement
**a.s.** ***a saber*** das heißt (d. h.)
**Av.** ***avenida*** Allee
**c/c** ***conta corrente*** Konto
**CE** ***Comunidade Europeia*** Europäische Gemeinschaft (EG)
**cf.** ***confira*** vergleiche (vgl.)
**Cr$** ***cruzado*** *bras. Währungseinheit*
**c.$^{te}$** ***corrente*** laufend
**C.V.** ***cavalo-vapor*** Pferdestärke (PS)
**Dr$^{(a)}$** ***Doutor*(*a*)** Doktor (Dr.)
**d.$^{to}$** ***direito*** rechts (r.)
**E.** ***Este*** Osten (O)
**eng.º** ***engenheiro*** Diplomingenieur (Dipl.-Ing.)
**Esc.** ***escudo*(*s*)** Escudo
**esq.** ***esquerdo*** link (l.)
**Est.** a) ***estação*** Bahnhof; b) ***Estado*** Staat; c) ***estrada*** Landstraße
**E.U.A.** ***Estados Unidos da América*** Vereinigte Staaten von Amerika (USA)
**ex.** a) ***exemplar*** Exemplar (Expl.); b) ***exemplo*** Beispiel (B.)
**f.** ***folha*** Blatt (Bl.)
**fig.** ***figura*** Abbildung (Abb.)
**fol., fols.** ***folha, folhas*** Blatt (Bl.)

**l.** a) ***linha*** Linie, Zeile; b) ***litro*** Liter (l)
**L.** ***largo*** Platz (Pl.)
**Lx.**[a] ***Lisboa*** Lissabon
**m.** a) ***mês*** Monat (M.); b) ***metro*** Meter (m); c) ***minuto*** Minute (Min.)
**m/** ***meu(s)***, ***minha(s)*** mein(e)
**m.**[or] ***morador*** wohnhaft
**n.** a) ***nascido*** geboren (geb.); b) ***nome*** Name
**N.** a) ***nota*** Anmerkung (Anm.); b) ***norte*** Norden (N)
**n.**[o] ***número*** Nummer (Nr.)
**O.** ***oeste*** Westen (W)
**p.** a) **~**, ***pág. página*** Seite (S.); *pl.* ***pp., págs***; b) ***por*** für (f.); per; c) ***próximo*** nächst
**p.ex.** ***por exemplo*** zum Beispiel (z. B.)
**P.F.** ***por favor*** bitte
**R.** ***rua*** Straße (Str.)
**r/c** ***rés-do-chão*** Erdgeschoß (part.)
**ref.** a) ***referência*** Betreff (Betr.); b) ***reformado*** außer Dienst (a. D.)
**reg.**[o] a) ***registado*** Einschreiben; eingtragen; b) ***regulamento*** Vorschrift
**Rem.**[te] ***remetente*** Absender (Abs.)
**Rep.** ***Repartição*** Amt, Abteilung
**Sr.** ***Senhor*** Herr(n)
**Sr.**[a] ***Senhora*** Frau (Fr.)
**v.** ***ver***, ***veja*** siehe (s.)
**v.s.f.f.** ***volte, se faz favor*** bitte wenden
**W.** = ***O. oueste*** Westen (W)

## Zahlwörter
### Grundzahlen

**0** zero
**1** um, uma
**2** dois, duas
**3** três
**4** quatro
**5** cinco
**6** seis
**7** sete
**8** oito
**9** nove
**10** dez
**11** onze
**12** doze
**13** treze
**14** catorze
**15** quinze
**16** dezasseis
**17** dezassete
**18** dezoito
**19** dezanove
**20** vinte
**21** vinte e um (*od* uma)
**22** vinte e dois (*od* duas)
**23** vinte e três
**24** vinte e quatro
**25** vinte e cinco
**26** vinte e seis
**27** vinte e sete
**28** vinte e oito
**29** vinte e nove
**30** trinta
**31** trinta e um (*od* uma)
**32** trinta e dois (*od* duas)
**40** quarenta
**50** cinquenta
**60** sessenta
**70** setenta
**80** oitenta
**90** noventa
**100** cem, cento
**101** cento e um (*od* uma)
**200** duzentos, duzentas
**300** trescentos, -as
**400** quatrocentos, -as
**500** quinhentos, -as
**600** seiscentos, -as
**700** setecentos, -as
**800** oitocentos, -as
**900** novecentos, -as
**1000** mil
**1998** mil novecentos e noventa e oito
**2000** dois mil

| | |
|---|---|
| **10 000** | dez mil |
| **34 657** | trinta e quatro mil seiscentos e cinquenta e sete |
| **100 000** | cem mil |
| **500 000** | quinhentos mil |
| **1 000 000** | um milhão |

## Ordnungszahlen

**1.** primeiro, -a
**2.** segundo, -a
**3.** terceiro, -a
**4.** quarto, -a
**5.** quinto, -a
**6.** sexto, -a
**7.** sétimo, -a
**8.** oitavo, -a
**9.** nono, -a
**10.** décimo, -a
**11.** undécimo, décimo primeiro
**12.** duodécimo, décimo segundo
**13.** décimo terceiro
**14.** décimo quarto
**20.** vigésimo
**100.** centésimo

## Bruchzahlen

$^{1}/_{2}$ meio, meia
$1^{1}/_{2}$ um e meio, uma e meia
$^{1}/_{3}$ um terço
$^{2}/_{3}$ dois terços
$^{1}/_{4}$ um quarto
$^{3}/_{4}$ três quartos
$^{1}/_{5}$ um quinto
$^{1}/_{10}$ um décimo

## Weibliche Formen und Mehrzahl der Substantive und Adjektive

Substantive und Adjektive auf ***-o*** oder auf einen Mitlaut bilden die **weibliche Form** auf **-a**: *aluno – aluna*, *empregado – empregada*, *português – portuguesa*, *vendedor – vendedora*. Wörter auf ***-or*** können die weibliche Form auch auf **-triz** bilden: *actor – actriz*.

Bei Wörtern auf ***-ão*** sind weibliche Formen auf **-a, -oa** oder **-ona** möglich: *irmão – irmã*, *patrão – patroa*, *solteirão – solteirona*.

Eine große Anzahl von Wörtern sind in ihrer männlichen und weiblichen Form gleich und unterscheiden sich nur durch den Artikel: *o chefe – a chefe*; insbesondere betrifft dies die Wörter auf ***-ista***, ***-ante***, ***-ente***, ***-inte***: *o turista – a turista*, *o principiante – a principiante*, *o presidente – a presidente*, *o pedinte – a pedinte*.

Zur Bildung der **Mehrzahl** werden die Substantive und Adjektive, die auf einen Selbstlaut enden, durch ein **-s** ergänzt: *livro – livros*, *casa – casas*, *grande – grandes*.

Wörter auf ***-r***, ***-s***, ***-z*** erhalten die Endung **-es**: *colher – colheres*, *chinês – chineses*.

Wörter auf **-x** und einige auf **-s** bleiben unverändert: *cais – cais*.

Alle Wörter auf ***-m*** bilden in der Mehrzahl ***-ns***: *som – sons*, *armazém – armazens*, *fim – fins*.

Die Wörter auf **-l** bilden die Mehrzahl auf **-is**: *postal – postais, azul – azuis, nível – níveis*. In betonter Endsilbe erhalten e und o den Akut: *hotel – hotéis, farol – faróis*. Endbetonte Wörter auf **-il** bilden die Mehrzahl mit **-is**, bei unbetonter Endsilbe jedoch mit **-eis**: *barril – barris*, aber: *fácil – fáceis*.
In Ausnahmefällen behalten einige Wörter das **-l** und erhalten dazu die Endung **-es**: *cônsul – cônsules*.
Die weitaus größte Zahl der Wörter auf **-ão** bildet die Mehrzahl mit der Endung **-ões**: *limão – limões*. Es gibt aber auch eine Reihe Wörter, die auf **-ãos** enden; das sind oft, aber nicht immer, solche, die nicht auf dem -ão betont werden: *mão – mãos, órgão – órgãos*. Andere Wörter bilden die Mehrzahl mit **-ães**: *cão – cães, pão – pães*.

## Das portugiesische Alphabet

**a** (a), **b** (be), **c** (se), **d** (de), **e** (ɛ), **f** ('ɛfə), **g** (ʒe, ge), **h** (ɐ'ga), **i** (i), **j** ('ʒɔtɐ), **l** (ɛł), **m** ('ɛmə), **n** ('ɛnə), **o** (ɔ), **p** (pe), **q** (ke), **r** ('ɛʀə, ʀe), **s** ('ɛsə), **t** (te), **u** (u), **v** (ve), **x** (ʃiʃ), **z** (ze).

Die Buchstaben **k** ['kapɐ], **w** [veđu'brađu], **y** [i'gregu] gehören nicht zum portugiesischen Alphabet und werden nur in wenigen, von ausländischen Eigennamen abgeleiteten Fremdwörtern verwendet.